国家出版基金项目
NATIONAL PUBLICATION FOUNDATION

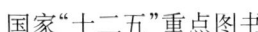

国家"十二五"重点图书

国际共产主义运动历史文献

第27卷

主　编　王学东
副主编　戴隆斌(常务) 童建挺

社会党国际局文献(1900—1907)

本卷主编　胡振良

中央编译出版社
CCTP　Central Compilation & Translation Press

总　序

国际共产主义运动，是由以马克思主义为指导的无产阶级政党领导的国际性的无产阶级革命运动，其宗旨是推翻资产阶级统治和一切剥削制度，建立和发展社会主义制度，进而最终实现人的彻底解放，建立共产主义社会。

国际共产主义运动迄今已有一百六十多年的历史。19世纪40年代，马克思、恩格斯在创立科学社会主义理论的同时，努力把它与当时西欧无产阶级的革命实践相结合，于1847年6月创建了第一个国际性的无产阶级政党——共产主义者同盟，亲自拟定并于1848年2月公开发表了同盟纲领《共产党宣言》。这标志着国际共产主义运动的兴起。

自从共产主义者同盟建立以来，历经第一国际（国际工人协会）、第二国际、第三国际（共产国际），国际共产主义运动由小到大、由弱到强，从西方推进到东方、从欧洲扩展到全球，终于突破资本主义链条上一个又一个薄弱环节，取得了社会主义由一国到多国的胜利。二战后社会主义阵营的建立、民族解放运动的胜利进军、社会主义国家革命与建设的重大成就，为国际共产主义运动史书写了辉煌的篇章。20世纪末，由于东欧剧变、苏联解体，国际共产主义运动遭遇了严重挫折。但是，历史并没有因此而终结。由《共产党宣言》奠基的国际共产主义运动仍在曲折中前进。各资本主义国家中的共产党、工人党仍在不断探索无产阶级取得解放的道路；中国等社会主义国家仍继续高举社会主义伟大旗帜，为完善社会主义、最终实现共产主义而不懈奋斗。

国际共产主义运动一百六十多年跌宕起伏的发展历程，积累了卷帙浩繁的文献档案，留下了丰富的历史遗产。深入发掘和充分利用这些文献档案，对于我们准确地了解和把握国际共产主义运动的发展进程及各个时期的特点，科学地研究和总结国际共产主义运动丰富且宝贵的经验教训，具有极其重要的意义。特别是无产阶级国际组织，作为国际共产主义运动的重要载体，其文献档案对于国际共产主义运动史研究更是具有特殊的重要意义。

早在 1984 年春，中国国际共产主义运动史学会就发起编辑出版《国际共产主义运动史文献》。当时由中共中央编译局、中国社会科学院马列主义毛泽东思想研究所和近代史研究所、中共中央党校和中国人民大学等单位共同组建了编辑委员会。编委会商定：这套文献主要收编共产主义者同盟、第一国际、第二国际、第三国际、共产党和工人党情报局这五个国际组织已发表的全部文献档案，包括历次代表大会、代表会议和其他重要会议的记录、决议和有关文件；收编材料力求齐全；凡外国有选编完整的版本者，根据外国版本翻译；凡文件散见于外国不同出版物者，尽力搜集完整，组织力量统一编译；文件完全按照原件翻译，译文力求准确，不作修改删节，以便读者根据完整、准确的第一手材料了解这些国际组织的历史。在当时代管全国哲学社会科学基金的中国社会科学院科研局的资助下，经过编辑委员会、编译工作者和中国人民大学出版社的共同努力，这套文献于 1986 年开始陆续出版，截至 1997 年共出版了 21 卷。

到上世纪末，文献的编辑出版工作遇到了巨大困难。首先是编委会发生了重大变故，主编林基洲、副主编王颖和校纪英相继谢世；其次是出版经费难以为继。为继续出版这套文集，中国国际共产主义运动史学会多方努力，组成以会长顾锦屏为主编的新编委会，从全国哲学社会科学规划办公室争取到一笔资助，于 1999—2001 年又出版了两卷。此后，因缺乏经费，编辑出版工作完全陷于停顿。

2010 年，在中共中央编译局和中国国际共产主义运动史学会的鼎力支持下，中央编译出版社以这套文献申报国家出版基金项目，获得立项资助。中共中央编译局对此项目高度重视，在国家出版基金资助的基础上，给予了相应的资金支持，组建了新编委会，成立了专门机构负责文献整理和编辑工作，并将这套文献纳入"中央编译局文库"出版规划。

经新编委会研究决定，这套文献定名为《国际共产主义运动历史文献》，在其前身《国际共产主义运动史文献》的基础上重新编辑出版。通过进一步广泛搜集资料和适当改变编辑方式，新《文献》的资料更详尽、收文更齐全。例如，在原《文献》的某些卷次中，对已出版的马克思主义经典著作中译本只列目录，不收正文，而新《文献》则全部依据最新的中译本收录，以方便读者查阅。此外，《国际共产主义运动历史文献》扩大了文献资料的搜集和选材范围，采用开放式结构，规模暂定 60 卷，约 2500 万字。

中共中央编译局和中国国际共产主义运动史学会对这套文献的编辑出版工作给予了强有力的支持，中央编译出版社为这套文献的立项和出版做了大量艰苦细致的工作，文献的前两任编委会和编译工作者在十分困难的条件下为这套文献奠定了良好的基础，中国人民大学出版社为这套文献的重新编辑出版提供了帮助，在此一并表示衷心感谢。

《国际共产主义运动历史文献》

编辑委员会

2011 年 12 月 20 日

编辑说明

社会党国际局是第二国际的常设机构，于 1900 年 12 月 15 日根据当年 9 月在巴黎召开的第二国际第五次代表大会决议正式成立，至 1914 年第一次世界大战爆发后基本结束活动，在第二国际活动以及国际工人运动和社会主义政党活动中发挥了重要的作用。

社会党国际局设于比利时首都布鲁塞尔"人民之家"大厦，由参加国际的各国支部各派两人组成，基本上每年举行一次全会，由比利时代表团行使执行委员会的职能，负责日常工作。其主要任务是筹备国际代表大会，确定议程，编辑出版代表大会会议记录和决议汇编；了解和交流关于各国工人运动、社会主义运动和社会主义政党的情况，征集和收藏有关材料、文件和书刊；用法、德、英三种文字出版《社会党国际局定期公报》（1909—1913 年），发表国际局的通知、消息和各国运动的通讯报道；根据 1904 年阿姆斯特丹代表大会关于"党的统一"的决议精神，调解一些国家社会党内部的分歧并促成其统一；对重大国际事件特别是军国主义和战争问题进行讨论，发表通告或宣言，表达反对侵略战争和帝国主义战争的意志。

本卷收录的内容包括三个部分：（1）社会党国际局 1900—1907 年历次会议的会议记录、宣言和通告；（2）社会党国际局书记处 1905—1907 年月度报告；（3）社会党国际局最后一次会议（1914 年 7 月 26—30 日）会议记录。前两部分的材料出自 1969 年穆通公司和巴黎高等研究应用学院出版、乔治·豪普特主编的法文本《社会党国际局（第 1

卷，1900—1907 年历次会议记录、宣言和通告）》（Bureau Socialiste International, Vol. 1, 1900—1907, Comptes rendus des réunions, manifestes et circulaires. Documents recueillis et présentés par Georgos Haupt, Mouton & Co. and école pratique des hautes études, Paris, La Haye, 1969）。第三部分的内容选自 1965 年弗朗索瓦·马斯佩罗公司出版、乔治·豪普特编著的《未开成的代表大会——第一次世界大战前夕的国际》（Le Congrès manqué. l'internationale à la veille de la première guerre mondiale, François Maspero, Paris, 1965）。

　　本卷是根据中国人民大学出版社 1990 年出版的《社会党国际局文件（1900—1907）》中译本进行编辑的。其中，社会党国际局在斯图加特代表大会上的报告因在本书第 22 卷《第二国际第七次（斯图加特）代表大会文献（1）》中刊出，不再收入本卷。本卷主编对照原文对原中译本的明显错误作了修正，依据中共中央编译局编译马克思主义经典著作的标准重新统一了人名、地名、组织机构名、报刊名等专用名，增加了对原书中一些名词和引语的注释。书中文献的脚注，凡未加说明的都是原文本编者所注；中文本译者或编者所加的注，均注明"——译者注"或"——编者注"。

目　录

社会党国际局
历次会议记录、宣言和通告

（1900—1907）

1

社会党国际局正式成立及其面临的
最紧迫的任务的通告

（1900 年 12 月 15 日，布鲁塞尔）

亲爱的公民们：

我们高兴地告诉你们，社会党国际局已经正式成立。大部分欧洲国家的代表目前已经确定①；海外地区的代表将在几个星期以后再定。国际局地址设于布鲁塞尔约瑟夫·斯蒂文斯路人民之家。提名维克多·塞

---

① 代表名单已附于 1901 年 5 月 2 日发出的通告中，载有下列人名：英国：海德门，基尔·哈第；德国：伊·奥尔，保·辛格尔，卡尔·考茨基（通讯书记）；奥地利：维·阿德勒，斐·斯卡雷特；澳大利亚：Ch. 埃尔（通讯员）；阿根廷：阿·康比埃，Ch. 戴勒姆巴赫，安德烈亚·科斯塔（候补）；比利时：爱·安塞尔，埃·王德威尔得；丹麦：彼·克努森，J. 延森；美国：欧仁·狄慈根（社会民主党）；西班牙：帕布洛·伊格列西亚斯，安·加·克西多；法国：让·饶勒斯，爱德华·瓦扬；荷兰：彼·耶·特鲁尔斯特拉，亨·范科尔；意大利：恩·费里，菲·屠拉梯，安·科斯塔（通讯员）；日本：片山潜；挪威：奥拉夫·克林根，A. 哈瑟兰；波兰：鲍列斯拉夫·延德热尤夫斯基，凯瑟琳·沃伊纳罗芙斯卡；俄国：格·普列汉诺夫，波·克里切夫斯基；瑞典：K. M. 西斯尼茨，卡·纳·卡尔松；瑞士：阿·福凯，菲尔霍尔茨。见社会党国际局档案。

数月后的补充名单：保加利亚：格·基尔科夫；波希米亚：安·涅梅茨，弗·绍库普；加拿大：韦斯顿·里格勒；匈牙利：雅科布·韦尔特纳；塞尔维亚：斯凯尔里奇（通讯员）。见《社会主义杂志》1902 年第 746—747 页。

维①公民担任书记一事已得到各国批准，同时也已在 11 月 18 日召开的比利时工人党代表大会上获得批准。指定爱德华·安塞尔和埃米尔·王德威尔得为代表也已获得同意。② 爱德华·安塞尔公民已被我们选为司库。他的通讯地址是根特让邦路，请即按此地址汇寄你们各自为设立书记处费用所承担的份额。

我们认为有必要在这第 1 号通告中，重新提一下代表大会关于设立国际局决议的条文③，以便明确国际局的作用、任务和责任。

决议一

巴黎国际社会党人代表大会认为：

国际代表大会作为无产阶级的议会，有必要作出决议，以指导无产阶级争取解放的斗争；

这些决议都是国际协议的成果，应该化为行动；

---

① 维克多·塞维，教员，比利时合作社联合会书记，比利时工人党理论刊物《社会未来报》社长。

② 关于这一问题，比利时工人党总委员会曾于 1900 年 10 月 31 日向社会党国际局各成员党书记发出了由埃米尔·王德威尔得和爱德华·安塞尔署名的下列信件：
　　"按照巴黎代表大会关于成立国际书记处的决议，比利时工人党总委员会建议你们同意维克多·塞维公民为候选人。根据他一贯的任职表现，我们器重他所具有的管理人员的可贵品质和文化知识……
　　为此，请你们尽量在最短的时期内告诉我们，是否同意这一选择。
　　同时也请把你们指定的两位国际局代表和对外通讯员（或几个通讯员）的名字以及通讯地址告诉我们。我们已经决定由两位比利时代表安塞尔和王德威尔得加上一位书记组成国际局的执行委员会。安塞尔同志已被选为司库。最后请你们告诉我们，我们应该向什么人，在什么时候，征收你们为设置国际书记处所应负担的部分经费。
　　望速回信，以使国际的组织事宜得以推进。"见社会党国际局档案。

③ 这里是指 1900 年 9 月在巴黎召开的国际社会党人第五次代表大会所通过的决议。

为此特决定采取下列各项措施：

1. 指定为下次代表大会召开地点的所在国家的各社会主义组织应尽速提出组织委员会的名单；

2. 将成立一个由每个成员国指派两名代表组成的国际常设委员会，该委员会将拥有必要的基金。常设委员会确定下次代表大会的议程，并要求参加大会的每个成员国提供报告；

3. 该委员会选任一位领取薪金的总书记，以负责：

（1）收集各种必需的资料；

（2）汇编历次代表大会决议的说明性文献；

（3）在下次代表大会举行前两个月，分发各国社会主义运动的报告；

（4）对代表大会所要讨论的各项问题的报告作一个总的概述；

（5）在有关购买力和普遍关心的问题上，以及有关各种重大的改革问题，不定时地出版各种小册子和宣言书，并且研究各种重要的政治和经济问题；

（6）为推动各国无产阶级的国际性行动和组织活动，采取各种必要的措施。

决议二

国际社会党委员会应该敦促各国社会党议会党团组成一个各国社会党议会特别委员会，以便在各种重大的国际性政治和经济问题上采取共同行动。

该委员会将附属于国际社会党委员会。

决议三

设于布鲁塞尔的国际书记处将承担建立社会主义国际档案，集中有关各国工人运动的书籍、文件和报告。

代表大会还决定，各国提名的两位代表应由各国无产阶级批准。大会规定国际局的预算定为10000法郎。主要国家（德国、英国、奥地利、比利时、丹麦、法国、荷兰、意大利、瑞士、美国）各负担800法郎；其他国家（挪威、波兰、葡萄牙、西班牙、俄国、日本、阿根廷共和国、波希米亚、保加利亚、罗马尼亚、瑞典、冰岛、匈牙利、澳大利亚等国）各缴纳200法郎。

这些就是委员会在所有国家的社会主义朋友们协助下将从事准备并执行的各项决议。迄今我们已接到不少代表提出的各种建议，对此我们正在研究并将征求大家的意见。

我们认为目前国际局最为迫切的任务是：（1）和所有社会主义组织：各国工人党、议会党团、报刊等建立联系。（2）汇编代表大会的各项决议，并予以贯彻执行。

在此期间，请你们向我们指出，你们认为有哪些问题可以提高我们国际局的行动效率并推进我们行动。

最后，请至今尚未提供情况的一些国家的工人党告知我们下列各项事宜：

1. 你们代表的姓名、地址；

2. 你们通讯员的姓名、地址；

3. 你们党的书记的姓名、地址；

4. 你们党的司库的姓名、地址；

5. 你们组织的地点；

6. 你们主要报纸、杂志的名称和地址。

我们代表比利时工人党表示谢意，竭诚感谢各位同志们对我们的信任，选择我们的国家为国际局的所在地。我们将作出努力，以表明我们将是不辱使命的。

国际万岁！

执行局委员

爱德华·安塞尔，埃米尔·王德威尔得

书记　**维克多·塞维**

2

转达威·托·斯特德关于将社会民主党和他所组织的支援南非共和国的运动结合起来的建议的通告

（1900 年 12 月 22 日，布鲁塞尔）

致社会党国际局各成员

斯特德先生①以国际和平和仲裁协会主席的身份请求我们向社会党

---

① 威·托·斯特德是一位和平主义的新闻记者，积极从事反对布尔战争的运动，也是 1899 年第一次海牙会议的发起者之一。1898 年 8 月 24 日沙皇发表关于裁军问题的宣言后，他发起了"和平十字军"运动。最初是在英国，随后遍及其他各国。他组织过各种会议，并出版了和平主义杂志《以战争反对战争》，他曾计划访问欧洲各国的首都，向各国政府提交和平建议书。就是为了这个行动，他试图和社会党国际紧密联系。参见 A. 肖：《国际主义史》第 3 卷，挪威诺贝尔学会出版，P. U. F. 巴黎，1963 年，第 447—448 页。

关于布尔战争，他以小册子形式出版下列著作：《我将杀死我的布尔兄弟们吗？》，伦敦评论杂志社 1899 年版；《怎能不去实现和平？》、《像家园失火一样的事实》，由制止战争委员会收集、审查、印刷，并于 1900 年出版。关于斯特德于 1900 年 1 月建立的著名的"制止战争"组织的情况，以及关于他和英国社会党人的关系，请参见 F. 贝亚莱写的文章《工党党员与布尔战争》，《社会运动》1963 年第 45 期第 62—64 页。

国际局的成员们提出下面这样一个问题：在你们各国国内，社会民主党是否能直接或间接地和他所组织的支援南非共和国的运动结合起来。

他建议以致海牙公约签字国请愿书的形式发一个号召书。号召书的文稿在此附上。①

除了这个他希望征集签名的请愿书外，斯特德先生还附来了一份他陈述抱怨的报告，也在这里一并附上。

我们认为社会民主党不能参与国际和平和仲裁协会的请愿书。因为请愿书中对海牙代表大会②重要性的评价是我们不能同意的。③

但是斯特德先生还要求我们：

1. 作为社会党国际局，我们能否在同请愿书类似的意向书上发表一个宣言；

2. 各国社会党议会党团能否以质询的形式，抗议英国违反海牙会议通过的原则；

3. 或者至少能否在各国组织一些群众大会，目的仍然是为了表示抗议。

我们想知道你们对这三个问题的见解。如果你们同意第一个问题的话，我们想是否能在更为广泛的意义上，针对欧洲在中国和南非的政策问题发表一个宣言。

请尽速给我们回音。

---

① 我们没有找到这个文件。

② 这是指 1899 年 5 月 18 日至 7 月 29 日在海牙召开的国际和平会议。关于这个会议，1900 年巴黎国际社会党人代表大会曾在一个决议中作了这样的表示："代表大会反对海牙举行的所谓和平大会。在当今社会里，海牙这种会议只能导致令人不快的欺骗和失望，最近发生的德兰士瓦战争就已证明了这一点。"

③ 执行委员会的这一意见得到了社会党国际局代表们的同意。瓦扬在 1900 年

亲爱的同志们，谨致最友好的敬礼！

爱德华·安塞尔，埃米尔·王德威尔得

书记　维克多·塞维

3

为俄国大学骚动事件发表的号召书

（1901 年 4 月 21 日，布鲁塞尔）

致各国工人政党

对俄国现今正在展开的重大事件作详细的叙述是不必要的。同志们

（续前注）　12 月 25 日写给塞维的回信中曾表示："我认为在反对布尔战争问题上，各国社会党在国际上的行动不能超过它们在本国范围内所能做到的。因此，在这问题上英国社会党已经而且正在出色地负起它的责任。……而且一切超出这一国际支援以外的行动都可能受到资产阶级政党的煽动，这不仅违背我们社会主义政策的原则，而且一旦被我们的敌人各国沙文主义分子所利用，就有成为反对英国的行动的危险。这样，一个对非洲并无实效的行动却可能会使欧洲面临立即发生战争的危险。我没有收到也没有看到斯特德的建议，而根据你们所说的情况已足以对它作出判断。而且根据巴黎代表大会关于海牙会议以及和海牙会议相类似问题所作出的极为严肃的决议，我们也无须去涉及这个问题。"

阿德勒也在 1901 年 1 月 1 日写来了回信。他用不太流利的法文写道："关于斯特德先生，我们完全同意你们的意见，社会党不能参与那些大名鼎鼎的资产阶级'和平之友们'所发起的示威和请愿……如果你们要发表一个宣言，我们将不反对。但是我个人要向你们表示，我们对这种柏拉图式的纸上谈兵的示威行动是并不太感兴趣的……所以我更倾向于认为，国际局的第二次行动应该是以一个具有无产阶级特色的问题为目标。我们大家对南非殖民地人民的英勇战斗都怀有极大的同情。但是我们离得太远了，不能为他们做更多的事情。"社会党国际局档案。

从报章上、从俄国朋友们发表在社会主义报纸上的通讯都已了解了
情况。

按照俄国代表们给国际社会党委员会写来的报道看，最近几个月的
事件标志着沙俄帝国历史的一个转折，随着情况的发展，最初从大学里
开始的骚动①，正在演变成为严重而深刻的社会动乱。这种动乱震撼着
整个俄国，甚至使俄罗斯社会的基础受到威胁。这是一场长期而痛苦
的、却又多么令人振奋的战斗！城市的知识阶层、工业中心的无产者都
在奋起反对沙皇的野蛮暴力。

在俄国，千千万万的工厂和作坊的工人们，各阶层的市民们，对他
们所要完成的伟大的使命充满了勇气。同时他们对欧洲、美洲、澳洲和
亚洲兄弟们的支援也充满了信任。因为他们知道，他们为反对俄国的资
本主义和专制主义而进行的战斗，也就是在为争取劳动人民的解放——
各国社会主义工人政党的共同事业——而斗争。

在法国，为了吸引公众舆论对俄国革命形势的注意，已经举行了公
众的集会；比利时也正在组织召开群众大会。希望英国、德国、奥地
利、丹麦、荷兰、瑞士、意大利、西班牙、美国以及所有国家的社会党

---

① 1901 年 2 月开始在俄国发生了大学骚动事件。起因是有 183 名哈尔科夫大
学生因参加了大学生的集会而被强制充军。这种措施激起了学生们的反抗。
学生们的运动很快就具有了政治性质。他们的抗议得到工人们的支持。从
1901 年 2 月到 3 月，哈尔科夫、莫斯科、彼得堡、基辅、喀山、雅罗斯拉
夫尔、华沙、别洛斯托克、托姆斯克、敖德萨等地接连发生示威、集会、
罢工和街头游行等事件。这些示威行动都遭到警察和哥萨克极其野蛮而残
酷的打压。关于这些事件，并从社会主义观点评价其重要性，请参见 M. 施
特龙伯格：《俄国在觉醒》，《社会主义》杂志 1902 年第 319—343 页；卡
尔·考茨基：《俄国的新运动》，《新时代》第 19 卷第 2 册第 123—127 页。
有关这些学生运动的文件曾发表在《红色文献》杂志 1936 年第 2 卷第 83—
112 页，第 4—6 卷第 258—308 页。

都能仿效它们的做法，以使国际无产阶级一致反对沙皇制度的野蛮暴行。

我们要求在所有的大城市和工人集中的地区，以及在重要的大学里召开群众大会，并在参加大会的人们中间表决通过抗议书，如果需要时也可以散发抗议传单。我们建议你们在所有的大会上都通过下列这样的动议：

"参加＿＿＿＿大会的公民们一致向俄国无产阶级欢呼。我们支持俄国知识分子和劳动人民的斗争，并和他们在反对资本主义和沙皇制度联盟的斗争中团结一致。我们谨向俄国革命者表示同情，并鼓励他们继续斗争直至胜利。"

我们还要求你们尽速将你们在这方面所做的事情告知我们，并把通过的日程和抗议的事项寄来，以便我们能够把这一运动集中起来，谴责和反对一个臭名昭著的野蛮政府的行为。

社会党国际局委员：

亨·海德门，詹·基尔·哈第（英国）；奥尔，辛格尔（德国）；维·阿德勒，斐·斯卡雷特（奥地利）；爱·安塞尔，埃·王德威尔得（比利时）；彼·克努森，J.延森（丹麦）帕·伊格列西亚斯，安·加·克西多（西班牙）；让·饶勒斯，爱·瓦扬（法国）；彼·特鲁尔斯特拉，亨·范科尔（荷兰）；恩·费里，菲·屠拉梯（意大利）；奥·克林根，A.哈瑟兰（挪威）；鲍·延德热尤夫斯基，凯·沃伊纳罗芙斯卡（波兰）；格·普列汉诺夫，波·克里切夫斯基（俄国）；阿·福凯，菲尔霍尔茨（瑞士）；K. M. 西斯尼茨，卡·纳·卡尔松（瑞典）；欧·狄慈根（美国）。

书记　维克多·塞维

4

五一节宣言

（1901 年 4 月 25 日，布鲁塞尔）

致各国劳动人民书

自从 1890 年第一次纪念国际五一节以来，没有比目前这样更需要工人阶级举行一次世界性的示威行动，以显示劳动人民在反对军国主义斗争中的团结精神，表达他们争取和平和正义的意志和愿望。

资本主义也从未有如现在这样显得肆无忌惮，它那令人望而生畏的鹰爪利钩紧紧地攫住了地球。为了强占土地财产和生产手段，它在世界各地发动战争；它利用价格战争挑拨劳动人民相互残杀，激发种族竞争；它强奸、杀害、掠夺非洲和亚洲的各族人民。

在这针对无产阶级的战争中，资本主义还勾结各国政府和教会，施加政治和精神上的迫害！

斗争将是长期而痛苦的。

但是胜利终于要来到！

在塞西尔·罗得斯、张伯伦等海盗们领导下的英国君主立宪王朝企图通过破坏性的罪恶战争，窃夺南非共和国的黄金和独立；它们吸吮挤榨印度的财富，而几百万的印度劳动人民则死于饥馑。沙俄帝国剥夺了芬兰的主权，抑制思想家和学者们的呼声，使大学学府变成兵营，囚禁青年，把组织起来的工人们流放到西伯利亚，或者就在街头处死，使农民遭受饥饿。意大利的无产者们正在为胡贝尔一世的士兵所枪杀的米兰烈士们痛哭流涕。法国正经历着剧烈的工人骚动，规模巨大的罢工运动此起彼伏。西班牙和葡萄牙则在为反抗教会和君主立宪王朝的镇压而进行战斗。德意志帝国只是贪婪的大地主们、大工业家们和野心勃勃的专制君王手中的一个玩物。带着肮脏卑鄙的反犹太主义和基督教社会主义假面具的反动势力正在使奥地利分崩瓦解。在美国，资本家们的辛迪加和托拉斯垄断着劳动产品而使物价暴涨暴跌，为所欲为。尽管经过英勇的斗争，古巴仍然被美国剥夺了独立。在资本主义的诱惑下，整个欧洲帝国怀着永不满足的贪婪扑向黄色的王国①［原文如此］。

战火弥漫全球，战争的预算在上升、上升……人们为枪炮、兵营、军舰花费大量的金钱，却不给数百万的工人支付工资；成百万、成百万的人不断地被武装起来去从事屠杀、破坏、焚烧、奸淫，去毁灭。

为了什么？

为了掠夺过去和现在经过多少代人创造的劳动果实！

为了谁？

只是为了几十个头戴王冠的野心勃勃的统治者；为了一个阶级，为了资产阶级！

但是，如果说今天汇集了一切反动形式和反动力量的资本主义正在到处挑动战争，那么也应看到今天同时还出现了一个唤起人们希望的身影：这就是工人阶级的身影。工人阶级的阶级觉悟正在到处觉醒，从而形成工人阶级的集团，涌现出工人阶级的积极分子，并正在从各个方面向反动势力展开战斗。如果说资本主义的力量在增长，那么团结在红旗

----

① 可能是指中国。——编者注

下的无产阶级的政治、经济和道义的力量也同时在发展。新的工人组织每天都在产生，原来的组织则在继续壮大；社会主义正在渗进大学学府，逐渐地赢得科学和艺术。多年的监狱加上多年的放逐，大批起来反抗的工人在军队的枪弹前倒下，工人阶级殉难烈士名册上的人名不断增多，一张社会主义的报刊被查禁，十张社会主义的报纸在涌现。

没有任何力量能使前进中的、为了争取劳动人民的解放而不可动摇地团结一致的国际社会民主党退却。

社会主义在人民面前到处都展示着胜利的前景。

我们今天面临的国际形势是：俄国的学生和工人们正在奋起反抗；军国主义正在英国、美国、德国、俄国以及比利时和其他各地复发；中国和南非已经爆发了战争，等等。由于这一切，各国的社会民主党应该特别重视今年的五一节，按照国际代表大会的精神，赋予五一节以双重的意义，在对军国主义掀起强烈而郑重的抗议中显示国际工人阶级的团结一致。

全世界各国的劳动人民奋起

向军国主义宣战！

为反对资本主义而斗争！

各国的劳动人民们，

值此五一节，让我们在团结一致以拯救世界的思想下团结起来！

执行局委员

爱德华·安塞尔，埃米尔·王德威尔得

书记　**维克多·塞维**

5

建议召开社会党国际局会议并附会议
议程应讨论的问题的通告

（1901 年 5 月 18 日，布鲁塞尔）

亲爱的同志：

执行委员会收到了你们中间许多人提出的种种建议，其中有的提到在布鲁塞尔举行一次国际局会议。① 执行委员会向你们建议，这次会议在 7 月底召开，请表示对这个日期的意见。②

这次会议是必须召开的：实际上是为了明确一下，在不必征求执行局委员们的意见或为此召开一次执行局会议的情况下，书记处有权做些

---

① 这一建议主要来自瓦扬，他在 1900 年 12 月 25 日的信中表达了这样的愿望："我想国际局不能仅限于用通信来组织行动，而有必要定期召开国际局委员们的国际性会议。为此，你们可以选择在一个议会休假期内，一些主要国家的议会休假期是相同的，例如今年春季在布鲁塞尔召开一次国际局的通讯员会议。他们将和你们一起讨论你们所提出的各种建议，并且规定以后会议的日期。"参见瓦扬 1900 年 12 月 25 日致塞维的信。社会党国际局档案。

② 德国和奥地利的代表反对这次会议。（参见考茨基致塞维的信。国际社会史研究所考茨基档案）。阿德勒在 1901 年 6 月 1 日给考茨基的信中这样写道："我非常喜欢去布鲁塞尔，但是花费党的金钱去作玩乐的旅行则是荒唐的。"《维·阿德勒与奥·倍倍尔和卡·考茨基通信集》，维也纳 1954 年，第353—354 页。

什么事；也就是书记处在短期内应该做些什么工作。

　　这次会议的议程是：（1）书记处报告；（2）确定英国代表团；（3）缴纳会费；（4）创办一份国际公报；（5）组织帮助社会党人办理通行护照（比利时）；（6）抗议、反对军权主义的国际工人会议（法国）；（7）通讯联络。

　　如果你们认为还有其他需要审查研究的问题，请立即通知我们。

　　请各国代表将他们应承担的国际局费用的份额邮寄给我们，请按下列地址汇寄给安塞尔公民：根特让邦路。到目前为止，只有德国和比利时两国缴纳了会费。

　　我们要告知你们，在我们能够出版一份国际公报以前，我们将利用比利时工人党的机关刊物《人民报》发表我们收到的最好的、我们认为有必要使社会主义世界普遍知晓的通讯文章。我们将给你们寄上一份这样的公报。①

　　亲爱的同志，请接受我们社会主义的兄弟友好情谊。

　　　　　埃米尔·王德威尔得，拉于尔普

　　　　　爱德华·安塞尔，根特，司库

　　　　　维克多·塞维，布鲁塞尔波图加尔路28号，书记

---

①　这个公报定期在《人民报》（布鲁塞尔）上发表。《人民报》一直到1914年6月都为社会党国际局的文件提供篇幅。参见乔·豪普特：《第二国际，原始资料考证研究，论文目录》（以下简称《第二国际》——编者注），巴黎—海牙，穆通公司1964年版第285页。

6

要求向里昂代表大会致贺，祝愿法国社会党
实现统一的通告

（1901 年 5 月 24 日，布鲁塞尔）

亲爱的同志：

我们的法国社会党朋友们将于下星期日，6 月 26 日［原文如此！］在里昂举行全国代表大会①，旨在实现所有社会民主党的统一。

值此时机，我们一定将代表你们重复表达这样一个希望："法国的社会主义者团结起来！"这是去年出席巴黎国际社会党人代表大会所有国家的共同愿望。

我们想，为了国际社会民主党的利益而采取这样的行动：（1）要求你们立即向里昂代表大会致意，以你们党的名义表示团结的祝愿；（2）批准我们以国际局的名义向他们表示同样的祝愿。

亲爱的同志，谨致兄弟的敬礼！

书记　维·塞维

---

① 除了法国工人党以外，所有在"总委员会"中派有代表的社会主义组织都参加了这次从 1901 年 5 月 26 日至 28 日举行的里昂代表大会。但违背了社会党国际局书记处的希望，在里昂实现的并不是统一，而是法国两个派别的破裂，巴黎国际社会党人第五次代表大会曾经同时接纳了这两个派别。

7

抗议土耳其屠杀亚美尼亚人民的宣言

（1901 年 10 月 18 日，布鲁塞尔）

致所有国家的工人政党

从亚美尼亚传来了最为凄厉的消息！

自从 1894—1896 年发生的计有 30 万人死亡的大屠杀之后，人们原来以为在全世界面前承担了责任的土耳其政府是不会再作出类似的血腥勾当的。

在姆什平原和萨松山区不久以前所发生的事件证明，事实完全不是这样。一切迹象都令人恐怖地感到，如果没有任何干预，阿卜杜尔·哈米德的罪恶政策将会制造出更为严重的事件。

欧洲各国政府对此不采取行动是有罪的。面临这种情况，社会民主党对在土耳其所属亚美尼亚各省已经发生和将要发生的种种丑恶事件不能无动于衷。①

---

① 亚美尼亚人在土耳其的处境，从 19 世纪末叶起就引起社会主义公众舆论的关注，社会主义舆论对屠杀提出了最强烈的抗议。关于各国社会党声援亚美尼亚人民的行动，可参阅米卡埃利：《亚美尼亚危机和社会主义世界》，《社会主义运动》1901 年 1 月第 40 期第 26—35 页；乔·豪普特：《饶勒斯和国际》，《饶勒斯与民族研讨会文件》，图卢兹，图卢兹文学和人文科学学院出版社 1965 年第 48 页。

为此，我们认为需要向你们重提一下 1900 年在巴黎国际代表大会上所通过的议程中的下列字句：

"巴黎国际社会党人代表大会再一次表达团结各族人民的兄弟情谊，愤慨地反对对亚美尼亚施行的暴力和残酷的屠杀。大会要向两个半球的劳动人民揭发各资本主义国家政府相互勾结的罪恶阴谋，要求各国社会党议会党团利用每一个机会进行干预，支援受到残酷迫害的亚美尼亚人民。代表大会特向亚美尼亚人民表示亲密而热烈的声援。"

为了继续贯彻这一议程，重要的是必须尽我们所拥有的一切手段来表示国际无产阶级的声援。

人们期待着签署柏林条约的列强①的行动，但是它们却是如此消极而麻木不仁！

我们的议员们应该在他们的干预能够奏效的所有议会里，重复提醒各国政府履行它们的义务，如果它们不采取行动，就揭发它们是同谋犯！

听任一个基督徒的民族遭受牺牲，罗马教廷却表现得如此镇静自若，无动于衷！对刽子手不作一句申斥，对牺牲者更无任何怜悯的表示！

我们的报纸应该在每个国家揭露这样的实质，即漠不关心就是犯罪！

国际社会党应该不分宗教或种族，保护一切受压迫者，我们应该运用一切方法和手段，发动公众舆论，反对并申斥哈米德政策的滔天罪行！

---

① 柏林条约（1878）由土耳其、德国、俄国、奥匈帝国、意大利和法国等为调解亚美尼亚问题而签订。根据该条约第 61 节规定："土耳其王国保证毫不拖延地根据当地情况的需要改善并改革亚美尼亚人居住各省的条件，保证亚美尼亚人的安全不受曲尔克斯人和库尔德人的威胁。土耳其政府将按规定时期向监督实施本条约的列强通报关于这方面所采取的各种措施。"

　　我们不能不再三指出，亚美尼亚的情况没有任何改变。在最近格拉斯哥和平代表大会上提出的一个备忘录①上曾这样描述："暴行，酷刑，掳掠，奸淫妇女和少女，焚毁乡村和农庄，局部的集体屠杀和谋杀，不断发生在几乎所有亚美尼亚居民的村庄；时间从 1900 年的 7 月 1 日一直延续到 1901 年的 7 月 1 日。"

　　自从那时以来，情况还在恶化，而且将继续不断地恶化。

　　在比特利斯、埃尔泽鲁姆，特别是在姆什和巴亚济德等地区，屠杀在继续，恐怖统治着人民。人民没有任何武器，没有任何防卫手段。畜群和农田里的庄稼，包括土地和房屋都被劫掠一空。

　　这是欧洲的耻辱，听凭这样灭绝人性的罪行在肆无忌惮地进行，而欧洲各国政府对亚美尼亚人民却不作任何救援——但当资本家的利益受到损害时，它们就会立刻作出积极反应。

　　劳动人民们，

　　阿卜杜尔·哈米德政府在一部分报纸的串通共谋下，竭力企图组织对亚美尼亚事件保持沉默。

　　你们和你们的报纸，你们选举的代表们有责任揭发阿卜杜尔·哈米德的阴谋，把他的罪行暴露在光天化日之下。你们有责任对那些遭受痛苦而为争取生存权利进行斗争的人们表示同情并给予鼓励。②

---

① 这里是指 1901 年在格拉斯哥举行的第十次全球和平大会。

② 这个宣言引起了极大的反响。欧洲掀起了多次声援亚美尼亚人的示威行动。在法国，抗议屠杀的规模特别盛大，社会党人或者利用议会讲台，或者举行群众大会发表抗议，并敦促"法国履行承担的义务"。参见社会党（总委员会）：《亚美尼亚大屠杀和社会党》活页本第 2 页。

　　自 9 月 15 日开始，马·桑巴以革命社会党党团名义强烈要求法国政府表态，声明法国反对新的屠杀事件，提议会同各条约签字国和平解决亚美尼亚问题。

国际局的代表们相信你们不会不负起这样的责任。

执行局委员

爱德华·安塞尔，埃米尔·王德威尔得

书记　**维克多·塞维**

8

关于德兰士瓦事件的通告，附执行委员会 两次会议记录

（1901 年 11 月 1 日，布鲁塞尔）

同伴们：

　　社会党国际局在这封信里给你们寄去一份《人民报》，报上载有我们在 10 月 25 日和 31 日召开的两次会议的记录。

　　为了使你们对我们所提出的建议有更确切的了解，我们应该补充指出，意大利、比利时、荷兰等好几个国家［原文如此］都曾向我们提议对目前在南非发生的事件进行干预，特别是关于集中营的问题。我们也已［注意］到英国的船只受到大陆码头工人们抵制的事情。在对这些问题表态以前，国际局认为必须征询英国同志们的意见，所以我们的书记就去了英国。独立工党和社会民主联盟表示赞同发表一个宣言，谴责欧洲和美洲各国政府采取的征服政策的罪恶行径，特别是要唤起公众对集中营问题的注意。我们也想知道你们对这些问题的看法。

几天后你们将收到宣言的草案，请你们在签字后立刻寄送给我们，并可以作你们认为必要的修改。由于时间紧迫，我们就一直等到 11 月 8 日再发表。①

还要补充提到，执行局认为，关于上面提到的这些问题，尽量争取同一个时期在议会里进行质询，以使抗议显得全面而一致。执行局决定这一质询应在 11 月份的最后一个星期内进行。有些国家的议会不在这个时期举行会议，我们要求可在这个时期提呈质询书。同时也请你们告知对抵制英国船只问题的看法。如果是有总工会组织的，就请你们在这

① 1901 年 8 月 12 日，社会党国际局书记处在德兰士瓦事件的问题上曾向国际所有成员党发去了这样一封信：“德兰士瓦发生的事件正引起了公众的敌意。比利时的报纸表示希望看到国际社会主义运动进行干预，以制止在南非共和国实行的野蛮统治。特别是有人建议举行一次国际社会党人代表大会或者召开一次一般性的会议来研究这个问题。也有人这样认为，英国社会党人的干预，特别是英国工人阶级举行一次总罢工，将对英国的公众舆论发生强有力的影响。”在这同一封信中，塞维告知：“比利时工人党总委员会同意在伦敦召开一次国际社会党的抗议大会的建议。”

关于这个建议，大部分代表都表示了保留意见。一个月以后，1901 年 月 10 日，塞维又向他们发出了下述内容的信：

“通过我们最近几个星期来在《人民报》上刊载的《社会党国际公报》，同时我们也给所有的代表们都去了信，你们了解了各国社会党人对国际社会主义在英国—南非战争问题上进行干预的看法。

总的意见是认为，对这次冲突的干预应该不仅限于针对英国，而是应该包括所有别的国家。一致的意见是认为，国际局应该发动一次普遍性的会议，反对所有那些所谓文明国家从事的掠夺抢劫、屠杀人民的战争。所以希望每个国家的社会党能够在同一个日期，在各国的主要城市组织召开反对欧洲军国主义的大会。为此，我们征求你们对这两项建议的意见，并且希望知道你们是否能在 10 月份的下半个月组织这些大会，力求发起一次广泛而普遍的运动。

如果能办到的话，我们就将在 10 月初发表宣言，但是在这之前，我们先把宣言寄给你们。”社会党国际局档案。

个问题上征询一下总工会的意见，也征询一下码头工人和海运工人工会的意见，最后也可以征询一下所有工会的意见。

最急切地等待着你们的回音。

书记　维·塞维

社会党国际局

1901 年 10 月 25—30 日于布鲁塞尔举行会议，有若干代表参加。

利用恩里科·费里和安德烈亚·科斯塔两位社会党国际局委员来布鲁塞尔的时机，社会党国际局特在布鲁塞尔人民之家举行了一次会议。会议提出了一个意见，建议每半年或在更短的时期内召开一次国际局会议。为此特别要求德国、英国、荷兰、法国等邻近比利时的国家给予协助。我们正向各国征询有关这个建议的意见；如果能得到同意，执行委员会认为，必定会使我们国际的活动更具活力。会议建议国际局的下一次会议可在圣诞节的假日内召开。

会议还决定：

1. 在年终公布一个有关书记处工作的报告。[①]

2. 在明年年内发行一本介绍近 10 年来各国社会党和工人组织力量的发展情况，有关社会主义运动的书籍。[②]

3. 汇编发表国际社会党人巴黎（1889）、布鲁塞尔（1891）、苏黎世（1893）、伦敦（1896）、巴黎（1900）等历次代表大会的决议

---

① 该报告以复写方式刊出。

② 该项计划未实现。

文件。①

也有人向国际局提出了关于抗议南非集中营的建议。在把这个建议作为国际局全体成员的建议提出之前，我们决定派维克多·塞维去英国，以征询英国社会党代表们的意见。

在星期六晚上举行了第二次会议，国际局书记已从伦敦返回，汇报了他的任务。书记会见了海德门、奎尔奇、李等社会民主联盟的同志们，以及独立工党的兰妮〔？〕和基尔·哈第的秘书玛丽·麦克弗森。

在谈及抗议集中营的问题时，英国社会党人一致表示同意这个建议，同时也指出应该对欧洲和美洲所有国家在侵略战争中所犯的残暴罪行表示抗议。

在抵制英国船只问题上，他们对这一想法表示同情，但是认为英国的资本主义装备太优越，所以对建议采取的方法表示怀疑。

在这次会谈过程中，海德门表示，从官方的统计资料数字中可以看出，英国的经济正陷入全面的衰退，英国面临着极为严重形势的威胁，因此比过去任何时候都需要工人们的各种力量在社会主义阵地上进行协调。

国际局会议愉快地接受了英国同志们的声明。目前英国同志们正不断地在他们的报纸上，并运用传单和各种集会，对帝国主义政策提出抗议。

已经决定发表一个宣言，内容提纲已经拟就。将在最短的时期内向各国征询关于宣言内容和对抵制英国船只问题的意见。

会议向瑞士和德国的工人党发去了唁电，向不久前逝世的福凯和舍

---

① 以《国际社会党人代表大会。议程和决议》为书名，由社会党国际局出版，布鲁塞尔，根特，人民印刷厂，1902 年。

恩兰克博士两位同志致哀。

　　也向死者的家属发了唁电。

9
谴责南非集中营的宣言①

（1901 年 11 月 13 日）

致各国工人党

　　1899 年 7 月，海牙会议的代表们曾经声明必须裁减军备，并且向各国人民庄重地保证，要在战争期间遵守基本的人道主义准则。

　　也许从来也没有任何正式官方的声明和诺言曾经如此公开而迅速地遭到违犯！

　　战争预算正在不断加大。海军费用更是漫无节制地在增长。开往中国的远征军表明，人道的公约所值几何？追逐利润的疯狂性放任军国主

---

　　① 这一宣言在国际和亨·海德门之间引起了一次激烈的争执。正如一位历史学家所指出的："海德门的民族主义导致他支持这次战争。"海德门受到指责后，研究了有关其他殖民主义国家的文件，试图用一个一般性反对殖民主义的动议来转移对这一纯粹是英国问题的注意力。（见贝亚莱的文集第48 页）海德门在一个月以后召开的社会党国际局第一次会议上提出了这个动议。

义对无力抵抗的人民逞凶肆虐。在亚美尼亚①，在菲律宾②，人们正在大肆杀戮。

最后，英国政府在南非违犯战争规则条例的行径是一种犯罪，至少也是纵容犯罪。如果其他国家的政府在类似的情况下，没有和英国政府一样犯下相同的罪行，因而应和英国政府一样负有相同的责任的话，早就应该起来反对英国的这种罪恶行径。

两年以来，为了摧毁南非殖民地人民的抵抗，英国帝国主义无所不用其极：焚毁村庄，扫平庄稼，从而使整个地区成为沙漠，违反战争常规强迫老百姓宣誓，实施长时期的封锁。这些老百姓所犯的唯一弥天大罪就是因为维护了自己的独立。［原文如此］英国帝国主义的所作所为已经引起了全世界良知的抗议。

但是，这一切并不足以灭绝奋起抗争的战士；因此，为了赶尽杀绝，不让殖民地的人民存有任何希望，帝国主义不惜运用饥饿、寒冷和疾病去摧残妇女和儿童，力图要把整个种族扼杀在萌芽状态。

1901 年 6 月，南非妇孺苦难基金会的代表埃米莉·霍布豪斯小姐③揭发了德兰士瓦和奥兰两地集中营的可耻罪行和苦难，引起全世界的震惊和愤怒。

在这些揭发材料的冲击下，人们原本以为制造这样骇人听闻的罪行的刽子手们应该有所收敛，采取必要的措施，以求弥补；但是，从提交

---

① 参见第 7 号文件。

② 参见 1901 年 10 月 3 日及连续数天的《小共和国报》。

③ 埃米莉·霍布豪斯，和平主义者。她为南非所发生的种种敲诈勒索的暴行而感到震惊，因而决定在 1900 年 9 月亲自去南非了解情况，进行援助。为此，她曾创立了绝对非政治性的"南非妇孺苦难基金会"。有关她的行动的详情，请参阅她的著作《战争的冲击和它的失败》，伦敦，梅休因，1902 年。

英国议会有关集中营死亡情况的月度报告中，可以看出刽子手们丝毫没有悔过之意。

下面所列出的数字表明，死亡远没有稍加减少，而是正在逐月增多：

	被关进集中营的总人数（白人）	死亡人数	1900 年度死亡人数
6 月	85410	777	109
7 月	93940	1412	180
8 月	105347	1878	214
9 月	109418	2411	264

情况就是这样，在英国本土城市中，年度死亡率很少有超过 15‰—17‰的，而在集中营的年度死亡率则是 264‰！

为数 35000 名儿童中，最近 9 月份的死亡率是 456‰。

如果这样的情况再持续一年，儿童将死亡 23000 名！如果再继续两年零三个月，那么所有这些不幸的孩子就将死绝！

然而，应该指出，英国政府是曾经签署了 1899 年 7 月 23 日公约的，该公约载明：在战争情况下"人和家庭权利，个人的生命……应该得到尊重"。

集中营的死亡率超过一般平均死亡率 20 倍，有人妄图把原因归之于战争所引起的不可避免的自然后果，这是枉然的。比勒陀利亚领事团委员会不久前公布的一个报告，彻底而毫不留情地驳斥了这种胆大妄为的推诿之词。

报告切实指出，这种不正常的死亡率是由于以下种种情况所造成的：

（1）由于被从村庄中逐出，致使南非殖民地人民的家庭陷于苦难、贫困而又遭到掠夺。（2）分配给他们的食物经常是量少而质差，儿童们的食物从各方面来说都是不适宜于孩子们食用的。（3）夜间气温下降极大。（4）生活在帐篷底下，一般健康人的御寒能力尚嫌不足，残疾人员更是遭殃。（5）没有衣服和被子。（6）对伤残人员的救援不足，药物供应状况极端恶劣。（7）集中营缺乏医务人员。

因此，无可否认，集中营中的惊人死亡率应该追究为一种法律上的失职罪行，或者则可以斥之为是一种经过周密安排的罪恶的预谋。

面临这样的事实，国际社会民主党不能无所作为。

我们应该声援正在英国为维护人道而斗争的同伴们。

我们应该促使各国政府进行干预，拯救南非各地人民中间尚能拯救的人们，或者迫使各国政府发表声明把南非殖民共和国排除出海牙会议。各国政府同意把南非殖民共和国列入文明社会是可耻的。

最后，我们应该再一次地揭露殖民政策和帝国主义政策所必然造成的无数灾难和残酷暴行！

"各国社会党议员应该对他们政府所采取的态度提出质询，要求制止南非战争的种种暴行，特别是必须制止用饥饿和匮乏大批残杀关在集中营里的妇女和儿童。"

为了使这篇宣言在国际上具有行动一致性而显得更为坚决有力，各国社会党议员们的质询要求尽可能地设法在同一天进行，总之请尽量设法靠近1901年11月26日星期二这一天。

凡不能在议会中采取行动的国家，我们建议这些国家的社会党在这同一天组织召开群众性大会，议程是："南非战争和集中营"。

社会党国际局各国代表：

德国：伊·奥尔和保·辛格尔

英国：亨·海德门和哈·奎尔奇（临时代表）

奥地利：维·阿德勒和斐·斯卡雷特

比利时：爱·安塞尔和埃·王德威尔得

保加利亚：C. 波兹维利耶夫和 G. 布拉涅科夫

波希米亚：安·涅梅茨和弗·绍库普

丹麦：J. 延森和彼·克努森

美国：麦克斯·海斯

法国：让·饶勒斯和爱·瓦扬

荷兰：特鲁尔斯特拉和亨·范科尔

匈牙利：雅科布·韦尔特纳和厄·格拉米

意大利：恩里科·费里和菲·屠拉梯

挪威：奥拉夫·克林根和 A. 哈瑟兰

波兰：鲍·延德热尤夫斯基和凯·沃伊纳罗芙斯卡

俄国：波·克里切夫斯基和格·晋列汉诺夫

阿根廷共和国：阿·康比埃和安·科斯塔

瑞士：菲尔霍尔茨

瑞典：卡·纳·卡尔松和 K. M. 西斯尼茨

書记：维克多·塞维

10

社会党国际局第一次会议记录[①]

（1901 年 12 月 30 日，布鲁塞尔）

议　程

1. 确定组成社会党国际局。

2. 关于财务情况和书记处的工作报告。缴纳会费。

3. 贯彻执行巴黎代表大会决议。

4. 创办国际公报。

5. 为和平而召开的历次国际工人会议。

6. 1903 年阿姆斯特丹国际社会主义者代表大会。

7. 帝国主义政策。

汇　报

社会党国际局在埃米尔·王德威尔得公民的主持下于星期一上午在布鲁塞尔人民之家举行了第一次会议。

---

① 我们发表的是 1901 年 12 月 31 日《人民报》第 1 版上刊载的会议记录。在不少问题上，《前进报》上发表的有关会议的消息记载得更加全面，特别是考茨基的记录最为详尽；考茨基和特鲁尔斯特拉两人是当时的会议书记。考茨基的笔记保存在国际社会史研究所他的档案中，文件 G3。

出席人员：英国：海德门和奎尔奇；法国：瓦扬和热罗-里沙尔①；德国：考茨基和辛格尔；荷兰：范科尔和特鲁尔斯特拉；波兰：凯瑟琳·［沃伊纳罗芙斯卡］；俄国：普列汉诺夫和克里切夫斯基；美国：G. D. 赫伦；比利时：安塞尔和王德威尔得；阿根廷：康比埃；书记：维克多·塞维。

参加会议的还有意大利、丹麦、奥地利和西班牙等国的代表。

会议立即正式确定了国际局的成员。

英国放弃了原由社会民主联盟代替独立工党占有的那个代表席位。国际局将于 1 月份在伦敦召集英国社会党的两个派别举行一次会议。

美国将由哈里曼代表社会党，并将为社会主义工人党留出第二个席位。

其他国家均无任何争议。

关于候补代表，国际局将以临时人员、暂时性人员和特邀人员等名义接纳他们参加会议。

会议要求各国社会党指派一名通讯员，如有两个派别的则指派两名。

必要时可由各国代表本人担任通讯员。

致瑞士社会党人的信

执行局建议为福凯②的逝世致信瑞士社会党，表示哀悼。

---

① 热罗-里沙尔替代了让·饶勒斯，饶勒斯当时未能出席会议。

② 阿洛伊斯·福凯，瑞士社会党的一位领导人，议员，社会党国际局代表。

反对普鲁士对波兰的压迫

随后国际局一致通过了由考茨基和辛格尔提出，并得到凯瑟琳·[沃伊纳罗芙斯卡]①、瓦扬以及俄国代表支持的下列动议：

"社会党国际局于 1901 年 12 月 30 日在布鲁塞尔召开会议，谨以各国社会主义无产阶级的名义，对普鲁士在波兰实行的日耳曼化政策表示最强烈的抗议。普鲁士不惜以最野蛮的手段强迫波兰人民放弃祖国语言。

国际局同时也揭露各国领导阶级的伪善和两面派面目。它们对英国在德兰士瓦的野蛮行径非但不表示足够的义愤，而且另一方面还允许并鼓励它们的政府对在德国的波兰人采取令人愤慨的压迫政策。

国际局支持波兰工人阶级向社会民主党寻求保护，以反抗对他们的民族文化和民族精神的迫害，并寻求摆脱经济上的附庸和依赖。支持波兰工人阶级以全力争取社会主义的胜利，只有社会主义才能为波兰带来完全的自由，带来物质和精神上的平等。"②

书记接着就国际局的财务情况作了说明。

截至 12 月 20 日，已收到党费总数达 3555.74 法郎，目前的开支费用则是 1600 法郎左右。

随后书记又作了书记处 1901 年度的工作报告。

---

① 见《沃伊纳罗芙斯卡文稿》。

② 该决议文稿由罗莎·卢森堡起草，出于她 1902 年 1 月 3 日致约吉希斯-梯什卡的信中。参见《来自战场》1964 年第 4 期，第 306 号文件。罗莎·卢森堡在 1900 年波兹南出版的一本《保卫民族特点》的小册子中，猛烈地揭发谴责了普鲁士统治下对波兰实施的日耳曼化政策。

　　计有22个国家参加了社会党国际：英国、德国、奥地利、阿根廷、比利时、波希米亚、保加利亚、丹麦、美国、西班牙、法国、荷兰、匈牙利、意大利、日本、挪威、波兰、俄国、瑞典、瑞士、塞尔维亚。

　　一年期间曾发表了好几个宣言，其中最重要的有四件：第一件是俄国的大学骚乱事件①，第二件是五一节的一般性宣言②，第三件是亚美尼亚事件的宣言③，第四件是反对集中营的宣言④。书记处发动了几次各国议会的质询行动，并在好几个国家组织了公众集会。⑤

　　书记处汇编了巴黎（1889）、布鲁塞尔（1891）、苏黎士（1893）、伦敦（1896）、巴黎（1900）等历次国际代表大会的决议文件，并准备出版。⑥

　　在布鲁塞尔的《人民报》上不定时地出版了《国际公报》，刊载国际局收到的有关社会主义运动的各种通讯。至今该公报已出了27期。⑦国际局经常接受有关工人问题、社会立法、工人运动等各方面的咨询。

　　书记处的文件档案不断得到扩充、丰富，我们已存有世界各地大部分的社会主义报刊、历次国际社会党人代表大会的会议记录、各国工人党出版的小册子、各国劳工局和劳工部出版的刊物。书记处目前正在汇集最近25年来欧洲和美国工人运动的有关统计数字：工会组织、政治团体、选举、报刊等。准备出版一部关于19世纪末叶社会主义发展情

---

① 参见第3号文件。
② 参见第4号文件。
③ 参见第7号文件。
④ 参见第9号文件。
⑤ 法国、德国和英国当时的社会主义报刊提供了有关国际局发表的这些第一批宣言所引起的各种反应情况的资料。
⑥ 以《国际社会党人代表大会，议程和决议》为书名出版。
⑦ 详细情况见《第二国际》第285页。

况的文献。①

工作方法

辛格尔和瓦扬两位同志祝贺国际局获得的第一批工作成绩。辛格尔同志认为，书记处不能要求各国的行动都采取同样的方式方法②；议会质询、公众集会和示威等行动并不是经常都能做到的③；他补充指出，如果有社会党没有不折不扣地完全按照国际局的决议行事，并不是无纪律的行为；这是一个地点和环境条件的问题。他的意见是，国际局应该是一个收集资料情况的中心，一个能为各国社会党提供它们所需要的文件和材料的指导者。

瓦扬同志认为书记处做了工作，应该受到表扬。他声明应该由每个国家自己选择行动的方式方法。④ 他要求工业危机和失业应该成为国际局关心的问题，同时他也希望国际局关心注意各种社会问题。

---

① 这个计划未实现。

② "辛格尔同志完全赞同比利时同志们的积极性，但是他希望国际书记处还是应只限于在有必要的地方建议采取国际性的行动，而让各国自己选择行动的方式。"（《前进报》）

③ 《前进报》为辛格尔的这一意见作了补充说明："在奥地利，皇家议会并不是必须讨论各种对外政策问题的；在德国，往往是在讨论预算时解决问题更有效，而不是向政府提出它会给予回避的质询……"

④ "瓦扬支持辛格尔的意见，并且在关于他不同意议会策略的问题上补充了政治方面的不同意见，认为考虑不同国家的不同条件，只有在某些情况下经过严肃讨论后才能采取统一的国际性行动。"（《前进报》）

会议同意并通过了维·塞维同志所作的财务和道义问题的报告。①

会议决定用小册子的形式出版自 1889 年到 1900 年历次国际社会党人代表大会的决议文件。②

会议决定 7 月份在布鲁塞尔再次召开会议。③

第一次会议在上午 12 时 45 分结束。

下午的会议

第二次会议开始后，国际局审查研究了下列问题：巴黎代表大会各

---

① 实际上，无论是正式记录和《前进报》都没有介绍书记处活动报告所引起的原则争论情况。根据考茨基的笔记，辛格尔的意见是限制书记处在政治方面的主权。辛格尔曾声明："书记处不应该领导，而是提供情况。"而瓦扬则不赞成国际行动的空洞抽象，要求重点放在各国党的具体斗争上，每个国家"应该根据它们自己的体制行事"。所以在南非问题上，他认为应该由英国人负责行动。

王德威尔得在塞维的支持下，指出国际局的处境是微妙的，在某些情况下，只有国际性的行动才是有效的。而另一方面，由于各国党内部出现的分歧，又使国际局的任务更加复杂。《前进报》对王德威尔得的发言作了这样的报道："（他）指出了国际局的微妙地位，有些人认为它（国际局）行动得过分了，有的人则认为做得不够，而国际局只有在得到各国国际局委员的同意后才能采取干预行动。"

法国代表热罗-里沙尔提出了一个关于各国成员党必须采取国际性行动的规则的决议案，同时声明他的用意并不是要批评国际局的行动。法国代表的决议提案被否决。沃伊纳罗芙斯卡提了一个问题："社会党人搞对外政策，会不会有危险。"

② 《前进报》还提到了另一个决定："放弃建立大型的国际性档案，但是所有各国都保证经常按时给书记处寄送各国党领导机构的报告和中央机关报。"

③ "关于国际局定期召开会议的问题讨论了很久，因为有些人希望会议更频繁一些，而德国代表则要求一年一次。会议最后确定下次会议在 7 月份召开，在 7 月份的会上再确定以后会议的日期。"（《前进报》）

项决议的执行情况。①

　　国际局决定抓紧敦促各国社会党议员代表注意反映码头工人和海员工人的要求，请他们把这些要求形成立法提案。

　　辛格尔指出，德国帝国国会已在对问题进行讨论，但是尚须一定时间才能得到解决。②

　　塞维、王德威尔得和特鲁尔斯特拉等同志还附带提到，各国社会党议员如能将有关工人和社会的议会立法文件提供给书记处，这将是很有用的。

　　关于五一节，国际局委托书记处发一个宣言。

　　国际局临时指定了各国社会党议会委员会的成员③，辛格尔代表德国；德让特和马里于斯·德韦斯代表法国；王德威尔得代表比利时；范科尔代表荷兰；基尔·哈第代表英国；安德烈亚·科斯塔代表意大利；并请奥地利、瑞士、丹麦、保加利亚、匈牙利、波希米亚等国指派代表参加这个委员会，委员会附属于国际局。

无产者争取和平

　　关于国际工人争取和平会议的问题，暂时由该问题的提案人瓦扬从

---

① 这里是指 1900 年 8 月巴黎国际社会党人第五次代表大会通过的各项决议。

② 考茨基的笔记更为详细，记载了瓦扬的一个发言，介绍法国社会党人为通过海员安全措施所采取的行动。

③ 关于这个问题，1902 年 1 月 1 日《小共和国报》发表的会议记录说得更清楚："将由各国社会党议会党团或议会小组的书记组成一个各国议会委员会。"

议程上收回。瓦扬声明书记处仍然应该关心注意这个问题。①

国际公报

决定用法文、英文、德文，荷兰文创办一个国际公报②：要求德国的《新时代》、法国的《社会主义运动》、荷兰的《新时代》、英国的《社会民主党人》、比利时的《社会未来报》等刊物经常定期转载。在此期间，《人民报》将继续刊出该公报。③

关于实用的资料方面，要出版一本专用的小册子，提供各国工人组织的名单、各国社会党议员名单等情况。④

关于下届代表大会

下届代表大会将于 8 月中旬在阿姆斯特丹举行。⑤ 名称为国际社会

① 1900 年 12 月，英国工会代表团访问了法国工会和法国社会党，并向法国工会和法国社会党呈交了他们在海德广场代表大会上通过的表示和平友好团结的声明。在此事以后瓦扬曾向执行委员会建议，研究"是不是有必要由社会党国际局有次序地组织这样的代表团……特别是社会党的代表团前往各国首都，以这种方式反对战争要求和平"；瓦扬认为，"这可能是进行社会主义鼓动和国际性组织活动的最有效的方式之一"。见 1900 年 12 月 25日瓦扬致塞维的信。社会党国际局档案。

② 按照 1902 年 1 月 1 日《小共和国报》发表的会议纪录："将向各种社会主义刊物发一个号召，请它们接受书记处的通讯文稿。书记处负责定期出版一个国际公报。"

③ 按照《前进报》的报道："关于国际局出版刊物问题，决定由各国社会党的领导机构指定在它们的杂志上转载。紧急的情况消息应在各国社会党的日报上发表。经验将证明这样做是否足够了，或者证明国际书记处出版一个刊物还是必需的。"

④ 这个小册子没有出版。

⑤ 决定由安塞尔和特鲁尔斯特拉在组织委员会中代表国际局。参见 1902 年 1月 1 日《小共和国报》。

党人代表大会。①

　　书记处将于明年1月份向各国工人党和社会主义组织发出通知，邀请他们出席大会，并要求他们提出希望列入大会议程讨论的问题。

　　关于参加大会的条件，上次由布鲁塞尔会议表决通过，随后在1900年巴黎代表大会上获得同意的各项条件当然仍然有效。②

帝国主义政策③

　　关于帝国主义政策问题，会议一致通过了下列各项决议：第一项决议是由海德门提出的，其内容是：

　　"社会党国际局再一次号召全世界社会主义者和非社会主义者的工人们，注意所有欧洲国家和美国所遵循的为资产阶级经济利益服务的帝国主义政策；

　　尽管有时一些国家和另一些国家之间存在着对立和敌意；但是总的说来，资产阶级在维持全世界的统治问题上仍然是采取一致的行动。

　　这一时期以来，英国在南非、美国在菲律宾所犯的罪行是最为突出的。而整个欧洲、美国和日本在中国所犯下的一系列不公正的血腥勾

---

①　"瓦扬同志建议应绝对限制在各社会党的范围内，但是他没有提出正面的动议，因为他只是为了要推动各国对这个问题进行讨论。"（《前进报》）关于这个问题也请参阅考茨基的笔记。

②　参见该决议的文稿。

③　关于这个问题，原文底稿非常简洁。然而按照《小共和国报》有关会议的专稿通讯，则提到"帝国主义的问题引起了极为令人感兴趣的讨论，对帝国主义的看法则是一致的……"考茨基的笔记比较清楚一些。实际上海德门事先作了一个声明，重申了他的立场，并且批评了社会党国际局的宣言（参考第9号文件）。海德门要求申斥不能只针对英国，而应涉及整个帝国主义。印度、古巴和菲律宾都是同一个帝国主义的牺牲品。对这个发言进行了一次短暂的讨论。在讨论中，瓦扬支持海德门的立场。

当，更使我们时代的历史留下了罪恶的印记；

资本主义的剥削给遭受奴役的人民留下了极其可怕的后果，英属印度的情况就是这样（由于英国在财政上勒索敲诈，使两亿人民全面陷于绝境）。爱尔兰、波兰、非洲和亚洲的情况都是一样，由于经济上的穷困导致这些民族在精神上的堕落；

领导阶级利用帝国主义和沙文主义来修补资本主义竞争所造成的破坏性后果，抵制日益壮大的社会主义力量。也就是在今天这样的时刻，各国的工人阶级正面临着一个险恶的危机的威胁；

社会党国际热烈号召全世界的工人们，绝对不要为资产阶级政客们的计谋和资产阶级报纸的谎言所愚弄。工人们应组成日益强大有力的阶级政党，在国际上联合起来，以废除资产阶级的特权。"

第二项决议是由普列汉诺夫和沃伊纳罗芙斯卡两人提出，并得到克里切夫斯基的支持，内容如下：

"社会党国际局谴责可憎的俄国专制政府。1901 年 5 月 7 日，彼得堡奥布霍夫工厂的工人在举行与五一国际劳动节有关的示威游行中，遭到俄国专制政府的又一次血腥屠杀。1901 年 9 月底，俄国专制政府又通过它的御用司法机关，判处 29 名因参加奥布霍夫工厂游行示威而横遭拘留的工人服劳役和徒刑；[①]

社会党国际局向英勇的俄国工人战士们致以兄弟的敬礼，对他们为反对沙皇制度而进行的解放斗争表示国际社会主义的热烈声援。沙皇制度是社会主义和民主的共同敌人。"

第三项决议是由俄国代表们提出并得到沃伊纳罗芙斯卡支持的，内容是：

---

① 关于奥布霍夫工厂的罢工，在俄国曾引起极大的反响。参见 D. 梁赞诺夫：《奥布霍夫事件。俄罗斯五一节资料》，彼得格勒 1918 年第 3 版；M. D. 罗扎诺夫：《英勇的奥布霍夫防御战》，列宁格勒 1941 年版。

"社会党国际局一致谴责俄国政府出于反动目的，破坏芬兰人民所享有的宪法，而最近又以教育部部长的命令，几乎全面禁止了俄国的犹太人进入高、中级学校。

国际局认为，我们更有义务反对后面这一个反犹太主义的措施，因为俄国的犹太社会民主党工人不知疲倦的活动是值得国际无产阶级的同情和钦佩的。"

关于帮助过国境问题

会议研究了帮助过国境的问题，委托书记处请各国工人党书记在每年年初交换各党有关党员的身份证。

会议收到一封来自匈牙利和另一封来自俄国农业社会主义联盟的信件，这两封信都谈到了 M. 帕奥利问题①的事情。主席对各国代表响应书记处的号召来了这么多人参加会议表示感谢，对会议良好的工作表示满意，并邀请各国代表参加群众大会。②

---

① 1902 年 1 月 1 日，《小共和国报》以"特约通讯员"的名义发表的会议记录中详细地叙述了这一事件（通讯员似乎就是热罗-里沙尔）："消息报道俄国农业社会主义联盟的一个声明，声明开除巴奥利的盟籍，因为巴奥利承认曾在一次革命事件中和警察局发生过联系。"该声明由波·克里切夫斯基于 1901 年 7 月转达社会党国际局。国际局会议的翌日，普列汉诺夫也向王德威尔得汇报了这一事件。见社会党国际局档案。

② 社会党国际局会议晚上闭幕时在人民之家举行了一次群众大会。王德威尔得、辛格尔、瓦扬、奎尔奇、海德门、普列汉诺夫、特鲁尔斯特拉和克里切夫斯基等人都依次在会上讲了话。

　　大会通过了下面的一个动议："在人民之家举行的国际群众大会认为，当今威胁着欧洲各国的工业危机是资本主义的生产特点——经济上的无政府主义所造成的必然后果。大会表示深信，这种经济上的无政府主义对无产阶级造成的无数痛苦，只有在生产资料社会化和国际社会主义取得胜利后才能结束。"（1901 年 12 月 31 日《人民报》第 2 页）

会议于 5 时 30 分结束。

整个会议在讨论问题的过程中意见非常协调一致。所有的决议都是一致通过的。

这是下次阿姆斯特丹代表大会的一个良好序幕。

11

1902 年五一节宣言

（1902 年 4 月 25 日，布鲁塞尔）

致各国的劳动者们！

当今的社会正在分崩瓦解，今后能向人类讲话的将唯有国际社会主义民主的声音，也唯有国际社会主义民主的声音才能为人类所接纳。

全球各地每天都发生着无数起事件。这些事件应在五一节前夕由社会党国际局加以记录整理，以便向劳动人民说明他们一年来的历程，并且再次向他们提出所应追求的目标。

五一节！这是无产阶级反对资产阶级社会制度的革命呼声！

五一节！这是劳动人民对俄国专制主义的抗议。俄国专制主义围剿科学，禁锢自由思想，杀害走向解放的工人，奴役芬兰人民。

五一节！人民对教廷和欧洲各国政府表示蔑视，蔑视它们可耻地听任可怜的亚美尼亚基督徒们横遭屠杀！

五一节！全世界无产者发出了复仇的誓言，他们反对南非战争，反对资本主义在远东进行可耻的偷盗、掠夺和杀戮的战争。

五一节！那些所谓的文明之邦派遣的资本主义远征军将遭愤怒的指责和唾弃：英国在奥兰和德兰士瓦，美国在菲律宾，德国在非洲，比利时在刚果，法国在马达加斯加，俄国在满洲里，荷兰在苏门答腊，整个欧洲在中国。

五一节！这是社会主义向军阀主义发出的宣战呼声！

五一节！成千上万失业工人满怀怨愤，他们在去年冬季受了饥冻。

五一节！工资收入者们将不分种族和国籍，为反对资产阶级的经济剥削和精神奴役而团结一致。

五一节！这是无产阶级对争取美好未来的不可动摇的信念！工人阶级要表达他们的意志，实现八小时工作日，争取他们的生活权利，更要坚定他们的理想：为了普遍幸福和世界和平而占有生产手段。

总之，五一节综合表达了全体劳动人民的所有各种要求和希望。

社会革命面临着高涨的资本主义势力，但伴随而来的则是无产阶级阶级觉悟的力量。

在英国，社会民主党人为反对南非殖民战争的沙文主义①而进行着卓越的斗争；另一方面，工人阶级正在逐渐掀起反对资产阶级的政治行动。

德国的同志们以无比的毅力领导着反对大地主政策的斗争。大地主们企图利用他们掌握面包的权利，通过新的关税税率，迫使人民挨饿。②

---

① "jingoïsme"一词是指英国在南非殖民战争时期表现的沙文主义。参见贝亚莱的上述文章。

② 在1901年吕贝克举行的德国社会民主党代表大会上，倍倍尔曾作过一个关于关税政策和商业协定立法草案的报告。社会党议员小组投票反对这一立法并发动运动反对该立法的灾难性后果。参见《1901年9月22—28日在吕贝克举行的德国社会民主党代表大会讨论文件汇编》，第284—291页。

在比利时、奥地利、瑞典，工人党担负着争取普选的任务，他们也正以无与伦比的勇气和坚韧，进行着顽强的斗争。

八小时工作日正成为罢工的争取目标。在组织起来的工人施加的影响下，并通过社会党议员的商谈，奥地利和法国的资产阶级议会已在这方面通过了立法。

工会组织在法国、德国、英国都有显著的进展。资本和劳动之间的冲突正日益明显地显示为规模巨大的阶级斗争。丹麦火车司机的罢工，阿姆斯特丹钻石工人的罢工，意大利铁路工人、马赛和热那亚的码头工人、克勒佐的五金工人以及巴塞罗那和的里雅斯特无产者的罢工等都足以证明这一情况。[1]

选举权的斗争表明社会主义在丹麦、在挪威、在美国、在荷兰、在保加利亚、在西班牙等国都有了不断扩大的进展。[2]

社会主义的活动天地在两个半球伸展；社会主义已进入了日本，并在加拿大和阿根廷得到发展。不仅仅是活动的面在扩大，而且景象令人鼓舞，社会主义保持着团结，特别是在瑞士、德国、意大利、匈牙利和其他地方，社会主义显得更为统一。

---

[1] 关于 1901 年法国的历次罢工，参见 1902 年 3 月 8 日《小共和国报》第 9458 号第 2 页。在某些工会会员工人遭到开除后，阿姆斯特丹的钻石工人举行了一次持续数月之久的罢工，参见 1902 年 3 月 12 日《小共和国报》第 9462 号第 1 页。巴塞罗那总罢工后，不少工人被监禁，议会在马德里为他们进行干预，参见 1902 年 3 月 13 日《小共和国报》第 9463 号第 2 页。关于丹麦司机的罢工和英国司机的声援行动，参见 1902 年 3 月 18 日《小共和国报》第 9468 号第 1 页。的里雅斯特宣布军事管制法，参见 1902 年 4 月 10 日《小共和国报》第 9491 号第 1 页。

[2] 1902 年 3 月 11 日《小共和国报》上发表的荷兰社会党书记处的报告指出："这一时期（1901 年 4 月至 12 月底）中最重大的事件是立法选举……社会党议员数字从 4 人增加到 7 人。"

到处拥护社会主义，反对资本主义社会的斗争从未停息从未休止：斗争所具有的国际场面和规模确属宏伟可观。这一斗争在达到目标之前还将经历许多考验，但是意识到自己命运的劳动人民，正在共同的行动中团结起来走向胜利。

向劳动人民致敬！

用示威、罢工来纪念五一节。

五一节万岁！

国际社会主义民主万岁！

社会党国际执行局

爱德华·安塞尔，埃米尔·王德威尔得

书记　**维克多·塞维**

12

抗议沙皇政府血腥镇压五一节运动的宣言

（1902 年 6 月 11 日，布鲁塞尔）

致世界各国社会主义工人党①

一年以前社会党国际就曾提请全世界注意沙皇制度侵犯科学和迫害

---

① 这篇宣言是在俄国代表们的要求下发出的，并以《俄国事件》为题在当时许多社会主义报纸和杂志上发表。

俄国无产阶级的一贯行为。

不顾所有各国工人阶级和欧洲报章对这种情况进行了激烈的抗议和愤怒的申斥，专制主义仍然继续统治主宰着俄罗斯。

所有一切通过组织或利用科学谋求改善命运、寻求工人阶级解放的人士都遭到监禁和残酷的折磨，甚至被集体屠杀。

社会主义报刊最近报道了俄国血腥镇压五一节的消息，社会党国际局的俄国代表克里切夫斯基和普列汉诺夫两位同志从来自各工人组织和其他团体的信件中证实了这些消息。

在维尔纳，哥萨克和警察驱散示威群众，杀死擎举红旗的旗手，并拘禁37名工人。总督冯·瓦尔把这些被监禁的工人鞭打直至昏迷，失去知觉。

在基辅，人们把参加游行的青年女学生加以拘留，强行脱掉她们的衣服，施加最令人愤慨的侮辱。甚至还成批地拘捕学生的母亲，强迫她们在警察面前指认自己亲生的儿子。

在波尔塔瓦，统治当局把进行反抗的农民驱进教堂，强迫举行弥撒后就对他们鞭笞毒打，直至昏死过去。

在叶卡捷琳诺斯拉夫的监狱里，政治犯由于不堪忍受监守人员的虐待，宁愿绝食死亡。

俄国社会主义民主工党叶卡捷琳诺斯拉夫委员会向社会公众舆论揭发了这些丑恶的暴行。①

在莫斯科的布特尔监狱里，由于野蛮虐待政治犯而引起了一次绝食

---

①　叶卡捷琳诺斯拉夫委员会把导致政治犯们进行绝食的非人道的监禁条件情况投寄《火星报》，同时还发表了一个宣言，要求释放政治犯。1902年6月1日《火星报》第20号第4页。

反抗（拒绝进食）。①

　　在敖德萨，示威者们遭到鞭挞；哈尔科夫的农民们受到和波尔塔瓦农民同样的严刑拷打。

　　"崩得"即立陶宛、波兰和俄罗斯犹太工人总联盟也发来了通讯，补充报道了沙皇制度所犯下的种种暴行。特节录几段如下：

　　"五一节示威游行照例在维尔纳举行，警察和哥萨克以他们一贯的残暴在街上用马鞭抽打示威群众。持红旗的旗手受到了凶狠的毒打，衣服被撕成布条，鲜血如注。当场逮捕了好几十个示威群众，在大街就遭殴打，然后被送进警察署。

　　但是，所有这些野蛮的暴行只是第二天演出的血腥场面的一个序幕。

　　早在游行示威开始之前，人们就已按照冯·瓦尔总督的命令，准备了浸泡在水中的麻绳捆。

　　5月2日，在警察局的马厩里执行了严刑拷打。莅场的是个由总督冯·瓦尔为首组成的刽子手小组，参加的成员有警察局长纳希莫夫、狱医米哈伊洛夫、警察署专员斯尼特科和孔切夫斯基、宪兵队长马尔蒂诺夫以及市政官吏齐布尔斯基和酷吏米洛夏。被捕的示威群众被挨个点名叫进去。

　　面带可憎的嘲笑，总督开始先向每个被捕人员祝贺五一节。然后，令人吃惊的是他一边拿起麻绳鞭子，一边问道：您几岁了？40岁，抽他40鞭。您呢？50岁。给他50下，依此类推。有一个大胆的被捕人员回答他已有100万岁了，于是就命人打他100鞭。因为失去知觉，就用

----

① 马尔托夫在一篇题为《地平线底下的塔楼》的文章中评论了各监狱里的绝食斗争，特别详细地叙述了被关在布特尔监狱里的600名政治犯的绝食斗争情况。《黎明》杂志1902年8月第4期第212页。

冷水浇他的头颅，等他苏醒过来又把他按倒在地，继续毒打……

　　医师的任务是计算受刑者所能承受的鞭数，冯·瓦尔总督则是监视鞭子抽打得是否有力：如果刽子手下鞭轻了一些，总督就宣布这一鞭不算数。

　　一直打到受刑者失去知觉。只要他能自己站住，就重新开始鞭打。为了加深侮辱折磨受刑者，等他苏醒过来后，刽子手就狞笑着让他看写着'五一节万岁！'字样的硬纸牌（这些硬纸牌是总联合会地方委员会在游行示威前夕散发的）。

　　擎举红旗的旗手和另外一个工人当场就被打死。"①

　　"崩得"委员会、波兰和立陶宛社会民主党维尔纳社会民主委员会、立陶宛社会党维尔纳工人委员会、维尔纳俄国社会民主党小组等组织，联合散发了1万份用俄文、犹太文和波兰文书写的揭发这一令人发指的酷刑的宣言，宣言中记下了罪责难逃的刽子手的姓名，宣言用这样几句话作为结束语：

　　"你们每一个人都将遭到报复的打击，你们的名字将永远被人诅咒！"

　　白色恐怖在俄国愈演愈烈，不幸的是维尔纳事件只是许多最为特殊的野蛮事件中的一件而已！

　　社会党国际深深地为俄罗斯工人们每天所遭受的暴行所激怒，号召公众舆论谴责这种丑恶的罪行！

　　我们深感痛苦并为此感动，谨向俄国工人们致以团结的敬礼！他们为了争取政治和经济的解放，进行着无比英勇的斗争！

　　我们呼吁：要求所有国家的社会主义工人党把杀害俄国工人阶级的

---

① 描述维尔纳屠杀事件的文章刊载于1902年6月1日《火星报》第21号第4页。

这种可憎的暴行公诸于人民大众，并且立即采取最适合于它们的办法向沙皇主义提出抗议，申斥沙皇政府在官方的言论中奢谈和平，而在实际上则是以真正的战争对待要求自由生存权利的老百姓。

社会党国际执行局

书记　**维·塞维**

13

号召各国工人和社会主义组织帮助社会党国际局汇编世界社会主义运动文献并建立有关档案的通报

（1902 年 7 月 16 日，布鲁塞尔）

同志们：

　　遵照巴黎代表大会（1900 年）的决议，社会党国际执行局希望收集有关各国工人和社会主义组织主要情况的材料，包括世界社会主义的一切事件、统计数字和各种资料。

　　国际局认为，这个工作是不可或缺的，因为各个方面都要求国际局提供资料，我们应满足这些要求，同时也是了解工人组织的指导方针和力量所必需的。

　　国际局认为，重要的是逐步深入地争取工人阶级对我们协会的信任。为此目的就需要用数字来证明各国劳动人民已日益更多地认识了我们的真理。

　　我们也认为有必要用经常定期发表的总的统计数字来说明我们宣传刊物的发展情况，我们成员不断增多的情况，等等。

　　由于这种种原因，国际局特向各工人组织（工会、合作社、劳工互助会、联合会）和各社会党的书记和活动分子发出号召，请他们填写这里附上的各种问答表格所提的问题和要求了解的各种情况。①

　　为了建立工人运动和社会主义运动的档案，国际局请求所有的组织和活动分子把他们出版的各种书籍、小册子、文献报告，都寄一册样本给国际局，以便遵照巴黎代表大会（1900 年）的决议，为建立社会党国际的图书馆打下基础。②

　　我们要求所有各国社会主义报刊最广泛地宣传国际局的这个呼吁。

　　请负责填写附上问答表格的同志们尽可能早地将答案寄回国际局。无论如何应赶在 1902 年 10 月 15 日以前。

　　注意：我们选了两个日期供作比较用，1889 年巴黎国际社会党人代表大会以后的最初几次代表大会的日期，1901 年为我们最近一次代表大会的日期。其他的日期，各国社会党和工人组织可以根据它们所具备的资料或按照它们成立的日期自己选择采用。

书记处书记　**维克多·塞维**

---

　　① 大部分成员党组织似乎都对这个调查表作了答复，但是我们在社会党国际局的档案中却没有重新找到这些答复。塞维曾将这次调查的某些情况材料在《人民报》和《社会未来报》上发表。

　　② 这个图书馆一直到 1906 年才最终建成，而在第一次世界大战后又失散了。参见弗里德里希·阿德勒在 1927 年关于社会党图书馆档案给 I. O. S. 执行委员会写的报告，该报告保存于国际社会史研究所第二国际档案。

14

社会党国际局第二次会议记录①

（1902 年 12 月 29 日，布鲁塞尔）

上午会议

国际局于 12 月 29 日星期一在人民之家召开年会。②

会议由埃米尔·王德威尔得主持，安塞尔和书记维克多·塞维两人协助。饶勒斯和白拉克两位公民代表法国；范科尔和特鲁尔斯特拉代表荷兰；阿德勒代表奥地利；辛格尔代表德国；海德门和伍兹代表英国；热罗-里沙尔代表阿根廷共和国；鲍·延德热尤夫斯基和凯·沃伊纳罗芙斯卡代表波兰；爱·安塞尔和埃米尔·王德威尔得代表比利时；波·金兹堡和波·克里切夫斯基代表俄国。

会议于 9 时 30 分开始。

国际局工作汇报

由维克多·塞维宣读了下列报告：

---

① 我们发表了社会党国际局档案保存的原稿。这批原稿和 1902 年 12 月 30 日《人民报》第 1 版上发表的会议记录是一致的。

② 起初这个会议订于 1902 年 7 月份召开，但是社会党国际局执行委员会在 6 月 14 日通知各代表，认为"这个会议似乎没有必要召开"，因而建议将它延到 12 月 29 日。

社会党国际局书记处的工作完成得没有像我们要求的那样：

1. 因为经费不足，我们没有能够付薪聘用专人从事这一工作。

2. 因为我们没有能够从各国社会党和工人组织那里得到我们曾多次请求他们寄来的资料。[①]

3. 因为我们在实际工作中遇到了由于语言、性格，有时还因观念不同所产生的各种困难。

4. 因为我们所要执行的是一个规模巨大的计划，为此我们应该确定方向。然而，我们书记处仍然尽量在可能的范围内实现了巴黎代表大会所希望做到的下列事项：

（1）收集了各种必需的资料；

（2）汇编了历次代表大会决议的说明性文献；

（3）在下次代表大会前两个月分发了各国社会主义运动的报告；

（4）对代表大会所要讨论的问题的报告作了一个总的概述；

（5）在有关购买力和普遍关心的问题上，以及有关各项重要的改革问题，我们都不定时地出版了各种小册子和宣言书，并且研究了各项重大的政治和经济问题；

（6）为推动各国无产阶级的国际性行动和组织活动，采取了各种必要的措施。

国际社会党委员会应该要求各国社会党议会党团组成一个各国议会特别委员会，以便在各种重要的国际性政治和经济问题上采取共同行动。这个委员会将附属于国际社会党委员会。[②]

国际局书记处将负责收集有关各国工人运动的书籍、文献报告等，以建立社会主义的国际档案。

---

① 维·塞维曾把收到的几个材料在《人民报》和《社会未来报》上发表。

② 这个委员会直到 1904 年才最终组成。参见《第二国际》第 341—342 页。

　　书记处的第一个任务是建立国际局。

　　21 个国家参加了国际局。有英国、德国、奥地利、澳大利亚、阿根廷、比利时、波希米亚①、保加利亚、丹麦、美国、西班牙、法国、荷兰、意大利、匈牙利、日本、挪威、波兰、俄国、瑞典、瑞士、塞尔维亚。

　　在 1901 年这一年中，我们在一些最重要的事件上发了好几个宣言：一个是关于俄国大学骚乱事件的②，第二个是一般性的五一节宣言③，第三个是关于亚美尼亚事件的宣言④，第四个是反对南非集中营的宣言⑤。我们曾在法国、比利时、英国、荷兰、意大利、匈牙利等国发动了在这些问题上对议会的质询，并且好几个国家为这些事件举行了群众大会。

　　国际社会党人巴黎代表大会（1889）、布鲁塞尔代表大会（1891）、苏黎世代表大会（1893）、伦敦代表大会（1896）、巴黎代表大会（1900）的决议文献汇编已经出版。⑥

　　《国际公报》曾不定时地在布鲁塞尔的《人民报》上刊出，转载国际局收到的各国社会主义运动的通讯。

　　国际局还经常接受各方面在有关工人问题、社会立法问题、社会主义运动等各种问题上的咨询。

　　书记处的档案正在丰富起来，我们已有世界大部分的社会主义报刊、各国社会党人代表大会的会议记录、各工人党出版的小册子、各国

---

① 波希米亚当时属奥地利。——编者注
② 参见第 8 号文件。
③ 参见第 4 号文件。
④ 参见第 7 号文件。
⑤ 参见第 9 号文件。
⑥ 参见第 10 号文件。

劳工部和劳工局的出版物等。①

国际局收集了近几年来欧洲和美国工人运动的各项统计资料：工会组织、政治团体、选举、报刊等，并正在准备一部关于19世纪末叶社会主义发展情况的有关文献。②

国际局第一次会议是1901年11月30日在布鲁塞尔人民之家召开的。

1902年一年中，书记处竭力在各国收集有关社会主义的资料和文件。

如果材料允许的话，书记处打算在明年（1903年）出版一部有关欧洲、美洲和亚洲各地社会主义和工人组织情况的资料文献。③按照5个月以前分寄给各有关团体、协会的调查表格，该文献的内容将包括：④

1. 一份关于社会主义运动自1889年巴黎国际社会党人代表大会以来发展情况的总报告；

2. 以各地的政治、工会、合作社等组织的形式来反映社会主义运动的力量；

3. 报刊及其他宣传机构的发展情况。这部文献的意图是用各种事实和统计数字来显示社会主义思想的发展壮大和普及。

像过去那样，书记处尽力回答有关各种问题的咨询：活动分子通讯地址，各种组织，工人居住情况，酗酒，选举，移居国外，劳动条件，罢工，立法，等等。

书记处收集了各国工会、合作社以及党的代表大会的纲领、章程、会议记录等材料。我们明天就可以出版各种社会主义报纸、杂志的名

---

① 关于这个问题，参见第19号文件（本卷第78页注①）。

② 参见第10号文件（本卷第34页注①）。

③ 该计划在1904年实现，参见《第二国际》№153，第191页。

④ 同上№138，第183页。

单，出版各国党的章程、纲领的资料，各国社会党有关市政方面的要求，许多国家工人组织的名单，以及许多国家议会提出的立法修正方面的资料。书记处还搜集了大部分与工人阶级有关的法律条文。

一年以来，书记处在比利时工人党的刊物《社会未来报》发表了有关世界工人运动和社会主义运动情况的极有文献价值的综述，包括罢工、选举、代表大会、报刊、组织、劳工立法、殖民化、劳动条件等。①

书记处目前已收到许多国家出版的社会主义日报、好多种书刊、20多种杂志、一些全国性工会组织的新闻简报等。

英国、法国、比利时、荷兰、瑞典、俄国、意大利、保加利亚、波希米亚、匈牙利等国的朋友们还给书记处寄来了他们各自出版的大量宣传小册子、木刻、日历、年鉴等。

书记处为筹备成立国际社会主义书籍图书馆而向各国出版商发出了呼吁，但成效不大。我们拟向各国作家们发出同样的号召，希望能有好一些的结果。

按照 1900 年代表大会的决议，书记处尽力通过各国社会党员，希望获得有关各国海员工人各种要求的材料，但至今尚未有什么结果。

书记处对一年来发生的各种重大事件并不是无动于衷的。3 月份，在国际局一位俄国代表的要求下，书记处发了一个抗议书，谴责俄国对芬兰的奴役；五一节时，书记处对欧美各国政府在资本主义的蛊惑下，对远东、非洲、古巴和菲律宾②实行的征服和掠夺的政策进行了申斥。

在海德门同志的要求下，书记处在这次会议之前，在国际政治问题上征询了各国代表的意见。这个问题将在我们这次会议上进行讨论。无须提请注意，大家都已看到资本主义在全球各地迅速扩张，军国主义在

---

① 一篇题为《国际工人运动》的专栏文章，由维·塞维署名。

② 参见第 11 号文件。

普遍蔓延滋长，到处存在着阶级斗争。美国的托拉斯正在全面盛行，并已扩及到古老的欧洲。关税战争，扩充海军，文明国家对远东、非洲的侵占，美国和欧洲即将发生的争夺，失业把成千上万的劳动人民抛向了街头，贫困在增长。这一切现象必然引起了各国社会党和我们的关注。

但是书记处的主要任务则是有条不紊、严肃认真地筹备组织明年的国际社会党人代表大会。

我们走访了荷兰的同志们，书记处可以向你们保证，代表大会的物质筹备将使我们所有的朋友们感到满意。我们已在 11 月 30 日发出的通知①中，用三种文字要求大家对议程提出补充。这一通知也将用德文和英文寄出。

关于参加阿姆斯特丹代表大会按团体征收 10 法郎会费的问题，几乎得到了所有被征求意见的国家的同意。

我们曾提醒各国社会党，必须在 4 月 1 日之前提供一份有关它们国家社会主义运动的报告。

因此，我们完全可以相信代表大会的工作正在顺利进行。

我们所要完成的是一个庞大、艰巨而又细致的工作，我们将努力以最大的忠诚、务实的精神和尽可能科学地去完成它。为做好这一工作，必须有所有各国组织的协助；我们需要所有国家提供确实而经常性的资料，迅速而频繁的合作。我们的事业是长期的事业，需要耐心的事业，是的，因为这是为了未来的事业。

为了这一事业的成功，我们需要大家的智慧，社会主义世界的全体活动分子的共同努力！

书记　　维·塞维

海德门批评了国际局执行委员会关于亚美尼亚事件发表的宣言，这

---

① 参见《第二国际》№ 137，第 183 页。

个宣言事先没有提交各国代表审议。

维·塞维否认这一点。宣言是经过每个国家的代表审议的。书记处只是重新执行了巴黎国际社会党人代表大会的一个决议。

没有经过社会党国际局代表的同意当然是不能发表任何宣言的。

阿姆斯特丹代表大会

辛格尔宣布巴黎代表大会曾决定下次代表大会将在阿姆斯特丹举行。如果这个决议没有变化，社会民主组织就准备向阿姆斯特丹派遣代表。不过辛格尔请求国际局研究一下这个问题，代表大会是否能延迟到1904年召开。

在德国，明年6月帝国国会将要举行重要的选举，普鲁士要举行县级的选举，州议会也有选举活动。再者，目前也并没非要在本年度内解决不可的紧迫问题。欧洲总的情况并不要求必须在1903年举行一次国际性的代表大会。

伍兹赞同辛格尔的建议。1904年，英国参加代表大会将显得更重要。从现在开始到1904年，英国工会大概将会重新活跃起来而有利于社会主义。

饶勒斯认为，代表大会延期不会有什么不利的影响。只是应该问一下荷兰社会党的同志们，他们是否已经为准备代表大会在1903年召开而付出了大量的费用。

特鲁尔斯特拉提问：作为执行机构的国际局是能够修正一个代表大会所作出的决议。他基本上认为代表大会如果在1904年举行，将会显得更为重要。在荷兰，工人工会方面也出现了重新靠近社会民主党的活跃现象。

阿德勒的想法是巴黎国际代表大会已经授权国际局。代表大会已不像从前那样必须频繁召开，因为以前除了代表大会之外各国社会党之间没有别的联系。

安塞尔强调，为了避免引起批评，有必要在辛格尔的建议上取得国际局的一致意见。代表大会作为盛大的国际性示威要比进行理论性的讨论更重要。而从示威的意义来说，1904 年将比 1903 年更为重要。所以应该把阿姆斯特丹代表大会延期举行。

辛格尔也讲了同样的意思。并不是指要表决，而是要取得同意。

特鲁尔斯特拉要求国际局只作出一个临时性的决议，由各国代表尽力去征求各国党的批准。

克里切夫斯基表示，对俄国社会民主党说来，代表大会延迟到1904 年也是有利的。

沃伊纳罗芙斯卡女公民代表波兰作了相同的声明。

塞维建议，为了国际代表大会的费用，每个参加者必须缴纳 10 法郎会费。

热罗-里沙尔要求呼吁各国组织慷慨捐助。

饶勒斯认为，不是代表们应该缴纳 10 法郎，而是代表小组缴纳 10法郎。

辛格尔认为，召开代表大会所在国家的党应在国际局的财政参与下筹备大会。

国际局表决：向荷兰社会党提供 8000 法郎，以筹备阿姆斯特丹代表大会。每个参加大会的代表缴纳会费 10 法郎。

饶勒斯就阿姆斯特丹代表大会延期的问题提出下列议程："**国际局与会代表相互说明、交换意见的结果，认为考虑到各国社会主义运动的情况，阿姆斯特丹代表大会延迟到 1904 年召开对国际社会主义是有利的。这一决定将提交各国社会主义组织批准，各国社会主义组织应在一个月内作出答复。**"

下午的会议

会议在下午 2 时 30 分继续举行。

海德门公民建议国际局每 3 个月召开一次会议，以使有组织的无产阶级更为积极地介入国际政治。会议就此建议进行了讨论。

阿德勒、辛格尔、特鲁尔斯特拉以及其他好几位代表从实践上对这个建议提出了异议。

另一方面，他们认为国际局在国际政治上只是应该把每个国家在这方面所作的努力协调起来，而不是起领导作用。

安塞尔、饶勒斯、范科尔、克里切夫斯基以及其他一些同志，一方面承认在实践上有困难，因而不同意海德门的建议；另一方面则又认为，社会主义民主党必须不仅限于作出内容含糊不清的决议，而且应该对各种国际政治问题进行更为深入的研究，以便无产阶级能更为实际而有效地介入各种国际性事务。①

---

① 在这次会议的两天之前，即 1902 年 12 月 27 日，饶勒斯在《小共和国报》上发表了一篇名为《国际代表大会》的文章。在这篇文章里，我们看到了他后来在社会党国际局会议上所作的发言的一些指导思想。饶勒斯在提到社会党国际局会议的主要目的是筹备下次代表大会之后，写道："我受法国社会党联合委员会的委托，要求代表大会的议程不要负担过多的数不清的问题。由于语种很多，每一个发言都必须经过翻译，这已使国际代表大会的进行增加了异乎寻常的困难。如果大家都一定要在 20 个或 30 个问题上发言，就必然会造成混乱，或者则是各个有关的委员会只限于作简略而空洞的报告，既不能明确任何问题，也不能解决任何问题。"饶勒斯认为，"继续坚持这样的讨论方法，将是非常危险的"，为了使讨论严肃而有成效，议程不能超过两个问题，社会党国际局的任务正是应该本着这样的精神行动，选择它所认为的最重要的问题。

代表们在社会民主党对欧洲各国议会当前议程中正在讨论的各种问题应抱什么态度的问题上展开了长时间的饶有兴味的讨论。特别是有关德英关系、海牙仲裁法庭的作用、俄国政策等问题。

讨论结束时，表决通过了饶勒斯提出的下列议程：

"国际局确认，所有国家的社会党和国际局本身都应对各种国际政治问题进行更为精确、更为经常的研究；

国际局认为，如果各国社会党在下次阿姆斯特丹代表大会上都能在国际形势上提出一个报告将是很有好处的，可以对那些足以危害和平的人民之间的成见或政府之间的相互勾结进行讨论，探讨解决矛盾和避免在民族之间发生冲突的最佳方案。"

议程获得一致通过。

海德门的建议（国际局季度会议）没有被采纳。

每年两次会议的决议仍然有效。

国际局下一次会议将于 1903 年 8 月初举行。

会议于 6 时 30 分结束。[1]

---

[1] 社会党国际局会议结束后，国际局代表和比利时工人党的活动分子晚上在人民之家举行了一次"内部会议"。王德威尔得、饶勒斯、辛格尔、特鲁尔斯特拉、阿德勒、伍兹、白拉克和克里切夫斯基等人都在会上讲了话。他们的发言摘要发表在 1902 年 12 月 31 日《人民报》上。除了王德威尔得和特鲁尔斯特拉两人外，所有人的发言都是谈他们国家的社会党在面对各自的国内问题上所采取的行动。也可参见 1903 年 1 月 1 日《前进报》。

15

关于各国社会党对下列问题所作答复的通告：社会党国际局对马其顿事件的干预和反对军国主义的斗争

（1903 年 3 月 26 日，布鲁塞尔）

亲爱的同志：

　　社会党国际局书记处曾利用机会向欧美两洲各国工人党征求关于马其顿问题和军主义问题的意见。因为已有不少同志要求我们进行干预①，同时亚历山德罗·斯基亚维又曾在《社会主义运动》上发表文章，建议各国社会党为要求裁减军队人员并缩短兵役期而采取共同行动。②

　　下面是关于第一个问题的答复：社会党国际局有否必要干预马其顿事件？如果有必要，则应在何种意义上进行干预？

　　塞尔维亚回答：欧洲报纸对土耳其老百姓的悲惨境遇进行了广泛的

---

① 1902 年 8 月，H. W. 李曾向社会党国际局指出，巴尔干半岛以及中国和目前形势应该引起社会党国际局的注意，并且建议发表一个宣言或者通过一个决议。这封信没有得到答复。李在 1902 年 10 月再次提出这个问题，并且强调："巴尔干半岛的事件表明形势是值得各国社会党加以注意的。"1902 年 10 月 18 日李致塞维的信（mi BIF，照相复制件）。

② 指亚·斯基亚维的文章《军国主义和意大利社会党人》，参见《社会主义运动》1903 年 2 月 1 日第 113 期第 221 页及续页。文中提到："为了配合这一行动，社会党国际局应该有所作为，然而不顾海德门和《前进报》的请求，社会党国际局却仍然无动于衷而默不作声。"

讨论，但是并没有在足够了解的基础上作分析研究。这个问题有许多理由应成为巴尔干人民社会民主运动所关心的问题之一，同时也是西欧社会民主运动应该加以注意的一个非常重要的问题；因为社会民主的原则是承认各族人民的民族自主权利。塞尔维亚社会民主党人认为，国际局进行干预是必要的而且是有利的，以支持马其顿和亚美尼亚获得完全的自主，而且也可能有利于遭受土耳其统治压迫的巴尔干半岛其他省份获得自治。

社会民主党人对英国入侵德兰士瓦事件采取的反对态度在这里同样是适用的，尤其是我们所处的情况更有理由这样做。我们认为目前这样的被动、消极状态是一种错误。

然而，如果国际局认为为了避免大的动乱，更好的办法还是只要求改革；那么就应该进行干预，要求实行比俄国和奥匈帝国所建议的那种更为激进的改革。而且主要的是应在各大强国的监督下实行这些改革。在这种情况下，我们建议应让你们了解那些是最必要的、不可或缺的改革。

为了避免任何可能发生的误会，我们有责任请求国际局在马其顿问题上不要作民族性的估计，即在这个国家里只有保加利亚人；马其顿人是各种民族的混合体：保加利亚人，希腊人，塞尔维亚人，辛扎尔人，犹太人，等等。

德国：为了支持马其顿人，伯恩施坦有意在帝国国会①作一次演讲。如果国际局作出决议，反对苏丹的专制主义，我们会同意，但是民

---

① 在 1903 年 3 月 20 日的帝国国会上，伯恩施坦发表了关于东方问题的演说，在同一时期，德普雷桑塞在法国国民议会上提出了马其顿问题。激进派议员、苏格兰学者詹姆斯·布赖斯则就这个问题向英国政府提出了质询。这 3 个演说都曾发表在《社会未来报》1903 年第 4 期第 140—147 页上。

主力量必须警惕俄国的专制主义。

　　英国（社会民主联盟）：反对国际局进行干预。[①]

　　西班牙：赞同国际局为支持亚美尼亚和马其顿受压迫的人民而进行干预。

　　法国（革命社会主义者联盟）：我们和你们一样，为马其顿和亚美尼亚事件对国际和平的威胁而感到忧虑。但是在这种问题上采取干预措施，我们认为应该让各国社会党自己考虑决定，而不要号召国际局进行干预。[②]

（续前注）　　在 1903 年 3 月 3 日《前进报》上发表的一篇文章中，伯恩施坦表明了德国社会民主党在马其顿问题上的立场。"在社会民主党的标记上刻有各国自主的字样，因而社会民主党对在民族自主旗帜下的运动不能不表示同情，但是仅仅表示同情的声明是管不了什么大事情的，南非殖民地人民的命运为我们说明了这一点。马其顿—保加利亚委员会当然应该知道它们具备的斗争手段，知道是否能从土耳其那里赢得理智……如果说各国反动权力当局的利益是维持既存的政治体制，那么对社会民主党来说，并不存在这样的利益，这种政治体制为混杂在一起的各族人民群众造成困难，并且使欧洲和平失去稳定……在这期间，各大国的社会民主党可以在每当问题行将出现的时候，以各种方法促使政府采取有效的措施，支持各民族的自由，结束当今存在的不公正的残酷制度，制止逮捕和杀戮。"

①　社会民主联盟是由奎尔奇作的答复，他写道："答复你的提问，我并不认为马其顿的问题须由社会党国际局进行干预。我们在那里只是简单地要在俄国和土耳其这两个专制主义之间作个选择。我的看法是俄国的专制主义更坏。

　　　关于军国主义的问题：当我们反对军国主义的时候，必须避免号召去支持资产阶级的'裁军'运动，这在社会发展的现阶段纯属不可能的事。不要去支持任何专门与此有关的示威或游行。"见奎尔奇 1903 年 2 月 27 日致社会党国际局的信，社会党国际局档案（照相复制，mi BIF）。

②　瓦扬以革命社会主义联盟的名义所作的答复全文如下："在一个有关反军国主义国际行动的相类似的提问中，我已经提前给了你答复，并曾再次告诉过你，经过在这个问题上的交换信件后，已经同时在法国议会（已有 8 年了），

荷兰：我们认为没有必要干预马其顿问题。关于土耳其在马其顿的暴行的传说太夸张了。这里面有各大国的阴谋。这使我们对究竟应该站在哪一方面采取行动产生了怀疑，任何表态都是不慎重的。

意大利：关于亚美尼亚事件，它在意大利没有引起反响。

塞尔维亚：我们可以向你们保证，罪恶正统治着马其顿和以前的古塞尔维亚地区，人们在灭绝非土族的居民。社会党有义务必须为遭受牺牲的人们说话。国际局应该为这些国家要求完全自主，要求生存的权利，要求所有的民族获得发展的权利。宣言应该尽早发表，因为一刻也不能再耽误了。

（续前注）　　在德意志帝国国会，以及我相信也在意大利议会中提出了立法建议，要求把常备军改变为国家民兵。我也曾向你说过，为什么和裁军建议相比较，我们更喜欢这个建议，同时我们也并不排除裁军的建议。这些建议提出后，一直在各国议会中进行审议。在法国，我们将利用参议院目前讨论两年立法的机会，再一次提出这个建议，并且不久就将转到国民议会。有如一切与社会党活动紧密有关的问题一样，反军国主义的问题是而且应该尽可能地由国际和国内同时处理的问题，而且也是国际配合行动的各种目标之一，社会党国际局的干预能够而且应该是有利的。但是，由于这个问题已经进入了有如我刚才向你重复提到的目前这样的情况，为了在继续过去的基础上再作进一步的努力，就应该不仅只是限于交换信件，而是应该列入下一次布鲁塞尔国际局会议的议程上进行讨论。

此外，在上次会议之前，就曾对国际局进行干预的领导和限度作出过规定，要求国际局更多地专门注意直接和社会主义有关的问题。

所以关于你们询问的马其顿和亚美尼亚问题，我们事先就已给了答复。我们和你们一样，为一切威胁着国际和平的事情感到担忧，我们同样反对这种凶杀和犯罪行径。我的好几个朋友都曾在公众场合和议会中表明了这一点。但是，对这种并不直接关系到社会主义的活动，而是以各种不同的名目关系到各国社会党的问题进行干预，我们认为应该让各国社会党自己去作出估计而自由决定，不必号召国际局去干预。"见瓦扬 1903 年 2 月 21 日致塞维的信。社会党国际局档案。

波兰：波兰社会党的一个派别声明反对国际局干预马其顿问题。我们的国际内部在这个问题上存在着巨大的意见分歧。问题是很复杂的。

匈牙利：马其顿问题与我们的关系最密切，因为我们这里的所有预备役人员（士兵）都已接到命令，必要时必须在 24 小时内去军团报到服役。我们国家的社会民主党当然反对这一动员。

英国（独立工党）①：关于亚美尼亚和马其顿问题，干预不能奏效，结果将是得不偿失。

我们同意的唯一建议是：各国社会党议员在议会中抓住一切机会促使他们的政府在这一问题上采取行动。

另一个关于社会党反对军国主义的行动问题，我们得到各国的答复情况如下：

在**德国**，没有为反对军国主义而采取特别的行动。我们的同志们始终在帝国国会里大力反对军事预算，并在投票中否决这一预算。此外，五一节在德国经常是争取和平的盛大示威。

西班牙没有专门反对军国主义的运动。西班牙社会党认为这个斗争是反对资本主义战争的一个方面。我们同意国际局应该考虑斯基亚维的建议。

在**法国**，曾向议会提出过一个立法建议（已有 8 年了），要求把常备军改变为国家民兵。这些建议再三提出后，始终在议会审查。我们的同志们将有机会在两年一度的立法案中再一次把它提出来。目前正在参议院中讨论，不久将重新回到国民议会讨论。

意大利议会以 269 票对 64 票否决了社会党议员提出的削减军事预算的动议。社会党曾在 10 月和 11 月组织了几次群众大会，反对非生产

---

① 是基尔·哈第以独立工党名义作的答复。信件的照相复制件存 mi BIF。

性的军国主义开支。现在又要发动行动了。由恩·费里、S. 德拉戈和 R. 索尔迪等人组成了一个中央委员会。目前这个委员会正在进行活动。

在**塞尔维亚**，社会党的报纸和团体都开展了反对军国主义的运动。军国主义对一个小国来说更是花费浩大的。国际局应通过各国社会党议会党团采取共同而有力的行动，争取削减非生产性的军国主义开支。

波兰社会党的同志们在议会中利用每一次讨论国家预算的机会反对军国主义，同时也运用其他的方法。例如，达申斯基曾在奥地利议会作了多次演讲，奥地利的波兰地区曾举行了多次反对军国主义的群众大会，在所有的波兰报纸上都有反对军国主义的文章，在波兰的三个部分都散发了一本专门宣传反对军国主义的小册子，华沙的地下秘密报纸去年发表了两次致新入伍士兵的宣言书。波兰同志并不认为国际局有必要按照斯基亚维所提要求的意思采取一次共同性的行动。

在**阿根廷共和国**，社会党有力地开展了反对军国主义的行动。在执行委员会的授意下发表了好几个宣言。在拉普拉塔举行的最近一次代表大会上，决定每年由社会党组织举行一次反对军国主义的示威行动。去年，在和智利发生的冲突期间，阿根廷社会党人在公共场所组织了多次群众大会，反对准备战争。部分是由于他们对当局施加了压力，致使那次冲突事件得以和平解决。当阿根廷社会党人在布宜诺斯艾利斯举行示威的那天，智利社会党人在圣地亚哥也同时举行了示威。

英国（社会民主联盟）：反对一切在资产阶级反军备运动意义上的反对军国主义示威。

法国（法国社会党）：反对军国主义问题有如其他一切与社会党活动密切相关的问题一样，是国际协作的目标之一，社会党国际局的介入能够而且应该是有益的。应该不仅限于交换信件，而且应该在下一次国际局会议的议程上提出讨论。

意大利：国际局应该在军国主义问题上采取一些主动创新行动。

　　英国（独立工党）：3 年来这个国家一直在南非进行战争。在这期间，独立工党通过集会，在报章上发表宣言和信件，不断地对当时充斥我们国家的军国主义激情进行抗议，表示反对。独立工党也曾提交了一个决议，应在下一届的国际代表大会上进行讨论。

　　当我最近经过巴黎和布鲁塞尔时，我［基尔·哈第］曾利用机会建议尽可能在世界各国议会同时采取行动，争取削减武装力量，为消除国际冲突而建立仲裁制度，以求达到废除常备军。毫无疑问，斯基亚维就是根据这个建议在巴黎的《社会主义运动》上写了文章。我要再次指出的是，这个问题应该在国际代表大会上进行讨论，并且作出决议，确定原则，并且授权社会党国际局加快促其实现。这样国际局就能够以代表大会的全部权威讲话并行动。

　　匈牙利：为反对军国主义，我们今年已经举行了两次群众大会，参加的人数达 1.5 万人。反对军国主义是我们这里当今最重要的斗争。因为政府要求为常备军增加 6.7 万人。3 月 22 日将在议会前再一次召开群众大会，同时还准备举行反军国主义示威。

　　依我们看来，反对军国主义最有效的斗争是在各国议会中进行的。所以，我们要求国际局邀请在议会中有代表的各国社会党在议会中开展最有力最坚韧的反军国主义斗争。

　　凡是上面没有提到的国家都没有给我们的征询作答复。

　　亲爱的同志，请接受我们友好的敬礼！

书记　维·塞维

　　当我们写完这个通告的时候，我们又接到了下面的几个答复：

　　保加利亚：我们认为马其顿问题是马其顿人民对自由和争取更为人道的生活的向往，因而是一个具有真正意义的文明问题。我们认为，国际社会民主党应该关心并要求在土耳其的欧洲各省份以及在巴尔干半岛建立和加强某些政治条件，以便使生活在欧洲这个角落的所有各族人民都能保持他们的民族独立。为了接受欧洲的文明，并成为欧洲文明在东方的先驱者，民族独立对他们是非常宝贵的。

当今的直接障碍就是土耳其，或者更确切地说是哈米德的政治制度。这个制度阻碍、排除了一切可能，不仅阻碍、排除了更正常的发展，而且排斥对生活作任何细微的改善。

以为不用触及明显受到欧洲列强支持的制度，而试图实现马其顿以及整个土耳其王国的和平和改革，那是错误的。苏丹的统一制度是组织完备的专制机构。土耳其奴役下的广大人民已成为苏丹的仆从和阿尔巴尼亚野蛮部落手中毫无抵抗能力而任意宰割的弱肉。土耳其本身也就成为永无终止的混乱和骚动的策源地。马其顿的起义运动并不是像欧洲某些人所认为的由于外界策动的结果，而是统治这个省份的不堪忍受的制度所造成的直接后果。生命财产毫无保证，专制暴政，腐败官僚的不受任何责罚的野蛮行径，对一些最有才智的知识分子的迫害，这一切都构成令人窒息的气氛并引起不满和武装抵抗。

令人遗憾的是，这种不堪忍受的局面却受到有关欧洲列强的一贯支持。站在最前列的就是俄国和奥地利。

明显的是，使土耳其欧洲部分省份以及整个土耳其王国处于混乱状态，对这两个有关强国是大为有利可图的。因为这样它们就可以利用正在为反对现行制度而斗争的马其顿人民的不满情绪，来实现它们的政治目的，满足它们的割据欲望。

毫无疑问，马其顿的这种不正常状态在附近的小国中也产生了反响，引起了它们的嗜欲，结果就使这些小国偏离了文明和社会发展的正常道路。

结束马其顿的混乱状态的唯一办法是把这个省份从奥斯曼帝国中分离出来，提升为一个自主国家。在这一点上我们是完全同意他们的。我们感到马其顿的非正常事态对巴尔干的社会主义运动构成了巨大的障碍。①

波希米亚：答复你们2月18日的来信，我特此告知你们，捷克斯洛伐克执行委员会支持社会党国际局在马其顿和亚美尼亚问题上进行干预。

我们支持建议提出的干预。尤其是因为我们捷克斯洛伐克自己也受到奥地利的压迫；作为多民族的国家，我们在实现治理、教育等有关的权利上遭受到许多苦难。

关于第二个有关反对军国主义的问题，我们认为在所有国家的议会采取共同行动是很困难的。因为各国议会并不在同一时期开会，而且并不是所有国家的社会党都在议会中具有足够强大的议会代表权，足以使这样的呼吁卓有成效。

我们在活动上已进行了有力的反对军国主义的宣传。自从苏黎世全球代表大会以来②，每年五一节我们都反对军国主义的税收。最近我们举行了多次群众大会，反对增加军队名额的计划，沙梅尔、达申斯基、希贝什等同志在议会发表的反军国主义演讲印发了数千份。舒迈耶尔公民在第一届议会会议上提出服兵役期限两年的建议，这个建议以209票对108票的比数被否决。在《斯鲍尼克·姆拉特索青年报》上，开辟了一个在青年群众中批判、谴责军国主义的专栏。我们还不时地召开各种青年的会议，宣传我们反对军国主义的纲领要求。

我们认为，反对军国主义的最有效的方法是教育年轻人憎恨军国主义的罪恶思想。如果所有的国家都进行这样的宣传，对我们事业的有利效果会比议会干预更强。③

---

① 这个文件是由 N. 哈尔拉科夫署名寄发的。社会党国际局档案。
② 确切的是指1893年8月在苏黎世召开的国际社会党人代表大会。
③ 这个文件的原稿是用德文写的，由涅梅茨署名。

16

要求释放在那不勒斯被捕的俄国社会党人郭茨并援助在荷兰总罢工中的受害者的建议的通告

（1903 年 4 月 15 日，布鲁塞尔）

亲爱的同志：

社会党国际局提请各国报纸和社会党注意阿根廷社会党关于新移民法案的通讯，该法案已在 4 月 12 日《人民报》上发表。

此外，国际局书记处现在把阿根廷社会党的信件寄给各国社会党的报纸。

俄国社会党同志郭茨在那不勒斯被捕，尚未获释。意大利社会党为从沙皇司法机关手中拯救郭茨作了极大努力，但至今仍未得到满意的结果。①

我们认为社会党国际局应该进行干预，请你们将对下面各项建议的

---

① 米哈伊尔·郭茨，社会革命党著名活动家，1903 年 8 月被指控为杀害西皮亚金大臣的凶手巴尔马舍夫的同谋而被捕，俄国政府要求引渡。郭茨被捕事件在俄国和意大利的社会主义者中引起极大震动（参见贝尔加马斯科：《关于俄国社会党人在那不勒斯被捕事件》，那不勒斯，博雷利，1903 年）。3 月 15 日各国社会党领导人之一鲁巴诺维奇赴罗马"向意大利社会党议会党团阐明指控郭茨的真相"。科斯塔、屠拉梯、费里 3 人一致应允意大利党将全力予以帮助。

普列汉诺夫于 1903 年 3 月 28 日致信社会党国际局告警，向王德威尔得提出要求社会党国际局进行干预，要求国际向欧洲无产阶级发表宣言，抗议这一逮捕。见社会党国际局档案。

意见寄给我们。

社会党国际局应该进行干预：

1. 写信表扬并鼓励意大利社会党的同志们；

2. 社会党国际局全体同志署名致函意大利政府，要求释放郭茨。

我们等待着答复。如果 3 天内得不到回音，我们将把你们的沉默视做同意参加。[①]

我们也提请各国工人党注意荷兰工人为抗议剥夺罢工权利的立法而发动的总罢工所遭受的失败。[②]

社会党国际局配合荷兰工人号召各国工人组织支援这次罢工的受难者。

我们希望这次也能引起像去年比利时总罢工时所表现出来的那种社

[①]　这个通告发出 3 天后，意大利社会党掀起了抗议浪潮，迫使政府拒绝引渡，郭茨不久即获释放。这一事件的反响极大。当时有人指出："郭茨事件成为社会党激烈活动的中心，结果是在意大利领土上禁止了莫斯科沙皇势力的延伸。"（参见 1906 年 9 月 30 日《俄国论坛报》第 30 页）另一方面，普列汉诺夫曾设想要求社会党国际局从这一事件中总结经验，发表一个反对沙皇制度的总宣言。他在 1903 年 4 月 25 日致王德威尔得，指出郭茨在意大利被捕不是一个孤立的事件，而且"俄国政府竭力设法在它的魔掌所能伸及的地方，到处搜捕政敌，类似郭茨的事件在德国和奥地利也屡有发生。我认为社会党国际局如能向各文明国家人民的公众舆论发出一个抗议沙皇制度这种策略的声明是会有好处的。号召要求各进步党派，不论是社会主义的或非社会主义的，一致反对这种一有机会就加以施展的策略。我认为这样的声明在道义上将是极好的"。这一建议没有得以贯彻，因为在俄国又发生了另一事件——基希讷乌屠杀犹太人的事件。社会党国际局为这一事件发了宣言。参见第 18 号文件。

[②]　指运输工人总罢工。关于这次罢工事件，参见 H. 戈特：《荷兰铁路工人大罢工》，《新时代》第 21 卷第 1 册第 652—656 页。特别参见 A. J. G. 吕特尔的主要著作：《1903 年荷兰铁路工人总罢工。荷兰工人运动的一面镜子》，莱顿，1935 年。

会主义的团结情谊。

捐助请寄给特鲁尔斯特拉，他是哈勒姆的议员。

谨致兄弟的友好问候！

国际书记　　维·塞维

17

社会党国际局关于纪念 1903 年五一节的号召

（1903 年 4 月 20 日，布鲁塞尔）

亲爱的同志：

社会党国际局邀请所有各国的社会党和工人组织以前所未有的盛大规模和热情来庆祝今年的五一节。

遵照历次国际代表大会的决议，国际局提请你们注意，所有国家和所有城市的社会民主党有责任在五一节这一天同时组织一次盛大的示威，并考虑以罢工为这种示威的最有效的形式。

国际局提请你们注意，五一节应该：

1. 为争取八小时工作日而进行有效的示威；

2. 明确承认阶级斗争，并且

3. 有力地表达工人阶级希望实现社会改造、实现国家和平的意志。

鉴于当今的形势，一方面是资本主义的扩张和发展，而另一方面则是工人组织力量的强大和社会主义力量的增长，因此重要的是国际无产阶级应在五一节统一掀起盛大的示威，以要求劳动人民的解放并把社会主义推向前进。

亲爱的同志，请接受我们兄弟般的敬礼！

书记　维·塞维

注意：请各社会主义报刊转载本号召书。

18

抗议基希讷乌屠杀犹太人事件的宣言

（1903 年 5 月 20 日，布鲁塞尔）

致所有国家的劳动人民！

报纸向你们报道了基希讷乌发生大屠杀的消息。① 抢劫、掠夺和屠

---

① 欧洲舆论为基希讷乌（比萨拉比亚）屠杀犹太人的消息所震惊。屠杀开始在 4 月 19 日东正教的复活节，在沙皇当局冷眼默许配合下持续进行了 3 天。屠杀消息传出，俄罗斯帝国境内的各社会主义党派代表们立即在伯尔尼组成了一个委员会，抵制、反击这种残暴的杀戮。特别是为了防止屠杀可能在其他城市、在"南俄、波兰和立陶宛等犹太人口极为稠密集中的地区"重演，该委员会委托普列汉诺夫、克里切夫斯基和凯瑟琳·沃伊纳罗芙斯卡等人"询问社会党国际局，［是否可以］呼吁国际社会主义无产阶级对基希讷乌所发生的惨绝人寰的事件加以注意"。在向塞维询问这个建议的同时，沃伊纳罗芙斯卡补充提到，她认为："这次干预的最适当的形式是发表一个宣言，申斥俄国政府的可耻行为，企图用反犹太主义的手法来转移人民的不满，同时彻底揭露一切种族和宗教仇恨的反动实质。"（见沃伊纳罗芙斯卡 1903 年 5 月 12 日致塞维的信，社会党国际局档案）塞维立即将此建议提交给社会党国际局的几位代表，获得了一致同意。如瓦扬的复电称："我的意见是以明确的社会主义和反沙皇的立场发表宣言。"见社会党国际局档案。

杀，疯狂残酷的暴行持续了两天，那些不幸的受害者的唯一罪名就是因为是犹太人。俄国当局和地方官员对他们没有给予丝毫的保护措施。而在对付工人和仅只是学生们的游行示威的事件，或者是为了剥夺芬兰人民几百年来固有的自由，这些俄国官员们的行动反应却又是何等迅速。

了解尼古拉二世政府手法的任何人都必然能看出，这些惨痛的事件**无非是一种震慑手段，同时也是对犹太人的一种报复**，其原因就是俄国的犹太无产阶级有了革命的行动。①

俄国专制主义企图挑起种族和宗教的仇恨，以转移普遍存在的不满情绪，并寻找借以把**生存受到威胁、争取解放的人民淹没在血泊中**。

我们向所有的劳动人民，向一切诚实的人士揭发、申斥这一臭名昭著的罪恶政策。

我们痛苦地怀念那些在沙皇走狗的枪口前倒下的人们，我们为这种丑恶的暴行感到义愤填膺。我们谨向文明世界发出最强烈的呼吁，要求制止这类万恶的罪行重演！

我们要向文明世界大声疾呼，因为我们怀有强烈的预感，**新的大屠杀正在准备中**。在俄罗斯的南方，在波兰，在立陶宛，在那些以色列人民十分众多的集中地区，基希讷乌事件随时都有可能重演！

劳动人民们！

如果各国政府不发表言论，不采取行动，你们就出来讲话，起来行动！如果各国政府已经不再存有怜悯之心，丧失了人性，那么你们就要**发出抗议之声，表达你们的愤慨情绪**！

---

① 这一思想曾在各种社会主义杂志的许多文章中得到发挥，例如沙尔·博尼埃：《关于基希讷乌大屠杀》，1903 年 7 月 5 日《社会主义者报》第 1 页；考茨基：《基希讷乌屠杀犹太人事件》，《新时代》第 21 年卷第 2 册第 303—309 页。

劳动人民们！

如果你们保持沉默，那将是有罪的。因为沙皇制度所打击的不是一个种族，也不是一种宗教，而首先是一个阶级。沙皇制度追逐的是要灭绝觉醒了的无产阶级！

你们亲自出来讲话，亲自采取行动吧！请你们高声斥责这种亵渎人性的万恶罪行！并请你们怀念人民的烈士们！①

社会党国际局

英国：亨·海德门，哈·奎尔奇

德国：伊·奥尔，保·辛格尔，卡·考茨基

澳大利亚：Ch. 埃尔

奥地利：维·阿德勒，斐·斯卡雷特

比利时：埃·王德威尔得

波希米亚：安·涅梅茨，弗·绍库普

保加利亚：格·基尔科夫，E. 达贝夫

丹麦：彼·克努森，J. 延森

西班牙：帕·伊格列西亚斯，安·加·克西多

美国：乔·D. 赫伦

法国：爱·瓦扬，F. 德·普雷桑塞

---

① 这一宣言产生了极大的反响，社会党人在欧洲各国首都组织了许多次抗议性群众大会。法国举行的各次示威意义特别重大。5 月 27 日，在瓦扬主持下，法国社会党在"俄国社会党的各派协助下"召开了一次国际性的抗议大会。拉法格、朗德兰、桑巴、孔斯旦、迪布勒伊等人以及波兰和意大利的代表们都在会上讲了话。法国社会党中央委员会要求社会党国际局参加他们的这次示威行动，以"扩大其国际性"，并"再一次向为反对反革命的沙皇制度而斗争的卓越的俄罗斯社会主义运动表示声援之情"。见白拉克 1903 年 5 月 21 日致塞维的信。社会党国际局档案。

荷兰：**彼·特鲁尔斯特拉，亨·范科尔**

匈牙利：**雅·韦尔特纳，厄·格拉米**

意大利：**恩·费里，菲·屠拉梯**

日本：**片山潜**

挪威：**奥·克林根，A. 哈瑟兰**

波兰：**鲍·延德热尤夫斯基，凯·沃伊纳罗芙斯卡**

俄国：**格·普列汉诺夫，波·克里切夫斯基**

瑞典：**亚·布兰亭，C. 维克曼**

瑞士：**W. 菲尔霍尔茨**

塞尔维亚：**V. M. 斯托亚诺维奇**

书记　**维·塞维**

19

社会党国际局第三次会议记录[①]

（1903 年 7 月 20 日，布鲁塞尔）

社会党国际局于 7 月 20 日星期一在布鲁塞尔人民之家举行了第三次半年度会议。

主席：安塞尔公民。

---

① 我们重录了社会党国际局所作的正式会议记录。这个文稿曾在《社会未来报》上发表，有限的少数几章曾印成小册子散发。我们曾把这个文稿和 1900 年 7 月 23 日《前进报》上发表的会议记录总结作了比较。

出席人员：维·塞维（国际书记）；安塞尔和王德威尔得（比利时）；瓦扬（法国）①，费舍和普凡库赫（德国）②，范科尔和特鲁尔斯特拉（荷兰）；克努森（丹麦）；海德门和亨特·瓦茨③（英国）；瓦列茨基和凯·沃伊纳罗芙斯卡女公民（波兰）；金兹堡④（俄国）；帕特罗尼（阿根廷共和国）；盖洛德·威尔希尔（美国）；意大利和奥地利社会党为缺席表示歉意。各国代表团都是经过批准的。

书记处报告

维·塞维同志作了 1903 年上半年度书记处活动的报告如下：

书记处在其力所能及的条件下努力完成了相当艰难的任务。

书记处特别注意了上半年度所发生的各项重要事件，向各国劳动人民和各国舆论界发出多次宣言。由于多次接到呼吁进行干预的要求，书记处曾在马其顿问题上征询了欧美各国社会党的意见。亚历山德罗·斯基亚维公民曾在巴黎出版的《社会主义运动》⑤上发表文章，要求书记处调查各国宣传反对军国主义的情况；并建议各国社会党议会党团考虑在议会中同时采取行动，反对战争和军国主义的预算。各国关于这两个问题的答复，已在一个致各国组织的通告中作了传达。⑥

书记处曾提请各国报纸和社会党注意阿根廷社会党关于新实施的移

---

① F. 德·普雷桑塞，法国第二支部代表，缺席。

② 代替没有到会的两位德国常任代表奥尔和辛格尔。

③ 代表社会民主联盟，独立工党没有代表出席。

④ 波里斯·金兹堡代表未能出席会议的普列汉诺夫。参见社会党国际局档案。

⑤ 这里是指亚·斯基亚维在《社会主义运动》上发表的文章。参见第 15 号文件。

⑥ 参见第 15 号文件。

民法案的重要通讯报道。新移民法案已在 4 月 12 日《人民报》上发表。

各方人士对日本和南非当前的劳工条件问题表示关切，书记处曾在《人民报》上十分详尽地报道了这些国家的工人处境以及劳动力的情况。这些报告已寄发给所有各国的代表们，并曾请各国报纸给以转载。

俄国社会党同志郭茨①在那不勒斯被捕的事件曾引起了极大的关注。我们特向意大利社会党发了祝贺和鼓励的信件。意大利社会党曾作出巨大的努力，从沙皇的警察势力和司法部门的魔掌中拯救了一名社会党活动分子。

书记处曾向各国工人组织发出了一份热烈的国际主义团结情谊的号召书，要求对荷兰总罢工事件中遭受损失的人们给予援助。

书记处曾发了一个一般性的宣言，邀请各国社会党和工人组织以前所未有的盛况和热情庆祝五一节。②

骇人听闻的基希讷乌屠杀事件迫使国际局发出强烈抗议，申斥在俄国政府阴谋配合下进行的这一亵渎人性的犯罪行为。③

布鲁塞尔《人民报》和《社会未来报》都载有一份国际公报，书记处所收到的最重要的通讯都在这份国际公报上发表。在国际局创办自己的新闻公报之前，将定期地在这个杂志上发表有关全世界工人运动和社会主义运动情况的消息。书记处继续收集各国社会党所出版的一切出版物、宣传小册子、书籍、木刻版画、日历、年鉴等，以及各国社会党的全国代表大会和历次国际工会代表大会的会议记录，各国劳工部和劳工局的统计数字和立法文件等。国际社会党图书馆目前已存有 1500 多

---

① 指俄国社会革命党活动家米哈伊尔·郭茨。参见第 16 号文件。
② 参见第 17 号文件。
③ 参见第 18 号文件。

本书籍和小册子，并印有一份目录索引。①

　　书记处目前正在汇编一份所有国家出版的社会主义主要著作和社会主义文学作品的书单。

　　书记处收到几乎所有欧洲国家的各种社会主义日报、美洲国家的期刊、许多杂志，以及大部分国家的全国性工会的机关刊物。正准备出版一份各种政治性杂志和报纸的目录。

　　国际工人协会从 1866 年到 1876 年历次代表大会的议程和决议汇编工作已经准备就绪。可以像 1889 年到 1900 年的历次国际代表大会那样出版一个小册子。②

　　书记处收集有所有各国工人党的章程和纲领；此外，还备有大量的档案和文件，可以出版一部有关国际社会主义工人组织的文献。这一工作可望在阿姆斯特丹代表大会召开之前完成。③

　　书记处也接受有关工人问题的咨询工作，我们曾接待了来自英国、美国、德国、芬兰等国的同志，提供了他们想要的资料。

　　书记处高兴地看到，我们和各国社会党和工人组织的联系已更为经常而持续，这一事实最明显地表明国际工人的团结。一年来，欧洲各国和国际的工人组织都有了可观的发展，书记处愉快地向这些工人组织表示敬意。我们为德国和丹麦朋友们在选举中获得的辉煌胜利以及社会主义思想在美国的发展而感到高兴；各国参加议会的社会党党团代表对各种国际政治问题表示了强烈的关注，特别是德国、法国、意大利、比利时和荷兰，书记处对此感到满意。

---

① 这个图书馆已在 1914—1918 年的战争后消失。参见 J. 哈瑙尔：《社会党国际图书馆》，《工人图书馆月刊》，莱比锡，1910 年第 9 期第 179—180 页。

② 这本小册子没有发表。

③ 这个计划只实现了一部分。在代表大会之前，只出版了各成员党 1900 年到 1904 年的活动报告。

这一系列的事实必然使我们对未来充满最强的信心。

毫无疑问，下次阿姆斯特丹国际代表大会将证明社会民主党正在发展壮大。

本报告文字获得通过。

目前国际局的组成情况如下：

德国：伊·奥尔，保·辛格尔，卡·考茨基（通讯员）；

英国：哈·奎尔奇，亨·海德门（通讯员）；

阿根廷：阿·康比埃（通讯员），安·科斯塔（候补）；

澳大利亚：Ch. 埃尔（通讯员）；

奥地利：维·阿德勒，斐·斯卡雷特（通讯员）；

比利时：爱·安塞尔，埃·王德威尔得；

波希米亚：安·涅梅茨，弗·绍库普（通讯员）；

保加利亚：N. 哈尔拉科夫（通讯员）；

丹麦：J. 延森，彼·克努森（通讯员）；

西班牙：帕·伊格列西亚斯（通讯员），安·加·克西多；

美国：乔·D. 赫伦；

法国：爱·瓦扬，Fr. 德·普雷桑塞，阿·契普里安尼（后补）[①]；

荷兰：亨·范科尔，彼·特鲁尔斯特拉；

匈牙利：厄·格拉米，雅·韦尔特纳（通讯员）；

意大利：恩·费里，菲·屠拉梯，安·科斯塔（通讯员）；

日本：片山潜（通讯员）；

挪威：C. 耶珀森，奥·克林根（通讯员）；

波兰：鲍·延德热尤夫斯基，凯·沃伊纳罗芙斯卡；

---

① 对法国有一个疏漏：白拉克，法国社会党候补代表。参见社会党国际局档案。

俄国：格·普列汉诺夫，波·克里切夫斯基；

塞尔维亚：V. M. 斯托亚诺维奇（通讯员）；

瑞典：亚·布兰亭，C. 维克曼（通讯员）；

瑞士：W. 菲尔霍尔茨。

通　知

传达下列各项通知：

1. 俄国社会革命党通过鲁巴诺维奇公民转达，要求在阿姆斯特丹代表大会之前派代表参加国际局。

国际局声明不能接受这一要求，参照 1900 年巴黎代表大会的决议，每一国家有两名代表参加国际委员会，人选由各该国成立的各党代表选出。①

2. 立陶宛社会党人声明将派代表参加阿姆斯特丹代表大会。

——特此通告，接受他们参加，但须符合历次代表大会所规定的条件，并经他们参加大会的全国性支部批准。

3. 费鲁乔·尼科利尼·迪·皮塞建议，阿姆斯特丹代表大会使用世界语。

——留待日后考虑。

4. L. 博拉克在巴黎表示把他有关《蓝色的语言》的各种著作的全部产权献赠给社会党国际。

——特此通告周知。

5. 保加利亚建议国际局讨论饶勒斯和米勒兰两位公民的行为问题，

---

① 这个要求为阿姆斯特丹代表大会所接受，社会党国际局内部组成了一个俄国社会革命党的分部。

牵涉到"法国党的社会主义统一所遵循的策略"问题。①

国际局声明不能讨论这个问题，并声明只有代表大会才有权涉及这一问题。

6. 比利时（布鲁塞尔工人联合会）要求国际局研究"经济上支持过境的社会党人"问题。

国际局并不认为目前能解决这一问题。② 工会联合组织在这方面能做得更好。

7. 加拿大（马尼托巴省社会党）建议创立一个用德、英、法3种文字、由国际局发行的公报，在美国售价5分，在欧洲售价1便士。

应该指出，国际局曾经研究过这个问题，是由雷·拉维涅（法国）提出的③，但由于国际局的财力无法对此作进一步的考虑，尽管承认这样的一个公报是大有用处的。

---

① 在1903年5月17日的信中，N. 哈尔拉科夫以保加利亚社会民主工党中央委员会的名义，建议在社会党国际局会议的议程上列入下列问题："关于饶勒斯和米勒兰两人在有关社会党在法国的'社会主义统一'策略上的行为问题，他们的机会主义对革命社会主义的发展产生了灾难性影响，并且制造了严重的障碍，不仅在法国，而且遍及各处，使得有些年轻的工人党，例如在保加利亚，陷于不是那么顺利的处境。"[原文如此] 见社会党国际局档案。

② 《前进报》发表的会议记录上有一段德国代表的插话："由于普凡库赫不同意，因而延后讨论了这个问题。普凡库赫声言这个问题原则上由各国工会解决，而且已经解决了一部分。至于有关照顾政治流亡人员的特殊情况，能在听取各国党组织的意见后，个别作出决定。"

③ 1901年，法国工人党全国委员会中的吉伦特联合会代表雷·拉维涅向维·塞维建议出版一个国际公报，他建议在该公报的第1期上刊出："国际委员会（即指社会党国际局）的章程文件，社会党国际局代表的名单和地址，以及参加社会党国际的每一个成员党和成员组织的名单和地址。" 见1901年4月11日拉维涅致维·塞维的信。社会党国际局档案。

8. 1903 年 4 月 12 日、13 日、14 日举行的匈牙利社会民主党代表大会通过决议，提请国际书记处注意下列事实：“匈牙利新成立的党”①否认了社会主义纲领的两个基本原则：国际主义和阶级斗争。所以，匈牙利社会民主党将把它当做一个资产阶级政党而与之斗争。

——特此通告周知。

恩·费里要求国际局表示支持议员莫尔加利关于反对“沙皇访问意大利”的声明。②

瓦扬和**王德威尔得**同意向意大利党议会小组表示支援，并在这个意义上提出了一个决议。

费舍对起草决议特别表示反对，并且对支援声明将引起的后果表示异议。由于声明所引起的影响，势必要求每一个国家的社会主义组织都作类似的表示，反对沙皇访问。那么像丹麦同志们的处境将会如何呢？同时对其他的专制君主的访问又应抱什么态度呢？完全不是要对意大利社会党人的行为提出批评，只是应该声明这种表态只能根据不同国家的

---

① 这是指维尔莫什·迈泽菲领导的“匈牙利重组社会民主党”。迈泽菲以书记的身份致信社会党国际局，邀请国际局参加他们党也将在 1903 年 4 月召开的第四次代表大会。迈泽菲的信中包括一份他的党的详细的活动报告，发表于《社会未来报》1903 年第 8 期第 186—197 页。

② 莫尔加利以社会党人名义在议会发表的反对沙皇访问意大利的声明，在意大利国内的社会主义运动以及在社会党国际内部都引起了强烈的议论和反应。在意大利，比索拉蒂在 1903 年 9 月 11 日《时代报》上发表文章，谨慎地谴责了莫尔加利。参见 R. 科拉彼得拉：《莱奥尼达·比索拉蒂》，米兰，费尔特内利，第 129 页。后来饶勒斯又在 1903 年 10 月 8 日《小共和国报》上写文章，责怪要求组织反对沙皇访问的签名和示威运动的意大利社会党人和共和党人。饶勒斯指出，这样的示威会引起误会并为法国民族主义分子所利用。考茨基谴责了饶勒斯的态度；他认为意大利人的抗议只能被解释为反对俄国专制主义的抗议（参见国际社会史研究所考茨基档案）。

情况作出决定。

瓦扬同意可以改变决议的措辞：他和王德威尔得都不打算给其他国家强加任务，会议可以只是再次对沙皇的专制暴行和基希讷乌的罪行表示强烈的愤怒。

王德威尔得的态度是要反击资产阶级向意大利同志们的进攻；如果我们保持沉默，就意味着我们不同意意大利朋友们的行为。

普凡库赫并不认为这样一个决议就能加强意大利社会党的立场；这种加强只能由工人们在沙皇访问时举行示威来表达；他和特鲁尔斯特拉一样不同意在各种问题上过多地重复通过决议；对这些问题，社会民主党都是同意的，并且都已经表示了意见。

丹麦、德国和荷兰反对。王德威尔得起草的决议获得多数同意：阿根廷、比利时、英国、法国、波兰、俄国和美国都支持。

由瓦扬、王德威尔得和海德门提出的下列决议获得通过：

"接到费里的信件，对莫尔加利公民在意大利会议中所采取的主动精神，国际局特此向意大利社会党表示支援的情谊，并对沙皇制度及其罪行再次表示深恶痛绝。"

恩·费里又发来一个通讯，报道他发动了一次反对海军部的激烈斗争。该海军部长企图控告《前进报》和它的领导人，这一消息已向代表们通报。[①]

阿姆斯特丹代表大会

维·塞维宣读了下面的通知：西班牙认为筹备阿姆斯特丹代表大会

---

① 这里是指恩·费里在《前进报》上发动的反对海军部长贝托洛的运动。贝托洛被指控与特尔尼的船舶制造商有勾结。参见 G. 阿尔费《〈前进报〉历史》，米兰，罗马，《前进报》1956 年第 1 卷第 58—59 页。

的费用6000法郎定得太高了。

——特此通告周知。

革命社会主义工人党（法国）已脱离设在波特福安路的总部委员会，他们询问为参加阿姆斯特丹代表大会应具备什么条件，需缴纳多少党费。

——转交阿姆斯特丹代表大会法国代表团。

法国社会党认为应该提请国际局注意，接受把地方性小组或联合会提出的而不是由正式成立的全国性的党提出的建议列入代表大会的议程，是不适当的。

国际局一方面承认这一意见是正确的，但是又认为国际局不能阻碍各小组或集团发挥主动性的权利。国际局还认为，它所拥有的暂时性地安排代表大会议程的权利在实质上就是为了防止上面指出的不适当之处。[1]

波希米亚建议阿姆斯特丹代表大会改在4月、5月或6月召开。

国际局以前确定的会议日期仍然保持不变。

维·塞维再次提到现在的议程已经有了19项。这个数字显示是高了，不利于对每一项议程都作严肃的讨论。他建议将数目限制在5或6项。而且议程中有不少项目都是互相关联的，有的则是已经在以前的代表大会上作出过决议的。

特鲁尔斯特拉宣告荷兰已经组成了一个代表大会的筹备委员会。

该委员会和书记处保持联系，以采取各项措施。

瓦扬表示希望有些在以前的代表大会上已经解决过的问题不要再列

---

[1] 《前进报》发表的会议记录指出，有人拒绝中央联合会（法国）关于把取消常备军问题列为议程第三个问题的动议。

入议程，除非新的形势需要这些决议。

国际社会主义运动更主要的是抓住新的问题。

——接受这一意见。

瓦茨建议在一些已经解决了的问题上，国际局提出一个"全面性的动议"。

——同意。

范科尔则要求扩大在殖民地化问题上已经进行的讨论，殖民地化是当前最新最主要的问题。

维·塞维提出，各团体组织在建议需要讨论的各种问题时应向我们提出一个拟好的决议草案。

——同意。

奥地利社会主义妇女全国委员会提出妇女普选的问题。①

这一问题曾在布鲁塞尔提到过，最近在巴黎又提出了，而至今社会党人仍然没有发动过严肃的运动以争取获得这一权利。人们对普选的理解都只是限于男人的"普选"；阿姆斯特丹代表大会应该重新发表声明，以消除妇女们的怀疑：以为社会党人和自由派人士一样，不承认男女权利平等。这个问题被取消了。同样，（英国）费边社提出的关于对罢工或冲突事件作强制性仲裁的问题，关于最低法定工资问题，关于市镇重新销售酒精饮料问题，以及（英国）独立工党提出的市镇社会主义等问题，都被取消了，理由是：这些问题并不紧迫，或者过于专门性，有的则是在以前已经讨论过了。

捷克社会党（波希米亚）提出一个议程：国际无产阶级在民族问

---

① 这一建议的文稿曾由 Th. 施莱辛格–埃克施泰因写了一篇文章在《新时代》上发表，并用法文以《阿姆斯特丹国际社会党人代表大会与妇女普选》为题转载于《社会未来报》1903 年第 8 期第 400 页。

题上的态度。法国社会党（吉伦特联合会）要求讨论：社会主义报刊的外籍通讯员问题①……

　　这两个问题也被取消了。荷兰收回了关于老年人和工伤残疾人员退休问题的提案。

　　经过讨论后，王德威尔得放弃了他要求在阿姆斯特丹代表大会上讨论社会主义和教会的关系问题的建议。

　　经过长时间的交换意见后，国际局决定代表大会的议程如下：

　　（1）代表资格审查；（2）选举国际局；（3）书记处报告；（4）各国国内问题报告；（5）通过代表大会暂定议程，组成各议题小组；（6）作为经济行动手段的总罢工问题（法国中央联合会）；作为政治行动手段的总罢工问题（荷兰）；（7）社会党策略的一般准则（法国革命社会主义委员会）②；（8）工联主义与政治（英国费边社）；（9）殖民政策（报告人：海德门和范科尔）；（10）国际仲裁（英国独立工党）；（11）托拉斯和失业问题（美国社会党）；（12）移民问题（阿根廷共和国社会党）。

　　每一个问题都将成立一个小组。

－－－－－－－－－－

①　按照《前进报》上发表的会议记录，这个建议是这样提出的："在有组织的革命同志中间选择社会主义报刊的通讯员，而这些通讯员无论如何都得受社会主义组织的监督。"

②　在 1903 年 10 月 3 日写给塞维的一封信中，瓦扬指出："把法国社会党建议的有关社会主义的方法、理论和策略问题授权给一个'革命社会主义委员会'，并以《社会党策略的一般准则》为题，列为国际代表大会的第七项议程的事情弄错了。在兰斯召开的法国社会党代表大会认为，在确定提交报告和结论的日期方面须有足够的回旋余地；为此特委派党的外事书记白拉克公民前来和你商量。"见社会党国际局档案。

在下次国际局会议以前，各国社会党还可以提出问题。①

海德门建议，国际局理应在代表大会之前督促报告人拿出完整的报告和决议草案。

凡各团体组织所提出的问题在以前已经讨论过，或提出的建议缺乏普遍性或不具备时机性的，应请它们各自收回，以利代表大会的顺利进行。

代表大会的邀请通知书将用 3 种文字于近期内发出。

下午的会议于 2 时 15 分开始。

维·塞维宣告葡萄牙、卢森堡大公国和芬兰参加社会党国际局。他宣读了挪威同志们的一份贺电。

书记简略地汇报了截至 1903 年 6 月 30 日为止的财务情况。自 1900 年的代表大会以来，收入总额达 9569.18 法郎，支出总额为 5538.49 法郎。7 月 1 日以后的收入款项已使金库存款达 5000 法郎左右。

一份财务情况报告将寄发给各国组织，还决定要求阿姆斯特丹代表大会把有些国家的党费减少为 400 法郎，特别是瑞士和荷兰。

保护外籍工人

王德威尔得指出，在法国和比利时之间，经常有大量的劳动力流

---

① 《前进报》发表的会议记录关于这个问题叙述得更清楚："各国在议程的每一个问题上都应寄给国际书记处一份报告，这些报告汇总构成代表大会的总报告，这样就可以使各种意见都得到明确。在一些有争论的问题上可以指定一个报告人和一个副报告人。例如，关于总罢工是否是一种政治谈判的方法？在多大程度上是一种政治谈判的方法？总罢工是否是社会解放的一种手段？在何种程度上是？"

动。由于比利时是一个低工资的国家，因此比利时工人有时就给法国工人造成了破坏性的竞争。所以人们理解到应该在法国要求给外籍工人支付和法国工人相等的工资。

然而在民族主义分子的鼓动下，却提出了禁止使用外籍劳动力的建议。任何一个社会主义者都不能同意这样的措施。

因此，比利时的代表提出了下面的议程：

"鉴于在各国，特别是在法国，一些民族主义议员在议会设法通过或建议采取立法措施禁止外籍工人；有的是在公共企业中排斥外籍工人，有的是向外籍工人征收人身税，有的则是向雇用外籍工人的人抽税；

鉴于这样的措施必然严重损害这些为贫困所迫而流徙他国的劳动者的利益，形成最坏的保护主义方式，并且导致在不同国籍的工人中间挑起仇恨和矛盾，而且已经发生了流血冲突，这种情况极大地增加了无产阶级国际行动的困难；

为此，国际局吁请社会党议员全力进行斗争，以反对这种禁止措施；在已经存在这种措施的地方则力求撤销。特此委托国际局书记负责将本议案转达各国社会党议会党团。"

瓦扬（法国）介绍了这一问题的情况。库唐草案①载有一个限制性的条件，把雇佣工人的数字限制在十分之一。这个比例仍然是高于外籍工人的人口比率额的。这个限额还只是适用于巴黎的习惯范围内。

然而，如果问题提到国民议会，草案将得到修正，我们可以设法使

_____

① 这里是指由塞纳省社会党议员茹尔·库唐在 1902 年向议会提出的一个法案建议。在这个问题上，瓦扬在 1902 年 12 月 12 日的一封信中向社会党国际书记处作了汇报，信中明确指出，库唐的建议的主要目的是："为外籍工人规定和法国工人一样的工资。这是为了抵制像潮水一般涌来的民族主义分子们的提案。他们每天都叫嚷要求取缔外籍劳工，或者则是向外籍劳工征

禁止雇佣的范围仅限于涉及低工资阶层。但是，我要强调指出，库唐的建议实质上是对民族主义分子们的诡计的一种抵制。[1]

海德门（英国）：这个问题的范围比人们先前估计的要大得多，它涉及的不只是在法国工作的比利时工人。亚洲的劳动力进入欧洲和美洲引起了极为严重的经济问题。

维·塞维：德国和奥地利的工会小组委员会也对这同一个问题作了多次研究。在奥地利和德国的所有大的土方工程中，意大利工人以极少的工资出卖劳力，有时对当地的工人群众构成一种威胁。对这一情况的补救是应该组织外籍工人的工会。

王德威尔得（比利时）并不否认问题的普遍性方面。但是对一些文明程度相仿的国家来说，这种冲突的解决是容易获得的。不过我想，关于把外籍工人组织起来的补救办法是可以加进我的议案中去的。

———————————

（续前注）　　税。根据巴黎城内劳工情况而提出的把外籍工人限制在十分之一的条例，其目的也是为了抵制不断提出的绝对限制的要求。我非常清楚地记得，库唐公民在讲坛上特地在这个意义上为争取外籍工人和法国工人一样的工资而作了发言。几天前，库唐向我们作了表示，他将重新提出他的建议，内容就是上一次建议的再版……而且也正是由于社会党的努力才在最近一次立法会议上阻止了民族主义分子勾结激进派提出的一个法案的通过。这个法案在保护民族劳工的借口下，对外籍工人始终是一种威胁，虽然程度稍微减轻了一些。"见社会党国际局档案。

[1]　瓦扬在 1903 年 10 月 3 日致塞维的信中曾指出，会议记录中关于会上的一些话报道得不正确："……我向你指出，有一个疏漏，歪曲了我在外籍工人问题上讲的话，口头发言记录只叙述了我对库唐的法案条文建议所说的话，而不是我对外籍工人问题本身所要讲的。我首先肯定对外籍工人只有一种社会主义的、工人的解决办法，这就是对所有的劳动者，不分国籍，以法律规定切实实行相同的工作条件、相同的工资。然后作为补充，我解释了库唐公民所提出的、你们会议记录中提到的那条特殊条文的原因。"见社会党国际局档案。

瓦扬认为，当前限制外籍工人的数字是阻止民族主义分子采用捐税来禁止所有外籍工人的最好办法。

王德威尔得：限制往往是不可能的；看一下农业企业中的比利时工人、土方工程中的意大利工人就可以知道这一点。法国国民议会讨论该草案的那天，希望法国社会党议会党团和比利时社会党议会党团之间能有一个谅解。

费舍（德国）：可以理解不要对在开发中必需的外籍工人采取禁用的措施。但是我们却不能接受让黑人或中国人对一个较高文化的工人的工作构成威胁。费舍声明，原则上（principillement，［原文如此］）不能确定不可通过立法的方法来禁止雇用外籍工人，至于谈到所谓低工资阶层的提高问题，那么这是须由社会民主党人来担负起这个文化工作的责任。但是，如果是为了企业家们的利益，才把这些低工资阶层招引到别的国家，目的在于压低本地工人群众的生活条件，例如输入中国劳工或黑人劳工，那么社会民主党人就应该通过立法，为了当地本国工人的文化利益而反对企业家们的这种策略。正是这样，德国党才不得不在帝国国会建议在国家邮政汽船上禁止使用中国人和黑人。

范科尔、海德门和普凡库赫持相同的意见。**特鲁尔斯特拉**指出，如果工人们有权利反对本国当地的替代者，他们也有同样的权利反对外籍工人。

瓦茨（英国）：国际局有困难对只涉及两三个国家的情况表态。

王德威尔得：问题将全部提到阿姆斯特丹代表大会，因为议程上有移民问题。

但是，在目前的特殊情况下，社会党人必须进行紧急干预，社会党国际局将给予他们制裁的权力。

安塞尔（比利时）认为，问题涉及面较窄，王德威尔得的动议或者可以仅由有关的法国、比利时和意大利的代表来讨论。

瓦扬：我们可以保留关于较低文化国家的相关问题。

范科尔（荷兰）：区别是难以确定的，与其不完整地解决问题，还不如保留到阿姆斯特丹代表大会上去解决。

王德威尔得：我们可以在会议纪要上注明这一特殊情况先行解决，问题的全面情况将提交国际代表大会。

瓦扬要求将王德威尔得的动议扩大到所有相等文化的国家。

瓦列茨基（波兰）认为，所谓的各民族的文化问题是有弹性的，民族主义分子可以把比利时或意大利的工人看做是低层文化的人。

特鲁尔斯特拉支持安塞尔的建议，由意大利、法国和比利时三国代表团去解决问题。职业工会不反对劳工移民，但是反对降低工资和在罢工时找替工。

经过重新交换意见后，国际局通过了下面的动议：

"国际局鉴于比利时代表团提出的问题是阿姆斯特丹代表大会议程上的问题，应由代表大会通过总决议加以解决；

另一方面，由于代表们对某些民族主义分子议员所提出的禁止邻国工人的建议原则表示一致谴责，国际局邀请有关国家的社会党议员——这些建议的提出是在阿姆斯特丹代表大会以前——在共同协议的情况下，寻求最有效的办法设法否决这些禁止的措施。"①

通　知

书记处宣读了一封信件，瑞典朋友在信中谈到国际政治时提到：

---

① 劳工人员的输出和输入问题列入了阿姆斯特丹国际代表大会的议程，但没有进行讨论，问题被推移转交给 1907 年的斯图加特国际代表大会，并在大会上作了讨论。

"特别强调要求国际局呼吁全世界的社会主义政党，呼吁各国社会党在议会中的代表们，对俄国沙皇制度的野蛮政策不断进行愤怒的抗议。"

国际局注意到并且记下了这一要求，同时指出，今年一年中已发表了好几个宣言，都对沙皇的政策进行了指责。

马其顿问题

维·塞维宣读了保加利亚各社会组织的一封来信，要求国际局采取行动，以国际无产阶级的名义支持马其顿，并将此问题提交下次国际代表大会。①

许多代表表示，遗憾的是对目前的确实情况不了解。

鉴于缺乏有关文件，会议决定延缓作出决定，以等待完整的资料。

海德门提议致电向丹麦和德国同志们祝贺选举结果。德国同志表示感谢，并认为这是各方面对他们大力帮助的结果。

——同意建议。

---

① 会议记录上提到的建议提案原文如下：

当今在马其顿，土耳其政府在俄罗斯—奥地利及其他国家的外交手腕的鼓动纵容下，对一切属于马其顿的文明开始了系统性的摧残。他们关闭所有的学校，逮捕杀戮教师和学生，焚掠农庄，并且对手无寸铁的老百姓进行大量的屠杀……其唯一的目的就是要灭绝一切聪明和才智，杀尽一切对这种亚洲式的破坏文明艺术的行径怀有不满而反抗的人。

针对这种违反人道的摧残艺术的行径［原文如此］，我们建议国际局是否能以国际无产阶级的名义为支持马其顿而采取某种行动，把这个问题提到阿姆斯特丹国际代表大会，起草一个抗议土耳其摧残文明艺术、反对各欧洲国家政府的非人道主义政策的决议。"见 1903 年 5 月 17 日 N. 哈尔拉科夫致社会党国际局的信。社会党国际局档案。

下次会议

下次会议将于 1904 年 2 月份的第一个星期日召开。

书记　维克多·塞维

20

法国和阿根廷社会党关于支援美国黑人的要求

（1903 年 9 月 10 日，布鲁塞尔）

亲爱的公民们：

　　社会党国际局收到法国社会党和阿根廷社会党提出的一个要求，要求对在美国受到野蛮的私刑法案迫害的黑人们给予支援。①

---

① 这一要求得到了大部分代表的支持。但也有人提出一些保留意见。瓦扬这样认为："虽然这是超出社会党国际局的正常职能以外的，但是美国的私刑虐待黑人的法案问题，有如其他涉及人道范围的问题一样，如果有人提出要求，社会党国际局是可以进行干预的，如果被征询意见的社会党认为这种干预是符合一定的社会主义利益的。如果不是这样，那么我就认为国际局超越了它的职责范围。所以你征求美国社会党的意见是做得很对的，而且你最好是完全和美国社会党相一致，同意他们根据社会主义的理由而正式表示的意见，而自己不要作任何决定。" 1903 年 9 月 18 日瓦扬致维·塞维的信。社会党国际局档案。

最近时期以来，在这一法案掩盖下的迫害日益频繁而且空前残酷。所以我们对朋友们的激动是理解的。法国和阿根廷的朋友们认为，社会党国际局应该进行干预，发表一个宣言抗议这种迫害黑色人种的罪行。我们在这个问题上已向美国朋友们了解情况并征询了他们的意见。[①] 请告诉我们，你们是否同意国际局进行干预，在何种程度上进行干预。我们在一星期内等待你们的回音。

谨致兄弟般的敬礼！

书记　维·塞维

21

谴责美国私刑杀害黑人的宣言

（1903 年 11 月 22 日，布鲁塞尔）

致各国工人们！

社会党国际局在法国、阿根廷和美国等国社会党的呼吁下，注意到私刑杀害事例在北美洲日益猖獗！

---

① 在社会党国际局档案中有美国社会党支持这一要求的复信。《美国档案》。也可参见第 21 号文件。

1902 年一年间，仅一个州就发生了 103 件私刑虐杀事件。联邦政府有关这一问题的调查揭露，美国南部存在着类似奴隶制的丑恶暴行事件：黑人在劳动时遭受鞭笞和棒打；有时黑人在鞭打下当场身亡。为了防止每天遭受这种酷刑的人逃跑，就强迫他们赤身裸体地劳动。在当局的怂恿和地主们的煽动下，人们监禁、枪击、成批地杀戮黑色人种的男人、妇女和儿童，有的甚至是活活被烧死。[①]

美国社会民主党人对未来不胜担忧：说不定哪一天就会爆发流血冲突，而镇压则将是可怕的。900 万黑人的生存遭到威胁。

整个一个人种的生活权利被剥夺。合众国在 40 年前就宣布了解放黑奴，然而奴隶制却至今仍然存在。

从前，从人口贩子手中买来的黑奴，代表着一种资本，受到地主们的保护，因为这是他们的财产。

今天，在地主们的眼里，黑人已不再具有过去那样的价值了，而在资本家的手中，黑人则是一种被用来对付有组织的白人工人的工具。

资本主义到处都在竭力利用妇女和儿童来替代男工，挑动种族竞争。在北美，在纽约，在布鲁克林，在阿克伦，在俄亥俄和其他地方，到处都是如此。

从前这曾经是一个种族问题，但从南方各州工业化后，北方和南方之间已经不存在什么区别了。**问题已变成为工人问题。**

在资本主义手中，黑人成为破坏北方各州工人们的工会组织和社会主义团体的工具。白人工人的罢工经常因大量黑人工贼的进入而遭到失败。

---

① 黑人在美国的处境，南方的种族歧视，专制迫害，都曾在芝加哥 J. 巴尔泰的文章《美国黑人问题》中受到揭发，《新时代》第 20 年卷第 2 册第 229—240 页。

　　另一方面，社会主义民主的潮流正在美国兴起，它威胁着美国的财阀势力，资本主义就企图在挑动种族战争中寻找出路。

　　这是办不到的！

　　资本主义在依靠别人的劳动而生存这一点上是没有任何区别的：因此工人阶级的利益是不分种族和宗教信仰而团结一致，以争取自身的完全解放。

　　奴役并没有白色、黄色、黑色的区别，凡是无产阶级都遭受奴役。对资本主义剥削的反抗应该是一致的。

　　工人阶级的利益是要求一切劳动人民不分种族地团结起来。

　　社会主义民主必须要求对每天都在美国发生的罪恶暴行进行强烈的抗议。

社会党国际局

英国：亨·迈·海德门，哈·奎尔奇

德国：伊·奥尔，保·辛格尔，考茨基（通讯员）

阿根廷共和国：阿·康比埃，安·科斯塔

澳大利亚：Ch. 埃尔（通讯员）

奥地利：维·阿德勒，斐·斯卡雷特

比利时：埃·王德威尔得，爱·安塞尔

波希米亚：安·涅梅茨，弗·绍库普

保加利亚：N. 哈尔拉科夫

丹麦：彼·克努森，J. 延森

西班牙：帕·伊格列西亚斯，安·加·克西多

美国：乔.D. 赫伦[①]

芬兰：J.K. 卡里

法国：爱·瓦扬，F. 德·普雷桑塞

荷兰：彼·特鲁尔斯特拉，亨·范科尔

匈牙利：雅·韦尔特纳，厄·格拉米

意大利：恩·费里，菲·屠拉梯

日本：片山潜

卢森堡（大公国）：韦尔特博士

挪威：奥·克林根，C. 耶珀森

波兰：鲍·延德热尤夫斯基，凯·沃伊纳罗芙斯卡

俄国：格·普列汉诺夫

瑞典：亚·布兰亭，C. 维克曼

瑞士：W. 菲尔霍尔茨

塞尔维亚：V. M. 斯托亚诺维奇

　　　　　　　　　　　　　　　　书记　维克多·塞维

---

① 美国社会党驻社会党国际局的代表乔·D. 赫伦虽然签了字，但是他没有隐瞒他对这个宣言基本上是不满意的，他认为宣言太温和了。1904 年 5 月，他在印第安纳波利斯召开的社会党代表大会上所作的社会党国际局活动报告中明确提出："我认为，我个人必须拒绝对这个决议的措词负责。这个决议和我寄给国际局的声明的内容观点和意义有很大差异，我的声明的语气是更为坚决的……"参见恩·温特尔曼：《美国社会民主党代表大会》，《新时代》第 22 年卷第 2 册第 279 页。

22

社会党国际局第四次会议记录①

（1904 年 2 月 7 日，布鲁塞尔）

社会党国际局第四次半年度会议于 1904 年 2 月 7 日在布鲁塞尔人民之家举行，会议由埃米尔·王德威尔得公民主持。

出席会议者：维·塞维（书记）；爱·安塞尔和埃·王德威尔得（比利时），爱·瓦扬（法国社会党）和阿·契普里安尼（法兰西社会党）；保·辛格尔和卡·考茨基（德国）；亨·范科尔和彼·特鲁尔斯特拉（荷兰）；亨特·瓦茨和哈·奎尔奇（英国）：瓦列茨基和罗莎·卢森堡女公民（波兰）；格·普列汉诺夫（俄国），阿·康比埃（阿根廷）；维·阿德勒（奥地利）。

英国社会民主联盟代表亨·迈·海德门公民请假。

国际局各代表团都经过审查。

---

① 我们发表的是国际书记处制定和印行的正式会议记录。但是在某些问题上，社会党国际局档案中保存的打字原稿记载得更为详细、更为清楚。另外，瓦扬在收到我们现在发表的这个印就了的记录总结稿后，曾于 1904 年 3 月 19 日写信给维克多·塞维，指出了好几个遗漏之处。不过，他的修正只是限于"一些续文或实际事情"。参见社会党国际局档案（并参见上面提到的信件《瓦扬的修正》）。

书记处报告

1903 年下半年度书记处活动情况的下列报告已寄发给各国①：

在过去的半年中，书记处主要是从事筹备阿姆斯特丹代表大会，致力于执行 7 月 20 日召开的有关代表大会会议的各项决定。

书记处曾告知有关的成员组织，它们所建议的问题因已在上几次代表大会上获得解决，或者因问题性质过于特殊而被取消了。帝国议会妇女委员会曾提请注意"妇女普选"问题，建议国际社会主义运动在适当时机进行必要的讨论。但是，后来帝国议会妇女委员会通过施莱辛格-埃克施泰因女公民在奥地利社会党全国代表大会上的［的发言］收回了它的建议。

从大会议程上取消的还有下列几个问题：

波希米亚捷克社会党建议的：关于国际无产阶级在民族问题上的态度问题。

英国费边社提议的：强迫仲裁，法定最低工资，市镇买卖酒精饮料等问题。

法国社会党提议的：职业教育，学徒，酒精中毒，在议会中有社会党代表的国家如何在对外政策中执行社会主义原则等问题。

英国独立工党提议的：社会主义和市政活动问题。

荷兰社会党提议的：老年和工伤残疾人员退休问题。

法国社会党吉伦特联合会提议的：社会主义报刊国外通讯员问题。

*　　*　　*

附有暂定议程和参加大会的条件说明的阿姆斯特丹代表大会的邀请

---

① 这是指各国支部。

通知书已寄发各国。凡提出议程建议的提案小组应将它们所建议问题的报告和决议草案寄书记处。① 每个国家都寄交一份有关该国工人运动和社会主义运动情况的报告。② 遗憾的是有些国家的报告寄发得太迟，这就妨碍了书记处为筹备组织代表大会所进行的富有成效的工作。

＊　　＊　　＊

书记处向各国社会党和工会组织的全国代表大会和国际代表大会，以国际局的名义发了贺信，提请它们注意阿姆斯特丹代表大会，并请它们多多地派代表团前来参加。

＊　　＊　　＊

许多新的问题提列入阿姆斯特丹代表大会的议程，目前已有下列各项议题：

1. 代表资格审查；

2. 选举国际局，通过代表大会议程，组成各议题小组；

3. 书记处报告；

4. 民族问题报告；

5. 社会党策略的国际准则（法国社会党）；

6. 国际支援（流亡瑞士的德国、奥地利和匈牙利社会主义者协会）；

7. 殖民政策（报告人：亨·迈·海德门和亨·范科尔）；

8. 出境和入境问题的国内、国际立法（阿根廷共和国社会党）；

9. 保护主义和自由贸易（英国独立工党）；

10. 军国主义（英国独立工党）；

---

① 这些文件后来由社会党国际书记处在代表大会召开后发表。参见《第二国际》№ 143、144，第185—186页。

② 印出来的报告目录，见同上书第191—197页。

11. 教权主义与学校（英国社会民主联盟）；

12. 关于党的策略问题的决议（法国和德国社会党）；

13. 工联主义和政治（英国费边社）；

14. 总罢工（法国革命社会主义工人党和荷兰社会党）；

15. 国际仲裁（英国独立工党）；

16. 托拉斯和失业（美国社会党）；

17. 争取八小时工作日的世界性示威运动（丹麦总工会）；

18. 工人保险（德国社会党）；

19. 人民住宅问题（英国工人居住问题全国理事会）。

* * *

法国社会党在它的兰斯代表大会上曾经表示希望每个国家能在阿姆斯特丹代表大会期间带来至少一个社会主义乐曲，以便在统一的指挥下演奏，并且一起演奏《国际歌》。书记处曾将这个建议提交各国考虑，但是看来这个计划似乎是做不到的。

* * *

阿姆斯特丹代表大会荷兰组织委员会告诉我们，它已成功地为代表大会租到宽敞而舒适的音乐大厅，除了一个大厅外，还有好几个为各工作小组和委员会开会用的小会场。

大会的筹备费用高达将近6000法郎。计划在8月14日星期日举行一次欢迎与会代表们的招待会，8月15日星期一举行一次盛大的国际群众大会，8月20日星期六有一个游览节目（乘坐汽艇游览）。大会闭幕日还将为代表们准备一次宴会。宴会费用须由参加者们自理。

我们再次奉告参加大会的各国工人和社会党组织，国际局决定按小组团体征收 10 法郎会费，作为筹备费。①

＊　＊　＊

书记处曾向意大利、奥地利、法国、德国、瑞士和比利时等国的社会党议会党团汇报了国际局在上次会上关于雇用外籍工人问题所作出的决议。

按照 1900 年巴黎国际代表大会的下列决议：

"国际社会党委员会应该敦促各国社会党议会党团组成一个各国社会党议会委员会，以便在各种重大的国际性政治和经济问题上采取共同的行动。

该委员会将附属于国际社会党委员会。"

书记处曾要求各国社会党议会党团各自指定它们的代表，并采取必要的措施以成立这个正在形成过程中的委员会。目前，这个各国社会党议会委员会的组成成员情况如下：

德国和奥地利将在它们议会党团的下一次会议上指定它们的代表。

其他国家提名的代表如下：

英国：独立工党，詹·基尔·哈第；

比利时：莱昂·弗尔内蒙；

法国：法兰西社会党，古·鲁瓦奈②；

荷兰：彼·耶·特鲁尔斯特拉和亨·范科尔；

瑞典：亚·布兰亭。

匈牙利议会中没有社会党代表。

＊　＊　＊

法国和阿根廷的社会党向书记处提出了北美的私刑杀害黑人问题。

---

① 瓦扬的修正："这里不是按小组，国际局作出的两次决定都是指按每个代表缴纳参加代表大会的费用。"

② 瓦扬的修正："革命社会党议会党团和党中央委员会一致同意指派桑巴作为我们参加各国议会委员会的代表。"

我们曾以国际社会主义运动的名义向所有国家的劳动人民（工人们）发了一个宣言，谴责实施野蛮的私刑法案和残暴地杀害黑人的罪行。[①]

*　　*　　*

布尔采夫和克拉科夫两位俄国社会党人在日内瓦被捕事件也受到了书记处的关注。当这两位同志被释放并被逐出瑞士国境的时候，我们曾向日内瓦共和国政府进行了交涉，制止将他们引渡给俄国。

*　　*　　*

书记处继续充实国际局图书馆，向各国劳工局征求各种出版物：报告、汇报总结、统计数字、人口普查资料等，不少国家的劳工局满足了我们的要求。

下列各国劳工局为我们寄来了它们的出版物：

日本、意大利（商业部）、英国、美国、巴伐利亚（德国）、比利时、法国。

书记处也收到了巴塞尔（瑞士）国际劳工局的公报。

*　　*　　*

书记处仍继续在布鲁塞尔《人民报》和《社会未来报》上发表有关社会民主的重要事件的文章。《社会未来报》是比利时工人党的杂志，经常发表国际社会主义和工人运动的公报。

书记处竭力满足关于资料方面的各种要求。

*　　*　　*

社会党国际局目前的组成人员如下：

德国：伊·奥尔，保·辛格尔，卡·考茨基（通讯员）；

英国：亨·迈·海德门，哈·奎尔奇（社会民主联盟）；

阿根廷共和国：阿·康比埃，曼努埃尔·乌加特；

[①]　参见第 21 号文件。

澳大利亚：Ch. 埃尔；

奥地利：维·阿德勒，斐·斯卡雷特；

比利时：埃·王德威尔得，爱·安塞尔；

波希米亚：安·涅梅茨，弗·绍库普；

保加利亚：N. 哈尔拉科夫；

丹麦：彼·克努森；

西班牙：帕·伊格列西亚斯，安·加·克西多；

美国：乔·D. 赫伦；

芬兰：J. K. 卡里；

法国：爱·瓦扬（法国社会党），阿·契普里安尼（法兰西社会党）；

荷兰：彼·耶·特鲁尔斯特拉，亨·范科尔；

匈牙利：雅·韦尔特纳，厄·格拉米；

意大利：恩·费里，菲·屠拉梯；

日本：片山潜；

卢森堡大公国：韦尔特博士；

挪威：奥·克林根，C. 耶珀森；

波兰：鲍·延德热尤夫斯基，罗·卢森堡；

葡萄牙：A. 盖哥；

俄国：格·普列汉诺夫；

塞尔维亚：V. M. 斯托亚诺维奇；

瑞典：亚·布兰亭，C. 维克曼；

瑞士：W. 菲尔霍尔茨。

所在地址：布鲁塞尔，埃瓦埃特路 63 号。

书记：维·塞维，布鲁塞尔，波图加尔路 28 号。

司库：爱·安塞尔，根特，让邦路 78 号。

书记维·塞维宣读了国际局财务情况的报告，截止到 2 月 7 日，金库存款 7896 法郎 37 生丁。国际局成立以来的详细收支账目报告将寄发给各国社会党。

通　知

亚美尼亚社会民主党①和立陶宛社会主义组织要求出席参加阿姆斯特丹代表大会。

罗莎·卢森堡宣告：立陶宛社会主义组织是俄罗斯波兰和立陶宛社会民主党的一个分支。

普列汉诺夫确认了这个说法，并且指出亚美尼亚社会党人始终是俄国社会民主党的一部分。②

好几个提案都是有关各国要求接受它们参加代表大会的。

---

①　在打字的原稿中，我们见到的文字是："亚美尼亚社会民主党向代表大会提交了一份报告，并要求能够派一位代表参加国际局。"

②　在打字的原稿中，这个讨论记述得更为详细："立陶宛社会主义组织要求能够参加阿姆斯特丹代表大会。

罗莎·卢森堡卢明这封信来自波兰的一个派别。

普列汉诺夫证实了她说的话，这和亚美尼亚社会主义组织的情况是一样的，亚美尼亚社会主义组织是俄国社会民主党的一部分。发言人并不知道存在有一个立陶宛社会主义组织。

瓦列茨基保证这个组织的存在是真实的。

国际局建议将决议先交由波兰小组参与制定，然后提交代表大会。

范科尔要求把这些参加代表大会的申请交给一个特别委员会，该委员会将在代表大会的前一天召开会议。

阿德勒建议今天就对所有这些参加代表大会的申请作出决定。

辛格尔要求代表大会办事处对这个问题发表意见。

瓦扬认为，应由代表大会对这个问题自由地作第一层次的发言，国际局则应准备文件，以便代表大会了解情况。

国际局当然是要在代表大会召开之前举行会议的。

关于代表资格审查问题，人们决定：代表大会的临时入场证只能在代表大会上交给代表本人。"

辛格尔建议把这个问题提交代表大会去解决，他的提议获得通过。

美国的意大利社会主义联合会①、卢森堡大公国和不列颠哥伦比亚（加拿大）社会党要求参加国际局。

这些要求都已被接受，但须经代表大会批准。

国际局将为这些问题准备文件，并将在代表大会召开前夕举行会议，以列出要求出席大会和参加国际局的各项申请，以便向代表大会提出关于这个问题的决议草案。

关于代表资格审查，维·塞维建议在代表大会之前寄发临时代表证，收费 10 法郎。

瓦扬认为这一措施会引起不便，建议就在大会召开那一天在阿姆斯特丹发临时代表证，然后再由一个特别委员会专门审查代表资格的有效性。② ——通过。

英国工人居住问题全国理事会要求代表大会的议程上列入"人民住宅"问题。

英国同志们将进行了解，以便知道这个组织是否已经具备参加代表大会的条件。

美国的意大利社会主义联合会对阿根廷共和国提出的劳工输出和输入问题建议作下列修正，

"各职业组织对外来移民国家的有组织的工人应采取什么态度？一个工人在他本国已参加了工会组织是否就可以登记参加其他国家的工会而无须缴纳任何其他费用？"

---

① 打字的原稿上指明：这个组织约有 1000 名会员。

② 瓦扬的修正："按照我的建议，决定临时入场证将在阿姆斯特丹代表大会开始的时候发给，如同记录中表明的，但是紧接着还有这样的补充：将由荷兰组织委员会在为此事而由参加国际局的各国党指派的各国书记协助下分发。"

这一要求被接受。

荷兰和丹麦声明不能向国际局每年缴纳 800 法郎党费，要求减为 400 法郎。卢森堡建议每年缴纳 25 法郎党费。

这些问题须提交代表大会。

索非亚（保加利亚）在 1903 年的 10 月 1 日举行了一次盛大的工人集会，会上一致通过了下列决议：

"谨以反对一切专制暴政的国际斗争原则的名义，以社会主义理想的名义，索非亚的工人号召欧洲社会民主力量为反对土耳其暴君而发出强烈呼声。同时我们也邀请全欧洲的社会民主力量向欧洲各国在巴尔干半岛实行的灭绝弱小民族的野蛮政策发出抗议。

大会请求保加利亚社会党中央委员会向社会党国际局提交一份关于马其顿情况的详尽报告，以便国际局能够准备一个欧洲社会民主运动强烈抗议土耳其野蛮兽行的决议。

大会对维也纳《工人报》那样的党的机关报表示遗憾，它们对马其顿的革命运动和充满牺牲的解放斗争有所误解。"

关于马其顿情况的报告至今尚未送达国际局。

在兰斯代表大会上，法国社会党曾通过建议要求各国派遣社会主义乐队前往阿姆斯特丹，以便在大会期间共同演奏《国际歌》，这个建议已被宣告无法实现。

维·塞维宣称促使俄国社会民主党两派合并的努力正在进行。国际局通过了致俄国社会民主党的下列信件：

"社会党国际局于 1904 年 2 月 7 日在布鲁塞尔举行会议，特向俄国社会民主党第二次代表大会致以热烈的祝贺。国际局对促使俄国社会主义力量统一的努力感到十分高兴。"

米兰社会主义联合会关于 1904 年 6 月在瑞士一个城市举行国际代表大会的建议已被拒绝。

　　维·塞维提出各国社会党议会委员会的组成问题。好几个国家尚未提出代表名字。现在的问题是：（1）该委员会的代表在社会党国际局内是否有表决权，巴黎代表大会对此没有作出决议；（2）每个国家的代表人数；（3）国际局的每次会议是否都需要他们参加。

　　这些问题都得提交代表大会。

　　瓦扬提议召开各国议会委员会。①

　　王德威尔得附议。他又指出外籍工人问题的重要性。意大利议会已在讨论这个问题。比利时议会最近也将提出这个问题。

　　瓦扬说，法国议会的劳工委员会对外籍工人的人数没有建议作任何限制，也没有建议向在法国的外籍工人征税。

　　民族主义分子竭力试图通过一种类似的课税，但是没有希望获得成功。

　　总之，外籍工人可以信任议会中的社会党党团。

　　康比埃建议的下面这个议程获得通过：

　　"社会党国际局强烈抗议任何国家对待见解、言论上的轻度罪行采取驱逐出境的手段；为此，国际局特别向公众舆论谴责阿根廷政府的行径，该政府运用一个环境立法，即所谓的居住立法，大量地驱逐外籍的社会主义者。"

　　荷兰代表提问，阿姆斯特丹代表大会的讨论发言是否能翻译成荷兰文。国际局表示这是不可能的，因为要耗费许多时间。荷兰同志表示准备在代表大会的翻译工作中帮助书记处。这一建议得到了热烈的感谢。

---

　　①　瓦扬的修正：他曾以桑巴的名义要求"召开这个委员会的会议。在辛格尔的动议下，决定该委员会的第一次会议将于阿姆斯特丹代表大会期间召开"。

书记处的行动准则

维·塞维指出这个问题已列入议程。这是因为海德门、康比埃和国际书记处之间由于发表抗议美国私刑杀人的国际宣言而在《小共和国报》上展开了一次笔战所引起的。①

这是一个要讨论的程序问题，在什么条件下，国际书记处能够以国际的名义采取行动。

瓦扬认为，在私刑杀人问题上，继美国之后，英国也提出了意见。瓦扬的意见则认为：国际局的宣言应少涉及人道性质的问题，而更多地

---

① 社会党国际局抗议美国私刑杀害黑人的宣言在《小共和国报》上发表后，海德门向这个报纸发了一封信，抗议在他没有同意的这个宣言上署上了他的名字："我和国际局的其他委员们一样厌恶南美杀害黑人的这种罪恶行径。但是我绝对深信，这种凌辱黑人的罪行决不是出于经济上的原因，所以认为宣言中载述的情况是不正确的。"

塞维向海德门和《小共和国报》同时作了答复，指出宣言是在法国和阿根廷社会党的鼓动下发出的。唯有海德门和社会民主联盟的奎尔奇拒绝表示同意。此外，他谴责海德门没有配合社会党国际局就冲动地提出了他的异议。

海德门在他的回信中强调，由于在这个问题上他握有许多情报资料，所以他不能在这个宣言上签字。康比埃于是就插进了一封调解性质的信，把整个事件称之为"令人遗憾的误会"。海德门仍然挑剔不让步，并且抨击康比埃，认为阿根廷党书记的解释过于简单化。康比埃因而就变得更为进攻性，认为海德门反对社会党国际局所采取的一次行动的原则。海德门在另一封信中坚持了他的论据。

这一笔战发表在《小共和国报》第 1 版上，标题是《美国的种族仇恨》，1903 年 11 月 29 日、30 日，以及 12 月 5 日、11 日、14 日、17 日、18 日和 23 日。

注意社会主义性质的问题。①

亨特·瓦茨说，海德门提出抗议，是因为他的名字被放在一个没有经他签字的宣言上；

王德威尔得认为，会议将一致感到遗憾，因为它的一个成员竟然在一张甚至并不是党的机关刊物的社会主义报刊上攻击国际局的一个决议。（赞同）他强调指出，这个宣言是由法国和阿根廷社会党要求，并得到美国和其他国家的同意后发表的，只有海德门和奎尔奇所属的组织英国社会民主联盟没有参加。

会议决定国际局的一切宣言都将以各国代表的署名发表，除非有代表正式拒绝签名。

阿姆斯特丹代表大会

王德威尔得和**辛格尔**建议，把代表大会的日期延后到 9 月的第三个星期。

瓦扬指出，8 月 14 日是早就确定的日期，各国社会主义组织都已按这个日期做了准备。

王德威尔得表示异议。认为 8 月 15 日②这个日子原来通过时是决定代表大会在 1903 年召开，而不是 1904 年。

王德威尔得的建议获得通过，条件是到时能租到会场地点。

维·塞维指出，重要的是应确定已经包括有 20 多个问题的代表大会的暂定议程。书记处已收到好几个报告和决议草案，特别是下列几个问题：

---

① 按照打字的原稿的文字是："瓦扬认为，发表各种宣言，应该尽可能使各国都一致同意参加。而且重要的是对这种国际性的宣言应该慎重。"

② 原文如此。——编者注

殖民政策（海德门）；工人的出境和入境；总罢工；工人保险*，八小时工作日；国际支援；保护主义和自由贸易*；军国主义*；教权主义和学校；工联主义和政治；国际仲裁*；人民住宅。

（凡注有 * 符号的问题，都已收到决议草案，但没有报告。）

凡是在上次会议上确定保留的主要问题都将写在议程的前列，排列如下：

1. 代表资格审查；

2. 选举国际局，组成各议题小组，确定议程；

3. 书记处报告；

4. 各国党的国内报告；

5. 社会党策略的国际准则，关于党的策略的决议（法国社会党）①；

6. 殖民政策（海德门和范科尔）；

7. 工人出境和入境（阿根廷）；

8. 总罢工（法国革命社会主义工人党和荷兰社会党）；

9. 社会政策和工人保险（德国），八小时工作日（丹麦）；

10. 托拉斯和失业（美国社会党）；

其他问题

11. 保护主义和自由贸易（英国独立工党）；

12. 军国主义（英国独立工党）；

---

① 瓦扬的修正："已被采纳并列入议程的法国社会党的提案'社会党策略的国际准则，关于党的策略的决议'，应该标上 * 符号——你将在月底以前收到报告，决议已经复查过，因为这是在德累斯顿通过的决议，这是我们在兰斯召开的代表大会上决定的。"

13. 教权主义和学校（英国社会民主联盟）；

14. 工联主义和政治（英国费边社）；

15. 国际仲裁（英国独立工党）；

16. 人民住宅（英国工人居住问题全国理事会）；

17. 国际支援（流亡瑞士的德国、奥地利和匈牙利社会主义者协会）；

瓦扬要求把寄报告和决议草案的日期规定得更长一些。

维·塞维建议这些文件应在 3 月 31 日以前寄达书记处。——通过。

国际政治

会议通过由辛格尔、考茨基、罗莎·卢森堡、普列汉诺夫、阿德勒和王德威尔得等人提出的下列决议：

"社会党国际局强烈抗议在德国的俄国社会党人受到来自警察和政府方面的迫害；

严厉申斥德国卑躬屈膝地执行甘当俄国专制主义工具的可耻的奴婢政策；

向德国和意大利的社会党人致敬，他们对遭受沙皇制度迫害的俄国活动分子进行了有效的帮助；

要求各国社会党掌握一切机会向正日益试图在西方各国扩散其影响的沙皇制度作斗争，沙皇制度对民主和文明已构成经常性的危险。"

瓦列茨基对俄日冲突事件提出了几点看法。如果战争爆发，国际局应该发表宣言。宣言应该提请公众舆论注意欧洲亲俄罗斯或亲沙皇风气的影响。欧洲的报刊，甚至包括一些民主报刊，似乎都有支持沙俄的倾向，俄罗斯装出了让步和和平意图的姿态。

瓦扬提出下列决议：

"国际局：

一旦由于统治者们和资本主义的罪恶导致日俄发生战争，要求所有国家的社会党人，特别是法国、英国和德国的社会党竭尽全力，协同斗争，以防止战争的扩大，促使他们各国的政府，不仅不参与战争，并且应努力恢复和维护和平。"

该决议获得通过。

普列汉诺夫建议国际局发表声明，支持马其顿的独立。

亨特·瓦茨和**契普里安尼**建议会议不要表态。

阿德勒驳斥索非亚群众大会的决议，该决议对奥地利《工人报》在马其顿问题上的立场表示遗憾。保加利亚社会党人一般说来不理解我们的处境，因此产生了误会。我们承认马其顿人民的独立权利，有如我们支持所有民族的独立权利一样。但是我们还有另一个更重要、更迫切的利益，就是我们所代表的无产者的利益。各强国进行干预，结果就会引起战争。战争首先将损害奥地利无产阶级的利益，总的说来，也将损害全欧洲的社会主义的利益。我们的工人将首先被动员，所以对我们来说，问题已经超过柏拉图式的空洞的支援声明而进入了另一个阶段。此外，巴尔干问题的情况非常不清楚；那里还有要求自治权利的其他民族集团。

范科尔也主张对这个巴尔干的问题要持最大的谨慎态度，巴尔干问题充满了混乱和阴谋。

维·塞维宣读在上面已提到过的那个由会议表决通过的关于索非亚群众大会的议程。

瓦扬要求国际局对正在为争取独立的巴尔干各族人民表示同情。

最后，国际局通过了下面的决议：

"国际局：

谨向巴尔干为争取独立而进行斗争的各族人民表示同情。

强烈抗议对马其顿进行的屠杀。

并且为了恢复和维护和平，要求马其顿实行完全的自治，并要求给该国的所有民族集团以生存和发展的权利。"

会议在 1 点 15 分结束。

23

反对日俄战争和军国主义的五一节宣言

（1904 年 4 月 23 日，布鲁塞尔）

致各国劳动人民

所有国家的社会党正在一致行动，筹备庆祝五一节，规模令人注目。

这一示威行动是当今形势的一个特点，指出这一点具有重要意义。

日本和俄国之间的战争是 1870—1871 年战争以来的最严重的国际事件。明智的人士可以看出，窃夺自然财富，扼杀人民自由，以满足资本主义的嗜欲，这是战争最主要的根本原因。

这一战争也揭示了沙皇政策的伪善面目，暴露了各国政府和平声明的谎言。海牙会议在公众舆论中犹如一出丑恶的闹剧。

事实就是这样。

资本主义国家政府是战争的制造者，人民则是它天然的敌人。资产阶级从战争中寻求利润，工人阶级得到的只有眼泪和贫困。

俄国和日本的劳动人民在这种形势下已经尽到了为人类承担的责任。他们反对战争的抗议响彻全世界。他们勇敢地表示了兄弟般的友好合作和情谊。

所有国家的劳动人民们，请你们也高声抗议军国主义和战争！

资本主义国家的政府互相勾结，它们动用了一切压迫的手段：军队、法院、警察。面对这样的情况，我们工人们必须集中起所有的力量，运用我们的政治、经济和道义的一切行动方式去反抗他们。

社会民主的力量在前进。这一力量已深入到所有国家，并且在到处发展壮大。

去年，德国社会主义力量已有了巨大的发展；今年，英国、美国、法国以及其他国家的选举都证明社会民主力量的推进是不可抗拒的。

这是社会民主反对反动势力的国际斗争。

劳动人民们，

在不断的和有成果的行动的思想下团结起来，庆祝五一节；

庆祝五一节，显示你们不屈的意志，坚决要求在全世界实行三个八小时制度！①

用战争反对战争的声明来庆祝五一节，并高呼"劳动人民的国际万岁"的口号，庆祝工人阶级的团结一致！

国际书记　　**维·塞维**

----

① 指劳动 8 小时，学习、娱乐 8 小时，休息 8 小时。——译者注

24

社会党国际局第五次会议记录①

（1904 年 8 月 15 日，阿姆斯特丹）

　　社会党国际局于星期六上午 10 时在邦斯格堡大楼举行会议，由亨利·范科尔在国际书记维克多·塞维的帮助下主持会议。

　　出席会议的各国代表有：德国的考茨基；奥地利的维·阿德勒和佩尔讷斯托弗；俄国的普列汉诺夫；法国社会党的爱德华·瓦扬和白拉克，以及法兰西社会党的契普里安尼；比利时的爱·安塞尔和埃·王德威尔得；荷兰的亨·范科尔和彼·特鲁尔斯特拉；日本的片山潜；波希米亚的绍库普和涅梅茨；意大利的费里；英国的亨·迈·海德门和厄·贝·巴克斯；阿根廷共和国的阿·康比埃和曼·乌加特；美国的希尔奎特；丹麦的彼·克努森；挪威的克林根；波兰的罗莎·卢森堡和瓦列茨基。出席会议的还有印度斯坦的达达巴伊·瑙罗吉。

　　会议旨在审查书记处对国际代表大会所做的准备：国际局的组成，各国小组的建立，代表资格的审查，各小组和代表大会的表决程序，规定会议时间表，代表大会的主持工作，等等。②

---

①　我们发表的这个会议记录是根据 1904 年 8 月 16 日《人民报》第 229 号发表的文件转录的。《人民报》文件用的是《比利时日报》驻阿姆斯特丹代表大会特设新闻处发的电讯。

②　会议记录中没有记述会议对俄国各社会主义团体——特别是崩得派、社会革命党、立陶宛社会党——提出的要求所引起的激烈争论。俄国的各社会主义团体要求同意它们各自派一名代表参加社会党国际局。阿德勒提出一

会议一致同意拟使代表大会在星期一下午开始讨论议程的主要问题所采取的措施。

有一件事情使国际局的成员深受感动，俄国代表普列汉诺夫进入会场时，急速地走向日本代表片山潜，整个会议期间他们两人一直都紧挨着坐在一起。[1]

代表大会的第一次会议将由范科尔、片山潜和普列汉诺夫主持。

（续前注）　　个妥协性的解决办法。建议可以不按照习惯的做法，指定俄国两个代表名额，而是给他们三个或四个名额，以便让各个民族都可以有代表参加国际局。罗莎·卢森堡表示反对，认为俄国并不是一个"人种博物馆"。阿德勒的建议最终遭到拒绝，

在阿姆斯特丹代表大会期间，社会党国际局召开了好几次会议。在一次会议上，崩得派和社会革命党的一位代表参加了会议，重新讨论了这一要求。普列汉诺夫和海德门作了发言。经过讨论，崩得派的要求被断然拒绝，社会革命党则获得了社会党国际局的一个代表席位。关于这些讨论，可参见普列汉诺夫在《社会主义者手册》（第15卷第319—322页）上作的介绍。

[1]　　关于这件事，我们在片山潜写的回忆中找到一些细节情况："我曾出席了在金钢钻石工人工会总部召开的社会党国际局会议……金钢钻石工人工会主席波拉克把我带到了设在三楼一个厅中的会场。委员会的所有国家的代表几乎都已聚集在那里。我穿了一身在一个百货商场购买的廉价服装，一件安着暖领子的衬衫。所有其他的人都穿着得很整齐，翻起的衬衫领上系着领带，俨然绅士气派，望之令人尊敬。海德门、倍倍尔、阿德勒、恩里科·费里、范科尔、王德威尔得、蔡特金和考茨基等人都显得有些激动，不少人都已是白发苍苍的长者。他们的脸部都留有历尽艰苦斗争的痕迹。可以看出他们互相都认识。大家对这次重逢都显得很高兴。互道阔别，互致欢迎。我感到有些迷惘，高兴地向他们注视了片刻，他们中间许多人都向我走近来，和我握手致意。大家都正确地叫着我的名字，像同志般地衷心欢迎我，我对他们这样熟悉我的名字不禁感到奇怪，新老相识互道问候，交谈将近30分钟。荷兰社会党领导人、议会议员范科尔在主席位上就坐，主持开始了会议。这天会上，大家讨论了社会党国际局书记处的报告、代表大会的议程，并选举了代表大会开幕式和第二天工作的主席。会议在作出决议并宣告结束后，我们大家一起在这所房子的台阶上一起照了相。"参见《近代史和现代史》1963年第8号第80—81页。

1904 年第一季度的书记处工作报告

在这一季度期间，书记处最重要的任务是筹备组织阿姆斯特丹代表大会。关于阿姆斯特丹代表大会，已有一份 3 种文字的通知书寄发给各国成员党组织。通知书的份数足以散发到各国党的地方小组（计有 1 万多份）。

我们曾再三发信给有关国家的成员党组织，要求把会议议程上规定由它们承担的议题报告和决议以及各国国内社会主义工人运动的报告寄来。但到 7 月 22 日为止，仍然还有好几个报告没有寄到。

我们曾以国际局的名义向各国社会党代表大会以及工会联合会代表大会寄发了热情洋溢的贺信，表示希望有更多的代表团来参加阿姆斯特丹大会。

书记处竭力争取使代表大会具有最良好的物质条件，并已得到荷兰组织委员会的同意。

我们要求所有各国社会党采取必要的措施以贯彻国际局上次会议上作出的关于日俄战争问题的决议。

五一节曾发了一个宣言。

各国社会党议会委员会终于组成；委员会的组成人员是：

德国：伊·奥尔和保·辛格尔。

英国：基尔·哈第。

比利时：莱·弗尔内蒙。

荷兰：彼·耶·特鲁尔斯特拉和亨·范科尔。

瑞典：亚·布兰亭。

法国：桑巴（法国社会党），古·鲁瓦奈（法兰西社会党）。

奥地利和瑞士通知我们，将在它们下一次的议会党团会议上提出代表名字。匈牙利议会中没有社会党议员。其他国家尚未给我们答复。

由俄国所有社会主义和革命派别组成的政治流亡人员委员会曾要求国际局发一个抗议书，目的是发动公众舆论反对俄国专制主义的罪恶企图。

书记处目前已收到下列各种报刊：

德国：《前进报》，《南德箴言报》，《实话》杂志，《自由时报》，《新世界报》，《新时代》，《德国工会总委员会通讯小报》，《海员报》。

英国：《工人领袖》，《正义报》，《独立工党论坛报》，《独立工党新闻报》，《社会民主党人报》，《费边新闻报》，《号角报》，《社会主义青年报》。

阿根廷：《先锋报》。

奥地利：《劳动报》，《工会报》。

比利时：《人民报》，《前进报》，《社会主义妇女报》，《比利时图书评论》杂志，《社会主义青年报》，《理性社会主义》杂志，《社会未来报》，《联合报》，《通讯日报》，《劳动》杂志，《天主教社会》杂志。

波希米亚：《学会报》。

保加利亚：《工会新闻》。

加拿大：《呼声报》。

西班牙：《社会主义报》，《团结报》，《人民之声报》，《劳工之声报》，《社会战斗报》，《社会主义评论》杂志，《马德里马车夫联盟报》。

美国：《前进报》，《劳动时代报》，《新自由报》，《圣·路易斯劳动报》，《未来国家报》，《爱达荷社会主义报》，《理性呼声报》，《工人报》，《西雅图社会主义报》，《衣阿华社会主义报》，《国际社会主义评论》杂志，《同志报》，《威尔希尔杂志》。

瓜德罗普岛：《民主报》，《解放报》。

法国：《社会主义者报》，《小共和国报》，《社会战斗》，《进步报》，《社会斗争报》，《上维埃纳省社会主义者报》，《塞纳河左岸社会主义者报》，《社会主义评论》杂志，《社会主义运动》，《社会博物馆》，《责任报》，《劳工局公报》，《法国新书目录》杂志，《半月手册》，《社会周报》，《自由书页》，《欧洲人》，《亚美尼亚之友报》，《社会经济人民评论》，《世俗青年年鉴》，《基督民主》。

荷兰：《人民报》，《新时代》，《通讯杂志》。

匈牙利：《时代之声报》。

意大利：《前进报》，《社会主义报》，《新意大利报》，《劳动新闻》，《市政杂志》，《绘画艺术》，《制帽业报》，《五金业报》，《纺织工艺报》。

日本：《社会主义报》，《平民报》。

卢森堡：《爱舍尔日报》。

挪威：《新时代》，《世纪》杂志。

葡萄牙：《五一节报》。

波兰：《前进报》。

俄国：《火星报》，《工人事业》，《俄国论坛报》。

塞尔维亚：《工人日报》。

瑞典：《社会民主党人报》。

瑞士：《劳动时报》，《巴塞尔前进报》，《格吕特利联盟报》，《日内瓦人民报》。

有关国际局组织方面的好几个问题需要在代表大会上得到解决：

1. 哪些国家应该缴纳 800 法郎党费？

2. 哪些国家只需付 200 法郎党费？

3. 能否允许一个折中为 400 法郎的党费，例如像荷兰、丹麦等这样一些国家？

4. 像日本、卢森堡大公国等这样一些社会主义组织刚开始发展的国家，应该要求它们缴纳多少党费？

还有另外一些想法，我们认为对社会党国际局委员的提名制订一个规则是有好处的。我们认为，1900 年巴黎代表大会上确定的两名代表的数字应该被认为是最多的名额了；国际局成员的任命可以在阿姆斯特丹代表大会第一次各国党的会议上确定。我们也希望代表大会在下列问题上为我们作出明确的指示：

1. 各国社会党议会委员会是否也是由每个国家的两名代表组成？

2. 该委员会的成员在国际局的各次半年度会议上是否有表决权，或者仅限于咨询权？

书记　　维·塞维

25

赞扬意大利织布工人在韦尔维耶
罢工事件中的国际主义行动的通告

（1904 年 8 月 25 日，布鲁塞尔）

亲爱的同志：

比利时最近发生了一起令人赞赏的国际工人团结的事件。我们要求你们的机关报帮助报道，以引起工人阶级对这一事件的注意。

约在一个月以前，在韦尔维耶发生了织布工人罢工事件，罢工的目的是为了抑制滥用双车织布机，要求公正合理地调整劳动强度。[1] 雇主们在工人们有组织的抵制行动下，理屈词穷，就到意大利去找织布工人。意大利织布工人来到韦尔维耶后才了解到事情的真相。他们立即拒绝顶替比利时的同志们。

德国的织布工人也向韦尔维耶的同志们表示了道义上的支持；并且决定前来帮助意大利的同行，帮助遣送他们回国。

这样一次国际工人之间的团结一致的行动是值得加以宣扬的。所以社会党国际书记处认为有责任将这件事向各国社会主义报纸和工人组织加以通报，以便你们各自选择适当的方法参加到这样一次值得赞赏的显示工人阶级觉悟的行动中来。

谨致兄弟的情谊。

书记　维·塞维

---

[1] 在比利时工人党提交斯图加特社会党人国际代表大会的报告中，我们看到了关于这次罢工情况的记述："最后，为了摧毁韦尔维耶织布工人的工会组织，雇主们联合起来作出决定，要对工业规章进行修改。修改的结果和目的就是要确立雇主们的无限专权，并从根本上取消工人的工会。雇主们悍然采取了解雇手段。比利时工人阶级意识到这次斗争将决定工人的集会结社权利和自卫权利，于是他们显示出了奇迹般的团结一致。他们募集了将近30万法郎来帮助因雇主们的报复而受害的1.5万个工人家庭。德国、丹麦、瑞典、挪威都寄来了援助款。我们把儿童转移到别的工业中心地区，这引起了对受到迫害的罢工工人的广泛同情。这是比利时工人阶级的一次令人赞赏的运动。这样就使斗争坚持了8个月之久，最终粉碎了雇主们的解雇武器，并且维护了织布工人工会——虽然韦尔维耶工人仍然拒绝参加比利时工人党。"参见《工人和社会主义国际。斯图加特社会党人国际代表大会各成员党的报告（1907年8月18—24日）》，布鲁塞尔，1907年，第138页。（中文本见本书第23卷《第二国际第七次（斯图加特）代表大会文献（2）》。——编者注）

26

关于社会主义统一的通告：法兰西社会党的一则通讯

（1904 年 10 月 20 日，布鲁塞尔）

亲爱的同志：

我们荣幸地向你们报告下面的消息：

法兰西社会党（革命社会主义联盟）通过它的中央委员会，将它在 1904 年 10 月 4 日举行的会议的发言记录中的下面一段记录寄给我们。

"为了贯彻 8 月 30 日的声明①，法兰西社会党中央委员会高兴地看到，即使在曾经反对德累斯顿决议②的法国派别中也有许多小组已经理解并且肯定接受了阿姆斯特丹国际代表大会上确定的实现统一的第一个先决条件，即对任何资产阶级政党都保持独立自主，基本上实行一种阶级政策。

无须强调指出，采用协调委员会的方式，一方面保持各个不同的组织，一方面又采取抵制阿姆斯特丹大会的策略，对国际代表大会的决议

---

① 8 月 30 日，法兰西社会党（革命社会主义联盟）中央委员会会议通过决议，声明准备"执行阿姆斯特丹国际代表大会的决议，争取法国社会党的统一"。

　　1904 年 9 月 28 日，社会党国际局把这次会议发言记录的一段摘录在报纸上作为通讯发表。

② 德累斯顿决议：关于社会党的策略的决议，该决议的修正稿在阿姆斯特丹国际代表大会上获得通过。

不承担任何责任的做法是不能实现统一的。

为了坚决争取尽可能快地实现一切愿意响应社会党国际号召的人们之间的社会主义统一，不论他们来自何方，我们决定从即日起组成一个代表团，以便成立一个统一委员会。其唯一的目标是争取不仅在一切观点上而且在一切社会主义策略上都以阿姆斯特丹代表大会所坚持的阶级斗争立场为基础，以确定在组织上实现党的统一的各种渠道和方法。

我们的代表团，一直到下次代表大会以前，暂时由党在里尔代表大会选出的党的执行委员会的 15 个成员组成。①

本议程将通告在阿姆斯特丹代表大会上和我们一起代表法国民族的那一派的书记处，同时也将通报给布鲁塞尔社会党国际局。法兰西社会党希望通过国际局的斡旋，按照所接受的委托帮助促进，并在需要时号召所有的力量，在组织起来的无产阶级所一致通过的条件下实现两派之间的统一。"

谨致兄弟的情谊。

书记　　维·塞维

---

① 10 月 4 日，中央委员会再次提到在 8 月份采取的步骤，"指定了一个代表团负责和在阿姆斯特丹一起代表法国民族出席大会的派别的代表团会晤。与此直接有关的法国社会党也表示准备参加任何争取实现统一的会谈，并且也组成了一个代表团"。两个代表团在 11 月 27 日聚会，双方都出席了 15 人，组成了一个统一委员会，并且还邀请了其他社会主义团体参加，如革命社会主义工人党和各自治联合会。统一委员会就是在这样的基础上组成的。参见 J. L. 布雷东：《社会主义的统一》，巴黎 1912 年《河流报》第 39—40 页。

27

社会党国际局第六次会议记录①

（1905 年 1 月 15 日，布鲁塞尔）

社会党国际局于 1 月 15 日 9 时 30 分在布鲁塞尔人民之家举行会议。出席会议的有：

海德门（英国）；范科尔（荷兰）；瓦扬和契普里安尼，龙格和白拉克（候补）（法国）；鲁巴诺维奇和阿克雪里罗得（俄国）；维·阿德勒（奥地利）；倍倍尔和考茨基（德国）；罗莎·卢森堡（波兰）；韦尔特（卢森堡大公国）；康比埃（阿根廷共和国）；安塞尔和王德威尔得（比利时）。

主席：埃·王德威尔得。

书记：维克多·塞维。

缺席：基尔·哈第，普列汉诺夫，拉柯大斯基，乌加特，以及挪威和瑞典的代表。

---

① 我们这里发表的是社会党国际局书记处制订的正式会议记录，该记录公布在《社会未来报》上，并以小册子的形式分发给社会党国际局各国代表用。其他比利时和法国报纸发表的会议记录都是不正确而有缺漏的。例如《人民报》遗漏了瓦扬提出的、并为出席会议的代表所一致通过的《反对日俄战争，支持俄国社会党人》的决议。关于法国报界的报道，俄国的一位代表鲁巴诺维奇曾特地向社会党国际局书记提出："《小共和国报》驻布鲁塞尔记者对会议情况报道略有歪曲，诸如《晨报》、《时代报》等报纸则报道了会议从未通过的一些决议（支持法国社会党议员在最近两年中的提案）……"见鲁巴诺维奇 1905 年 1 月 18 日致塞维的信。社会党国际局档案。

法国社会党的统一

瓦扬公民宣称，法国社会党的统一问题已经可以被认为是一种事实。留待解决的只是几个组织上的问题。

在阿姆斯特丹代表大会上所表示的愿望已经实现。统一实际上是在阿姆斯特丹代表大会①通过的德累斯顿动议的基础上实现的。就是说，实现统一的条件是在社会主义运动中保证行动的自由，保证社会主义的原则和革命的策略。统一简单说来就是在这样一个基础上实现的，即法国社会党不应该是一个改良的党，而是一个阶级的革命的党。

白拉克公民传达了法国两个派别之间签订的协议的内容。文件是这样写的：

法国各社会主义组织的代表们，即革命社会主义工人党，法国社会党，法兰西社会党，罗讷河口、布列塔尼、埃罗、北部省、索姆和约讷等省的自治联合会，各自受它们组织的委托，为在阿姆斯特丹国际代表大会所指出的基础上实现统一，一致声明：统一的行动应该遵循历次国际代表大会所制订的各项原则的指导，特别是应该按照最近 1900 年巴黎代表大会和 1904 年阿姆斯特丹代表大会所规定的各项原则的指导。

代表们认为，至今存在和产生的观点上的分歧和策略上的不一致，都是由于法国的特殊情况，特别是由于没有一个总的组织而造成的。

代表们确认了成立一个阶级斗争的政党的共同愿望。这个阶级斗争的政党即使当它为了劳动人民的利益而利用占有者们之间的次要冲突的

---

① 这里是指阿姆斯特丹国际社会党人代表大会通过的关于社会党策略的决议案。该决议特地要求社会主义运动分为各种派别的党和组织的国家实现社会主义的统一。

时候，或者是为了维护无产者的权益而偶尔地和一个政党配合行动的时候，都始终保持为一个从根本上反对整个资产阶级及其工具资产阶级国家的决不屈服的党。

为此，代表们声明他们各自的组织都准备立即为统一各派社会主义力量而进行合作，合作将在一个共同协议所规定并接受的下列基础上进行：

1. 社会党是一个阶级的党，其目的是运用无产阶级的经济和政治组织，使一切生产和交换手段社会化；就是说，把资本主义社会改变为集体主义的或共产主义的社会。

社会党一方面争取实现工人阶级要求的现时改革，但是从党的目的、党的理想以及党所使用的方法来说，社会党不是一个改良的党，而是一个阶级的革命的党。

2. 党在议会中的议员面对所有的资产阶级政党而形成一个单一的集团。社会党议会党团应该拒绝政府旨在保证资产阶级统治和维护资产阶级政权的一切手段；因此，就应拒绝一切军事贷款、用于征服殖民地的贷款、秘密基金和整个预算。

在任何特殊情况下，议员们都不能不经党的同意而代表党作保证。

在议会里，社会党党团应该致力于保证并扩大劳动人民的政治自由和权利，贯彻实现旨在改善工人阶级生活和斗争条件的各项改革。

社会党议员以及所有当选的人员，都应听从党在国内的行动安排，广泛宣传无产阶级组织以及社会主义的最终目标。

3. 当选的每个议员代表，像每个活动分子一样，接受他所属的联合会的监督。

全体议员作为集体，接受中央机构的监督；在任何情况下，都由党的代表大会作最高的判断。

4. 一切有关理论和方法的问题，都可以在报纸上作完全自由的讨论，但是在行动上，所有社会党的报纸都应严格遵守党的中央机构所表述的党代表大会的各项决议。

凡是属于或者将来要属于全党或是联合会一级所有的报刊，都自然应置于党或联合会建立的相应的常设机构的监督之下，并受该机构的指导。

凡是声称为社会主义的、但并不是属于党所有的报纸，在行动上应该严格遵守由联合会或党的中央机构所表述的党代表大会的决议，并且应该转载党的正式通告。

中央机构可以提请这些报刊遵守党的政策，并且在必要时可以向代表大会提出建议，宣布与这些报刊断绝一切党的关系。

5. 当选的议员，作为个人都不能在中央机构担任代表，但是他们可以以集体代表团的形式参加中央机构，人数相当于中央机构代表总数的十分之一，在任何情况下都不得少于5人。

当选议员不得参加执行委员会。

各联合会只能指派属于该联合会范围内的干部担任中央和机构的代表。

6. 党将采取措施以保证当选议员遵守指令的任务，党将规定他们必须缴纳的党费。

7. 将于最短时期内召开代表大会，正式宣告党的成立。这次代表大会的代表名额将根据出席阿姆斯特丹国际代表大会各派力量的情况按比例分配，一方面按照缴纳党费的党员人数，一方面根据1902年普选时第一轮获得的选票数。但根据选票数产生的代表名额不得超过代表总人数的五分之一。

只有获得1000张选票以上的联合会才分配给代表名额，而且其他代表的名额分配将递减。

统一委员会：

革命社会主义工人党代表：阿列曼，贝尔纳，科尔代，杜吕，奥斯卡·埃尔韦，朗歇，J. – B. 拉沃等公民；

法兰西社会党代表：白拉克，谢拉达姆，波勒·孔斯旦，德洛里，路易·迪布勒伊，拉葛德尔，瓦尼耶等公民（以上正式代表）；沙文，切列钦斯基博士，格拉多斯等公民（以上候补代表）。

法国社会党代表：白里安，饶勒斯，龙格，阿尔伯·奥里，德·普雷桑塞，列诺得尔，勒韦兰等公民（以上正式代表）；卡梅利纳，迪科·德拉海尔，维维安尼等公民（以上候补代表）。

各自治联合会代表：罗讷河口省：卡德纳公民（正式代表）；布列塔尼省：布吕内利埃公民（正式代表）；埃罗省：贝内泽什公民（正式代表）和维尔姆公民（候补代表）；索姆省：爱德华·德康公民（正式代表）和梅利耶公民（候补代表）；瓦尔省：列诺德尔公民（正式代表）；约讷省：古斯塔夫·埃尔韦公民（正式代表）；北部省将在 1 月 28 日举行代表大会后提名。

这一通报获得了热烈欢迎。

各国社会党统一的情况

海德门同志声称，社会民主联盟通过了一个提案，特向实现了统一的各社会党表示祝贺，并号召所有国家都致力于实现统一。海德门主要指的是他自己国家的社会主义运动。他提出下列建议：

"国际局谨向那些已经采取措施实现社会主义统一的国家的社会党表示祝贺，并强调已经取得的成果的重要意义，提请那些尚未采取必要措施以执行阿姆斯特丹决议的国家注意。"

通过。

路易丝·米歇尔的噩耗①

会议还表决通过了下列议程：

"社会党国际局于布鲁塞尔人民之家举行会议，特向杰出的路易丝·米歇尔公民的遗体致敬。她在为争取人类解放而进行的卓越战斗中与世长辞。"

保加利亚的两个社会主义派别

书记**维·塞维**宣读了保加利亚社会主义民主工党抗议提名保加利亚改良主义代表参加国际局②的一封信。保加利亚存在两个社会主义派别。

革命派要求开除改良主义分子。问题将于下午进行讨论。

瓦扬③以法国社会党的名义，提出一项有关日俄战争的下列议程，该议程获得一致通过：

"国际局再次号召各国社会党提高警惕，运用各种方法阻止它们各

---

① 路易丝·米歇尔卒于 1904 年。《新时代》发表了克拉拉·蔡特金署名的一篇关于死者传记的长文。文章突出阐明了"这位巴黎公社的女英雄对有组织的无产阶级所具有的重要意义"。《新时代》第 22 年卷第 2 册第 30—32 页。

② 1903 年保加利亚社会党内部发生了一次分裂。正统派马克思主义者、"紧密派"团结在 D. 布拉戈耶夫的周围；改良主义者、"宽广派"则聚集在扬·萨卡索夫一边。我们复制了 n.13，"紧密派"社会党人发表的声明。

③ 瓦扬在政治上十分重视这一动议。当瓦扬发现《人民报》遗漏了这一文件后，他特致信塞维，强调指出："由于目前法国的中立受到威胁，所以我们确实真正重视这一表决通过的议案……"见 1905 年 1 月 17 日瓦扬致塞维的信。社会党国际局档案。

自的国家以任何方式参与战争，违反中立。

然而战争和在历次事件中涌现的革命力量已经开始注定了沙皇制度的失败。现在只能，也只有依靠英勇的俄国社会党去促成沙皇制度的失败。这样才能结束殖民地的掠夺性战争。

国际局谨以社会党国际的名义向俄国无产阶级战士们表示敬意和兄弟的同情，热烈祝愿他们的革命斗争能尽早使俄国和全世界摆脱沙皇制度的专制和束缚，以使俄国无产阶级获得组织和进行解放行动的条件。"

主席王德威尔得宣读了一封由达辛斯基、卡尼奥夫斯基和莫拉夫斯基等人发来的电报，电报表示了他们支持国际局的决议，他们的代表未能前来参加会议。

书记处的工作

书记维克多·塞维宣读了执行局自阿姆斯特丹代表大会以来的工作报告。

全文如下：

我们荣幸地向你们汇报社会党国际书记处自阿姆斯特丹代表大会以来的工作情况。

自阿姆斯特丹代表大会以来，社会党书记处特别关心的工作是出版各国代表大会的报告和大会记录的文献。

这两个文献已用法文出版。①

---

① 参见《1904 年 8 月 10 日至 20 日在阿姆斯特丹召开的国际社会党人第六次代表大会。社会党国际书记处发表的分析性会议记录》，布鲁塞尔—根特，1904 年《人民之声报》第 215 页；以及社会党国际书记处出版的《欧洲、美洲、亚洲社会主义工人组织》。布鲁塞尔，1904 年，第 524 页。

我们原来希望在代表大会召开以前印出第一个文献，但是大部分国家的报告都是在代表大会以前两个月期间寄到的，有的则是在代表大会期间和代表大会以后才收到。

我们第一次发出要求寄发报告以及报告计划的通知日期是1903年7月28日，一年期间我们又敦促了多次，要求各国寄发报告。

我们曾想在8月15日出版《社会主义和工人组织》这个文件。但是，到今天仅只印出了一部分，而且错误还很多。错误多的原因就是想赶时间。

这个文件的翻译，有一部分是由书记处承担的，荷兰的同志们也承担了一部分。有些报告则是由各国书记们自己用3种文字寄来的。

阿姆斯特丹代表大会会议记录已翻印了1500册，已经售出了将近1000份。

德国同志们在征得国际书记处的同意后①，曾用德文出版了大会的会议记录。

我们曾向英国、美国和澳大利亚的朋友们征询意见，问他们需要多少份英文的大会会议记录。

由于征订的份数太少（310份），所以至今我们没有用英文出版大会的会议记录。不过我们已和英国和美国的朋友们商议，由他们自己设法去出版。

我们曾按各国组织参加阿姆斯特丹代表大会的代表人数，给各国的书记寄去了文件，另外附加两册是给各国组织的图书馆的。

关于用3种文字出版决议草案的小册子，德文译文已由在布鲁塞尔

---

① 《阿姆斯特丹国际社会党人代表大会（1904年8月14—20日）》，1904年柏林《前进报》，第78页。

的一个德国小组的主席译出，英文译文则由在伦敦的海德门同志承担。① 已出版了第三本小册子，用 3 种文字刊载了阿姆斯特丹代表大会通过的各项决议。②

到目前为止，书记处已出版了以下几个文件：

1. 国际社会党人历次代表大会：会议议程，代表团名单，各项决议，巴黎代表大会（1889），布鲁塞尔代表大会（1891），苏黎世代表大会（1893），伦敦代表大会（1896），巴黎代表大会（1900）；

2. 阿姆斯特丹国际社会党人代表大会（1904）；用 3 种文字刊印了议程和各项决议草案；

3. 1904 年阿姆斯特丹国际社会党人代表大会会议记录；全体大会和各小组会议记录；

4. 有关阿姆斯特丹国际代表大会各项议程的报告和决议草案；

5. 用 3 种文字出版的阿姆斯特丹国际社会党人代表大会（1904）议程问题的决议；

6. 欧洲、亚洲和美洲的社会主义和工人组织。

社会党国际书记处曾向各国社会党的书记寄发了两个通告，都是关于法国社会党通过的有关社会主义统一问题的动议。③ 另外又发了一个通告是请他们给不来梅代表大会寄去一份他们各自国家出版的各种刊物和报纸的样本。第三次通告是告诉他们，社会党国际局出版的文献的价

---

① 《阿姆斯特丹国际社会党人代表大会决议汇编（1904 年）》，布鲁塞尔—根特，1904 年《人民之声报》第 60—62 页。

② 《阿姆斯特丹国际社会党人代表大会决议汇编（1904 年）》，布鲁塞尔—根特，1904 年《人民之声报》第 50—52 页。

③ 参见第 26 号文件。

格；① 最后第四个通告则提请他们注意意大利韦尔维耶纺织工人作出的国际团结表现。

我们曾向荷兰报纸寄去一个建议，请荷兰织布工人不要去顶替韦尔维耶的伙伴们；我们曾收到德国织布工人的类似保证；俄国革命社会党寄来了50法郎，帮助遣送意大利织布工人回国，我们把钱转交给韦尔维耶的工会。

国际代表大会的表决方式问题曾在国际局最近两次会议上进行了讨论。这是我们所关心的问题之一。

我们曾向各国际工会组织征询它们所采取的规章的经验，但是我们并不认为能从它们那里找到解决我们国际会议上各民族表决问题的办法。

我们曾向英国社会党各支部发去贺信，它们在最近的市政选举中获得成功。

关于参加国际局会议的邀请信已于11月份发出，并附有临时拟就的议程；我们曾向代表们提出，是否还需要补充另外的议程。

我们曾请好几个国家的社会党寄来它们迟交的党费，因为阿姆斯特丹代表大会的费用很大。不少国家的党还要求减少党费金额。

阿姆斯特丹代表大会以后，社会党国际局的组成情况如下：

英国：亨·海德门；德国：奥·倍倍尔和保尔·辛格尔；奥地利：维克多·阿德勒和斐·斯卡雷特；澳大利亚：Ch. 埃尔（通讯员）；比利时：埃·王德威尔得和爱·安塞尔；保加利亚：N. 哈尔拉科夫和扬科·萨卡索夫；丹麦：彼·克努森和 C. M. 奥尔森；西班牙：帕布洛·伊格列西亚斯和安·加·克西多；法国：爱·瓦扬和阿·契普里安尼；

---

① 这两个通告并不重要，我们没有在这个集子中重新发表。《第二国际》（№ 384,295 页）中载有摘要。

芬兰：J. K. 卡里和 J. F. 比尔雅塔；荷兰：特鲁尔斯特拉和亨·范科尔；匈牙利：雅科布·韦尔特纳和厄内斯特·格拉米；意大利：恩里科·费里和菲力浦·屠拉梯；日本：片山潜；挪威：奥拉夫·克林根和 C. 耶珀森；波兰：海尔曼·迪阿曼德和罗莎·卢森堡①；俄国：伊·鲁巴诺维奇和格·普列汉诺夫；阿根廷：阿希尔·康比埃和曼努埃尔·乌加特；瑞士：W. 菲尔霍尔茨；卢森堡大公国：韦尔特；瑞典：亚·布兰亭和 C. G. T. 维克曼；塞尔维亚：V. M. 斯托亚诺维奇；葡萄牙：E. G. A. 盖哥（通讯员）；美国：乔治·D. 赫伦。法国、芬兰、匈牙利、意大利、日本、挪威、瑞典、葡萄牙和卢森堡大公国等国，由于我们没有接到它们指定国际局代表人名的回信，所以只能保留阿姆斯特丹代表大会以前的代表名字。

波兰只有一个支部指定了代表。

＊　＊　＊

会议随后通过了阿姆斯特丹代表大会的财务报告。我们将报告公布如下：

财务账目

支　出

用 3 种文字印发的邀请通告和大会议程	79.00 法郎
3 种文字的决议草案；工人组织和社会主义组织；　各国报告；法文会议记录；报告及决议草案	3570.80 法郎*
翻译费	270.00 法郎

---

① 罗莎·卢森堡替代了凯·沃伊纳罗芙斯卡，后者于 1904 年 2 月被解职。参见社会党国际局档案。

各国代表团在阿姆斯特丹的费用

　　（书记和雇佣职员，15 天）　　　　　　　647. 47 法郎

　　组织委员会　　　　　　　　　　　　　　4365. 13 法郎

　　　　　　　　　　　　　合计……8932. 40 法郎

　　* 现在最后结算时，这笔费用为 3853 法郎，因为用 3 种文字印了阿姆斯特丹代表大会的决议，同时还有一个关于波兰运动情况的报告。所以大会的费用就增为 9385. 40 法郎。[社会党国际局书记处注。]

收　　入

出售小册子　　　　　　　　　　　　　　459. 00 法郎

出售会议记录　　　　　　290. 05 法郎

出售各国情况报告文件　　155. 70 法郎

　　　　　　　　　　　　　　　　　　　445. 75 法郎

代表大会会费　　　　　　　　　　　　　4317. 90 法郎

　　　　　　　　　　　　合计……5222. 65 法郎

支出　　　　　　　　　　　　　　　　　8932. 40 法郎

收入　　　　　　　　　　　　　　　　　5222. 65 法郎

　　　　　　　　　　　赤字差额……3709. 7 法郎

赤字差额已由社会党国际局的金库弥补。

历次国际代表大会

会议谈到了历次国际代表大会的表决方式问题。

维·塞维重新提到了阿姆斯特丹代表大会的决定，指出只有在政治上形成民族的党才能有代表参加国际局。

王德威尔得建议，首先讨论哪些民族有权派代表参加国际局的问题，然后再讨论表决方式。

罗莎·卢森堡认为，参加国际局的代表权问题已在阿姆斯特丹代表大会上解决，不必再作讨论。

范科尔认为，国际应该被视为是一个分为各支部的世界性的党，但是应该考虑到目前分为各种不同民族的社团的组织情况。

他补充认为，大国应该比小国拥有更多的发言权。接受一个民族参加代表大会，应该根据国际局在阿姆斯特丹代表大会上通过的各项原则；作为民族，就不是一个种族集团，而是一个全国的社会党人的组织，它们在同一个国家里，为反对同一个政府而斗争。可以把各民族的党分为 3 种类别，主要是根据社会主义组织力量的大小。因此，国际代表大会的表决权就应该符合所代表的工人力量的比例，然而也不能让大民族把小民族挤掉了。

海德门要求，卢森堡、芬兰等没有自己的政党，就不要参加国际局。他支持范科尔建议的原则。

让·龙格同意范科尔的分级别建议。他认为这个问题是最需急迫加以解决的问题。因为自伦敦代表大会以后，就已感到需要改革国际社会党人代表大会的表决方式了。

重要的是更应该根据工人组织和社会主义力量的大小，然后再考虑国家绝对人口的多少。

瓦扬认为，应该确定有多少全国性的民族代表团，并且按照国家的重要性和社会主义力量的大小，制订出一个比例。

王德威尔得认为，应该把反对同一政府而组成的各社会主义集团当做一个民族的代表团。

其他集团可以有咨询资格。关于表决方式，例如日本和德国享有相同的投票票数，这就不公正了。发言人还提问，向国际局缴纳党费的多少是否也应该是加以考虑的一个因素。

考茨基念了保加利亚社会党的一个声明，声明要求保持原先的表决方式。并且抗议保加利亚的一个派别没有出席阿姆斯特丹代表大会，但却有一个代表参加了国际局。①

发言人要求国际局今天不要作任何决议。他倾向于同意范科尔的建议，但是他要求对问题作彻底的审查，留待下次会议再作决定。

韦尔特（卢森堡）不同意其他同志的意见：这些建议，没有一个是可以接受的。

凡是实行比例制的都没有好结果。小国就会被大国所压垮。瓦扬的

---

① 下面是保加利亚社会主义民主工党中央委员会于 1904 年 12 月 11 日在索非亚发表的声明文件：“保加利亚社会主义民主工人党相继出席了苏黎世、伦敦、巴黎和阿姆斯特丹历次国际社会党人代表大会，并有克·拉柯夫斯基博士及 N. 哈尔拉科夫两位代表参加社会党国际局；一方面由于不能派遣上述两位代表出席国际局会议，另一方面又鉴于国际局会议议程上要讨论的两个问题（下次代表大会的表决方案和出席国际局的民族代表权问题）对我们具有特别重要的意义，因此认为有必要向正在开会的国际局提出下列声明：

关于表决问题：

鉴于国际代表大会现行的表决方案只是在表决了德累斯顿决议案后才受到批评的，因此，在这种情况下改变方案就显得是专门为了压制表决了德累斯顿决议的小民族。另一方面，鉴于国际社会党人代表大会应该是忠实地反映社会主义运动在所有国家的发展情况，而要做到这一点，就必须使所有出席代表大会的民族处于平等地位，因此任何违反新旧国际所一贯实行的平等原则，都不可能提供稳定的基础，从而就会产生理不清的各种困难，或者则是使代表大会听任某几个大的社会党所摆布。

最后，鉴于对表决方案作这样的改变涉及历次国际社会党人代表大会的基本章程——因此，这样的任务是超越了国际局的职权范围而只能属于代表大会本身的。不仅是对此作出决定，即使把它列入议程也只有代表大会才有这样的职权。

保加利亚社会主义民主工党声明反对把第二项问题列入国际局的议程。

建议也是危险的，因为这将成为对分裂的一种鼓励。

而且，经验证明，如果一些社会主义集团对代表大会的决议感到不满意，它们就不执行这些决议。他要求国际局，像和其他国家一样的资格，保留大公国在国际局的代表。

阿德勒认为问题非常复杂。他说，即使接受小民族参加国际局会引起许多困难，也不应该排斥它们。问题不应该立刻就加以解决，但也不应该拖到下次会议再解决。他认为表决的方式并不重要。困难在于确定民族和国家的定义。这里的表述是含糊不清的。[①]

有些国家没有民族，而有些民族却又没有国家。但应该达成一个谅

（续前注）　　关于各民族参加国际局的代表问题：

鉴于自伦敦代表大会设置社会党国际局以来，国际局的代表一贯是在代表大会闭幕之前，由各民族代表团提名的。这一程序同样保持到巴黎代表大会之后，其目的一方面是使社会党国际局具有直接由代表大会产生的性质，另一方面也是保证按规则组成的各国社会党能防止一些临时出现的分裂派别擅自指派代表进入社会党国际局，以抵制真正的社会主义和无产阶级的运动，保加利亚社会主义民主工党声明，国际局应该［拒绝］接受实际上确实没有参加上一届国际局或没有出席阿姆斯特丹代表大会的集团或党派的代表。

那些在道义上确实已提出要求参加阿姆斯特丹代表大会、只是未能为此派遣一个正式代表团前来的民族的党则可例外对待。

保加利亚社会主义民主工党请普列汉诺夫同志，如果普列汉诺夫同志不在，则请罗莎·卢森堡和考茨基同志向国际局宣读本声明，并请他们按照他们的观点所能同意的程度支持本声明。

国际局代表：**克·拉柯夫斯基博士，N. 哈尔拉科夫**
中央委员会委员：D. **布拉戈耶夫，格·基尔科夫，G. 格奥尔吉耶夫**
党的书记：N. **哈尔拉科夫**"

　　　　　　　　　　　　　　　　见社会党国际局档案

①　关于阿德勒的立场，也请参照附件11。

解，阿姆斯特丹规定的名单并不是绝对的，应该简单地修改一下。

阿德勒建议把所有的建议都记录下来，然后再寄发给各国社会党去研究。

白拉克基本上同意范科尔的提议。如果能够在各个民族之间制定一个表决权的比例，这就类似于范科尔所建议的方案了。

但是首先要估计到正确地确定"民族"的困难。随后应该避免促使社会党的分裂。因此，必须绝对坚持阿姆斯特丹和巴黎通过的原则，一个民族不能分成两个以上的支部。

取得和解是可能的，可以给那些最强大的民族的党增加一个表决权的系数；但始终要考虑到只能相当于两个支部的表决权。根据需要，一个表决权可以算 2 票或 3 票。

倍倍尔指出问题是极困难而复杂的。不可能找到一个使所有的党都感到高兴的解决办法。我们应该力求一个满意的答案，为此就必须在所有各国的社会主义报刊上展开广泛的讨论。国际局汇集所有的提案，译成 3 种文字，分送各国社会党。阿姆斯特丹代表大会上曾提出过 3 种表决方案：（1）按党员数字表决，这实际上是有困难的；（2）按组织表决（反对意见认为这将会鼓励分裂，这种看法是错误的，任何党也不会为了在国际代表大会上多得一票表决权而甘愿分裂）；（3）按民族表决。

在这种情况下，就不能拒绝那些具有自己的政府的殖民地拥有代表权；卢森堡大公国也是一样的情况。倍倍尔在结束时提出下面的建议：

每个民族只有 2 票，国际局决定哪些支部可以有代表参加国际局。每一个统一民族的国家有它本国的代表权。如果一个国家有好几个民族，每个民族有权有它自己的代表团。

鲁巴诺维奇同意考茨基的意见，要求把问题推延到下次会议解决。应该邀请所有的社会党都参加，特别是俄国的那些党。请它们在民族问题上作详细的报告，以及对它们的报告的结论和所提供的情况进行讨论。

发言人对范科尔公民提出的标准作了保留。有些不同的党，生活在或者是被迫地生活在同一个政府下，但不能一律都把它们看做属于同一个民族。

当然，各社会党都必须与政府斗争，但是它们的工作不能仅只限于这一纯粹的政治活动。

和阶级斗争相联系的社会主义的生活是更为深刻的：它涉及语言、习俗，涉及宣传的特殊条件，涉及开展活动和组织的特殊条件。不用说，像波兰那样的国家，即使是芬兰人也绝不会仅仅因为他们必须和俄国社会党在一起战斗，以反对同一个压迫者和强奸民意的政府，因而同意是属于俄罗斯民族的。而且，为了国际代表大会内部的组织性质问题而迫使他们接受和俄国党合并，这就似乎是在某种程度上核准了俄国政府的合并意图。

此外，反对每个民族的社会主义充分发展也是没有任何好处的；应该防止犯错误。为此，发言人要求各党都对这个问题发表见解，以便进行讨论，在深知底细的情况下表明态度。

海德门不能接受一个像卢森堡这样的小国的表决可以否决一个大国的意见。他建议由范科尔、王德威尔得和塞维等人组成一个委员会，起草各项建议并寄给各国社会党研究。

瓦扬再一次提出，每个国家参加国际局的代表不能超过两人。他强调必须根据各种不同的因素，最主要的则是根据社会主义的力量制订一个比例。但是，这样的比例也不能导致让大国把小国挤垮。

罗莎·卢森堡反对阿德勒认为阿姆斯特丹的决议不是绝对的意见。她声明支持阿姆斯特丹的决议。认为如果按照阿德勒的建议，接受每个党都可以有它自己的代表团，这样就会鼓励分裂和欺诈；关于这个问题，考茨基已经在阿姆斯特丹指出过。

在俄国那样的情况和条件下，指定一个党的含义要比确定一个民族的含义更为暧昧和含混。所以倍倍尔的建议是不能接受的，因为它将会导致最荒谬的后果。例如，它将使奥地利的德国人，由于"民族"的原因，去和德国社会民主党结成一个党。这就是说，把在同一个政治地区战斗的战士们分裂开，而去和那些在完全不同的条件下进行斗争的人们合并在一起。总之，人种学意义上的民族原则，将在国际代表大会上对两个情况最为特殊的国家，俄国和奥地利，形成绝对的束缚。这个问题应该延期，以便让所有的国家都来参加讨论。

下午的会议

会议在下午 2 时 30 分重新开始。

阿德勒不同意把阿姆斯特丹的决议看成是绝对的。应该考虑照顾到各个民族。在奥地利存在好几个民族，正是因为我们承认了这个现实，我们才在奥地利实现了社会主义的统一。

阿克雪里罗得介绍了俄国的情况，俄国资产阶级也在对工人阶级感兴趣。社会主义不久就将会遍布整个俄国。如果我们对每个党或每个社会主义组织都给以代表权，那么，真正的无产阶级政党俄国社会民主党，就将会受到各种各样的社会党的困扰而难以应付。

所以，如果阿德勒建议的那种方式被接受，俄国社会民主党就将反对它被引进到俄国。①

---

① 阿克雪里罗得在这次会上替代因病缺席的普列汉诺夫，要求按照 1905 年 1 月 18 日德国《前进报》第 15 号刊载的他的发言原文为准。见社会党国际局档案。

鲁巴诺维奇同意俄国社会民主党代表的意见，同意这些代表在发言中所指出的情况。由于俄国各个党的专制主义和**秘密**性质特点，这些党都还是非常愚昧的，因此使我们对俄国情况的估计容易发生错误。不仅是外国社会党人，即使是俄国社会党人自己，在估计某些组织的重要性，或者甚至是估计某些组织是否存在时，都会发生错误。尤其容易弄错的是在判断哪个党是真正社会主义的，或者只是一个半社会主义的、半资产阶级的政党。

由于上面一位发言人阐述的情况明显地涉及我们的党（凡是了解一些目前两党之间进行论战情况的人都是清楚的），所以就应该把一些含混的问题加以排除。这些含混不清的问题往往会出于论战的目的而被人为地集中起来。

主席**王德威尔得**提请鲁巴诺维奇公民注意，接受俄国社会革命党参加社会党国际局的事实，说明对俄国社会革命党的社会主义性质不存在任何怀疑。

阿克雪里罗得公民声明，他的发言并不针对任何具体情况。

鲁巴诺维奇表明，对这种二重性的见解，他似乎觉得无须再作强调；但是他认为，阿克雪里罗得公民的忧虑是有些过分夸大的。因为社会党国际局对俄国社会主义运动30年来的历史情况毕竟是有所了解的。因此，在俄国两个社会主义政党的帮助下，对提出申请加入或要求在国际代表大会上具有表决权的各个党的性质总是能够加以正确地识别的。

范科尔要求各国社会党对这些提出的建议进行一次国际性的公民投票。

讨论到此结束。

采纳海德门的建议，提名王德威尔得、范科尔和塞维等人组成一个委员会，负责审查提出的各种建议。如有新的建议，仍可在6个月之内寄交该委员会。

日本的社会主义情况

经过罗莎·卢森堡女公民略作修改，**让·龙格**提出的下列建议获得通过：

"社会党国际局对日本社会党人目前遭受的政治和司法迫害表示愤慨。特别是抗议解散东京社会主义协会，查封《平民新闻》，抗议由于发表国际社会主义经典文献《共产党宣言》，而对刊物的编辑进行判决。①

社会党国际局谨向正在为全世界无产者的共同事业进行斗争的日本社会党人致以慰问和深切同情，并表示全力支持。"

会议接着审查了各项行政性问题，特别是关于瑞典、荷兰等国提出的要求减少党费的申请。

国际局决定延期到下次会议讨论这一问题。书记处将在下次会议上提出预算草案。

国际局接受了瑞士关于只从他们党成立开始缴纳党费的要求。英国独立工党要求只从今年起缴纳党费，理由是它以前没有参加国际局。这一提案未加考虑，因为该党在 3 年前曾缴纳了一部分党费。

主席在对拖欠党费的调整问题上表示了极为宽容的意见。

会议对此建议表示同意。

---

① 《平民新闻》报第 15 期（1904 年 11 月 13 日于东京出版）载有《共产党宣言》的译文，遭警察查封，译者和报纸发行人被判罚款。参见 B. 安德烈亚斯：《〈共产党宣言〉——著作目录，1848—1917》，米兰，费尔特里内利，1962 年，第 229 页。

国际书记辞职

维·塞维表明了他辞去国际书记职务的意图。他再次提到他已尽力实现了巴黎代表大会所倡导的事业。这一事业目前情况良好。国际书记处是有生命力、有活力的。国际局应该考虑聘任一位专职同志的可能性，这位同志将以全部精力来担负书记的职务。许多工作都是能够做到的，从而可以证明书记处是有用的。

书记处在短时期内就需要有一个能以全部精力担负国际局工作的人。维·塞维本人已是比利时合作社书记，工人党活动分子，工人党杂志《社会未来报》社长。他表示自己已抽不出必要的时间去继续适当地完成他的任务。

王德威尔得宣布，当维·塞维作出最后决定后，国际局委员会就已注意物色替代他的人选。他相信已经找到了一位社会党人来担任这一重要职务。

王德威尔得接着赞扬了维克多·塞维，表扬他绝对无私地献身于国际社会主义的事业。他为我们提供了出色的服务，奠定了事业的基础。我谨向我们创业时期的工匠致敬。（长时间的掌声）

范科尔宣布，各国议会的文件应投寄阿姆斯特丹学术俱乐部，以便集中。

会议讨论宣布结束，下次会议将于明年春季举行。

如果发生重要情况必须提前举行会议，书记处可再作安排。

会议于下午4时30分结束。

书记　**维克多·塞维**

28
谴责 1905 年 1 月 9 日（22 日）彼得堡屠杀事件

（1905 年 1 月 31 日，布鲁塞尔）

致各国劳动人民！

这是一件不可赦免的罪行，整个民族都蒙受了牺牲！①

千百万劳动人民站立起来了，他们原以为能希望那个自称是他们的"父亲"的"和平的沙皇"尚有一些人性！

他们要求结束一场不祥的悲惨的战争，要求改善他们悲惨的命运，要求实行基本的政治改革，这些改革在西方各国都早已实现。

尼古拉二世和他的谋士们却用枪杀来回答劳动人民的要求。

这是一个血腥和死亡的日子。手无寸铁、毫无自卫能力的男男女女

---

① 这份抗议书是在瓦扬的发起下提出的，发表在彼得堡"血腥的星期日"之后（1905 年 1 月 22 日）。法国代表在 1 月 25 日预先告知社会党国际局书记，要求社会党国际局"在这样一次大规模的屠杀事件的翌日，必须为革命和为俄国社会主义工人们发表一个宣言，不必在经济或政治上作出声明，但必须尽可能强而有力，并应预示这样一次伟大的革命将会引起的不可估量的影响"。社会党国际局书记在 1905 年 1 月 26 日收到信件后，立即紧迫地向普列汉诺夫转发了一个抄件，并附上执行委员会的一个备注，建议向工会发出支援号召。普列汉诺夫正在生病，由马尔托夫代替他作了答复，写了一个长篇的备忘录，阐述了俄国的形势，以俄国社会民主工党总委员会的名义赞同瓦扬的创议。（所有这些来往信件都保存在社会党国际局档案文件中）

和儿童们倒在野蛮的士兵们的枪弹下。这些士兵都是那个最可憎的专制暴君的毫无良知的附从。

今天，彼得堡恢复了秩序。

那个阿卜杜尔·哈米德的竞争对手继续在老百姓的尸体上维持着他的统治。

但是，一种不可遏制的共同的反抗要求正在把人们团结起来。在沙皇和这些团结起来的人们之间已经出现了一条深沟。不断的镇压只能把这条深沟加宽。那些人没有在谋杀面前后退，为了巩固罪恶的制度，他们枉费心机地吹嘘要遏制这个已经赢得了各阶层支持的运动。除了恐怖残暴的杀戮之外，他们又不公正地大规模逮捕群众。不久将会出现斗争的最高峰。俄国无产阶级是革命的先锋，他们的英雄主义将保证把斗争进行到底，直到把这个罪恶的制度摧毁。这个制度是一个最骇人听闻的时代性的错误，对整个欧洲的自由也是最危险的威胁。

在这一斗争中，我们俄国的兄弟们不仅应该得到我们道义上的支援，而且应该得到全世界社会主义政党的切实有效的帮助。

他们所进行的战斗就是我们的战斗！

压迫他们的敌人就是全人类的敌人！

社会党国际局谨向所有的人们发出热烈的号召！号召他们采取一切行动，运用一切影响和鼓动的方法支持这一解放事业。这将是历史上最伟大、最富有成果的事件之一！①

当尼古拉二世下令在彼得堡进行屠杀时，他已敲响了沙皇制度灭亡的丧钟！

打倒专制统治！

———————————

① 全世界社会主义报刊都转载了这个宣言，在国际社会主义工人舆论界引起了极大的反响。

国际社会主义万岁！

社会党国际局执行委员会

埃米尔·王德威尔得，爱德华·安塞尔

书记　维克多·塞维

29

执行委员会宣布维克多·塞维辞职，
并提名卡米耶·胡斯曼担任社会党国际局书记

（［1905 年 2 月］，布鲁塞尔）

亲爱的同志：

社会党国际局有幸告知你们，维克多·塞维已辞去了社会党国际局书记的职务。

在最近的一次会议上比利时工人党一致批准了执行委员会的选择，提名卡米耶·胡斯曼公民①为国际局书记。

---

① 根据他本人的回忆，胡斯曼在 1900 年 9 月就曾被提名为社会党国际局书记职务的候选人，但是当时王德威尔得不同意，比利时工人党指导委员会更推重塞维。塞维的工作在阿姆斯特丹代表大会期间不能令人满意，国际领导人中间曾讨论了撤换他的问题。这一次是王德威尔得提名胡斯曼，但是胡斯曼拒绝了。最后由于倍倍尔和饶勒斯的恳请，胡斯曼才让步答应了。参见《卡·胡斯曼—汉密尔顿·特勒斯谈话》，伦敦，1943 年，打字记录，胡斯曼档案。

自即日起，书记处的各办公室设置在布鲁塞尔人民之家。我们要求你们注意到这一地址的改变，以避免耽误信件。

亲爱的同志，请接受我们兄弟般的情谊。

执行委员会

安塞尔，王德威尔得

30

请求各国社会主义报刊为俄国和
波兰社会党募捐的通告

（1905 年 2 月 18 日，布鲁塞尔）

亲爱的公民：

我们刚才收到鲁巴诺维奇公民的一封来信①，立即将该信的抄件转呈你们。

我们当为你们准备好一切，以便将捐款集中。

也恳请你们坚持劝说你们国内尚未开列认捐名单的社会主义报刊，响应俄国同志的呼吁，他们正在为国际无产阶级的共同事业而进行斗争。

---

① 伊·鲁巴诺维奇是巴黎出版的《俄罗斯论坛报》主编，许多家德国和法国报纸的合作者，其中有《人道报》。阿姆斯特丹代表大会后被提名为俄国社会革命党参加社会党国际局的代表。

谨致兄弟的敬礼！

书记　**卡米耶·胡斯曼**

1905 年 2 月 16 日巴黎（5 区）洛蒙路

亲爱的同志们：

所有各国的社会主义报刊正在为俄国社会党人进行募捐，有的为了帮助革命斗争，有的则是为了援助罢工工人和他们的家属。

我是俄国革命社会党参加社会党国际局的代表，我刚才收到俄国革命社会党的嘱托，它目前亟需钱款。

我因而恳请你们向各国社会党和它们的报纸发出呼吁，请它们把捐款集中到社会党国际局来，以便按比例地在俄国和波兰的两党之间进行分配。通过俄国和波兰的代表之间的共同协商，这样的分配比例是容易制订的。①

伊·鲁巴诺维奇

31

转达加邦声明的通告

（1905 年 3 月 2 日，布鲁塞尔）

致社会党国际局各成员党的代表和书记

亲爱的同志们：

社会党国际局书记刚才收到了以下两个文件：

---

①　有关"俄国基金"这一募捐之事，参见第 36 号文件。

1905 年 2 月 27 日于巴黎

亲爱的同志们：

兹转呈格奥尔吉·加邦的信件一封①，加邦在彼得堡事件中所起的作用是你们所知悉的。遵照他的要求，我向社会党国际局保证该文件和他的签署的真实性。

俄文稿和两个签名都出自格奥尔吉·加邦手书。

俄国社会革命党代表　　伊·鲁巴诺维奇

格奥尔吉·加邦致社会党国际局的声明

"俄国人民正在为争取每天的面包而进行斗争，他们发动了武装起义。为了避免对这一事业产生误会而有损于它，请大家参看一下彼得堡工人的请愿书。唯有起义才能保证维护工人群众的利益，也才能为社会主义原则在俄国获得胜利创造可靠而坚实的基地。

---

① 格奥尔吉·加邦，东正教神甫，在 1905 年 1 月 22 日彼得堡事件中曾起重要作用，是他率领工人和平代表团，要向沙皇直接申诉怨愤。他带着荣耀的光圈于 1905 年 2 月来到日内瓦，无论是在俄国社会主义流亡者中（包括普列汉诺夫和列宁）还是在西方的社会党人中，加邦都享有巨大威望。他的号召在报刊上广为刊载，并引起了认真的考虑。当时考茨基极力反对加邦的创议。1905 年 8 月 29 日在《莱比锡人民报》上发表的答辩中（《加邦和俄国社会党的统一问题》），考茨基否认和社会党人接触还没有几个星期的加邦能够帮助结束俄国各派别集团之间的论争。关于这个最后在奥克拉那被收买、后来在 1906 年被一个俄国革命者所枪杀的神奇人物，请参见格·阿·加邦，《历史人物传记》列宁格勒 1926 年增订第 2 版。关于这个人物有不少文章和著作，书目见《俄国第一次革命，文献指南》，莫斯科 1930 年版第 258—260 页。

　　但是，在追求我个人信念的道路上，我生怕自己对真理和自由的探索受到妨碍，所以请求社会党国际局通知所有社会主义报纸和宣传机构，建议俄国社会主义的两个政党达成协议，为在俄国组织工人起义而准备一个统一行动的计划。我考虑我现在正式参加这个或那个社会党是过早而不成熟的。谨致兄弟般的敬礼，并高呼：国际社会主义万岁！"

　　社会党国际局认为，恳请各派俄国同志响应加邦的建议，仿照法国同志的令人鼓舞的榜样，这样做并不超越我们的职权范围。

　　国际局要求其他各国党的正式代表也坚持恳请俄国的各派集团，在此决定性的悲惨时刻，至少要在行动上保持一致，这是必要的一致，不可或缺的一致。

　　谨致兄弟般的敬礼。

书记　卡米耶·胡斯曼

32

悉尼支援俄国革命的动议

（1905 年 3 月 6 日，布鲁塞尔）

亲爱的公民们：

　　我们刚才收到悉尼发来的下列提议，国际社会主义俱乐部的朋友们要我们把它转寄给你们。

　　谨致兄弟般的敬礼。

书记　卡米耶·胡斯曼

悉尼社会主义者的支援声明

昨晚，国际社会主义俱乐部在悉尼举行的集会上①，俱乐部的会员为悼念在最近的骚乱中倒下的俄国兄弟肃立致哀，并通过了下面的决议：

"悉尼国际社会主义俱乐部特召开会员大会，以支援俄国劳动人民为反对强加给他们的错误待遇而进行的斗争，支援他们争取一个立宪政府的运动和愿望。会议为一个专制而残暴的政府对人民的非人道待遇感到震惊。会议希望劳动人民坚持他们的行动和要求，并祝愿他们获得成功。本决议应投寄社会党国际局书记以转达俄国劳动人民。"

33

抗议巴库屠杀事件，附亚美尼亚革命联盟的报告

（1905 年 3 月 18 日，布鲁塞尔）

致社会党国际局各成员党的代表和书记

亲爱的同志们：

我们刚才收到亚美尼亚革命联盟机关报日内瓦《旗帜报》编辑部 3

---

①　关于悉尼国际社会主义俱乐部的活动，参见附件 5：1906 年 9 月月度报告。

月 10 日关于巴库最近的屠杀事件的来信。①

你们想必都已知道，俄国的迫害已使高加索不断发生起义，这些地区的各族人民都已参加了解放运动，沙皇政府因无法控制局势而求助于狂热，煽动各民族相互敌对。

在屠杀犹太人的事件之后，尼古拉二世的谋士们重新拣起了阿卜杜尔·哈米德反对亚美尼亚人民的血腥政策。社会党国际局曾于 1901 年10 月 18 日发出的声明中揭发了哈米德的血腥政策，从而引起文明世界的公愤。②

执行委员会再一次抗议这种预谋的杀戮，不幸的亚美尼亚人民是这种杀戮的牺牲者。我们认为，我们这样做是代表了所有社会党人的意志的。我们相信，你们将遵照 1901 年巴黎国际代表大会上通过的议程，采取各种行动配合我们的抗议。巴黎代表大会的决议文字如下：

"巴黎国际社会党人代表大会再一次表达各族人民共同的兄弟般的同情心，愤怒抗议在亚美尼亚进行的狂暴残酷的大屠杀。我们特向两个半球的劳动人民揭露各资本主义国家政府的罪恶勾当，要求各国社会党议会党团利用每一个机会支援横遭迫害的亚美尼亚人民。代表大会谨向亚美尼亚人民表示亲密而热情的支援。"

---

① 1905 年 3 月 10 日的巴库事件是外高加索历史上典型的最阴暗的一页。这次事件挑起了穆斯林人民和亚美尼亚人民之间的相互对立，最后导致大规模的屠杀。沙皇政府必然是有意无意地放任这些骚乱演变成一次真正的宗教战争的。但是根据我们目前所了解的情况，尚还不能确认是沙皇的警察专横地唆使穆斯林残杀亚美尼亚人。

　　关于巴库的大屠杀，参见阿尔梅尼耶：《沙皇制度在高加索的阴谋》，《新时代》第 23 年卷第 1 册第 822—825 页，并参考斯大林的岳父阿利卢耶夫的回忆录，莫斯科 1946 年版第 130 页和续页。

② 参见第 7 号文件。

谨致兄弟般的敬礼。

执行委员会

书记　**卡米耶·胡斯曼**

亚美尼亚革命联盟致布鲁塞尔社会党国际局的信

公民们：

我们要求你们大力帮助，向文明世界揭发这次在高加索发生的对亚美尼亚人民的残酷的屠杀。这一次是发生在最虔诚的基督教徒沙皇尼古拉二世帝国内的有辱人类尊严的罪行。

它不满足于支持 1895—1896 年发生在土耳其境内的对亚美尼亚人的大屠杀。沙皇制度试图在它本国境内也消灭亚美尼亚人。它把亚美尼亚人看做是对它在高加索的政策和统治的最危险的威胁。

在大工业城市巴库，前不久重演了第二次基希讷乌事件，其残酷程度更为骇人听闻而可憎。

前不久，数千名各民族的罢工工人友好地在一起举行了盛大的示威，反对资本主义，反对专制主义。官僚政府成功地玩弄阴谋，挑拨和平相处了数百年的两个友邻民族——穆斯林人民和亚美尼亚人民相互反目争吵，随即爆发了令人震惊的持续几昼夜的大屠杀。700—800 人死于这次流血的争斗，不下 1500 人受伤。亚美尼亚居民区横遭蹂躏，房屋被焚毁，不少户人家全家被活活烧死。

而治安当局却听任暴徒肆虐，不加制止！总督官员和哥萨克部队对这一切暴行都熟视无睹但他们并不是毫无行动的。警察和哥萨克都得到命令，支持穆斯林人，帮助他们聚集暴徒并供应他们武器，而同时却**解除亚美尼亚人的武装**。

数千名亚美尼亚工人从巴拉哈内附近的工厂急速返回中心，以救援他们的同胞们。但当他们进入巴库市内时，却遭到哥萨克的阻拦并被缴夺了武器，而无数狂热的穆斯林人则可以成群结队地自由流动，到处杀戮、抢掠、焚烧……

当时只有数百名亚美尼亚革命联盟的勇敢战士们手持武器，出现在街头。他们不顾哥萨克士兵的阻挠，扼守在亚美尼亚居民区的几条主要街道上，驱散了穆斯林人；穆斯林暴徒只能袭击那些没有武器的亚美尼亚人。

由于这样，绝大部分牺牲者都是亚美尼亚人。穆斯林人死亡的只有250人。

亚美尼亚革命委员会尽到了他们的责任，在催促纳卡希则总督下令制止这一残酷的流血事件无效后，他们采取了必要的措施，尽量防止事态的扩大。

他们知道这一阴谋事件是俄国政府当局策划的，穆斯林人民的狂热只是一时的现象。亚美尼亚委员会忠于团结的传统，不愿向穆斯林人民挑衅。尽管他们具备必要的手段，也不愿意采取极端的做法。

同样，在穆斯林人民中也不乏善良而明智的人士。在危急的时刻，他们收容了避难的亚美尼亚人。他们完全理解引起这次丑恶事件的真正原因是什么。[①]

公民们！

你们知道目前的这种可怕的情况是极为严重的，因为由于沙皇制度所实行的政策，威胁着其他有穆斯林人和亚美尼亚人混居的外高加索城

---

① 这些文件中所述事件的情况，受到亚美尼亚社会民主工人组织国外委员会的强烈否认。该委员会代表列夫给社会党国际局寄来了一封很长的抗议书。书记将这封抗议书寄给了俄国代表。这里摘录部分文字："在《旗帜报》编辑部介绍巴库事件的叙述中，他们伪造了事实……我们没有进行抗议。这是因为我们不愿削弱对政府的申斥。关于资料，我们将提供崩得委员会在《最近消息》第219号上发表的情况报道……"——"社会党国际局犯的一个错误是接受了旗帜党（亚美尼亚革命联盟）的要求，发了一个关于巴库屠杀事件的宣言……"

市，例如在埃里温、绍赫、伊丽莎白波尔等城市都可以重演这样的事件。种族或宗教的仇恨与冲突是绝对无关的。

今天高加索各民族，亚美尼亚人、俄罗斯人、格鲁吉亚人、穆斯林人等都一致申斥这些流血争斗事件的策划者俄国政府。俄国政府慑于革命的幽灵，试图挑起不同民族之间的冲突，以阻挠南高加索各族人民对自由的向往。

我们请求你们，以数以千计的蒙难者的名义，高声抗议这些屠杀事件，再一次向文明世界揭露一个妄自尊大的专制主义的罪行，它在一个广阔的帝国土地上到处散播仇恨、毁灭和鲜血。

《旗帜报》①编辑部
亚美尼亚革命联盟机关报

（续前注）列夫指控该联盟和它自己表白的相反，曾经进行挑拨以引起冲突。列夫指控旗帜党"是一个资产阶级的党，它向社会党求援，只是因为欧洲民族主义代表不能给它帮助"。列夫继续写道："为亚美尼亚无产阶级发起一次募捐是不合时宜的；但是，我们将非常感谢你们，如果你们能运用你们的影响，使得亚美尼亚社会民主工人组织能够在给俄国革命的牺牲者的捐款中分到一部分。对我们说来，这一援助还能有另外一层道义上的意义，因为政府为了反对无产阶级，不仅武装了它的哥萨克，而且也武装了穆斯林。"

此外，他还要求国际局支持发动一次募捐，"以武装参加亚美尼亚社会民主工人组织的工人"。社会党国际局档案。

① 德罗沙克（Droschak），亚美尼亚文是"旗帜"的意思，是亚美尼亚社会党和亚美尼亚民族主义达什纳克楚纯（Daschnaktsutün，亚美尼亚文"联盟"或"联合会"的意思）的机关报名称。《旗帜报》自1891年5月开始在梯弗利斯出版，后于1895年移往日内瓦。"德罗沙克"和"德罗沙基斯特"（droschakiste）两个词有时被用来指称亚美尼亚联盟党及其党员。

该党19世纪90年代初成立于外高加索，起初的目标是解放土耳其的亚美尼亚省，一直到1903年，奥斯曼帝国始终是该党的活动地点。从1903年开始，"旗帜"党在其纲领中写上了反对沙皇统治的斗争，同时谋求保卫亚美尼亚共同体的利益，一般反对俄国外高加索地区非亚美尼亚的各族人民。

34

关于社会主义的统一的通告：法国的榜样

（1905 年 4 月 29 日，布鲁塞尔）

亲爱的同志们：

有如你们所知道的，法国社会党人在 4 月 23 日到 26 日于巴黎举行了代表大会，制订了一个共同纲领，并最终组成了一个统一的国际法国支部。

法国朋友们曾邀请社会党国际局的成员参加这次统一代表大会。[①]国际执行委员会为此指派了执行委员会委员埃米尔·王德威尔得和国际局书记卡米耶·胡斯曼两位代表。他们两人以国际局的名义记录了法国朋友们的决议，你们是不会忽视这一决议的历史意义的。

你们一定会同意我们向法国同志们表示其他国家无产阶级的谢意。我们向他们表示感谢，不仅是因为他们迅速地响应了阿姆斯特丹代表大会的意愿，而且也是因为他们借此机会表达了他们全体一致的兄弟般的友情。尽管有极大的困难，他们仍然以协商、谅解的精神商谈了共同协定，这种协商、谅解的精神给执行委员会成员留下了深刻的印象。

然而，我们觉得，如果我们不以非常友好的方式提请尚未实现统一的社会党注意法国同志们的决议，执行委员会就没有尽到国际局和历次

---

① 让·龙格在一篇题为《鲁昂代表大会和法国社会党的统一问题》（《新时代》第 23 年卷第 1 册第 836—846 页）的文章中，将多年来统一进程的历史向欧洲社会党人作了介绍。

国际代表大会委托给它的任务。本着这样一种主动精神，执行委员会响应了奥古斯特·倍倍尔在他致法国统一代表大会的信中所表达的思想。这里我们记录一段文字如下：

"我也深信法国社会民主党的这一伟大的榜样将为其他迄今仍不幸地存在着分裂的社会民主党产生最良好的影响，这些党应该学习这样的榜样。"（1905 年 4 月 27 日《前进报》）

"我们同时也想向那些尚未统一的党重提一下阿姆斯特丹决议关于统一各社会主义党派的决议原文，因为这个决议并不是仅仅专为法国的情况而通过的。

'代表大会声明，为了使劳动人民阶级在反对资本主义的斗争中发挥其所有的力量，面对各种资产阶级政党，在所有各个国家必须只有一个社会党，因为只有一个无产阶级。

因此，所有赞成社会主义的各种派别和组织的全体活动分子都负有最迫切的重大责任，即尽一切努力，务必在历次代表大会制订的各项原则基础上，为国际无产阶级的利益，促使实现社会主义的统一。面向国际无产阶级的利益，他们对由于继续分裂而造成的灾难性后果都负有责任。'

为了达到这一目的，国际局和所有已经实现了统一的国家的党都可以为他们提供服务，为他们进行斡旋。

执行委员会知道它所重新提出的这一问题是微妙而需要谨慎对待的。但是在统一代表大会上人们说得很对，过去法国各派别之间存在的鸿沟远比目前某些其他国家的不同派别之间的嫌隙要大而深刻得多。

我们的估计也许不够确切，但我们是真诚而坦率的。我们认为，法国社会党人完成的行动，不能始终被认为在其他地方是不可能的，因为在那些地方，形势显得更有利于取得谅解。

使我们的看法更为坚定的是英国的情况，正当法国实现统一的时候，英国独立工党和社会民主联盟的成员们都通过接受了几项议程，这些议程在我们看来，至少是显示了良好的征兆。① 实际上，这些议程一方面要求独立工党委员会在可能的情况下伺机和其他社会主义集团进行协商谈判。（见4月26日《劳工导报》）*另一方面，这些议程表示了在阿姆斯特丹决议的基础上实现英国社会主义统一的愿望（见4月29日《正义报》）。**

　　**'这对于全国行政委员会在涉及统一社会主义政党的可能性问题上，和其他社会主义集团进行初步谈判方面具有指导意义。'［社会党国际局书记处注］

　　***'这次会议再一次肯定了过去有关社会主义统一的决议，并信任执行委员会将继续按照阿姆斯特丹代表大会的决议担当起促进统一的任务。'［社会党国际局书记处注］

执行委员会因而表示希望，在下次斯图加特国际代表大会上，组织起来的无产阶级的代表们能欢呼阿姆斯特丹的决议获得全面的贯彻执行。这个决议是得到代表大会的几乎一致通过的。"

亲爱的同志们，请原谅我们的啰唆，在这封信中，我们不厌其烦地要表达的共同愿望，是希望看到社会党国际能建立在团结的不可动摇的基础上。

执行委员会

国际书记　卡米耶·胡斯曼

---

① 英国的情况并不像执行委员会介绍的那样简单。当然，法国社会党的统一在英国各方面都引起了反应。独立工党在法国实现统一后不久，曾向社会党国际局表明，他们准备和社会民主联盟合并，条件是社会民主联盟参加劳工代表委员会。社会民主联盟认为这个建议是不能接受的，并提出了他们的条件：在载明承认阶级斗争的德累斯顿决议的基础上实现统一；社会民主联盟要求独立工党接受这个基本纲领而退出劳工代表委员会，只有实现这个前提后才能进行统一。参见 Th. 罗特施泰因：《英国党的统一问题》，《新时代》第23年卷第2册第316—322页。

35

抗议华沙屠杀事件的宣言

（1905 年 5 月 15 日，布鲁塞尔）

致社会党国际局各成员党的代表、书记和通讯员

亲爱的同志们：

　　社会党国际书记处收到下列信件①，我们急速转寄给你们，相信你们将会给我们那些战斗中的兄弟们作出答复。

执行委员会

卡米耶·胡斯曼

致布鲁塞尔社会党国际局

同志们！

　　沙皇政府在它的长长的罪孽账单上又添上了一笔新的罪行！

　　5 月 1 日，俄国波兰和立陶宛社会民主党为庆祝这一世界性的节日在华沙举行了**总罢工和和平示威**。2 万多工人走上华沙街头游行，高举着 8 面社会民主的旗帜，高声歌唱并有节拍地呼喊着争取八小时工作日、争取民主共和、争取社会主义和各族人民和平的标语口号。这是一

---

　　①　这个宣言文稿由罗莎·卢森堡寄给社会党国际局，并恳请转致各成员国代表。（社会党国际局档案）我们这里是根据德文宣言文稿新译的。

次有妇女、儿童和老年人参加的和平示威。为争取实现一个伟大的目标
而产生的纯洁而崇高的欢呼热情鼓舞着这一巨大的人流。没有人想到会
遭受士兵的血腥残杀。人们只是为了举行一次示威，并不是去进行街头
巷战。示威队伍具有严格的纪律和极为明确的政治目标，气氛是极为严
肃的，同时也充满着兄弟般的欢乐情谊，千万个无产者庄严地歌唱着前
进，示威群众没有任何疏忽，也没有作任何挑衅性的举动。队伍停留了
5 次，倾听严肃的社会民主内容的讲演，讲演阐明了社会主义的目的和
俄国无产阶级的政治目标。游行队伍曾 3 次和士兵队伍相遇，都主动避
开，让士兵们通过，并向他们说了几句和平的话。但是，在两小时的示
威最后结束时，沙皇的武装力量向平静的工人群众发动了攻击。**事先没
有任何警告，也没有发出任何解散的信号，骑兵队、炮兵和警察突然扑
向手无寸铁的人群。100 多人，其中有妇女和儿童当场死亡，另有 100
多人遭到严重的致命性伤残。**①

　　同志们！我们做了我们应该做的事情，在屠杀发生后我们立即通报
了华沙的劳动人民。我们召开群众大会，发表演说，散发传单，再一次
鼓起了工人们的战斗激情。5 月 4 日，我们为受难者举行了葬礼，并为
他们举行了一次全面的总罢工。作为俄国工人阶级的政党，我们将继续
忠于我们的职责，为打倒专制主义，推翻这个残杀人民的政府，为争取
在整个沙皇帝国实现政治自由而继续斗争。俄国的波兰工人将和俄国的
无产阶级在一起，为反对俄国专横的皮鞭暴政而斗争。当 1 月 22 日彼
得堡大屠杀消息传到时，我们和他们曾像一个人似地掀起了总罢工。五
一节的又一次苦难牺牲并不能阻挡我们前进，并不能涣散我们行动的意

---

　　①　关于波兰的形势和 1905 年 5 月 1 日华沙示威游行的情况，请参见 S. 卡拉宾
　　　　斯基和 F. 特奇的文章《1905—1907 年波兰王国的革命》，《G. 费尔特里内
　　　　利研究所年鉴》1962 年第 5 卷第 212 页和续页。

志。相反，这次邪恶的屠杀只能在我们的工人中激起一股扑不灭的怒火和炽热的愤恨。

这就是为什么我们要向你们，向所有国家的同志们和兄弟们写信致意，要求通过你们转达我们那些遭受牺牲的同志们的绝望的呼声。我们呼吁你们的帮助和道义上的支援，以增强我们英勇的无产者队伍的勇气，去迎接前面新的艰巨的斗争和牺牲。

同志们，请你们用昂扬的声音高呼：**打倒专制主义！打倒圣彼得堡和华沙的杀人凶手！**

俄国波兰和立陶宛社会民主党领导

1905 年 5 月 4 日于华沙

36

请各成员党表决分配俄国基金的两个建议的通告

（1905 年 6 月 1 日，布鲁塞尔）

亲爱的同志们！

社会党国际局书记处迄今已收到许多成员党的钱款，可供正在为反对沙皇制度而斗争的各团体之间，以及在最近一些事件的蒙难者之间进行分配：

比利时	6700.00 法郎
荷兰	1666.80
荷兰	1251.90

波希米亚	2202.41
波希米亚	337.43
瑞典	620.00
瑞典	537.00
俄国学生	58.50
澳大利亚	125.60
丹麦	685.00

合计 14184.64 法郎

在前几次信件中①，我们已告知你们，我们不可能擅自安排分配。②鉴于这种情况，执行委员会决定将最终作出的两个建议提请国际局全体成员进行表决。

第一个建议是鲁巴诺维奇和普列汉诺夫提出的，第二个建议是罗莎·卢森堡提出的。

鲁巴诺维奇和普列汉诺夫提出的分配建议如下：

8/30 拨归俄国社会民主党。

8/30 拨归俄国社会革命党。

4/30 拨归崩得派。

5/30 拨归波兰和立陶宛社会民主党。

5/30 拨归波兰社会党。

---

① 参见附件2。社会党国际局书记处致执行委员会的报告（1905年8月份）。

② 分配为俄国革命而募集的款项，一开始就在俄国各社会主义组织之间引起激烈的争执。参见附件2。

罗莎·卢森堡提出的分配建议①如下（基本上是 1/2 分归俄国各团体，1/2 分归波兰各团体）：

4/20 拨归俄国社会民主党。

4/20 拨归俄国社会革命党。

2/20 拨归崩得派。

5/20 拨归波兰和立陶宛社会民主党。

5/20 拨归波兰社会党。

为了避免无益的浪费时间②（因为这件事已经拖得太久了），国际局的成员们请在这两个建议中选择一个，并请在 6 月 15 日以前给我们复信。美国的回信日期可以延缓 15 天。他们的表决意见只是在对多数起决定影响时才计算。

表决结果将立即告知国际局各成员党及其书记们，而钱款则将由书记处直接分发。

请钱款的各受惠党告诉我们，我们应将款项或支票寄给谁，如果得不到通知，我们将把钱款汇寄给我们的通讯员。

各成员党已经募集而尚未寄达我们的款项，将在以后按相同的比例再作分配。③

---

① 关于这笔款项，罗莎·卢森堡屡次致信社会党国际局。例如，3 月 24 日她曾致信胡斯曼，她不接受鲁巴诺维奇的建议，认为一些社会革命党人试图独占所有的钱款。5 月 8 日，她投寄了一个针锋相对的建议。见社会党国际局档案。

② 是罗莎·卢森堡在 1905 年 5 月 25 日的一封信里，要求社会党国际局书记处"尽快为分配俄国基金进行协商"。见社会党国际局档案。

③ 1905 年 6 月 6 日社会党国际局宣布，恩里科·费里从"我们的意大利同志们那里寄来了 4500 法郎，从而使"在俄国和波兰各组织之间分配"款项总额增为 18684.64 法郎"。费里声称又寄了 4500 法郎。见社会党国际局档案。

亲爱的同志们，请接受我们兄弟的敬礼！

　　　　　　　　　国际书记　　卡米耶·胡斯曼

37

转达海德门关于摩洛哥危机的信和
阿根廷社会党的报告的通告

（1905 年 6 月 21 日，布鲁塞尔）

致社会党国际局各成员党的代表和书记

亲爱的同志们：

　　我在这里为你寄上下列附件：

　　（1）海德门公民的一封信，要求国际局在短期内召集会议研究摩洛哥事件所造成的形势。①

　　我必须请你们在接到通知后给我回信，如果你们同意海德门的建议的话；同时，在可能的情况下，也请提出召开这次会议的日期。由于情况紧迫，只能考虑 7 月 9 日或 16 日这两个日子。我还要补充提到，如

---

　　① 1904 年 4 月，英国和法国签订了一个协议，协议承认法国有权帮助摩洛哥，作为交换，协议也承认了英国对尼罗河流域的霸权。德国立即为这个它没有占到份额的协议表示激动，并设法保持它在摩洛哥的利益。德皇于 1905 年 3 月 31 日访问了丹吉尔，并在那里发表了演说，以制造外交纠纷相威胁，甚至表示不惜诉诸武力。

果召开这次会议，议程上也有必要研究一下俄国的情况。并且在会上邀请一位崩得派的代表，每个亚美尼亚组织一名代表，一名拉脱维亚社会党的代表，以及邀请乌里扬诺夫公民①参加，他代表目前出版《无产者》机关报（旧名《前进报》）的那个组织。

（2）阿根廷社会党的一封信和一份报告，关于这个文件，重要的是请你们征询一下你们的码头工人工会组织的意见，并且也请把你们的意见告诉我，以便我能即时向我们阿根廷共和国的朋友们转达。

亲爱的同志们，请接受我们兄弟般的敬礼！

　　　　　　　国际书记　　**卡米耶·胡斯曼**

附件 A

　　　　　　　　　　　　　　　　1905 年 6 月 7 日

　　　　　　　　　　　　　　伦敦东中央区威斯敏斯特区

　　　　　　　　　　　　　　　　安妮王后门 9 号

亲爱的胡斯曼同志：

假如说，有一种时刻是社会党国际局必须召开会议的时刻，我似乎认为现在就是这样的时刻。②

我们不用隐瞒我们自己，目前的国际形势是特别令人生畏的。我们的法国同志尽了一切可能，以避免在法国和德国之间发生任何不愉快的

---

① 这是指列宁。列宁于 1905 年 6 月和社会党国际局书记处开始接触。参见《列宁和卡米耶·胡斯曼通信集（1905—1914）》，乔·豪普特收集并提供的文献，巴黎—海牙，穆通公司 1963 年版第 24 页。

② 海德门的这一建议立即得到瓦扬的同意（1905 年 6 月 22 日致胡斯曼的信，社会党国际局档案），而倍倍尔则以德国社会民主党领导的名义表示反对。参见第 40 号文件。

事情。①

　　但不幸的是，我们的德国同志却并未认识到已经发生了某些不寻常的事情，因而也就没有任何试图去影响他们政府政策的想法。

　　无须特别指出，当前英国和德国之间的关系是不太真诚的。②

　　在这样一种形势下，社会党国际局召开一次全体会议将会是有好处的。

　　谨致兄弟的情谊！

亨·迈·海德门

附件 B

阿根廷社会党

执行委员会

　　布鲁塞尔亲爱的国际书记处同志们：

　　阿根廷社会党执行委员会向你们致意，我们已收到你们的通知，告诉我们关于格奥尔吉·加邦的信件和你们书记处的评论意见。我们首先

---

① 在这次危机中，德国社会党人的等待主义和法国社会党人的坚决态度形成了奇特的对照，法国社会党人在报刊上、在议会里进行坚持不懈的斗争。丹吉尔事件后发生的事态把饶勒斯推上了运动的第一线，反对法国在北非追求的各项目标。参见 H. 戈德堡：《饶勒斯生平》，麦迪逊，威斯康辛大学出版社 1962 年版第 345—349 页。饶勒斯一方面表示了对德国社会民主党人的信任，一方面对国际立刻就能提出解决办法的可能性并不抱什么幻想："是的，我们知道，在反击这些倒退的勾当、反击这种野蛮的放肆行为的斗争中，国际无产阶级还不能实现他们要求正义和和平的意志，因此我们准备经历困难的时刻。"（《饶勒斯文选》第 8 卷第 228 页）

② 关于海德门的见解和他对德国的不友好，参见楚祖基·丘什契：《亨·迈·海德门和英国社会主义》，牛津大学出版社 1961 年版第 221 页和续页。

完全同意你们的解释，我们深刻地同情并支持俄国无产阶级的愿望，他们正如此英勇地为反抗君主专制主义而进行着斗争。我们的执行委员会也同意书记处的意见。

同时，我们要告诉你们，我们已和曼努埃尔·乌加特同志①（在巴黎）联系，开展了一次为俄国革命者进行的募捐，募得的款项将交到你们布鲁塞尔人民之家。

亲爱的同志们，请接受阿根廷社会党人的友好的敬礼！

总书记　亚历山大罗·曼特孔尼约

1905 年 4 月 27 日于布宜诺斯艾利斯

阿根廷社会党执行委员会

同志们：

当社会党国际书记处按照社会党国际巴黎代表大会的决议创建于布鲁塞尔的时候，我们的党首先赞成参与了这一创议。阿根廷社会党当时立即理解到成立这样一个机构对工人运动是大有益处的，它将健全世界的有组织的工人为了一个共同的目标、一个共同的行动而团结起来。我们在当时就满意地看到，历次代表大会的演说中所表达的国际工人的团结将不仅是一种情感愿望的表示，而且将变为具体的现实。

在工人觉悟不断提高的要求下建立的这一新的机构，将使全世界各国有组织的工人发生联系，并使他们的行动一致起来，从而使运动具有直到当时尚还欠缺的国际性质。巴黎代表大会的这个良好的创议曾使我们产生了这样的感觉和希望。

一直到最近，阿根廷社会党的活动都是自由的没有受到过来自一些单位方面的什么麻烦。但是现在却正在遭遇到一些意想不到的困难。这

---

①　诗人和作家曼努埃尔·乌加特当时是社会党活动分子，代表阿根廷社会党参加社会党国际局，并与其保持通讯联系。参见社会党国际局档案。

就是我们必须对之研究，并设法找到解决这些困难的最有效的办法。①

正如你们所知道的，阿根廷共和国基本上是一个农业国。我们有 500 万居民，分布在 300 万平方公里面积的土地上，其中 42% 居住在城市里，58% 在农村。

在经济上，我们国家的特点可以用几句话来说明：我们生产粮食、羊毛和牲畜，由港口转运分销到欧洲。工业在共和国的两三个城市中已有一定发展，但是丝毫没有改变这个基本上是农业国的特点。阿根廷的这一特点，必然合乎逻辑地使它的经济活动和商业活动带有间歇性。

夏季是收获的季节和向欧洲出口的时期，经济和商业活动都达到最大规模。冬季，农业作业一旦告终，这种活动也就下降到最低程度。劳动力的需求当然是直接和一年中的这些经济活动时期相联系的。

在夏季，工人很容易在农活中找到工作；一到冬天，大部分工人就到城市中去度日子。

根据上述情况，可得出的明显的结论就是，对大部分阿根廷工人来说，能够提出要求、争取某些改善的唯一季节，就是当国内最需要劳动力以进行收割的季节，也就是夏季。

自从在我们国内有了一个小规模的工人组织后，我们就每年都从本年度的 9 月到下一年度的 3 月发动罢工。最初几年，当工人阶级在收割季节采取罢工策略时，② 阿根廷的资产阶级一筹莫展，只能对工人的要求作出让步。但是由于罢工接连不断，并且在 1902 年 11 月，罢工特别在首都发展到了最高峰。资产阶级就毫不迟疑地对政府施加压力。于是

---

① 关于阿根廷社会党的起源和它在 1905 年的情况，参见 J. 奥多内：《阿根廷社会党历史》，布宜诺斯艾利斯，1934 年。

② 关于这次罢工和一些最初的工人组织情况，参见本页注①提到的奥多内的著作，以及 R. 伊斯卡罗：《阿根廷工会运动的起源和发展》，布宜诺斯艾利斯，1958 年。

政府就在这年年末颁发了一条流放外国人的法令，申令将一切公开参加工潮的外籍工人驱逐出境。但是这一措施仍然不足以消灭 1902 年的罢工斗争，因此政府就宣布了戒严令，断然对罢工运动进行了镇压。

今年，1905 年的 2 月初，在共和国的好几个地方发生了武装反抗。[①] 但遭到政府的镇压，政府乘机宣布将戒严令延长 3 个月，并且非常坦率地声称，采取这个措施的目的，不仅只是为了保证国内的和平秩序，而且也是为了保证收割和出口产品。

许多次罢工都在即将开始的时候，由于戒严状态而不得不中断，因为戒严状态在我们国家就是意味着**一切保证都取消了**。

我们的情况介绍，这里就是到了最重要的关键问题。阿根廷工人阶级完全有理由担忧他们的政府会每年都宣布戒严令，以防止在收割季节发生罢工。如果这一悲观的估计不幸言中，阿根廷工人阶级就将处于非常困难的境地。因为我们目前的组织没有办法去发展必要的力量，以消除这一措施的影响。

为了防止出现这样的情况，或者也可以说是为了准备无产阶级可能作到的自卫和抵抗，我们决定给你们写信，以便请你们考虑，是否能通过各国社会党，征询英国、法国、比利时、荷兰、德国和意大利等国的主要港口的装卸工人们，他们是否能在我们国家的政府宣布戒严令的时候，或者对我们一年一度的罢工进行其他镇压措施的时候，声援我们，对一切来自阿根廷的轮船进行抵制。当然，抵制的手段只是针对装运农产品的船只，也就是说每年都是有一定的时期的（从 1 月到 4 月）。

同志们，我们希望你们能在我们经历困难的时刻给予我们必要的支援。如果上面提到的各港口的装卸工人答应我们的请求，能够采取漂亮

---

① 1905 年 2 月 4 日，在阿根廷的 5 个主要城市发生了一次武装起义。有关这次起义事件及其社会、政治原因，参见 G. 阿韦-拉勒芒：《资本主义和社会主义在阿根廷》，《新时代》第 23 年卷第 2 册第 453—455 页。

的行动给我们以支援的话，则请尽可能快地告诉我们。①

总书记　**亚历杭德罗·曼特孔尼约**

1905 年 4 月 27 日于布宜诺斯艾利斯

38

执行委员会对海德门建议的修正

（1905 年 6 月 22 日，布鲁塞尔）

致社会党国际局各成员党的代表

亲爱的同志们：

我们向你们寄发了海德门公民的信件，建议在最近期内召开国际局

---

① 这一情况报告曾转载于《社会未来报》1905 年 10 月第 11 期第 495—497
页，附有下面的一段序言：

　　"阿根廷共和国政府在工人宣布罢工后不久即再度发布戒严令。

　　为了更好地理解这一行动的影响，我们特此发表了阿根廷社会党执行
委员会在几个月以前给社会党国际局寄去的一份报告，并向所有有关的党
和团体作了通报。"

　　这一情况通报在结尾处提出这样的号召："今天，星期四的早晨，社会
党国际局书记收到了阿根廷同志们用西班牙文起草的下列电报：

　　政府再次试图横暴地扼杀码头工人的罢工，宣布军事管制 3 个月。我
们呼吁欧洲港口码头工人的支援，并再次提请他们注意我们曾通过你们转
达的那份报告。

　　阿根廷社会党。"

　　这个文件在 10 月份已转发各成员党，执行委员会提出了下列要求：

　　"我们再一次提请各有关工人组织严肃地注意阿根廷同志们正在进行的
斗争，并恳请它们在可能的情况下尽快采取必要的措施。"

　　关于这个问题，也可参见附件 7。

会议，以便讨论社会民主党人对潜伏在法国、德国和英国三国间的冲突应抱什么态度。

如果你们认为形势要求进行这样的讨论，我们想对海德门的建议作一点修正。这样做是否更好一些，有如意大利和奥—匈两国社会党人最近所做的那样①，召开一次社会党的会议，并不是所有国际局的成员都参加，而是由尽可能多的英国、法国和德国三国的社会党代表参加。

当然，关于这一问题的决定，要商得直接有关的那些党的同意。如果它们同意这样做，就请它们尽早告诉我们会议应在哪个城市举行。

执行委员会

埃米尔·王德威尔得，爱德华·安塞尔

书记　卡米耶·胡斯曼

---

① 这一有意大利社会党、奥地利社会党以及捷克、匈牙利和斯洛文尼亚社会党的代表参加的会议，是在 1905 年 5 月 21—22 日在的里雅斯特举行的。会议抗议意大利和奥地利之间发生的战争骚乱。就在 5 月 21 日会议开幕那一天，奥地利的一艘新军舰在的里雅斯特港下水。

会议根据两个报告进行了讨论。第一个报告是的里雅斯特《劳动报》编辑瓦伦蒂诺·皮托尼所作，第二个报告是的里雅斯特《人民报》编辑安东尼奥·皮谢尔所作，题目是《意大利工人的要求》。参见《维·阿德勒：文章、言论和书信集》第 11 卷，维也纳大众书店 1929 年版第 253—254 页。参加会议人员名单和会议的一个简要情况的汇报曾发表在书记处 1905 年 9 月和 10 月月度报告中，参见附件 6。

39

关于俄国社会民主工党参加社会党国际局代表
问题的通告：列宁的一封来信和普列汉诺夫的答复

（1905 年 6 月 24 日，布鲁塞尔）

致社会党国际局各成员党的代表和书记

我于 6 月 3 日收到乌里扬诺夫公民的下列信件和照会：

1905 年 6 月 2 日于日内瓦

致社会党国际局①

亲爱的同志们：俄国社会民主工党几个星期以前召开了第三次代表大会。附有代表大会决议译文的专门小册子的法文本和德文本即将出版并将送交国际局。② 根据代表大会的决定，《火星报》不再是党中央的机关报。今后的中央机关报是在日内瓦发行的周报《无产者报》。

根据新党章，中央委员会是我们党唯一的中央机关，由它任命党参加社会党国际局的代表。请你们今后同中央委员会的代表乌里扬诺夫同

---

① 见《列宁全集》中文第 2 版第 10 卷第 216 页。——编者注

② 这本小册子于 1905 年 6 月底用德文出版：《俄国社会民主工党第三次代表大会通知。附第三次代表大会通过的党章和主要决议》，慕尼黑，1905 年，共 25 页。（法文是：《俄国社会民主工党第三次代表大会。会议通知和主要决议》，1905 年 6 月 25 日至 7 月 2 日《社会主义者报》第 8 号增刊第 5—6 页。）

志联系。地址是：日内瓦科林街3号。

亲爱的同志们，请接受我们兄弟般的敬礼。

代表俄国社会民主工党中央委员会

尼·列宁（弗·乌里扬诺夫）

照　会

俄国社会民主工党发行处有幸通知各书业团体和《前进报》的所有订户们，《前进报》已经停止出版。发行处今后将寄发替代它作为我党中央的机关报《无产者报》，价格和订阅条件不变。与发行《前进报》有关的一切事务转由我党发行处承担。

通讯地址：弗·乌里扬诺夫，（瑞士）日内瓦科林街3号。

由于德国有些报纸所报道的情况与此完全不一样，我立刻就写信给普列汉诺夫公民，要求对乌里扬诺夫传来的情况的真实性作出解释。

我的要求得到了答复，收到了下面这封信。信中有些字句，我略作删节，因为对某些同志可能会有危险：

1905年6月16日于日内瓦

亲爱的公民：

我急于答复你来信中所提的要求。

事实情况如下：

我们党的第二次代表大会是在1903年召开的。这次代表大会成立了以前没有的几个中央机关：总委员会、中央委员会和中央机关报。但是代表大会在组织问题上发生了分歧。有些人倾向于进一步的集中制，有些则不主张太集中。

这些分歧日益加剧，以致在几个月以后就使我们年轻的党发生了可能分裂的危险。

中央委员会理解到分裂将会多么有害，因而尽了它的职权所能做到一切，力求加以避免。不幸的是在 1905 年初，中央委员会的所有成员，除了两人之外，全部宣告失踪。①

两个仅剩的自由的中央委员是属于主张高度集中制的。他们决定召开第三次代表大会，也就是通告中提到的这个第三次代表大会。

按照章程，代表大会只能由总委员会决定召开，总委员会是党的最高一级，而且必须经过在俄国活动的全体党的分支委员会的半数提出要求。

所以中央委员会的行动是完全专断的。但是这些极端集中制分子们——公开与总委员会对立——一味要别人听命于他们。

于是他们召开了一次代表大会，出席这次代表大会的有一部分中派的支部委员，极端集中制分子们友好地称这些中派的支部委员会为"泥潭派"。在集中制分子和"泥潭派"联盟的情况下，参加这次新的代表大会的代表大概代表了有权出席大会一半左右的支部组织。

就是党的这一半通过了乌里扬诺夫同志照会中提到的那些决议。就是党的这一半，以全党的名义目前发行了中央机关报《无产者报》，另一半仍然集结在从前的机关报《火星报》周围。

因此，我们是以我们的方式服从了阿姆斯特丹代表大会的决议；我们分裂了！

---

① 在致胡斯曼的信中，不是"失踪"，而是"落入俄国警察局的手中"。普列汉诺夫自己作了下面的注解以示警告："这只能在对被捕的同志们不会产生重大危险的情况下才能发表。"社会党国际局档案。

为此，我要请你们注意，没有哪一部分能够有权以全党的名义讲话。

为这同一个理由，今后我将把我所收到的给"这个"俄国社会民主党的钱款平均分成相等的两部分。

两个分裂部分都请我继续在国际局中代表俄国社会民主党。我没有拒绝：在这个问题上保持中立，对我来说是并不困难的。

我不支持这一个，也不支持那一个，而且我认为在目前情况下，分裂将会是一个严重的错误，或许将会是一种不可宽恕的错误。

同志，这就是我对你所提问题的坦率的答复。

现在，轮到我要请你尽可能快地告诉我，在你们所了解的情况下，你们是否认为我仍能继续在国际局中代表我的党。

请接受我最良好的敬意！

格奥尔吉·普列汉诺夫

附言：再者，由于目前这个时候统一是必需的，而且分裂的两个部分的意见分歧也是极为微小的；亲爱的同志，你最好能给他们双方发一个通知，提议由你作为中间人进行调解，以恢复统一。

执行委员会认为，这封信提出的问题，只能召开国际局全体会议才能解决。在此之前，普列汉诺夫同志应该继续保持他的任命。

由于1月15日召开的上次会议上已经提名一个委员会拟订一个新的代表权方式，所以短期内就能使所有各俄国集团都感到满意。

亲爱的同志们，谨致兄弟的敬礼！

书记 **卡米耶·胡斯曼**

40
转达倍倍尔对海德门建议的否定答复的通告

（1905 年 6 月 28 日，布鲁塞尔）

致社会党国际局各成员党的代表和书记

亲爱的同志们：

　　随信附上倍倍尔以德国社会民主党名义写的一封信的抄件和一份法文译文。该信的内容对海德门公民的建议和执行委员会的建议都作了否定的答复。由于上述两个建议中，都须有德国同志的参加，因此，我们认为明显的是，召开国际会议和召开法，英、德三国会议的事都必须延迟了。

　　倍倍尔信中提到关于俄国同志的分歧问题①的那一段话，执行委员会的委员们是毫无问题可以为他们效劳的，只要委员们的调解能够起到作用。我们还要补充提到，不少俄国同志都是住在瑞士的，为了免得他们往返奔波，花费金钱，我们执行委员会的三位成员认为，可以选择在瑞士这个国家的一个城市召开会议，这对我们是没有什么不方便的，只要会议在 7 月份举行。

　　然而一个明显的前提问题是：各国社会民主党是否接受倍倍尔的

────────────

　① 关于倍倍尔的态度，以及有关这个问题的分析，请参考 B. 布拉赫曼：《德意志—意大利之间的交往活动》，柏林科学出版社 1956 年版第 647—657页。

建议。①

除了俄国党的这些分歧以外，国际局也收到有关亚美尼亚各组织之间发生分裂冲突的报告②，这些亚美尼亚组织都表示赞同我们历次国际代表大会提出的那些原则。毫无问题，如果倍倍尔的建议被接受，又假如这些组织或其他组织都愿意，执行委员会可以在有关俄国分歧问题的会议结束后，立即为他们举行一次调解会议。

谨致敬礼！

书记　**卡米耶·胡斯曼**

1905 年 6 月 25 日于苏黎世

亲爱的同志：

我们不能赞同召开一次关于摩洛哥冲突事件的会议。我们并不认为摩洛哥事件的性质需要我们参加这样的会议并表态。

我们的印象是英国有些人稍许有些过分紧张。他们对事件的性质看得过于严峻了一些，而实际上并非如此。

如果我们为每一个并不太严重的外交纠纷都要召开一次会议，并且立刻作出决议，我们就有很快失去信任的很大危险。③

我还要补充说明，辛格尔和我都不能前来，因为从 7 月 9 日到 16 日我们将忙于组织选举投票。更为重要的事情是关于我们俄国同志们之

① 关于普列汉诺夫和列宁对这一建议的反应，请参见第 46 号文件和附件 5，以及附件 6。

② 参见第 43 号文件。

③ 在 1905 年 8 月 30 日给阿德勒的一封信中，倍倍尔说明了他拒绝的理由：首先他不认为"毕洛夫会让摩洛哥事件发生灾难性的变化。德国人不会如此轻易地再一次被卷入战争……"另一方面："我对布鲁塞尔国际会议问题，和你有同样的看法，不要夸大认为，我们作为国际委员会就能对大的政策起什么影响。"（《维·阿德勒书信集》第 458 页）

间的分歧，这种分歧不应该再发展下去了。

我们认为，这件事由一小部分人去解决，比国际局全体会议去解决更容易。

根据我们得到的有关这些分歧的消息，我们认为调解这件事要费好几天时间。国际局全体人员不能为这个问题花这么多时间。所以我们建议由执行委员会掌握这件事并解决纠纷。必要的话，国际局全体会议可以在最后出场召开。

兄弟般的情谊。

奥古斯特·倍倍尔①

41
反对俄国和波兰发生的屠杀工人事件的号召

（1905 年 6 月 30 日，布鲁塞尔）

致各国劳动人民们！

尼古拉二世组织的大屠杀的罪行账单上又增加了一起新的罪恶。

在圣彼得堡、在瓦西里、在皇村、在华沙、在拉多姆、在沃拉、在

---

① 倍倍尔用德文写的信也被作为一部分附在通告里，并附有社会党国际局准备的一份法文译文。我们这里把德文原信免去了，因为法文译文和原文完全一致。

索斯诺维茨、在奥斯诺维茨、在巴库、在布里亚斯托斯克、在罗兹①、在敖德萨②等地发生枪杀事件以后，屠杀事件继续在俄罗斯帝国的广阔土地上不断发生。在高加索、在顿河流域、在克里米亚、在波兰等地，在挑动不同宗教信仰的各民族互相残杀之后，政府官员们揭去了假面具，他们亲自主持了一连串配合好的谋杀事件，他们特别注意寻找的杀戮对象，就是无产阶级中有组织的分子、传播新思想的有觉悟的宣传家以及以色列工人。

那些嗜杀成性的士兵疯狂到这样的程度，他们把杀人当嬉戏，为了杀人而杀人，他们攻击载有旅客的火车，剖开妇女的腹部，把婴孩挑在枪尖上。战争成批地残杀健壮的男人，而且这不仅局限在东方。在欧洲，专制制度的卫士们在城市里有计划地残杀青年人，把他们追逐到森林里。

尤其是最近几天来，数百具尸体堆积在马路上，文明国家的人民都对此感到愤怒，而他们的政府却毫不动心地支持这一切可耻的罪行。

沙皇制度所作的一切承诺和保证都已破了产，没有人再相信改革是有效的。自由的俄罗斯要求改变制度，因为人们知道在一棵腐朽的树木上是搞不了任何嫁接的。

俄国无产阶级坚持着英勇的斗争。为了理想的胜利，他们牺牲了休

---

① 上面谈到的那些屠杀事件基本上都是种族迫害，涉及的有亚美尼亚人、犹太人、波兰人。罗兹的那次"杀戮"事件的借口是因为波兰社会民主党人举行了一次宣传游行。6月18日在举行最后一次示威时，一队哥萨克巡逻兵杀害了10人。星期二举行了基督徒工人的葬礼，星期三应该是犹太工人的葬礼，但是这些犹太工人的尸体却被警察秘密地抢先埋掉了。这就激发了群众的怒火，但正当群众高唱革命歌曲时，却遭到了龙甲兵的袭击。崩得派和社会民主党进行了反击，并在犹太区里筑起了街垒，战斗持续了整整一天，华沙举行了总罢工，以表示对罗兹工人的支援。参见1905年6月25—29日《人道报》。

② 就在发表这个宣言的那天，《人道报》报道了波将金装甲舰水兵起义和敖德萨港口的火灾。参见1905年6月30日《人道报》第1—2页。

息，牺牲了生命。他们卓越的忘我精神成为其他国家工人组织的楷模。不幸的是，牺牲的时代并未结束，镇压激起了新的反抗，而新的反抗又遭到新的镇压。

反抗盲目疯狂的反动势力的斗争是空前残酷的，在这一斗争中国际无产阶级不能无动于衷！我们必须在一切地方都发出我们抗议的声音，特别是要用一切方法支援我们的俄国兄弟们！我们应以行动表示我们的团结声援。①

打倒专制皇朝！

国际社会主义万岁！

社会党国际局执行委员会

埃米尔·王德威尔得，爱德华·安塞尔

书记　**卡米耶·胡斯曼**

42

范科尔关于社会党国际局各成员党以及国际社会党人代表大会的代表制和表决方式的初步方案

（1905 年 ［7 月 8 日］，布鲁塞尔）

致社会党国际局各成员党的代表和书记

亲爱的同志们：

---

① 执行委员会在 7 月初曾建议用这个号召的字句发表一个宣言。这个创议未被认为是必要的。参见《列宁和胡斯曼通信集》第 2 卷第 26 页。

为了讨论社会党国际局内部新的代表制方案，特于 1 月 15 日指名组成了一个特别委员会，该委员会将于近日内举行会议。

为了准备这次会议，委员会的成员范科尔同志①起草了一个初步方案，特将这个初步方案的文稿转上。

看了这个文件以后，请你们务必把你们的想法告诉我，以便委员会能够从你们提出的批评中受到启发，从而制订一个使所有成员党都能接受的方案。

即致友好的问候！

书记　卡米耶·胡斯曼

一、社会党国际局。国际局的代表制

建　议

国际局由社会党国际各民族支部指派的代表组成。

为反对同一个政府而斗争的居民整体可视为民族。

每个支部可有两名代表参加国际局。

说　明

社会党国际局虽然作为一个世界性的党，在同一的旗帜下联合了一切种族的无产阶级，但是在阶级斗争中，仍然应该考虑到目前分成各个不同民族的社会组织的情况。

---

① 这是指由王德威尔得、范科尔、胡斯曼组成的委员会，该委员会是社会党国际局在 1905 年 1 月 15 日举行的会议上，根据阿姆斯特丹国际社会党人代表大会通过的一个决议指定的。

在法国和英国，"民族"这个词的意义与德国以及其他地方有所不同，必须规定一个定义，以避免可能的误会。在德国和其他地方，人们经常把它作为"种族"的同义词，即同一种族的后裔，而在法国和英国，民族是指生活在同一个政府下的人民，因此形成为一个单独的国家，具有一种历史性的联系。我们这里引用的是后面这一种意思。

由于这样，奥地利和匈牙利，芬兰和俄罗斯，尽管是由一个国王联系起来的，但却被视为不同的民族。卢森堡、加拿大和澳大利亚等国都是不同的民族，因为它们各自都有自治政府；保加利亚、瑞典和挪威也都一样，它们都有各自的代表参加国际局。

另一方面，共同居住在一个王国的斯拉夫人、斯洛文尼亚人、波兰人、拉脱维亚人，还有少量的克罗地亚人和塞尔维亚人都不能有各自的代表，而只能统一由一个奥地利大社会党来代表他们，同时人们也很难接受居住在高加索的22个种族都可以各有一名代表参加国际局，高加索仅只是俄国的1/50。

当前，有23个参加国际代表大会的民族有权派代表参加国际局。

在每个民族的社会党人内部取得协议，能在共同的原则下，遵照国际代表大会通过的决议的同一策略进行斗争，从而在消除派别之前，代表人数保持现状，看来是必要的。

所以，每个民族应有权派两名代表参加国际局，以便让各重要的派别都能在国际局发表它们的意见。

二、国际社会党人代表大会的表决方式

建　议

为了根据参加国际代表大会的国家的重要性以及每个国家社会主义

组织的力量规定比例，有必要对不同国家的表决票赋予不同的价值。

为了避免小国被大国所挤垮，国际局根据各国所代表的工人力量和其他因素，制订一个分别拥有 2—6 票表决票的 5 种类别国家的等级表格。

这一表格将定期修订，或者根据情况的需要修订。

说　明

没有十全十美的表决制度，绝对必要的是尽可能地寻求一个最好的办法来克服困难。

给卢森堡和德国、日本和法国以等值的选举权是不公正的；而另一方面，即使是一个人数很少的社会党的发言权也不应完全被压制。为了设法解决这个复杂的问题，每次都会碰到新的困难。

摆脱这些困难的唯一实际办法，只能是委托国际局根据社会主义大军中各种不同团体的数量比例细心协调。好几个因素都是必须进行讨论的，因为应该考虑工人和社会主义组织的力量，考虑党的历史，党在议会中的影响和它的行为的责任大小、它在居民人数中的所占的力量比例以及它在反对资产阶级斗争中取得的成就，等等。缴纳党费的多少也应和规定的类别联系起来。

按照上面提出的 2—6 票的比例数字计算，大致上是 8—9 个大国合起来的票数相当于 14—15 个小国的票数；这样就可以有办法在细节上达成一致，并可在对所有人都公正的愿望下，使代表大会的表决方式按比例解决。

亨·范科尔

43

关于社会民主党参加国际代表大会的代表问题的通告：反对接纳亚美尼亚旗帜党的抗议书

（1905 年 4 月 24 日①，日内瓦）

亲爱的同志们：

我们收到你们 4 月 15 日的来信。

关于旗帜党代表团的问题引起我们党的极大关注。这个党的代表团由普列汉诺夫同志代表出席了阿姆斯特丹国际代表大会。

我们愿意听听社会党国际局在这个问题上的意见。

我们很理解，欧洲同志们不十分清楚我们这里的事情。但是由于我们确实面临着一种真正的危险，所以我们不能沉默不言。同时我们认为，社会党国际局是有权过问这种性质问题的无可争辩的唯一机构。

在审查问题之前，国际局确实必须回答这样一个问题：**旗帜党是一个社会主义政党吗？是，还是不是？** 这里有一个困难，国际局的代表们几乎并不知道这个党。但是这点困难不能阻挡代表们过问这个问题。因为我们能够向他们提供必要的资料。如果有必要，我们甚至可以把日内瓦出版一本批判旗帜党的小册子译成法文。

笔者曾下工夫通读了这个党的所有出版物和文件。根据《旗帜报》

---

① 这个通告于 1905 年 7 月 12 日转发各成员党的代表和书记（参见社会党国际局档案，inv. № 2385）。我们没有能够重新找到社会党国际局书记在发通告时附加的信件。

上发表的许多文章，足以证明这个党从来就不是社会主义的。

如果国际局能掌握论据，发言表态支持上述论断，旗帜党就不能再利用在阿姆斯特丹代表大会上，依靠俄国社会民主工党的慷慨帮助而获得的社会主义标签。同时也就不能在亚美尼亚无产阶级的队伍中散播不和和分裂了。

没有人能否认亚美尼亚无产阶级在伟大的高加索无产阶级运动中的作用。保卫亚美尼亚无产阶级的利益，就是保护高加索革命的逐步推进。

正是出于这些考虑，引导我们谋求把代表团问题提请社会党国际局进行审查。同志们，我们请求你们务必在国际局的下一次会议上对这一问题加以审查。

亲爱的同志们，请接受我们社会主义的敬礼！

委员会　　**列夫**

亲爱的同志们，

亚美尼亚社会民主工人组织中央委员会委托它的国外委员会向你们提供情况，以便使社会党国际局能了解最近这一时期以来亚美尼亚无产阶级所经历的各种事件。我们也委托国外委员会使国际局了解几件对我们组织有关系的事情。①

---

① 列夫在寄给社会党国际局的一个报告中阐述了亚美尼亚社会民主工人组织的历史情况。这个报告曾用德文发表：《亚美尼亚社会民主工人组织（高加索）向社会党国际局所作的近年来工作报告》，《新时代》第25年卷第2册第135—136页。由于这个报告，导致1905年召开了高加索亚美尼亚社会民主工人组织的第一次会议。会上仿照俄国社会民主工党的纲领制订了他们自己的纲领。在组织方案上，亚美尼亚社会民主党受到其他民族的社会主义政党的启示，例如崩得、波兰社会民主党等。

应该提到，1905年9月列宁反对亚美尼亚社会民主工人组织要求在俄国各社会民主党全体会议通过的决议上签字，因为列宁认为这个组织的成员是一帮在日内瓦的破坏组织的著作家，同高加索没有任何认真的联系。（参见《列宁全集》中文第2版第45卷第81页。——编者注）

亚美尼亚社会民主工人组织是 1903 年 11 月初开始在一大批亚美尼亚工人和知识分子中组成的。他们中间的许多人以前都参加了俄国社会民主工党，但是由于对该党第二次代表大会感到不满而离开了它。他们认为代表大会采取的专制主义的中央集权是反动的，不能团结不同民族的无产阶级广大群众。

在上面提到的那个日期里，发起者们发表了一个宣言，表明了我们组织的目的：对亚美尼亚工人进行社会主义教育，把他们团结起来，组织在同一个社会主义旗帜下，为他们自身的解放而进行斗争，并和所有国家和民族的无产阶级团结一致，代表他们提出各项经济要求，为反对亚美尼亚的各种资产阶级政党而斗争。此外，宣言也谈到了我们的发起者们和俄国社会民主党在关于俄国社会党的组织形式上存在的分歧，并表明赞成联邦主义的形式。

没有多少时间，亚美尼亚社会民主工人组织的成员人数就增加而壮大起来了，接着我们就致力于对工人群众进行社会主义教育。

从那时以来，我们曾组织了无数次集会、各种大会和工人晚会等，目的是在工人群众中宣传社会主义思想，阐明无产阶级面临的各种问题和各种国际性的要求。

我们的活动家们和宣传家们要求亚美尼亚工人参加俄国其他民族无产阶级反对俄国专制皇朝的斗争，并且从工人利益的观点向他们解释社会主义者所要求的民主共和国的好处。

我们组织了一次对青年学生的宣传并且收到了成果，6 个月之后，许多以前加入民族主义组织的青年人都离开了这个组织，转而参加了我们党的社会主义小组。

同时，我们的组织还按照当时的要求，印制了传单、声明和小册子，以发动群众。这些宣传品曾在巴库城内散发，散发给巴拉赫纳、比比-埃巴特、诺伊列城、巴统等地的工人，以及卡拉巴赫的各地区村庄

（属埃利格尔比特波尔政府），主要是在梯弗里斯散发。

1904 年 5 月出版了第 1 期党的机关报《社会主义者报》。① 到现在已经出版 6 期，每期 24—30 页，8 开本。在第 1 期上，除了文章之外，还刊载了一个纲领草案，当时是提供审查的，经过必要的修改和润色，可能作为正式纲领通过。

《社会主义者报》发行总数为 5000 份，绝大部分都在工业区散发。我们组织发表过的声明，已难以计算大概有多少了。

1904 年五一节，我们在亚美尼亚人占大多数的巴拉赫纳的一些大工厂里发动了罢工，有印刷工人和成衣工人等参加，罢工工人有 4000—5000 人。

目前，我们的组织在巴库、在梯弗里斯、在巴统和舒莎等地，都成立有委员会和小组。工作条件有如处在地狱中一样，一方面要反对政府，另一方面还要反对我们的俄罗斯民族主义的和民主主义的政党。后者从我们组织存在的第一天起，就在无产阶级工人阶级中散播我们是伪装的民族主义分子，理由就是我们拒绝他们所采用的组织形式，其他所有非俄罗斯民族的社会主义工人组织也都不愿采用。

应该对这种错误而损害社会主义工作的思想进行斗争。

然而我们希望俄国党将会理解，按照雅各宾原则去组织无产阶级是不符合社会主义思想、不符合无产阶级的利益的。当他们理解到这一点后，他们将停止他们的这种有害的鼓动。

关于反对民族主义政党的斗争：民族主义政党是指亚美尼亚革命联

---

① 1904—1906 年出版了《社会主义者报》，后来为《生活》和《呼声》两个周刊所代替，1906 年还出版了《工人日报》。

盟和旗帜党①，这一斗争是必需的，不可或缺的，也是不可避免的。这两个党都是专门为解放土耳其的亚美尼亚而建立的。第一个党，亚美尼亚革命联盟诞生于 1891 年，目前拥有雄厚的物质资源，并在亚美尼亚的小资产阶级中、在农村中拥有许多党员。但是亚美尼亚的工人党员人数并不多。这个党一贯是限于亚美尼亚人的，否认有必要参加反对俄国专制皇朝的斗争。直到目前，该党仍未对这一斗争提出它的观点。

旗帜党组成于 1887 年，当时发表的纲领包含两个目标：解放土耳其的亚美尼亚和实现社会主义。提出第一个目标的原因是因为事实上亚美尼亚民族的绝大部分是居留在土耳其的，并且受到土耳其政府的迫害和压迫。

所以解放亚美尼亚被称为是"近期目标"；另一目标，社会主义则是远期目标，只有在建立了一个自由而民主的亚美尼亚之后才能实现。

实际上，该党很快就把它的社会主义目标完全忘怀了，成为一个爱国的民族主义政党。由于掌握着亚美尼亚人民命运的两个政府的压力不断加重，致使这两个党演变成为沙文主义，而且狂热到这样的程度，它们毫无顾忌地散布各种敌对思想，不仅仅反对土耳其和俄国政府，而且也反对这两个政府正式代表的俄罗斯和土耳其人民。

这封信的目的并不是要使国际局对这两个党获得最为完整的概念，我们只是大致上勾勒了它们的一些简要特点，为的是使国际局避免继续

---

① 关于亚美尼亚革命联盟（一般称为达什纳克楚纯）和旗帜党（或亨夏克）的起源，请参见 L. 纳尔班江：《亚美尼亚革命运动》，《19 世纪亚美尼亚各政党的发展》，伯克利，洛杉矶，《加利福尼亚大学学报》，1963 年，第104—131、151—178 页。

它们已经发生了的错误。①

　　1904 年召开的阿姆斯特丹国际社会党人代表大会曾接受了旗帜党的代表团，普列汉诺夫曾被委托为它的正式代表。这件事情，我们是通过以下两个途径知道的：（1）德国社会民主党发表的会议情况记录，上面称亚美尼亚代表团为：亚美尼亚；（2）旗帜党的机关报《旗帜报》在它的 8 月份那一期上发表了它致代表大会的电报，提名普列汉诺夫为它的代表。

　　旗帜党玩弄这一招，纯粹是为了对付我们这方面同志的指责，对付亚美尼亚社会民主工人组织的活动分子所发起的攻击。

　　这些指责和攻击都已被证明是完全正确的。

　　另一方面，俄国代表团（社会民主党）则要破坏我们的影响。他们以为能够把旗帜党重新融合在俄国社会民主党内。由于旗帜党党内有很多亚美尼亚人，所以他们认为这样就能更为成功地进犯我们的组织。虽然这一切都并未成功，但是事实始终是有一个正统的马克思主义者，

---

①　在 1905 年 7 月 23 日致胡斯曼的信中，列夫提出了支持他自己观点的一些新的事件，主要如下：

　　"1. 1904 年 9 月，一个亚美尼亚社会民主党人因进行社会主义宣传而遭一个旗帜党人的杀害。俄国社会民主工党巴图姆委员会曾在一个声明中宣布了这件事，我们存有这份声明的文稿。

　　2. 参加《火星报》的各成员组织举行会议并通过决议，抗议旗帜党的民族主义，这个会议是 4 月份在高加索举行的，决议发表于 1905 年 5 月 1 日。

　　3. 1905 年 4 月，亚美尼亚社会主义学生也召开了会议，发表了一个宣言。

　　4. 高加索会议和亚美尼亚社会主义学生对亚美尼亚革命联盟采取了相同的态度……"

　　列夫在信中报道了这次会议关于亚美尼亚革命联盟通过的决议："鉴于民族主义党旗帜党（德罗沙克）最近表示了反对俄罗斯专制制度的斗争愿望，会议一方面尽管同意有可能和该党取得仅限于技术上的协议，但建议所有的工人组织与它进行坚决的斗争。"社会党国际局档案。

社会党国际局的成员，在阿姆斯特丹代表大会上代表了一个纯粹民族主义血统的旗帜党。这一事实深深地激怒了我们的同志们，我们组织的国外委员会通过了一个决议，谴责了普列汉诺夫同志和俄国代表团的行为。（这个决议曾在《崩得通讯》上发表，崩得即立陶宛、波兰和俄罗斯犹太工人总联盟。）俄国党至今对这一事件仍保持沉默。我们认为国际局有责任向俄国社会民主党的代表们提出这样一个简单的问题：**俄国代表团根据什么理由接受旗帜党的委任？**

旗帜党利用了它出席阿姆斯特丹代表大会的这一事实，吸引亚美尼亚的工人们，并且阻挠他们集结在社会主义旗帜下。

委员会　**列夫**

1905 年 4 月

44

普列汉诺夫为阻止从罗马尼亚引渡
波将金号起义人员的申请书

（1905 年［7 月 12 日］）

机密

致社会党国际局各成员党的代表、书记和报刊

亲爱的同志们：

我们紧急寄上普列汉诺夫公民一封信的抄件。请你们最好能按照普

列汉诺夫同志的意向，发起一次运动。

执行委员会

爱·安塞尔，埃·王德威尔得

书记　**卡·胡斯曼**

1905 年 7 月 11 日

亲爱的胡斯曼同志：

我刚才从一张瑞士的报纸上看到，俄国外交界可能提出引渡去康斯坦察①的俄国水兵，借口是官员叛乱。这些水兵是很有可能被引渡回俄国的。社会党国际局如能发起一次运动，反对这一卑劣的行径，对我们将是大有帮助的。② 我想社会主义报纸应该向文明世界解释，这些官员的"叛乱"只是为了合法地保卫他们自己，反抗屠杀他们"自己人"的野蛮专横。

同志，请接受我的尊敬的情意。

格·普列汉诺夫

---

① 这里指波将金号铁甲舰的反叛事件。该舰为海浪所困，驶向罗马尼亚境内，并要求政治避难。俄国使馆试图向罗马尼亚政府施加压力，争取引渡。参见克拉斯尼奇档案，1925，№ 4—5（11、12），第 193—262 页。

② 应指出，列宁（乌里扬诺夫）在 7 月 4 日就给社会党国际局写信，要求动员世界社会主义舆论，援助起义水兵。他在 7 月 4 日的一封信中，要求社会党国际局发表一份宣言，制止外国战舰的干涉（社会党国际局档案，2472 号文件）；参见《列宁和胡斯曼通信集》第 25—26 页。

　　社会党国际局于 7 月 8 日收到该信。为此问题，列宁好像在此以前还曾发出过第一封信，写的日期也是 7 月 4 日（指俄历，公历为 6 月 21 日。——译者注），而社会党国际局则是在 7 月 6 日收到这第一封信的。在社会党国际局通信清单第 2145 号上，我们确实发现有这样的注明："乌里扬诺夫声称，俄国政府要求外国军舰协助恢复秩序，他要求在报纸上发表这一消息。"（列宁第一封信的全文，见《列宁全集》中文第 2 版第 10 卷第 309—310 页。——译者注）社会党国际局档案。

45

关于俄国社会党统一问题的通告：
社会民主联盟的建议（李的一封信）

（1905 年 7 月 20 日）

绝密

致社会党国际局各成员党的代表和书记①

亲爱的同志们：

我急于给你们转去英国社会民主联盟关于俄国社会民主党内部不和问题的一封信的抄件。正如你们所知，这个问题曾经由倍倍尔公民在一封信中提起过，② 倍倍尔的这封信我们也曾转寄给你们。但直到现在，俄国社会民主党内两个派别对德国社会民主党代表的建议都没有向我们表示它们的意见。③

---

① 这一通告由胡斯曼在 1905 年 7 月 20 日转发。李的信的日期是 1905 年 7 月 14 日。

② 参见第 40 号文件。

③ 有关俄国代表们的反应，请参见 G. 盖尔的文章，第 441—442 页，《列宁和胡斯曼通信集》第 41—42 页。应提到的是各民族党的反应。列夫在 1905 年 7 月 23 日致胡斯曼的一封信中，表示对英国社会民主联盟执行委员会的建议十分感兴趣。他还认为："如果国际局达到实现［统一］的气氛，就如同完成了一件历史性的工程。但这不能仅限于俄国社会民主党两个派别的统一（火星派和无产者派，或称少数派和多数派），而是必须全俄罗斯的社会民主党都统一起来。由于它们都各自分开而且遵循各自的路线，俄国各个不同民族的社会民主组织都形成了一种'爱国主义组织'，如果可以这样称呼这种倾向的话。这种倾向的表现就是每个民族都各自炽烈地维护各自固有的、独占的利益。

亲爱的同志们，请接受我们兄弟般的敬礼。

书记　卡米耶·胡斯曼

亲爱的同志：

我受社会民主联盟执行委员会的委托，提请国际局注意，必须立刻向俄国社会民主党施加世界社会主义舆论的压力，目的是使这个组织的队伍重新恢复统一。

我们并不想用任何形式预先指出谁对了，谁错了。社会民主联盟执行委员会感到，我们的俄国同志的互相争论和指责，严重地损害了他们的革命事业，而他们的这一革命事业对全世界的无产阶级又是如此的重要，所以国际社会主义有责任把他们引导回来，使他们理解到他们在这些问题上应负的责任。

认为外国人不应该介入民族性的事务中去的看法是于事无补的。阿姆斯特丹代表大会上有关法国事务的那件事是一个先例，这一先例为我们带来了如此良好的结果。姑且先不谈这一点，我们只说，俄国革命是一个具有生死存亡重要意义的国际性问题。我们认为，历史把我们的运动的成功寄托在俄国党的手中，如果我们听任这个党的内部不和而损害了这一成功的机会，这将是犯罪。

我们的执行委员会因而向你们建议，采取一切办法，最好是由国际局在短时期内召开一次会议，分别邀请俄国社会民主党的两个派别参加，并请他们结束兄弟阋墙之争。而如果他们依靠自己的力量不能治疗他们的创伤，国际局可以采取中间人的行动，把他们聚会在一次由国际局主持的会议中。

亲爱的同志，请将这封信的内容转告国际局的委员们，并请他们在

（续前注）　各个不同民族的无产阶级组织应有一个联盟，承认一个中心，一个纲领和一个策略，这样的组织形式才能把俄国社会民主党统一起来，使它成为一个坚实的、强有力的党。"社会党国际局档案。

短时期内提出他们的意见和看法。①

　　我们确信国际局将会同意我们怀着友好的精神提出的这一建议，并请你们接受我们的保证，我们完全只是出于对国际社会主义运动的关心才促使我们自己提出这一建议的。

　　谨致兄弟的情谊。

李

46
关于俄国事务的通告：列宁和普列汉诺夫的复信

（1905 年 7 月 24 日，布鲁塞尔）

致国际局各成员党的代表和书记

亲爱的同志们：

　　我向你们转呈两封信的抄件。一封是普列汉诺夫关于列夫（1905年4月）的报告的复信。列夫的报告已寄给你们，另一封信则是乌里扬

---

①　我们在社会党国际局的档案中没有重新找到各国党代表的复信。考茨基同意李的意见，认为俄国马克思主义者的分裂"是一件巨大的灾难"。他在1907 年 7 月 20 日致阿德勒的信中又认为："国际局的干预，我似乎觉得是完全无用的，因为不可能触及事情的根本，不可能触及病痛的真正所在。而且说服或对不统一表示道义上的愤慨，不会有很大的帮助。"参见《维·阿德勒书信集》第 465 页。

诺夫对普列汉诺夫的说明（1905 年 6 月 15 日）的一个回答。①

报纸上多次发表了书记处的文件摘录或全文。这样的事情最好不要再发生；因此，尽管要多花费许多钱，执行委员会还是决定今后一切通知都用缄口信封寄出。

谨致兄弟的敬意。

书记　卡·胡斯曼

乌里扬诺夫的信

1905 年 7 月 24 日于日内瓦

致布鲁塞尔社会党国际局书记处②

亲爱的同志们：

几天前我们接到你们 6 月 28 日的来信以及随信附来的重要材料（倍倍尔同志和普列汉诺夫同志的信），但是由于太忙，我们没有能够给你们即时回信。

一、关于普列汉诺夫公民的信，我们必须作如下说明：（1）普列汉诺夫公民说在我们党的第二次代表大会（1903 年 8 月）以后我们只是在组织问题上有意见分歧，这是完全不符合实际情况的。第二次代表大会上的"少数派"（以阿克雪里罗得、维·查苏里奇和马尔托夫等公民为首）实际上在代表大会一结束就分裂了党，宣布抵制代表大会选出的中央机构并建立了"少数派"的秘密组织，这个组织一直到 1904 年秋天才解散。普列汉诺夫公民本人在第二次党代表大会和俄国社会民主

---

① 参见第 39 号文件。
② 《列宁全集》中文第 2 版第 45 卷第 54—58 页。——编者注

党国外同盟代表大会（1903 年 10 月）上是站在我们这边的，虽然，他自己显然对于我们的意见分歧有过稍微不同的看法，他在《火星报》第 52 期（1903 年 11 月）上公开宣称，为了避免党的分裂，必须善于向"修正主义者"（普列汉诺夫语）作让步。

（2）说党的第三次代表大会是"擅自"召开的，这也不符合实际情况。按照党章规定，只要有半数的委员会提出要求，总委员会必须召开代表大会。但是总委员会竟无视党的章程（这一点你们读了已经译成法文的第三次代表大会决议一定知道了）。党的这些委员会和它们选出的多数派委员会常务局，无论在道义上来说，或者按规定来说，都有责任召开代表大会，虽然这是违反了不肯召开代表大会的总委员会的意志。

（3）你们从第三次代表大会的决议中可以知道，选派出席这次代表大会的不是什么"近半数享有债权的组织"，大多数最大的委员会都选派了代表。

（4）的确，在我们党内有一些同志被人戏称为"泥潭派"。他们的成员在党内的斗争中经常从一方倒向另外一方。这些倒戈分子中的第一个是普列汉诺夫公民，他在 1903 年 11 月从"多数派"倒向"少数派"，到 1905 年 5 月 29 日又脱离了"少数派"，退出了《火星报》编辑部。我们不赞成这种倒过来倒过去的行为，但是我们认为，"泥潭派"分子经过长期的动摇决定追随我们，我们是不能责怪他们的。

（5）普列汉诺夫公民在给国际局的信（1905 年 6 月 16 日）中忘记提到自己在 1905 年 5 月 29 日写的信，是很不应该的，这封信发表在《火星报》（第 101 期）上，其确切的完整的译文我们已经寄给你们了。①

（6）普列汉诺夫公民谈到党的另一派别聚集在旧的中央机关报《火星报》周围，但是又忘记了补充说，"少数派"代表会议（1905年5月）废除了第二次代表大会所通过的党章，没有创办新的中央机关报。我们认为社会党国际局应该有这次代表会议各项决议的完整译文。如果《火星报》不愿意把这些决议的译文寄给国际局，我们愿意代劳。

（7）普列汉诺夫公民说，赞成召开第三次代表大会的只有两个未**被捕的中央委员**（其余的都被捕了）。普列汉诺夫公民信上定的日期是1905年6月16日第二天，即17日，在第三次代表大会创办的我们党的中央机关报《无产者报》第4期上登载如下声明："读了中央委员会给党总委员会主席普列汉诺夫公民的公开信以后，我们完全赞同中央委员会的意见。由于某种原因（凡是熟悉党内生活发展经过的同志都知道这种原因），我们认为必须公开声明我们赞同中央委员会的意见。"声明上署的都是假名，有马、别姆、弗拉基米尔、英诺森、安德列和老鸦等6人。我们可以秘密地告诉你们，这些人就是被捕的中央委员。② 可见，中央委员们一知道在召开代表大会的问题上中央同普列汉诺夫公民（也就是同总委员会）发生冲突，多数人就立刻表示拥护中央委员会而反对

---

① 列宁1905年7月8日致社会党国际局的信，见《列宁全集》中文第2版第45卷第45—46页。——编者注

② 马，即弗·亚·诺斯科夫（1878—1913），在俄国社会民主党第二次代表大会上被选入中央委员会．并试图平息布尔什维克和孟什维克之间的分歧。1905年被捕，革命后停止了一切政治活动。

别姆，即米·亚·西尔文（1874—1955），1891年参加革命活动。1901年成为《火星报》工作人员，布尔什维克。1904年被选入俄国社会民主党中央委员会。

普列汉诺夫公民。我们务请国际书记处告诉我们，普列汉诺夫公民是否认为必须把被捕的中央委员的这一重要声明向国际局作介绍呢？这个声明完全驳倒了普列汉诺夫公民 6 月 16 日信中的断语。

（8）普列汉诺夫公民说两个派别都请他留任党在国际局中的代表，这是他弄错了。直到现在，我们党的中央委员会根本没有提出过这方面的任何请求。我们在前几天告诉过你们，这个问题虽然提上了议程，但是还没有最后解决。

（9）普列汉诺夫公民以为，在我们的意见分歧这个问题上，他不难做到不偏不倚。但是，综上所述，我们认为这对于他是相当困难的，几乎是办不到的，至少在目前是如此。

二、**下面谈一谈倍倍尔同志就我们的事情提出的建议**。

这里我必须作如下的说明：

（1）我只是一个中央委员，只是党中央机关报《无产者报》主编。我只能代表整个中央委员会处理国外事务和某些委托我负专责的事务。在任何情况下，我的一切决定都可能被中央委员会全体会议否决。因此，我不能决定由国际局出面干预我们党内事务的问题。但是，我把你

（续前注）　弗拉基米尔，即列·雅·卡尔波夫（1879—1921），1897 年以后，他参加俄国社会民主党的活动，是早期的布尔什维克。第二次代表大会以后，他在俄国进行秘密活动，曾参加 1905 年莫斯科武装起义。1917 年十月革命后，他是化学工业的领导人之一。

英诺森，即约·费·杜勃洛文斯基（1877—1913），布尔什维克，第二次代表大会以后被选入中央委员会。1905 年莫斯科武装起义的领导人之一。1908 年参加《无产者报》编辑部，在西伯利亚流放期间去世。

安德列，即亚·亚·克维亚特科夫斯基，1899 年参加社会民主党，负责在俄国运送非法书籍，布尔什维克，1905 年被选入中央委员会。

老鸦，即列·叶加尔佩林（1870—1951），第二次代表大会后成为布尔什维克，曾被选入党总委员会和中央委员会，1906 年后退出政治生活。

们的信以及倍倍尔和普列汉诺夫两位公民的信件①寄给在俄国的所有中央委员了。

（2）为了使中央委员会能够更快地作出答复，国际局最好能作某些必要的说明：（a）"干预"（intervention）这个字眼是不是应该了解为仅仅具有道义的力量而没有强制力量的调停和忠告？（b）还是说国际局指的是仲裁法庭作出的必须服从的决议？（c）国际局执委会是不是要让社会党国际局全体会议就我们的意见分歧作出最终不能上诉的决定？

（3）从我们方面来说，我认为必须告诉国际局，倍倍尔公民在第三次代表大会以前不久已经向我和我的同志们提出过这样的建议，他向我们表示他自己或者整个德国党执行委员会（Parteivorstand）愿意担任仲裁，调停我党多数派同少数派的争论。②

我回答说，党代表大会快要召开了，个人不能代替党或者以党的名义作决定。

多数派委员会常务局拒绝了倍倍尔公民的建议。第三次代表大会对于这个建议没有作出任何决定，也就是默认了多数派委员会常务局的答复。

（4）国际局认为可以从"某些德国报纸"了解情况，因此我不得

① 中央委员会的答复是赞同的，参见附件5，附件6列宁的信。
② 1905年2月3日，倍倍尔建议对孟什维克和布尔什维克之间的分歧进行仲裁。在一封致列宁的信中，倍倍尔认为分裂是严重的。他认为，这一冲突，"由于俄国事态的局势，对党的处境具有特别灾难性的影响"。列宁拒绝了倍倍尔的这一建议。倍倍尔的信和列宁的复信均见《列宁文集》第7卷，维也纳—柏林，政治书籍出版社1929年版第650页。（列宁1905年2月7日给倍倍尔的信，见《列宁全集》中文第2版第45卷第13—14页。——编者注）

不声明，几乎所有德国社会党报纸，特别是《新时代》和《莱比锡人民报》完全站在"少数派"方面，阐述我们的情况很片面很不真实。例如，考茨基自称是不偏不倚，其实并非如此，他甚至不让人在《新时代》杂志上反驳罗莎·卢森堡一篇为破坏党组织的行为辩护的文章。① 考茨基甚至在《莱比锡人民报》上劝大家不要散发载有第三次代表大会决议译文的德文小册子!!② 这就不难理解，为什么俄国有许多同志都觉得德国社会民主党对待俄国社会民主党队伍中的分裂问题是不公正的。

　　亲爱的同志们，请接受我们兄弟般的敬礼！

弗拉·乌里扬诺夫（尼·列宁）

普列汉诺夫的信

7 月 24 日于日内瓦

亲爱的同志：

　　你给我转来了社会民主联盟关于俄国社会民主党内冲突的信的抄件。

----

① 列宁要答复的罗莎·卢森堡的文章发表于《新时代》第 22 年卷第 2 册第 484、529 页，题目是《俄国社会民主党的组织问题》，文章站在德国社会民主党领导人的立场，同情孟什维克，也可参见 D. 盖尔的文章《德国社会民主党对俄国党内分歧的看法（1903—1905）》，《社会历史国际评论》1958 年第 195—219 页和 418—445 页，以及《列宁和胡斯曼通信集》第 29—32 页。

② 指考茨基的文章《俄国社会民主党的分歧》，1905 年 6 月 15 日《莱比锡人民报》第 135 号；也可参见《俄国社会民主党第二次代表大会的分裂和第二国际。文献集》莫斯科马克思恩格斯列宁研究院，1933 年，第 146—149 页。

我完全同意关于国际局在短期内召开一次会议的建议。

我们时代的社会主义运动是相当国际化的。因此其他国家的社会党对此不能漠不关心，而且它们的帮助可能是极为重要的。

我自己也并不认为我们党内的冲突有如此严重足以引起我们党的分裂。

我绝对支持一切试图结束这一令人遗憾的事态的任何措施。所以我完全听从国际局的安排。①

我也从你们那里收到了一封亚美尼亚社会主义集团的信件，抗议我代表旗帜党出席了阿姆斯特丹代表大会，甚至指责了我们代表团。对于这个指责，我们不认为有必要给予答复。

我们并不认为必须向几个居住在国外的年轻人的集团汇报我们的行动。

旗帜党起初确实曾经是一个民族主义的党。但是我们毫不困难地理解亚美尼亚的民族主义和例如法国的民族主义是两件基本上不相同的事情。

如果一个在土耳其的枷锁下遭受压迫的民族的有生力量团结起来为争取自己的解放而斗争，我认为这是非常正当合法的，只有当这种民族主义违反了社会主义原则的时候，我才会去谴责它，但是情况并不是这样。

一大部分亚美尼亚社会民主分子都在我们党内。在阿姆斯特丹代表大会前不久，旗帜党声明接受我们的纲领，并请我代表他们出席代表大

---

① 这一段是答复列宁于1905年7月3日和8日致社会党国际局的信件，这些信件的抄件都转给了普列汉诺夫。列宁坚持向执行委员会表示普列汉诺夫已不再是俄国党在社会党国际局中的代表，而且"在普列汉诺夫先生同党的关系没有正式处理好以前，我党同他达成任何协议都是绝对不可能的"。（参见《列宁全集》中文第2版第45卷第45页。——编者注）

会。在这样的情况下，我认为我有责任接受这个委托。如果一个自称为社会民主党人的集团今天出来抗议，反对这样一次社会民主力量的统一；我似乎觉得，这与其说是出于明确的社会主义的信仰，还不如说是出于一种不良的民族主义动机。

在我结束这封信的时候，我要坚持强调这样一点，我将尽我所有的力量支持促使俄国社会民主党统一的一切措施。

亲爱的同志，请接受我最良好的敬意。

格奥尔吉·普列汉诺夫

47

转达瓦扬关于采取措施以避免战争的建议的通告

（1905 年 8 月 26 日，布鲁塞尔）

机密

致社会党国际局各成员党的代表和书记

亲爱的同志们：

国际局代表瓦扬公民写了 3 封信给书记处。鉴于最近发生的事件，瓦扬在他征得他的同伴饶勒斯的同意，并得到法国社会党即工人国际法国支部的同意后，提出了一个建议。

瓦扬公民要求国际局（7 月 21 日信①）"设法寻求最为适宜的国际性措施，以防止最近因摩洛哥事件而出现的战争威胁，为此要求各国社会党协议并做有组织的准备，以避免并制止战争"。

瓦扬公民在 8 月 16 日的来信中补充指出，他的建议包括②："书记处在接受这个要求后，应发信给各国社会党，并在它们的协助下，负责尽快进行研究，以使国际局在下次代表会议上必须审议这一问题，审议书记处和各国社会党代表对这一问题提出的决议草案。"

执行委员会恳请你们很好地研究这个重要的问题，将它列入你们会议的议程，并请将对瓦扬公民这一建议的讨论情况书面报告给书记处。最后还请你们正式指定为这个问题参加下次国际局会议的代表。

亲爱的同志们，请接受我们兄弟般的情谊。

爱德华·安塞尔，埃米尔·王德威尔得

书记　卡米耶·胡斯曼

---

① 在 1905 年 7 月 21 日的信中，瓦扬明确指出，在他被选为参加社会党国际局的代表之前，他曾向他们党的全国委员会表明："他的任命负有紧迫的责任，即要求国际局设法寻求最紧迫的国际性措施，以避免一切战争威胁。"在明确这一点后，瓦扬在信中继续写道："为此我要求你们研究并在国际局下次会议讨论时提出可能采取的措施。饶勒斯公民支持这个问题，他向全国委员会声明了这一点，表示同意我。"社会党国际局档案。

② 8 月 16 日这封信的口气是清楚而严峻的，实际上是对社会党国际局的谴责，责备国际局还没有回复他上次的信，对他的建议没有下文。瓦扬再次提到他和饶勒斯一致向统一党全国委员会所作的保证，同时再次强调他是十分郑重地向社会党国际局提出这个问题的。由于对胡斯曼的答复不满，瓦扬在 8 月 24 日的另一封信中强调他的建议"不是个人的要求"，坚持要求将他的建议通知所有成员党的书记，并列入下次社会党国际局会议的议程。社会党国际局档案。

48

转达书记处收到的对范科尔建议的意见和修正的通告

（1905 年 8 月，布鲁塞尔）

致社会党国际局各成员党的代表和书记

亲爱的同志们：

我们曾在 7 月份给你们寄去范科尔公民提出的关于修改国际局和国际代表大会代表制的建议的文件。

在这个问题上，书记处收到了以下意见和修正：

一

亚美尼亚社会民主党国外委员会寄来一连串信件，其中一部分已经转发给各成员党的代表和书记（1905 年 4—8 月）。信中要求开除旗帜党，因为据称这个党是民族主义的。①

二

拉脱维亚工人党曾出席阿姆斯特丹代表大会，它在 200 万人口中拥有 1 万名有觉悟的党员，每年有 6 万法郎预算。根据该党第二次代表大

---

① 参见第 43 号文件。

会通过的决议，要求派遣弗·罗津公民（伯尔尼，霍普芬维格 16 号）参加国际局。

杰克·科瓦列夫斯基公民是拉脱维亚工人党最活跃的分子之一，他以个人的名义给我们寄来一份报告，部分同意范科尔关于国际代表大会代表制的建议，但要求这个制度也应扩大适用于国际局。关于俄国代表名额的委任可由一个仲裁委员会进行分配。

三

大不列颠社会党（1905 年 6 月 30 日）的意见是：

1. 今后国际代表大会只应接纳承认社会主义基本原则的社会主义集团参加（这些基本原则是：生产和分配手段的社会化，工人阶级的国际联合和行动，由阶级政党组织起来的无产者占有公共权力，承认并主张阶级斗争，在任何情况下，对一切资本主义政党的支部都采取并坚持敌对态度，并在这个基础上推荐全部候选者）。以前有关这个问题的决议全部废除。

2. 议程上的议题都必须在全体大会上讨论，委员会讨论问题的方法应完全废除。

3. 每个代表应有一票表决权，但如果要求选举，则每个出席的党应有一票表决权。

4. 国际局代表制应仿照代表大会代表制的样式，每个党有权派一名代表参加国际局。

5. 国际局应该研究是否可能使用一种官方语言，国际局的文件和代表大会的工作都用这一种语言起草、定稿；这个问题应该及时明确，以便在斯图加特代表大会上就可以使用一种官方正式语言。

四

爱·瓦扬公民（1905 年 7 月 21 日）告知我们如下的意见：

"我的意见在很大程度上是符合范科尔公民的建议的。实际上，我是在阿姆斯特丹代表大会期间的一次国际局会议上和一些朋友交谈中提出了我的看法的，现在我的意见仍然是这样：

'这确实是件令人遗憾的事，由于当时伦敦的情况，使国际局在 1896 年时任意地增加了公认的许多民族和他们的表决权，于是就形成了目前这样的情况。但是当时如果不作任何变动也是有困难的，甚至几乎是不可能的，结果就被迫这样延续了下来。范科尔公民也是这样提出问题的。为了补救已经造成的不足之处，进一步也是为了使历次代表大会的各项社会主义决议更符合实际，就需要有一种能根据每个出席代表大会的民族所具有的社会主义价值而给予相应的表决权的表决方式。'

而今天我还要补充指出：这种根据重要性的比例表决制可以按照类似范科尔公民提出的规则来确定，但是我认为分成 2—6 级似乎还不太够，我觉得分成 2—10 级更好，这样可以更好地确定与民族的社会主义价值相称的表决票数。范科尔公民担心会把一些小民族提高为大民族，在这方面我认为实际上这不是应该加以避免的缺点，而相反是应该加以实现的优点。这是为了国际社会主义利益所必需的。为此，应该根据两个因素来确定一个民族的社会主义价值和它的等级排列：

1. 它的党费卡数字，它所拥有的由党员自由组成的集团和联合会的数字。

2. 它所显示出来的社会主义行动，以及通过其他的行动或事实显示出来的活动分子人数。因为按照上面第一种方法，活动分子的数字和行动有时是难于或不可能作出正常的测算的，或者是不正确的、不符合真正的实际情况的。

对范科尔公民提出的民族的定义，我目前没有任何异义。"

五

美国社会党代表莫里斯·希尔奎特公民提出了如下的修改：

"1. 第一个建议的第二段应写成：凡在同一个政府下生活的居民集团可视为民族，而不要'反对'、'斗争'这几个字。"希尔奎特为他的修正提出两点理由：（1）人们所要确定定义的是一个整个的民族，包括资产阶级和无产阶级，因此'反对'、'斗争'等字样就没有意义。（2）如果民族这个词仅指每个民族的工人阶级而言，那么'反对'、'斗争'同一个政府这样的用词，仍然是选择不当的。因为我们的斗争并不反对政府，而是反对资产阶级攫取统治权力。

2. 在第二个建议中加上下面这样一段文字："一个国家有两个或几个党参加国际代表大会的，这个国家的表决票数应在这些党中按照它们各自的力量和重要性进行分配。分配首先应在该国代表团中进行，如果发生分歧，再由国际局解决争执。"

希尔奎特为他的这一修正提出以下理由：

"我认为，国际代表大会的表决应该表明全世界有组织的社会主义者的大多数人的意志。如果可能，我们应设法公正地对待各个民族，同时也应该公正地对待一个民族中的每个组织。我们的理想当然是每个国家只有一个社会主义团体，但是，只要某些国家的社会主义运动队伍中存在分歧，就不能让一小部分，有时甚至是微不足道的少数，在表决中压倒绝大多数。这一措施是特别需要的，因为代表人数是不限制的，从而容易使越是弱小的党在代表大会上拥有代表的人数越多。"

六

崩得曾在 7 月和 8 月给我们寄来一份冗长的报告，这份报告可以简略归纳如下：

"范科尔公民的设想，任何部分也没有得到满足。他关于代表大会的建议是合理而正确的。但是同样也应该重视各个党参加国际局代表的基本思想。我们不理解为什么卢森堡在国际局中有这样大的影响，而在代表大会中的影响则是有限的。然而，国际局又是在两次代表大会之间的时期履行代表大会的职能的。而且一些坚实而有影响的集团被排除在一个有许多利益需要维护的机构之外是不能接受的。再者，国际局自己也承认目前的状况是不能继续维持下去的。因为当有人提出要研究俄国的情况时，书记不得不在他的议论中隐约地提到可能要让崩得、亚美尼亚、拉脱维亚等方面参加。

所以，在社会主义内部不能有特权的党。有人提到，代表多了会促使分裂。然而，拒绝承认某些俄国的党的代表，则非但没有消除分歧，反而使它更为尖锐和增多。有人还提出，如果接受了我们的要求，国际局的成员就太多了。然而，各个党是可以授予它们的代表以若干个委托书的。"

七

索非亚的哈尔拉科夫公民以**保加利亚社会民主工党**的名义（8 月 9 日信）也要求国际局不要接受亚美尼亚革命联盟参加国际局。其动机和亚美尼亚社会民主党的理由是一样的，他认为这个组织是单纯革命的，并且具有明显的、公开的民族主义倾向。

"在保加利亚的这些委员会继续阻挡我们在保加利亚的亚美尼亚无

产者中进行社会主义宣传。因为它们的党本身就用它们纯粹民族主义的宣传去模糊亚美尼亚无产阶级的阶级意识。而且由于最近一个时期以来，它们开始在亚美尼亚工人中间失去信任，就企图借助国际局赐予它们的社会主义标签把一些对阶级利益觉悟较低的亚美尼亚工人留在它们的行列中。如果国际局继续接受各种单纯革命的或单纯社会主义的①政党参加，吸收这样的成员不仅不能加强国际内部的联系，反而会使国际将来后悔。如果国际局接受了亚美尼亚革命联盟，那么国际局就无法拒绝保加利亚的马其顿革命组织，而这个团体则和亚美尼亚革命联盟一样，是一个单纯的革命党，就是说是一个恐怖主义的和民族主义的党。

因此，我们竭力坚持强调，接受参加国际局不能单单建立在承认国际代表大会决议的正式声明的基础上，而且还应该根据对要求参加国际局的党的行动的研究。只有经过研究，国际局确信这是一个真正的社会民主组织，然后再经过2/3代表们的同意，才能接受它参加国际局。同志们，我们再次抗议接受保加利亚的机会主义者参加国际局。如果需要的话，我们可以向国际局全体会议说明迫使我们对这样的接纳表示抗议的理由。

最后，我们认为这个建议是属于那些对阿姆斯特丹代表大会的决议感到不满，特别是对社会党的国际策略的决议感到不满的同志提出的。由于不满，所以那些同志就坚持要求改变表决方式。对我们来说，这是很清楚的，公正而不偏不倚地按照各民族的党的力量和重要性——这是那些同志的唯一和主要的动机——来分配表决权，这只是一种借口而已。

所以，我们在国际局所有成员面前坚持认为，解决的办法是应该掌握问题的实质而不是根据一种抽象的公正的动机；而问题的实质在于代表大会的表决方式是使各次代表大会保证国际社会主义运动的正常领导。我们认为旧的表决方式——它使我们制订了阿姆斯特丹的决议，按

---

① 原文如此。——译者注

照革命无产阶级先锋队的利益调整社会党的策略的第一步——提供了这一保证，因此它是我们满意的。

认为大的社会党和小的社会党都具有相等的代表性，因而显得有些不公正，这一点不是严重的问题。因为代表大会代表并没有指令性的权责，他们的目的也不在于代表任何一个党的特殊性，而是以国际的观点去解决问题。他们的出发点是社会主义运动的未来的利益是否很好地表达了革命无产阶级先锋队的观点。

因此我们强调保持原来的表决方式，各民族一律平等。"

八

最后，**辛格尔**公民（德国）在他 7 月 26 日的信中表示：

"我完全同意范科尔建议的第一部分，相反，表决方案我看是不公正的。这个方案对小集团的估计过高是缺乏根据的。大的党团由于它们的力量、它们的经验、它们的重要性和取得的成就，总是具有较大影响的。我认为不用增加它们的表决票数。再者，国际局和代表大会的决议一般都只是着重于原则的，有时在涉及策略问题时，也不会超出我们党的基本观念，所以不会有什么危险，不会因每个国家都只有两票表决权的方案而使大国的行动遭到困难。所以我仍然主张保持原来的平等方案，我认为这个方案更符合我们的原则。"

亲爱的同志们，我们将这些摘录转寄给你们，希望那些尚未表态的党最好能把它们的意见告诉我们，以便使国际局任命的委员会能够制订一个能使大家的利益都感到满意的方案。

执行委员会
爱·安塞尔，埃·王德威尔得
书记　卡米耶·胡斯曼

49

瓦扬的一点补充：关于他的建议的正确提法

（1905 年 9 月 2 日，布鲁塞尔）

致社会党国际局各成员党的代表和书记

亲爱的同志：

执行委员会刚才收到瓦扬公民的下列信件。他补充了他的建议，这个建议我们已在 1905 年 8 月 26 日①的通告中告诉你们了。

安塞尔，王德威尔得，胡斯曼

1905 年 8 月 30 日于巴黎

亲爱的公民：

感谢你转达了我的建议。这个建议是我征得饶勒斯公民的同意后，在我们社会党委员会最近于巴黎召开的会议上一起承诺提出的。

你们摘要归纳了这个前后用了 3 封信提出的建议，因而略微有些走样。没有提到下面这样一点，即：我主要认为，为了具体执行这个建议，主要有两个步骤：首先是直接有关的国家的党的行动，然后是整个社会党国际的共同行动。这两个步骤都必须采取社会主义的、工人的、国际性的、适当的行动。

所以，为了更确切一些，恕我必须请你再发一个通告，把这封信全

---

①　参见第 47 号文件。

文转呈各国党的书记。并且附上以下书面提议。这个书面提议解释了我的建议，也是我的建议最正确的表述：

　　我要求所有国家的社会党采取普遍性的措施：（1）首先是由直接有关国家的党；（2）同时再由整个社会党国际共同采取协调一致的、社会主义的、工人的、国际性的行动，以避免并制止一切战争。

　　我要求根据这个建议，从现在起立即开始为这一协调一致的行动寻求各种特殊的和一般的必要措施。同时请各国社会党向国际局——只有国际局能有这样的职权——提出国际解决办法的各种建议。国际局将把这个问题列入长期性的议程，并在下次会议上立即进行讨论。

　　依靠你的帮助，将这一补充说明后的建议再一次提出来，亲爱的书记公民，请接受我诚挚的友情和敬意！

爱·瓦扬

50

法国社会党即工人国际法国支部
关于采取措施以避免战争的建议

（1905 年 9 月 27 日，布鲁塞尔）

致社会党国际局各成员党的代表和书记

亲爱的同志们：

　　我们刚才接到了这封信，特此附上。这是法国社会党、工人国际法国支部代表瓦扬公民写来的信，请你们加以重视。这信件特别重要，因为这不仅只是一个大国授权的代表提出的建议，而且是整个一个党提请社会党国际审查的一个建议。

我们将感到十分高兴，如果你们能像瓦扬公民所要求的那样，紧急地将这封信提交你们党的中央机关，并于最短时间内将你们赞成的意见告诉我们。

亲爱的同志，请接受我们兄弟般的情谊。

执行委员会

爱·安塞尔，埃·王德威尔得

书记　卡米耶·胡斯曼

法国社会党即工人国际法国支部的建议

1905 年 9 月 26 日于巴黎

亲爱的书记公民：

你曾用一个通告，并且甚至是用了我信上的词句转达了我提出的问题，这个问题包含着一个坚定的建议。今天我把这个建议寄给你。我没有能够更早一些寄给你，因为，为了使这个建议具有它的全部价值，必须使它成为我们整个法国社会党（工人国际法国支部）的建议，1905年 9 月 24 日星期日在巴黎召开的全国委员会上，已由各联合会的全体代表一致通过了。现在将下面这个作为最后结论和决议的提案呈交社会党国际：

"一旦由于各种秘密的或公开的事件，令人担忧地导致政府之间发生冲突而使战争成为可能或近乎事实时，各有关国家的社会党应立即自发地并在社会党国际局的邀请下进行直接接触，以便为避免并制止战争而确定和协调各国工人的行动，这种行动应该是社会主义性质的，并且是共同一致而互相配合的。

同时，国际局书记处也应通知其他国家的社会党，并尽快召开社会党国际局会议，以确定整个社会党国际和有组织的工人阶级为避免并制止战争而采取最适当的行动。"

因此，和饶勒斯公民一起，我请求你，亲爱的书记公民，立即再发一个通知，并同这封解释的信件，转达我们党的这一建议。你将理解，所有国家的社会党，如果它们同意我们的意见，也都会理解这个问题的重要性；由于可能发生意外事件，所以不能等待还有很多日子才能召开的国际局会议进行讨论，而是请各国尽快地将它们的赞成意见寄告国际局①；以便像我们所希望的那样，一旦它们不久接受这个建议，建议就能在必要的情况下发生效用。②

满怀希望，一切有赖大力支持，亲爱的书记公民，请接受我和饶勒斯公民的诚挚的友情和敬意！

瓦扬

---

① 关于这个建议的后续情况，请参见第 57 号文件和附件 6、附件 7。

② 在《社会未来报》杂志上，胡斯曼在一篇题为《社会主义运动》的文章中，叙述了社会党国际局 1905 年的活动，并对这一动议评论道："这样足够了吗？我不这样认为，即使各有关国家的社会党和国际局召开了会议，他们的成员都发表了漂亮的演说，然后起草了一个极好的决议，这又能有什么变化呢？什么也改变不了。按我的想法，决议的目标是总罢工。如果各国政府确实认为，一旦宣布战争，所有有关国家就都将发生总罢工，他们就会在投入冲突之前作再一次的考虑……然而人们要向法国同志提问：你们的工会组织是否足够强大，并有足够的社会主义觉悟，保证在关键性的时刻向前进？"见《社会未来报》1906 年第 11 期第 28 页。

51

转达荷兰社会民主工党关于在海牙和平会议召开
期间举行国际性群众大会的建议的通告

（1905 年 10 月 7 日，布鲁塞尔）

致社会党国际各成员党的代表和书记

亲爱的同志们：

我们刚才收到荷兰社会民主工党的一封来信，下面是该信的译文：

致布鲁塞尔社会党国际局

亲爱的同志们：

在荷兰社会民主工党最近一次指导委员会会议上，我们注意到各大强国要在海牙召开第二次和平会议①的意图。我们认为有必要乘这一时机明确地表示一下国际社会主义运动在全球和平问题上的想法，因而决定要求社会党国际局在这一会议期间组织一次或多次群众大会，在这些大会上将有各国社会党代表的发言。

---

① 在国际议会同盟的要求下，西奥多·罗斯福于 1904 年 10 月发出组织一次新的国际会议的创议。1905 年，在朴次茅斯和平会议之后，沙皇也提出了这一创议。由于形势的变化，预定在 1906 年举行的会议直到 1907 年 6 月 15 日才召开。会议持续了 4 个月。参见 A. 肖上述著作（见本卷第 7 页注①。——译者注）第 465—475 页。

　　这些大会可在阿姆斯特丹、海牙和鹿特丹召开。我们希望知道国际局对这一建议的意见。如果国际局接受这一建议的原则，它将可以保证得到某些发言人的合作。①

　　谨致兄弟的敬礼！

范奎科夫

1905 年 10 月 6 日于阿姆斯特丹

亲爱的同志们，务请你们在短期内给我们答复。

执行委员会

爱·安塞尔，埃·王德威尔得

书记　卡米耶·胡斯曼

52

卡米耶·胡斯曼关于分配国际局和代表大会表决名额问题的建议②

（1905 年 10 月 18 日）

社会党国际代表大会和社会党国际局

　　大家似乎都一致希望对社会党国际代表大会的表决方式作一次修

---

① 各国否定这一建议的复信载于书记处 1905 年 9—10 月份月度报告中，参见附件 6 和附件 7。

② 由于没有找到法文原件，我们发表的是最近根据保存在国际社会史研究所考茨基档案中德文文件的译文。

改，并且希望能接受所有执行国际代表大会决议的社会党参加。

人们如此经常地批评目前的情况，因而这里可以不再重复。

为此，国际局指定了一个由范科尔、王德威尔得和书记组成的三人委员会，负责研究一个修改方案。范科尔同志走在了前面，向国际局提出了第一个**方案**。这个方案的抄件已由书记处寄发给各成员党。许多党的代表和书记对这个抄件进行了仔细的研究。书记处根据各种评论意见，在范科尔建议第二部分的扩大基础上制订出了第二个方案。

对范科尔建议的最中肯的反对意见是指出它具有双重的基础，并且设置了一种极为奇特的代表制方式。这是指**社会党国际局代表制和国际代表大会的表决方式**。如果在代表大会问题上接受了范科尔建议的第一部分，那么在社会党国际局中实行同样的方法时，就恐怕会违反逻辑。许多代表极为正确地——我是这样认为的——坚持了这样的意见，认为如果继续在国际代表大会上把一些有坚固组织的党排除在表决之外的做法是一种弊病，那么不让这些组织在国际局内发挥影响，这同样是不公正的。

如果接受范科尔的两重性建议，那就会出现一种奇怪的现象：一个组织上十分巩固的党能在历次国际代表大会上发挥影响，但是却被排除在国际局之外。而这个国际局却又是延续代表大会的工作的。

据此推论，如果接受范科尔建议第二部分的原则，这是我们收到的大部分回信的意见，那么第一部分就合乎逻辑地要被放弃。

所以选择只能是如此：或者是**保留目前的制度**，或者是**把范科尔在代表大会上使用的比例制扩大应用到国际局的代表制方式中去**。

这后一个解决办法似乎是最为明智的。

我不知道主要的困难是否在于划分各民族的等级。但是应该克服这个困难，因为大部分代表似乎都同意范科尔的建议第二部分中提出的原则。

不能认为运用比例制并取消每个国家两个代表的做法就会助长分歧。因为我们已曾说过，经验证明是相反的。国际局内目前的代表制并没有影响法国各党的统一，相反，对俄国来说，则是接受这个党进入国际局而排除另一个党，这就往往损害了这两个党之间的良好关系。总之，许多成员都认为，在事实的压力下，俄国和美洲的各个党都将不得不在国际局内进行合作以建立社会主义运动，并且是持久而不是一时的，所以在每隔 3 年或 4 年一次的国际代表大会上，团结一致思想的进展将会远远超过目前。

有人也表示担心代表人数会太多。但是没有任何人能阻挡一个党将它有权拥有的表决票数委托给一个或两个代表。和瓦扬、饶勒斯两位同志一样，我也认为，分成 2—6 级，还不如分成 1—10 级，更为公正、更为方便。

所以我就擅自将范科尔的方式改变为如下的内容，请各成员党务必将它们的意见告诉我，以便考虑准备特别委员会的下一次会议。

各成员党的表决方式和代表方式

一、社会党国际代表大会接纳：

1. 一切赞同社会主义基本原则的协会：生产和交换手段的社会化；劳动人民的国际联合和行动；由阶级政党组织起来的无产者对公共权力的社会主义的占有。

2. 站在阶级斗争的立场上，声明承认政治行动，即立法行动和议会行动的必要性，而不直接参与政治运动的所有行业组织（1900 年巴黎代表大会）。

二、国际代表大会的表决方式按照下列规则确定：

1. 按民族进行表决。

2. 生活在同一政府之下的居民聚居集团被视为民族。

3. 每个民族支部按照级别表的规定，分别拥有 1—10 不等的表决票数。该级别表将由在 1906—1907 年度期间任职的社会党国际局首次制订。每个民族支部的表决票数按照下列规定分配：

（1）按照缴纳党费的人数；

（2）按照该民族的重要性；

（3）按照工会组织和社会主义合作社的力量；

（4）按照一个或几个社会主义政党的政治力量。

国际局可要求提供一切文件或凭证以验证缴纳党费的成员人数。如果在一个民族支部中存在几个党，表决票数的分配由有关的各集团协议解决；有意见分歧时，则由国际局分配。上述级别表将定期或根据情况的需要进行修改。

三、在参加国际代表大会各民族支部的基础上组成社会党国际局，以继续国际代表大会的职责。每个民族支部按其在最近一次国际代表大会上所拥有的表决票数向国际局委派相同数量的代表。代表可由候补代表替代，候补代表由各成员党委任，或由它们委托的同支部的同伴委任。

四、国际局设 1 名常任书记，其职责按照 1900 年巴黎代表大会的规定。书记处办公地点设在布鲁塞尔。比利时代表团承担执行委员会的职责。

五、每个成员党的党费于每年 1 月份根据国际局定期制订的党费额征缴。

书记　**卡米耶·胡斯曼**

53

纪念 1905 年 1 月 22 日的号召书[①]

（1905 年 12 月 2 日，布鲁塞尔）

致所有国家的劳动人民！

1 月 22 日即将来临，一年以前的这一天，尼古拉二世和他的谋士们屠杀了手无寸铁的工人。工人前来恳求结束一次灾难性的战争，要求改善他们悲惨的命运，要求给予所有其他国家的劳动人民都已获得的各项基本权利。

1 月 22 日这一天是俄国革命历史上一个决定性的日期。

它使人民睁开了眼睛，扫除了那些对沙皇的宽大仍抱有迷信的人们的幻想。1 月 22 日这一日期把战斗决定性地推向了顶峰。

这是工人阶级和一个罪恶制度的最后的支持者们之间的一次生死决斗。这个制度长期以来早已遭到全世界良知的谴责。

妄图挽回命运的沙皇制度犯下了新的罪行：它动员了哥萨克，组织了"黑帮"，煽动那些可怜的无知者去反对犹太人，反对亚美尼亚人，反对"知识分子"，反对一切怀有敌视官僚和专制主义观点的民族或

[①]　这个号召书是根据美国一个社会主义活动分子小组（其中有作家杰克·伦敦）的创议发出的。他们的信附在宣言中，信件文稿发表在 1905 年 11 月份月度报告中，参见附件 7。

种族。

一年以来，革命的无产者为反抗这一可耻的政策，作出了值得赞赏的努力，人民在争取自己解放的斗争中从未表现出这样巨大的力量。

在整个广阔的帝国，革命持续不断，罢工此伏彼起。新兴的力量每个月都要从尼古拉二世手中夺取新的让步，促使它走向不可避免的最后的灭亡。1 月 22 日的第二天，波兰掀起了 60 万人的大罢工。在"死亡或自由"的召唤性口号声中，罢工迅速遍及整个俄国。卡莱也夫处决了塞尔奇大公爵。①工人阶级拒绝了契特洛夫斯基委员会和财政大臣科科夫佐夫的拖延时机的手法。农村爆发了骚乱，农民们占取了贵族老爷们的土地，地主们被迫躲藏在城市里。波将金号战舰的水兵参加了人民的事业，在沙皇的船只上竖起了国际的旗帜。拒绝向自己兄弟们开枪的士兵日益增多。高层司令部不敢召回满洲的部队，可耻地抛弃了部队，使部队陷入了悲惨的穷困境地。破天荒第一次，政党可以在光天化日之下成立。人们向它们许下诺言，表示让步。沙皇表明了他的"不可动摇的意志"，要召开议会。但这只是一个从贵族和富人中选出代表的咨议性议会，就像一群"博学的恶棍"，排斥了整个工人阶级。沙皇绞死了那些令人永不能忘怀的革命的英雄们：瓦西里耶夫、格尔什科维奇、卡斯普扎克、克拉乌泽、赫梅利尼茨基、尼科夫罗夫等人和他们的朋友们。沙皇枪杀了彼得洛夫、季托夫、阿达缅科、乔尔内、莫特切斯洛韦尔等人和他们起义舰队的同志们。但是烈士们的鲜血是获得丰收的露水。社会主义运动不断壮大，团结并带动了城市无产者、农村居民和资产阶级自由分子，使他们汇合成一股共同的力量。在所有大城市都爆发了总罢工，交通中断。俄国同世界的联系被切断了。由于铁路罢工，政府在作了几天无济于事的抵抗以后终于瘫痪了。尼古拉二世不得不在 10 月 30

---

①　1905 年 2 月 17 日。

日的**宣言**中，正式宣告他的失败，作出新的让步！

1905 年这一年的历史向全世界显示了俄国社会主义运动的价值，证实了 1889 年巴黎国际代表大会的预言："在俄国，革命运动将作为工人运动而取得胜利，否则永远不会胜利。"① 今天，由于无产者的忘我牺牲精神和英雄主义，革命的胜利是肯定的，而且在整个欧洲，由于沙皇制度无可挽回的崩溃，一切反动政权的根基都已动摇。但是事业并没有完成，革命只是在头脑中形成了，还仅仅是开始走向实际。为庆祝俄国革命取得决定性的胜利，无产者还需要继续进行几个月或许是几年的斗争。

这个斗争是我们大家共同的斗争，应该得到整个国际道义上的支持和物质上的帮助。

正是本着这一精神，美国同志发出了号召，你们在附件里可以看到这个号召，他们要求国际局邀请所有成员党隆重地纪念 1 月 22 日这一历史性的日子，以表明全世界的劳动人民对俄国无产者的声援。

我们确信我们的建议将在一切具有社会主义觉悟的地方得到赞同。我们的口号是：

"1906 年 1 月 22 日，或者至少在翌日（星期日），所有参加社会主义政党的集团都组织群众大会，并在可能的地方举行游行。指定发言人，以回顾我们俄国兄弟表现出的英勇努力，并进行募捐，以各种方式援助那些正在为反对沙皇制度、为神圣的自由事业而斗争的人们，募集的钱款或者寄给各成员党的中央委员会，或者寄给社会党国际局。"②

---

① 宣言中引用的是普列汉诺夫在大会上的发言。（见本书第 14 卷《第二国际第一次（巴黎）代表大会文献》中央编译出版社 2013 年版第 133—134 页。——编者注）

② 募集捐款的细账载于书记处的报告。参见附件 10。关于这个号召引起的反响，参见本卷第 57 号文件。

打倒独裁专制！

国际社会主义运动万岁！

社会党国际局：

英国：亨·海德门

　　　詹·基尔·哈第

德国：奥·倍倍尔

　　　保·辛格尔

澳大利亚：H. 迪克斯

奥地利：维·阿德勒博士

　　　　斐·斯卡雷特

波希米亚：安·涅梅茨

　　　　弗·绍库普

保加利亚：格·基尔科夫

　　　　扬·萨卡索夫

丹麦：彼·克努森

　　　C. – M. 奥尔森

美国：莫·希尔奎特

　　　丹·德莱昂

阿根廷：阿·康比埃

　　　曼·乌加特

瑞士：O. 拉潘

西班牙：帕·伊格列西亚斯

　　　　F. 莫拉

法国：爱·瓦扬

　　　让·饶勒斯

荷兰：彼·特鲁尔斯特拉

　　　亨·范科尔

匈牙利：维·韦尔特纳

　　　　厄·格拉米

意大利：恩·费里

　　　　菲·屠拉梯

日本：片山潜

卢森堡：韦尔特博士

挪威：奥·克林根

　　　A. 埃里克森

葡萄牙：A. 盖哥

瑞典：亚·布兰亭

　　　C. 维克曼

塞尔维亚：V. 斯托亚诺维奇

执行委员会（比利时）

爱德华·安塞尔，埃米尔·王德威尔得

书记　卡米耶·胡斯曼

54
参加国际社会党人代表大会和
社会党国际局的章程草案初稿

（1906 年 1 月 4 日，布鲁塞尔）

致各成员党代表和书记同志们

亲爱的公民们：

1905 年 1 月 25 日由国际局指定负责为国际代表大会和社会党国际局制订一个章程的特别委员会现已将该章程草案初稿拟出，特此附上。

该委员会由范科尔、王德威尔得和胡斯曼 3 位公民组成。从附件的文件中，你们可以注意到，范科尔公民已同意书记处所作的主要提纲的修改，收回了他建议中关于代表大会的那一部分。另外，委员会考虑了波兰社会党代表迪阿曼德公民的意见，根据波兰的特殊处境，补充了第 2 节第 2 段。

最后，为了维护各小民族的影响，并使俄国所有社会主义政党都能发表它们的意见，委员会同意把比例定为 3—10 级。①

附上的草案稿是由委员会成员一致通过的。②

谨致兄弟的敬礼！

亨·范科尔，埃·王德威尔得，卡米耶·胡斯曼

---

① 各国代表对这一新方案向社会党国际局提出的批评和意见公布于书记处 1906 年 1 月份、2 月份和 3 月份的报告中。参见附件 9、10、11。

② 关于对这个委员会工作的分析批评，参见 H. 蒙森：《社会民主主义和多民族聚居国家的民族问题》，维也纳，欧洲出版社 1963 年版第 430 页。

社会党国际代表大会和社会党国际局

各成员党的表决和代表方式

一、社会党国际代表大会接纳：

1. 一切赞同社会主义基本原则的协会：生产和交换的手段社会化；劳动人民的国际联合和行动；由阶级政党组织起来的无产者对公共权力的社会主义占有。

2. 站在阶级斗争的立场上，声明承认政治行动，即立法行动和议会行动的必要性，而不直接参与政治运动的所有行业组织（1900 年巴黎代表大会）。

二、国际代表大会的表决方式按照下列规则确定：

1. 每当出席代表大会的一个民族表示要求表决时，即按民族进行表决；

2. 生活在同一政府下的居民聚居集团被视为民族。然而也可例外地把由长期的历史传统形成的，虽然附属于不同的政府，但坚持向往自治和道义上的一致的居民聚居集团视为民族；

3. 每个民族支部可按照级别表的规定，分别拥有 3—10 不等的表决票数。该级别表将由 1906—1907 年度期间任职的社会党国际局首次制订。每个民族支部的表决票数按下列规定分配：

（1）按照缴纳党费的人数，并考虑其居民人数；

（2）按照该民族的重要性；

（3）按照工会组织和社会主义合作社的力量；

（4）按照一个或几个社会主义政党的政治力量。

国际局可要求提供一切文件或凭证以验证缴纳党费的成员人数。如果在一个民族支部中存在几个党，表决票数的分配由有关的各集团协议解决；有意见分歧时，则由国际局分配。上述级别表将定期或根据情况的需要进行修改。

三、在参加国际代表大会各民族支部的基础上组成社会党国际局，以继续国际代表大会的职责。每个民族支部可按照上述级别表规定的在国际代表大会上所拥有的表决票数向国际局委派相同人数的代表（第 II 节第 3 段）。

代表可由候补代表替代，候补代表由各成员党委任，或由它们委托的同支部的同伴委任。

四、国际局设 1 名常任书记，其职责按照 1900 年巴黎代表大会的规定。书记处办公地点设于布鲁塞尔。比利时代表团承担执行委员会的职务。

五、每个成员党的党费于每年 1 月份根据国际局定期制定的党费额征缴。

55

转达在瑞士的意大利社会党关于
捐款资助俄国革命的建议的通告

（1906 年 1 月 4 日，布鲁塞尔）

致各成员党的书记和代表

你们在我们 1905 年 12 月份的月度报告①中，已经知道了在瑞士的意大利社会党向我们提出一个方案，请国际局发表一个宣言，保证要求

---

① 参见附件 8。

所有国家的社会党人为俄国革命献出 1 月 22 日那天的工资。①

　　由于我们没有时间在这个问题上征询所有成员党的意见；另外，由于人们实际上会提出不同意见，执行委员会认为我们没有权利为此发表声明，而且在这样一个成功把握不大的方案问题上表态是有风险的。

　　然而，执行委员会仍然认为，这个方案是值得认真考虑的。我们认为，更为实际可行的是要求所有成员党的指导委员会来考虑这个建议，它们比任何人都适当。它们可以采取必要的创议，全部或部分地实现在瑞士的意大利社会党人提出的想法。

　　这个方案的发起人完全考虑到他们要求国际无产者为此所作出的牺牲。但是他们和执行委员会都认为，如果全世界有组织的无产者为了支援我们英勇的俄国同志们，只要拿出半天，甚至只是一个小时的工资，就能有效地帮助那些正在为整个工人阶级的事业英勇斗争的人们。俄国无产者的胜利就是我们大家的胜利，他们的失败也是我们大家的失败。出于这样的想法，比利时工人党提出一个创议，我们急速地将这个创议

---

① 这个创议似乎出于安热利卡·巴拉巴诺娃，她当时住在卢加诺，主持发行社会主义无产者机关报《前进，同伴们》日报。同时，巴拉巴诺娃受俄国社会民主党的委托进行宣传，支持俄国革命，并为俄国社会主义运动募捐。（参见安·巴拉巴诺娃：《回忆和经历》，柏林劳布舍出版社 1926 年版第 24—25 页）1905 年 12 月 29 日，她致信胡斯曼，要求他支持在瑞士的意大利社会党的方案。她用法文写道："这个方案的发起人和俄国社会党人完全考虑到他们要求国际无产阶级所作出的牺牲。只是因为俄国面临严重的危机，力量极为微弱，而现在又是接近最后胜利的时刻，所以决定发出这一呼吁。而且根据最近的情报，一切决定于彼得堡的事态，而彼得堡目前却又最缺少物资。你们对这一切比任何人都了解得多。亲爱的公民，普列汉诺夫公民最近可能也已给你们写信，如果国际无产阶级能够响应这一呼吁，这将是极大的支持，这一支持的消息将再次鼓舞起两个月来不顾饥饿和迫害、正在彼得堡坚持斗争的人们的勇气和希望。如果欧洲提供援助，斗争就能延长并获得成功。"社会党国际局档案。

转告你们。比利时工人党在收到 12 月份的月度报告后，决定将这个方案通报所有的成员组织、工会、合作社、政治联盟和社团等，并争取它们的赞同。一些最有影响的宣传家答应给予协助，争取在他们各自所在的团体中，全部或部分地接受这个方案的建议，以便不仅仅用热情去纪念 1 月 22 日这个日子，而且有实际的行动。

在可能的、量力而行的情况下，我们希望得到你们慷慨的合作。俄国革命者需要金钱上的帮助。

谨致友情。

执行委员会

爱德华·安塞尔，埃·王德威尔得

书记　卡米耶·胡斯曼

56

1906 年 3 月 4—5 日召开社会党国际局会议的通告

（1906 年 2 月 5 日，布鲁塞尔）

致社会党国际局各成员党书记

亲爱的同志们：

执行委员会提请你们注意，必须急速派代表前来参加社会党国际局的全体会议。

你们已从我们的月度报告①中知道，这次会议将在一个月后，即于1906 年 3 月 4—5 日②在布鲁塞尔人民之家国际书记处所在地（一楼 6号厅）召开。执行委员会也正忙于五一节开展争取八小时工作日的国际示威事宜。根据代表大会的决议，示威的最有效的方式是停工。由于直到现在 1889 年巴黎国际代表大会关于出版一个周报机关刊物以便集中报道通过立法手段缩短工作日的运动③情况的决定尚未实现，执行委员会认为仍须在这方面做些工作。因此，我要向你们建议，我们不能再只是简单地发表一个声明，重提一下已经作出的各项决定。这次我们要发一个真正的国际性文件，载明一定时期内所有存在社会主义团体的国家在这一问题上的实际进展情况。所以要求每个成员党在短期内向国际书记处作一个简明的汇报，说明在它们国家的具体情况下，劳动时间问题的现状，以及经过工会和议会的努力获得了什么成果。各成员党的汇报将由执行委员会汇总编成一个非常有趣、十分吸引人的宣传文献。这将是全体成员党合作的成果。④ 为了推动实际行动，执行委员会草拟了随信附上的简明报告的样式，这是根据比利时的具体情况拟定的。

　　为此，我们希望各成员党的代表或书记务必尽量在 3 月 1 日以前将简明报告寄到书记处，至迟不得晚于 3 月 10 日。

---

① 参见附件 10。
② 在 1906 年 1 月 15 日的通告中，社会党国际局告知倍倍尔已接受国际局在 3月份召开会议。在这个通告中，执行委员会提请"代表们注意，议程具有极大的重要性"。
③ 1889 年巴黎国际代表大会决议成立瑞士执行委员会，负责出版一个题名为《八小时工作日》的周刊。（见本书第 14 卷《第二国际第一次（巴黎）代表大会文献》中央编译出版社 2013 年版第 219 页。——编者注）
④ 这个宣传品由社会党国际局用法文、德文和英文出版，题为《五一节国际示威》，布鲁塞尔，1906 年。参见附件 11。

谨致兄弟的敬礼！

执行委员会

爱·安塞尔，埃·王德威尔得

书记　卡米耶·胡斯曼

57

社会党国际局第七次全体会议记录

（1906 年 3 月 4—5 日，布鲁塞尔）

社会党国际局的代表们于 1906 年 3 月 4—5 日，在最近设于布鲁塞尔人民之家的国际局书记处大厅内举行全体会议。①

出席会议的有：

奥·倍倍尔和卡·考茨基，德国社会民主党；

让·饶勒斯和爱·瓦扬，法国社会党（工人国际法国支部）；

亨·海德门和詹·基尔·哈第，英国支部；

安·涅梅茨和弗·绍库普，捷克斯拉夫社会党（波希米亚）；

E. **布欣格尔**，匈牙利社会党；

尤里约·西罗拉，芬兰社会党；

曼努埃尔·乌加特，阿根廷社会党；

---

① 我们这里重新发表的是书记处 1906 年在布鲁塞尔用法文、德文、英文公布的正式会议记录，共 25 页。

彼·特鲁尔斯特拉，荷兰社会民主工党；

让·西格，瑞士社会党；

韦尔特博士，卢森堡社会民主党；

伊·鲁巴诺维奇，俄国社会革命党；

J. 克维亚特克，波兰社会党（P. P. S.）；

爱·安塞尔和埃·王德威尔得，比利时工人党；

卡·胡斯曼，国际局书记。

加斯克公民，以咨询身份代表拉脱维亚工人党参加，列夫公民代表亚美尼亚社会民主党。

由王德威尔得、安塞尔和胡斯曼组成的执行委员会和两个书记处雇员阿图瓦、康托尔组成办事处。

王德威尔得公民主持了会议，他首先向出席代表表示欢迎，并宣读了国际局收到的道歉信。[①]

最后确定的议程如下：

1. **瓦扬**关于出现战争威胁或宣布战争状态时采取措施的提案；

2. **范科尔**关于国际代表大会和社会党国际局的组织问题的提案；

3. **特鲁尔斯特拉**关于俄国事态及其反响的**动议**。[②]

在王德威尔得的建议下，决定把书记处的报告附在范科尔的提案中一起讨论，并开始审议**瓦扬提案的决议**。

在好几个代表的要求下，决定这一讨论不发表任何记录，也不通

[①] 俄国和奥地利的代表缺席；这一点可参见 1906 年 3 月 5 日《前进报》上的评论："俄国社会民主党（最狭义上的）和奥地利德语区没有出席会议是有充分理由的。在维也纳和德国，有这么多事要做，一个人也不能离开。"参见附件 10。

[②] 社会党国际局在 1906 年 1 月 15 日的通告中提出的议程有第四项议程："克林根—布兰亭动议"（关于挪威和瑞典的政治形势）。

报；经过长时间的讨论后，瓦扬的提案获得**一致通过**。①

这个决议形成文字如下：

"**一旦由于秘密或公开的事件，令人担忧地导致政府之间发生冲突而使战争成为可能或近乎事实时，各有关国家的社会党应立即自发地并在社会党国际局的邀请下进行直接接触，以便为避免并制止战争而确定和协调各国工人的行动，这种行动应该是社会主义性质的，并且是共同一致而互相配合的。**

同时，国际局也应通知其他国家的社会党，并尽快召开社会党国际局会议，以确定整个社会党国际和有组织的工人阶级为避免和制止战争而采取最适当的行动。"②

议程的第二项是**范科尔**关于国际代表大会和社会党国际局组织问题的**提案**。和这个问题一起附带讨论了书记处的预算。

我们在后面再一次刊载了方案初稿的全文。这个方案初稿在经过长时间的讨论③并否决了一个延期讨论的决议后获得通过。

---

① 1906 年 3 月 5 日《人道报》指出，关于瓦扬的提案，参加讨论的有：倍倍尔、海德门、饶勒斯、王德威尔得、考茨基、瓦扬、基尔·哈第等人。

② 《前进报》作了这样的评论："这个决议没有向任何社会主义组织要求做不可能做到的事情。决议没有要求任何组织采取会损害自己的措施，但却又充分发扬了国际支援，使防止战争的一切措施国际化，从而也就指出了避免战争的最有效的方法，而这又是无产阶级在目前所能做到的。"

③ 1906 年 3 月 5 日《前进报》发表的关于这个讨论的记录是这样的："这个文件（方案初稿）引起了一系列的意见。英国同志寄来一份关于社会党国际代表大会和社会党国际局组织方式的建议书。由于提出的意见非常繁多，范科尔修改了他曾在国际局上次会议上提出的动议。最后，在这次会议上，瓦扬和倍倍尔对国际局的建议又提出了修正意见。在长时间的讨论中，倍倍尔力求把过于复杂的规则加以简化，而饶勒斯和瓦扬的立场则是主张每个国家拥有一个代表。但是那些不同民族的斯拉夫代表们则要求保证一个国家的各个不同民族都能有代表，因而要求维护一种特殊的组织形式。结果就通过了决议中提出的下列各点。"参见下条注解。

我们作了一些修改，并不是在形式上，而是在编号上作了修改。这有两个原因：第一，英国代表团提出的某些修正是在审查范科尔方案以后提出的，并且明显地是属于方案的第一部分条款；第二，因为不少报纸都转载了比利时工人党机关报上发表的文稿，在那上面有印刷排版上的明显错误。例如，特鲁尔斯特拉—海德门—基尔·哈第等人关于每个民族支部负责接纳其本国协会或组织的修正，错误地被排列到一个与此无关的条文上去了。

所以修改后的文稿如下。

社会党国际代表大会和社会党国际局

各成员党的表决和代表方式

一、社会党国际代表大会接纳：

1. 一切赞同社会主义基本原则的协会：生产和交换手段的社会化；劳动人民的国际联合和行动；由阶级政党组织起来的无产者对公共权力的社会主义占有。

2. 站在阶级斗争的立场上，声明承认政治行动，即立法行动和议会行动的必要性，而不直接参与政治运动的所有行业组织（1900 年巴黎代表大会）。

二、1. 每个民族的各协会和组织组成一个支部，该支部对是否接纳属于本民族的一切协会和组织表示意见。

未被有关支部接纳的协会和组织有权向社会党国际局提出申诉，由社会党国际局作最后决定。

2. 每个成员党如果设有书记处，或参加国际的协会或组织设有全国委员会的，则由书记处或全国委员会向各成员社会主义集团转发参加国际代表大会的邀请信以及社会党国际局的决议。

3. 一切提案的文稿都应在国际代表大会召开日期 4 个月以前提交国际局。国际局在收到文稿后的 1 个月内分发。

　　凡不按此程序递交的任何新决议都不予接受、分发或讨论，紧急事件除外。只有社会党国际局有权决定紧急情况。但一切修正案或决议都必须书面提交社会党国际局，并由国际局决定是否采纳修正案，以及是否需要按照修正案提出新的决议。

　　三、国际代表大会的表决方式按照下列规则决定：

　　1. 每人 1 票表决权。表决按民族支部进行。每当有出席代表大会的 3 个支部提议，即可进行表决。

　　2. 生活在同一政府下的居民聚居集团可视为民族。然而国际局也可例外地——但条件是其决定不能改变民族支部的表决票数比例——把由长期历史传统形成的、虽然附属于一个或几个政府但坚持向往自治和道义上的一致的各居民聚居集团视为民族。

　　3. 每个支部可按照级别表的规定，分别拥有 2—20 票不等的表决票数。该级别表将由 1906—1907 年度期间任职的社会党国际局首次制订。每一支部的票数按下列规定分配：

　　（1）按照缴纳党费的人数，并考虑其居民人数；

　　（2）按照该民族的重要性，

　　（3）按照工会组织和社会主义合作社的力量；

　　（4）按照一个或几个社会主义政党的政治力量。

　　国际局可要求提供一切文件或凭证，以验证缴纳党费的人数。

　　如在一个支部中存在几个党，表决票数的分配由各有关集团决议解决；有意见分歧时，则由国际局分配。上述级别表将定期或在情况必要时进行修改。

　　四、在参加国际代表大会各民族支部的基础上组成社会党国际局，以继续国际代表大会的职责。每个支部可向国际局委派**两名**代表。这两名代表可由各成员党委任的候补代表替代。①

五、国际局设 1 名常任书记，其职责按照 1900 年巴黎代表大会的规定。书记处办公地点设于布鲁塞尔。比利时代表团承担执行委员会的职务。

六、每个成员党的党费于每年 1 月份根据国际局定期规定的党费额征缴。

这里要提出：

1. 这个文稿只是一个方案的初稿，因为只有国际代表大会有权通过最后定稿；

2. 特别是第三节第 3 段只是在保留意见的情况下获得通过的，并将在下次国际局全体会议上再作审查。采取这样的决定，是因为与该条条文最有关系的两个国家俄国和奥地利都没有代表，或代表人数不全地出席了会议；

3. 英国提出的下列修正也将在下次国际局会议上进行讨论：

（1）改变现在的由各委员会各自分发各项决议的制度，这种制度增加甚至重复了工作。改为由选出的代表大会常务委员会负责汇集各项决议并安排议程。常务委员会中每一民族支部都有自己选出的书记代表参加；

（2）代表大会上的发言时限为 20 分钟；

4. 必须郑重说明的是，范科尔的提案如果获得通过，决不会因此就**取消任何支部**，这主要是指波希米亚、波兰、芬兰等支部。在任何情

---

① 关于这一条，参见《前进报》的记录："国际局建议案中的这一点（第 II 节第 3 段）要求更新国际局的组成成分，以便使每个民族在今后有权按照他们在代表大会上拥有多少表决票，在国际局中就能有多少代表。这一动议被否决了，因为它把国际局变成了代表大会。人们一致决定保持原状，即每一民族有权派两名代表参加国际局。"

况下，这些支部都将予以保留。

在开始讨论上述方案前，书记重新提到了缺席代表们在给国际局的信中所表示的意见。这些意见都已载入月度报告中。书记宣读了国际局新收到的信件，特别是载入 3 月月度报告中的维·阿德勒的信，以及所有修正案，特别是希尔奎特的修正意见。①

在对方案的讨论中，主要有 3 种意见。**第一种**意见主要是以倍倍尔为代表，指责方案不够简练，并且认为如果采纳范科尔的最初的模式，就会出现危险的情况。他更赞成采取某些形式的按人头表决。**第二种**是瓦扬和饶勒斯的想法，主张代表制建立在民族支部的基础上，使民族支部成为各民族的唯一机构，成为各民族的发言人和代表形式。每个民族支部分别拥有 2—20 不等的表决票数。最后**第三种**是涅梅茨和绍库普两位公民的思想，他们主要是维护一些具有特殊代表性质的集团的权利，要求在这个问题上维持原状。

读了通过的文稿后，很容易看到，国际局在很大程度上尽量地作了调解。

第二节第 1 段，吸收了法国、英国和荷兰同志们的意见。第二节第 2 段和第 3 段符合英国代表在提案中向我们提出的见解。第二节第 1 段的第一句反映了德国代表的观念。最后，第三节第 2 段则是按照波兰党和波希米亚党提出的意见修改的。

书记接着宣读了他起草的如下报告：

1905 年 2 月，我被指定接替当时由维·塞维公民极为忠诚而无私地担任着的职务。当时书记处考虑到，必须尽我们所具备的一切条件，保证更为审慎地执行国际代表大会的决议。

书记处发现，各成员党和国际局之间的联系是不够紧密的，相互之

---

① 参见第 48 号文件。

间没有定期的联系，只有偶然的联系。各成员党不能经常按月地了解书记处完成的工作以及来往信件和处理问题的情况。另一方面，国际局对各成员党内部的情况也往往一无所知。

因此，在需要共同行动的必要时刻，往往就会被这种不利的情况所贻误。

为了补救这种情况，书记处主动出版并寄给各成员党的书记和代表一份月度报告。起初完全是用法文写的，后来附上了德文的摘要。经过这一年的试验和你们所能理解到的复杂而烦琐的准备工作后，只要可能，我们就将附上一份英文译文。这个月度报告还是十分简略的，目前包括一部分可以公开的资料，一部分则是需要保密的资料。如果情况许可，不久可以改为用 3 种文字印行的月刊。一旦各成员党通过它们的书记和代表能够经常给国际书记处寄来有关它们活动情况的季度报告，或者即使是半年度的报告也好，我们就能出版一个足以引起所有国家无产者更大兴趣的刊物。

书记处将继续尽可能地促使历次国际代表大会所通过的各项决议得以实现。

本着这一精神，书记处特别没有忽视敦促各国的同志们按照阿姆斯特丹国际代表大会所表示的愿望加速社会主义的统一。书记处抓住一切机会提请有关方面注意这一决议。例如，王德威尔得和胡斯曼曾代表执行委员会出席了法国社会党（工人国际法国支部）召开的代表大会。会后，书记处即发出一个通告，提请各方注意，指出阿姆斯特丹的决议并不只是专为法国同志而通过的。这个通告暗示了美国、英国和俄国等国社会党的情况。[①]

当李公民和倍倍尔公民邀请国际局商谈调解俄国各派社会党的问题

---

① 参见第 34 号文件。

时，执行委员会立即提供了斡旋；并且为了真正达到目的，书记处特为此准备了卷帙浩繁的有关这些分歧的文件。①

自那以后，事态的发展并没有达到目的。但是各派党之间，至少是在彼得堡，在许多情况下都达成了一致。在英国，在我们看来，统一已经只是一个时间问题了。在美国，社会党的成员和自由社会党成员之间已举行了多次会议。从我们收到的报告中看，这些会议似乎都取得了良好的结果。

特别是关于俄国事件，执行委员会和书记处不遗余力地争取其他国家的社会主义团体在道义上和物质上给予支援，这些革命的英雄们是有权得到支持的。令人不能忘怀的1月22日的示威所获得的成功是书记处始终不渝的行动结果。俄国各派社会党给我们寄来了许多决议，向响应国际局号召的全世界各国社会党表示兄弟般的感激之情。

执行委员会也有效地进行了干预，以制止一些国家的政府向沙皇引渡俄国同志，或按当地的立法判处俄国同志徒刑。这些俄国同志所犯的罪行就是争取他们国家的自由解放。无须对书记处所处理的许多问题一一细述。你们在各月度报告中可以获得所有你们愿意知道的情况。然而我不能沉默地不提到书记处曾接待了来自中国的已经组织起来的社会主义者的访问，他们似乎表示愿意前来参加下次斯图加特代表大会。② 我们还应提到澳大利亚的工人组织已向社会主义迈进了决定性的一步；哈瓦那的社会党人要求参加社会党国际局；卡卜③地区不久前出版了一张

---

① 参见《列宁和胡斯曼通信集》第17—36页。

② 这里指孙逸仙曾于1905年4月访问了布鲁塞尔社会党国际局书记处。在这次访问中，他在弗拉芒文的社会主义日报《前进报》上发表了一篇对记者的访问谈话，1905年5月20日《人民报》上发表了摘录的译文，题为《社会主义在中国》。

③ 埃及的一个地区。——编者注

社会主义报纸；智利社会党人将要召开第一次代表大会，会后即将成为国际大家庭中的一员。

社会主义运动在不断壮大并统一。

书记处完成的另一项工作是建立了档案。我们收购了一个社会主义图书馆的底子，旧国际最光荣的代表人物之一塞扎尔·德巴普之光图书馆。[①] 随后，我们就有条不紊地、按次序地要求各成员党给我们寄来它们所出版的各种文献、报纸、杂志、小册子、文集等，每天我们都在进行审核。

我们给许多社会党的活动分子们一个一个地写信联系。这样我们才能收集到 1.5 万期刊物，不久即将分类编目，这样我们将能建立起一个真正国际性的社会主义图书馆，包括拥有 19 世纪上半叶各种流派的社会主义学者的著作全集、第一国际的各种出版物、现代社会主义著作，以及所有各成员党的文献等。

我们的计划之一是重新出版已经几乎失散难找的日内瓦（1866年）、洛桑（1867 年）、布鲁塞尔（1868 年）、巴塞尔（1869 年）和海牙（1872 年）等 5 次国际代表大会的会议记录。如果不是感谢比利时工人党各团体组织对我们的慷慨帮助，我们显然不能完成这些任务。我们的图书馆和安置费用高达 4100 法郎，比利时工人党的各团体组织担负了 3000 多法郎。为了迅速结束这个报告，我们还要提到，国际局书记曾参加了国际矿工代表大会，并在出席会议各国的要求下，作了关于成立国际矿工书记处的报告。书记提出的方案获得一致通过。

书记处充分估计到，我们尚有巨大的工作需要去完成。我们承认我

---

① 关于获得这一图书馆和档案文件的事情，请参见我们的文章：《关于社会党国际局收集的第一国际档案的说明》，《社会运动》1963 年第 44 期第 83—91 页。

们已经经历了一个探索的时期。为了不辜负国际局对我们的信任，我们认为我们已经尽到了力之所及。

倍倍尔公民以全体代表的名义，祝贺书记和执行委员会1905年2月以来所完成的良好的工作。会议接着确认提名卡米耶·胡斯曼为社会党国际局书记，并且决定这一职务今后成为常任性质的。为了弥补执行这一决议将会出现的经费赤字，出席会议的代表们在安塞尔公民的建议下，特为此制订了一个预算。该预算将提交各成员党加以确认。* 按照这个预算计划，党费情况将确定如下：

德国2500法郎；英国1250法郎；澳大利亚200法郎；奥地利600法郎；比利时1000法郎；波希米亚600法郎；保加利亚200法郎；丹麦800法郎；美国1250法郎；西班牙200法郎；法国1250法郎；芬兰200法郎；荷兰400法郎；匈牙利400法郎；意大利400法郎；日本100法郎；卢森堡100法郎；挪威200法郎；波兰500法郎；阿根廷200法郎；俄国**1500法郎；瑞士200法郎；瑞典200法郎；塞尔维亚100法郎。

　　* 到目前为止，法国、比利时和奥地利已表示接受会议规定的党费数字。[社会党国际局注]
　　** 这里大致包括亚美尼亚、拉脱维亚、崩得等。[社会党国际局注]

特鲁尔斯特拉的动议：俄国的事态及其反响

特鲁尔斯特拉：应该从俄国的事态中分析总结出一些情况。为了做到这点，重要的是由俄国代表自己详细介绍一下形势。

鲁巴诺维奇介绍情况，他指出皇家宪章基本上批准了出版自由和集会自由。所以自从该宪法颁布以后，社会党人就能从秘密活动过渡到公开活动的时期。①

从这一时期以来，可以判断一下俄国革命运动的剧烈程度。

1905 年 1 月 22 日以后，所有的人都对俄国革命的社会主义性质感到震惊。

农民的骚乱遍及整个帝国疆土。学生和教授们的罢课已导致大学的自治，大学生和教授们利用他们的学术讲坛作社会主义和工人运动的宣传。

铁路的罢工是由社会党的两大派进行广泛筹备的。

俄国革命是在社会主义的气氛中发展的；政治运动受到经济运动、社会运动、工人运动和农民运动的支持。

从斗争开始以来，没有任何改变。

仍然是工人和农民在继续进行战斗；他们具有深刻的阶级精神；要把工农劳动人民组成阶级政党。

资产阶级政党并没有它们特殊的力量，它们必须依靠工人阶级的力量。

发言人作了这样的结论：目前基本的要求是农民们的要求，他们要求把土地归还给耕耘者所有。这是卡尔·马克思曾预言过的运动，并且是由社会革命党所组织的。

发言人号召国际无产者支援反对沙皇制度的斗争，并指出沙皇制度正试图依靠国际金融力量的帮助重新崛起。

布欣格尔（匈牙利）指出奥匈帝国已接受在奥匈国内实行普选。应该把这一姿态看做是俄国所发生的巨大事变所引出的一个结果，是巨大的俄国事态引起的反响。但是匈牙利寡头政治势力则尽力试图使这一全国一致要求的必要的改变归于失败。

――――――――――

①　鲁巴诺维奇指的是 1905 年 10 月 17 日的示威。

科苏特和奥波尼伯爵是这一匪帮的首领，他们现在正在呼吁外国舆论来反对本国人民的利益。[①]

匈牙利代表向各国社会党人表明了这一态度。他补充指出，这些人不应该被看做是因维护人民利益而一时被迫流亡国外的政治家，而应被看做是一些单纯为了试图建立匈牙利专制寡头政治的冒险家，他们是背叛自己国家人民利益的叛徒。

西罗拉指出，芬兰的形势不利，资产阶级似乎对维护人民的权利不感兴趣。

为了克服这种背弃行为所造成的困难，芬兰社会民主党正在不断努力改善对工人和农民的组织工作。

由于时间不够，加斯克公民（拉脱维亚工人党代表）向国际局提交了一份有关波罗的海各省革命运动情况的长篇报告。这个报告将在成员党的杂志《社会未来报》上发表。[②]

海德门要求各国议会委员会考虑是否能在欧洲各国议会中，对沙皇制度的暴行掀起质询。

书记指出，布兰亭公民（瑞典）在给国际局的一封信中也提出了同样的建议。按照这个建议，英国、法国、德国和意大利等国的社会党议员们将就这个问题向各自的政府提出质询。

饶勒斯指出，在法国要掀起辩论有困难，因为议会要在他的任期满后才再开会。

王德威尔得认为，在议会中提出问题的方式可由各成员党的议员党员们各自决定。

---

① 关于这个问题，我们在匈牙利社会党在斯图加特国际代表大会上的报告中得知了详情。

② 这个报告没有在 1906 年《社会未来报》上发表。

　　国际局对鲁巴诺维奇的声明采取了行动，并表示了社会党国际对俄国革命的声援。

　　在**基尔·哈第**和**海德门**的建议下，决定由社会党国际局书记处和各国社会党议会委员会（书记：G. 曼努里，地址：阿姆斯特丹，科内利斯·舒茨大街）取得联系，筹备在伦敦举行一次示威性的会议，将由国际社会主义运动在各国议会中一些最有声望的代表人物参加。①

　　国际局对以前通过的一个决议作了确认，决定下次代表大会将于1907年8月底在斯图加特举行，大致是在8月的最后一个星期。倍倍尔和考茨基表示筹备代表大会的经费将由德国社会民主党承担。

　　下次国际局全体会议定于10月或11月召开。最好是让这次会议的日期和法国议会的立法会议日期相重。

　　国际局会议在主席最后致词后宣告结束。②

---

①　各国社会党议会委员会的这次会议在1906年7月于伦敦举行。参见第62号文件。

②　8月4日在布鲁塞尔人民之家举行了一次群众大会，参加会议的示威群众有1万人，饶勒斯在会上作了发言。"他用激动人心的语言谴责了金融家和军国主义分子罪恶的煽动性阴谋，谴责他们企图挑起国际间相互扼杀的残酷争斗。"在会上发言并赢得鼓掌欢迎的有：鲁巴诺维奇、考茨基、特鲁尔斯特拉和王德威尔得（1906年3月5日《人道报》）。1906年3月5日《前进报》对这次群众大会作了这样的评论："饶勒斯，还有英国人海德门和荷兰人特鲁尔斯特拉作了发言，演说的主题是'从战争到战争'。饶勒斯说明了法国社会党人对摩洛哥事件的态度，并反驳了所有各方面对法国社会党人的攻击，武断地指责法国社会党为外国效力。饶勒斯声明，按照社会主义的政策，任何一个国家都不应受到屈辱……最后的发言人是俄国的鲁巴诺维奇，他描绘了一张俄国革命的图画，阐述俄国革命的影响。人们一致通过了已为社会党国际局通过了的决议；决议表示，今后一旦欧洲的和平受到威胁，所有各国社会党人应该联合起来，以避免和平受到骚扰。"

58

社会党国际局 1906 年五一节宣言

（1906 年 4 月 25 日，布鲁塞尔）

致所有国家的劳动人民

国际社会主义一年一度选择五一节在无产阶级对自己的阶级利益已有所觉悟的所有国家中发动示威运动。这种示威运动最明确、最有效的形式就是停止工作。

这样的示威行动对资本主义是一种定期的警告：表明劳动人民追求自身彻底解放的不屈意志，绝不会因民族之间发生流血战争而转移。

只有全体无产者的团结才能使这个运动取得胜利；无产阶级也只有在这一运动中团结一致，才能有足够的力量为世界带来自由和和平。

所有国家的有组织的劳动人民都已认识到，他们争取解放的基本条件之一，就是通过工会行动和立法行动，确定 8 小时为最长的法定工作日。

为了实现这一基本的改革，劳动人民有权利不仅依靠他们自身的力量，而且可以考虑利用资本主义在全世界的扩张所引起的革命性后果。

大工业的发展日益使劳动人民集中起来，加剧了他们的劳动强度，同时也甚至使生产条件都一致起来。因此，就使限制劳动时间成为必需并且可能。

人们日益承认，为了使工人的体力获得正常的恢复，防止人种的退化，为了使广大的无产阶级群众能够参与人类的道义和精神的生活，八小时工作日制是必需的。

但是，一种自私的力量仍然在反对遭受资本主义剥削的人们获得这种部分的解放，这种部分的解放是全面解放的先决条件。社会主义运动为了反击这种自私的抵制力量，必须动员所有国家中日益众多的无产阶级队伍，这些队伍正在日益变得更有战斗力。

在俄国，无产者表现出的是革命事业的决定性因素，也是革命事业的最高希望。在奥地利，在匈牙利，在德国的大部分州，普选制度即将获得胜利。在法国，统一的社会主义运动从战士们的兄弟般的友好团结中吸取了新的力量。美国的各个组织正在准备合并。英国工党正在倾向社会主义。

陈旧的政权到处都在衰败凋落。劳动人民到处都在团结起来共同反对统治者和剥削者。各处的工人阶级都已意识到，必须把他们的国际团结变成行动，以争取一切有利的目标，必须运用一切方法以维护各民族之间的和平，击败各资本主义政府的战争阴谋。

1906年五一节象征着光荣而富有成果的一年，象征着更有希望、更大丰收的一年。劳动人民正在投入筹备中的示威行动。他们将表明他们的意志，要把希望变为现实。

在五一节停止工作！

在示威声中度过五一节！

劳动光荣！

社会党国际局：

亨·迈·海德门，詹·基尔·哈第（英国）；**奥·倍倍尔，保·辛格尔**（德国）；**H. 迪克斯**（澳大利亚）；**维·阿德勒，斐·斯卡雷特**（奥地利）；**安·涅梅茨，弗·绍库普**（波希米亚）；**格·基尔科夫，扬·萨卡索夫**（保加利亚）；**彼·克努森，C. – M. 奥尔森**（丹麦）；**莫·希尔奎特，丹·德莱昂**（美国）；**帕·伊格列西亚斯，F. 莫拉**（西班牙）；爱·瓦扬，让·饶勒斯（法国）；J. K. 卡利，约·西罗拉（芬兰）；彼·特鲁尔斯特拉，亨·范科尔（荷兰）；雅·韦尔特纳，厄·格拉米（匈牙利）；恩·费里，菲·屠拉梯（意大利）；片山潜（日本）；韦尔特博士（卢森堡）；奥·克林根，A. 埃里克森（挪威）；海·迪阿曼德，卡·考茨基（波兰）；A. 盖哥（葡萄牙）；弗·列宁，伊·鲁巴诺维奇（俄国）；阿·康比埃，曼·乌加特（阿根廷）；O. 拉潘，让·西格（瑞士）；亚·布兰亭，C. 维克曼（瑞典）；M. 斯托亚诺维奇（塞尔维亚）。

执行委员会（比利时）

爱·安塞尔，埃·王德威尔得

书记　卡米耶·胡斯曼

59

转达普列汉诺夫关于支持杜马的建议的通告

（1906 年 6 月 6 日，布鲁塞尔）

亲爱的公民：

我们刚才收到这里附上的普列汉诺夫同志的一封信。我们愿意知道你们组织对他信中提出的建议的意见，请务必在回信中把你们的看法告诉我，并请保守机密。

致兄弟的情谊。

书记　卡米耶·胡斯曼

1906 年 6 月 1 日于日内瓦

亲爱的公民：

你知道俄国的杜马正在和政府发生全面冲突。这一冲突震动了全国。如果外国的议会能对杜马表示同情，这对我们的运动将具有重要意义。我认为这些国家议会中的社会党议员们应该主动作出这样的表示。我也觉得社会党国际局可以在这个问题上向他们发一个通知。

你应知道，我们的党（社会民主党）已抛弃了极为僵化的抵制策略。目前杜马即使不是革命的主要杠杆，也是革命的杠杆之一。①

你忠诚的朋友

普列汉诺夫

---

① 普列汉诺夫这封信在大部分俄国社会主义政党和集团中引起了反响。实际上，普列汉诺夫认为"抵制杜马的策略已被抛弃"的看法是不符合事实的。这种抵制是在 1905 年获得一致决定，并在 1906 年成为俄国社会民主工党和各全国性民族成员党的指导性路线，尽管普列汉诺夫和他的集团加以反对。

国际书记胡斯曼是了解这一情况的，因而对普列汉诺夫的这封信感到惊奇。他接信后立即设法征求执行委员会成员的意见。由于执行委员会的委员们不在布鲁塞尔，胡斯曼决定没有得到他们同意前就行动，即："（1）将普列汉诺夫信的抄件分发给各主要党，让它们各自对建议的时机性发表意见；（2）征求其他党的意见，包括拉脱维亚党、波兰党、亚美尼亚党。"在把通知书发给各成员党之前，胡斯曼先给瓦扬去了信。瓦扬反对发这封信并要求先征询俄国各党的意见。6 月 8 日，胡斯曼同时给普列汉诺夫和瓦扬两人写了信，表示他同意遵照瓦扬的决定（参见胡斯曼致瓦扬的信，胡斯曼致普列汉诺夫的信，1906 年 8 月 8 日，社会党国际局档案）。因此，通告就只给俄国各社会主义集团寄去了。

胡斯曼暗示提到的"其他党"的回信全都否定并谴责了普列汉诺夫的不幸的创议。这些复信由胡斯曼发表在他的月度报告中（参见附件 12：1906 年 5 月和 6 月月度报告）。为了阐明情况，他在 6 月 18 日给全体代表发了另一个通告，参见第 61 号文件。

60

转达普列汉诺夫关于里加案件的一封信的通告①

（1906 年 6 月 7 日，日内瓦）

亲爱的胡斯曼同志：

在里加，有 36 名革命者被送上军事法庭，他们从来也没有犯过政治警察诬告他们的罪行。② 可能会有 20 来人将被判处死刑。

不用说，我们多么想拯救我们同志们的生命。为此，我恳请你给社会党国际局的全体成员党的书记写信，请他们在报纸上发动一次强而有力的运动，反对执行判处。杜马当然也要发表同样的意见，我不能保证这一切是否能达到我们的目的，但这并不是不可能的。只是时间紧迫，必须迅速而非常有力地行动。

我相信我们的法国同志在这方面将能做很多工作。随信附上一份有关该案件详情的剪报。只是不要忘记，俄国政府不仅只是枪杀这些革命志士，而且是在诬告他们。

普列汉诺夫

---

① 我们没有重新找到转发这个文件的通告的第 1 页。

② 在普列汉诺夫给社会党国际局写信的那一天，俄国革命社会党人在《人道报》上向公众发出了一个关于里加案件的呼吁。参见第 61 号文件第三段。杜马为 8 名被判处死刑的工人进行干预，但未成功；7 名工人全都被执行死刑。其他被告人的律师写信给杜马的一位议员，要求再一次进行干预。社会革命党在外国报纸上发表呼吁书，要求接受上诉，"要求被判处者能向终审大理院申诉"。1906 年 6 月 8 日《人道报》第 782 号。7 人被判处死刑，16 人被判强制劳役。1906 年 6 月 17 日《人道报》第 791 号第 1 页。

又及：5 月 12 日，从维尔纳到里加地区的临时军事法庭，审讯了社会民主工党一个战斗小组的事件。这个小组被控告杀死或试图杀死警察局的几个公务人员，并盗用了国家的饮水处，盗用了属于个人所有以及酒店和商行所有的饮水处。这个战斗小组是由里加地方的 36 个成员组成的，从 1905 年中期开始一直活动到今年 1 月份。这个党的领袖最初是斯特凡·萨哈诺夫，外号叫"马克"；1905 年 12 月此人被捕后，就改由一个名叫李普曼·鲁宾施泰因、外号叫"拿破仑"的人领导。参加这个党的还有两个年轻的犹太人芬克尔施泰因·明德尔和柳博瓦·诺伊马克，以及一个拉脱维亚青年马尔塔·米齐特，一个德国人洛特·洛赫特。

他们的所有成员几乎都是 18—22 岁的青年人。就是他们，用武力解救了被囚禁在秘密警察监狱中的 5 名政治犯。这 5 人都是这个战斗协会的成员，其中 2 人不久又被捕。被控告的共有 36 人。他们都将由圣彼得堡的律师索科洛夫、格鲁津贝格以及沙布洛夫斯基、梅里和其他人进行辩护。

61

转达普列汉诺夫关于停止抵制杜马的建议的通告[①]

（1906 年 6 月 18 日，布鲁塞尔）

亲爱的同志：

---

① 我们没有找到这个通告的法文原稿，这里发表的是英文稿的最新译文。

我们在几天前收到了普列汉诺夫的下面一封来信。① 由于时间紧迫，我们立即把它寄上。关于这个动议，我们征询了俄国所有的成员党和非成员党的意见。但是直到现在，我们只获悉了建议提出者本人普列汉诺夫的意见，社会革命党代表鲁巴诺维奇的意见和考茨基以立陶宛社会党代表罗莎·卢森堡名义答复的意见。

普列汉诺夫同志倾向于俄国社会民主党放弃抵制杜马的策略。这个决议是在最近的斯德哥尔摩代表大会上获得通过的。出席斯德哥尔摩代表大会的有崩得、波兰王国和立陶宛社会民主党、拉脱维亚社会民主组织和乌克兰（小俄罗斯）社会民主组织。代表们和社会民主党人讨论了统一问题的条件。全体代表都接受了这些条件，并已提交它们各自的组织审批。

鲁巴诺维奇同志首先宣布将在巴黎召开一个国际性的群众大会，抗议对里加案件的判决和执行②；同时写信告诉国际局，将有一个多数激进派的代表前往法国议会提交一份支持杜马的决议。法国社会党将继续进一步开展有力的行动，并将和杜马的劳动团进行联系。鲁巴诺维奇建

---

① 参见第 59 号文件。应该指出，普列汉诺夫的信不久就失去了目标，因为杜马在 1906 年 7 月 21 日就解散了。

② 通告概括了鲁巴诺维奇 1906 年 6 月 10 日的信。他在信中写道："我们已和法国社会党议会党团中的几个有影响的成员交谈了的这个问题［里加案件］，他们答应准备参加在巴黎召开的国际性群众大会。

社会党国际局执行委员会可以指派一位代表出席这次大会，也可邀请国际的其他国家的成员参加，或者是由巴黎群众大会的组织者发邀请信，你们认为哪种方法最好？

关于要求各国社会党议会党团进行干预，向杜马发致敬信问题，我按照他的要求，向法国议会党团谈了我的意见。我认为主要的意见是让一位多数派的成员也主动提出同样的建议。各国社会党人准备采取更为有力的行动，并与杜马劳动团交换看法。

议执行国际局上次会议上通过的海德门—基尔·哈第动议，并要求在所有国家的议会谴责沙皇制度的暴政。杜马的劳动团选出了一个调查委员会，专门对这些暴政进行调查，并把报告寄给国际局。国际局将把这一文件分发给各成员党。

考茨基同志声明，在支持杜马反对沙皇制度的范围内同意普列汉诺夫的动议。但是他不知道他所代表的党是否也放弃了抵制策略，因此他只能对此表示克制，不表态。执行委员会也在原则上赞同普列汉诺夫的动议。[①]但是和瓦扬同志一样[②]，执行委员会认为，作为一个集体，国际局只能在俄国所有重要的党都支持普列汉诺夫的建议时才能进行干

（续前注）　在这个问题上，我向社会党国际局提议：（1）重新考虑英国支部的建议（海德门和基尔·哈第在上次国际局会议上提出的建议）。并请各国社会党议会党团在各国议会中谴责沙皇制度的暴行。（2）要求杜马的劳动团——它已发动组织一个委员会调查俄国政府当局的暴政——把它的调查结果寄给社会党国际局，以便通报给其他国家的伙伴们。

一旦掌握了这些确切的经过核对和检验的事实，我们各国社会党的议员同志们就有了坚实可靠的证据，这就能使我们的事业显示出高度的国际支援精神。通过这样一次行动，使杜马劳动团，同时也使杜马本身的声望，能在全世界得到大大的提高。

恳请你们把国际局对我的建议的意见告诉我。如果国际局愿意，我可以提供方便，使你们和杜马劳动团取得联系。"社会党国际局档案。

①　在把这个通告寄给普列汉诺夫的同时，胡斯曼附了一封个人的信。信中他特地表明："执行委员会尽其所能支持你的动议。但是执行委员会觉得，当一个民族支部内部的派别之间存在分歧时，执行委员会不能直接干预这个支部的内部政策。

从国际局的观点看，各成员党都有同等的权利。

书记处只是根据法国代表团和比利时代表团的意见，向俄国所有各党派征求了意见。而你肯定知道，法、比两国代表团对你的意见是深表同情而支持的。"社会党国际局档案。

②　这是指瓦扬在收到普列汉诺夫的控告信后，在1906年6月7日写的一封信。信中表明了这样的意见："在接受普列汉诺夫的建议，并在各国议会中通过向杜马致意表示同情之前，应该事先征求那些表示抵制杜马的各党派的意见。"社会党国际局档案。参见普列汉诺夫的复信。

预。① 所以目前我们仅限于将我们收到的一切有关这一问题的文件都转发给大家，并恳请每个民族支部都研究一下采取国际性行动的时机。

这里用德文附上各社会民主党在最近一次代表大会通过的决议。

执行委员会接受了鲁巴诺维奇的建议，这一建议与海德门在最近一期《正义》（1906 年 6 月 16 日）上提出的提议相仿。

谨致兄弟的情谊！

爱德华·安塞尔

卡米耶·胡斯曼

埃米尔·王德威尔得

附　件
党对帝国杜马的态度②

鉴于

1. 在无产阶级的革命压力下和迫于资产阶级的反抗，专制独裁政

---

① 普列汉诺夫拒绝了这样一种协商的原则。他特别强调："这些条件都是经过他们和我们一起决定并通过的。现在我们只是等待这一协定得到有关各组织的批准。这纯粹只是一个形式，至少对大部分组织是这样。只有崩得可能拒绝批准。但这也只是很少的可能性。和我们统一后，这些组织必须接受我们党的策略。而这一策略则是你所知道的，即：代表大会反对抵制杜马。瓦扬公民建议再一次征询意见，这对我们的统一会引起极为令人不快的结果。这将给那些敌视统一的分子一个极好的借口，而使我们代表大会取得的成果重新发生问题。这样，刚为我们代表大会所平息了的分歧就会重新出现。社会革命党至今还没有公开否定抵制的策略，但是难道这就能阻挠国际社会民主力量支持俄国社会民主（统一）党争取政治自由的斗争吗？不要忘记，社会革命党只不过是一个工人党罢了。"普列汉诺夫 1906 年 6 月 10 日致胡斯曼的信。社会党国际局档案。

② 这里我们提供的是最近从德文稿翻译过来的译文，德文原稿存于社会党国际局档案中。

府为了扼杀革命事业，为了在生死搏斗中保证自己的胜利，因而引进了杜马，引用了一种模拟的宪政主义；

2. 作为反对人民行动的基本力量，政府及其反动伙伴们必然要进行反对杜马的坚决斗争，不让杜马有任何改变目前状态的细微机会；

3. 新兴的资产阶级社团和旧的专制主义之间的利益冲突是如此剧烈，因此，无论是在杜马和政府之间，还是在杜马内部，斗争都是不可避免的；

4. 这些冲突在一定程度上迫使杜马内部的反抗分子不得不寻求人民群众的支持，从而更进一步地吸引群众关注反对专制独裁的战斗，并将使表面上是宪政的产物而实际上是反动势力的避难所的杜马演变成为革命的工具；

5. 在当前的革命气氛下，杜马和政府之间的一切冲突都将对军队发生影响；

党代表大会决定社会民主力量应该：

利用政府和杜马之间的一切冲突，无论是政府内部的冲突，抑或是杜马内部的冲突，策划发展并深化革命运动，所以（1）社会民主力量应该竭力扩大并深化这些冲突，使它发展到可以发动广泛的群众运动的程度；（2）利用每一机会，竭力使运动的政治目标和工人及农民的经济分配相联系；（3）通过发动群众，从杜马外部施加影响，以促使杜马的革命化。

这一行动的完成应该使上面提到的这些冲突：

（1）足以暴露在杜马内部负有代表人民利益责任的资产阶级政党是无所作为的。

（2）说服并使广大的工人、农民和资产阶级各阶层人民认识到杜马的无能和无效，因而必须立即在普选的基础上召开立宪会议，等等。

对资产阶级政党的态度

在关于和资产阶级政党的关系问题上，代表大会重申阿姆斯特丹国际代表大会在这方面的决议。

关于按照民族原则组织工会

俄国社会民主工党强烈反对按照民族原则组织工会。

俄国社会民主工党代表大会随后就表示同意和一些全国性的社会民主组织实现统一（波兰王国和立陶宛社会民主组织、拉脱维亚社会民主组织和崩得）。这些组织在它们的各自特殊活动中保持自主权，但都是构成俄国工人党的一部分。

62

各国社会党议会委员会
第一次全体会议记录

（1906 年 7 月 17 日、18 日和 19 日，伦敦）

1906 年 6 月 3 日，荷兰社会党议会党团（以各国议会委员会执行局的名义行动）向各国社会党议会党团发出下列通知：

亲爱的同志们：

自从阿姆斯特丹代表大会成立各国社会党议会委员会以来，被任命为临时执行委员会的荷兰社会党议会党团采取了下列各项措施：

1. 1904 年 8 月 27 日向各国社会党议会党团发出邀请信①，请它们参加各国社会党议会委员会，并指定一名通讯员。这些国家有：德国、比利时、丹麦、保加利亚、法国、瑞士、意大利、挪威、奥地利、阿根廷、瑞典和英国（暂时已有挪威、德国、法国、丹麦、瑞士、意大利、英国、比利时等国给了回信）；

2. 荷兰议会党团指定几位荷兰同志组成一个委员会作为各国社会党议会委员会的情报办公室；这个委员会负责书记处的行政管理（1904 年 11 月）；

3. 向各国社会党议会党团发了一个各国社会党议会委员会组织方案（1905 年 3 月）。

直到目前，还没能够召开一次所有国家社会党议员的全体会议。然而为了使我们这个各国社会党议会委员会的工作发挥效率，召开这样一次会议是非常必要的。（到目前为止，我们除了交换一些情况外，仅组织了一次对俄国屠杀事件的抗议活动——1905 年 1 月）。

首先我们要求讨论《各国社会党议会委员会组织草案》（已于 1905 年 3 月 13 日寄呈各国议会党团）并请为它定稿。在这样的情况下，社会党国际局在最近一次会议上表示要在今年夏季召开一次各国社会党议会委员会全体会议。

---

① 邀请信援引了各国社会党议员在阿姆斯特丹代表大会期间召开的一次会议的决议。这个决议称："每个国家将有两位代表参加社会党议会委员会；这些代表将尽可能地聚集在一起，以讨论处理议会中的有关社会主义利益的问题，情况必要时，也可由几个特殊的国家召开小范围的会议。每年举行一次世界各国社会党议员全体会议，其开会地点每年可在各国轮换。"曼努里要求各国通讯员"指定一名通讯书记，并把社会党议员名单寄给他"。社会党国际局档案。

为此，我们同意社会党国际局书记的意见，要求你们参加这次会议，并且建议：

（1）今年8月或9月在伦敦召开4天会议。（英国同志们相信，各国议会党团来伦敦出席会议，对英国社会主义运动的发展将会产生有益的影响。）

（2）请在7月1日以前，将你们对议程的建议和对《各国议会委员会组织草案》的修正意见告诉我们。

（3）请准备一份有关贵国社会党代表在议会中的力量和地位情况的报告，也请在7月1日以前寄给我们。

我们将尽早地将会议的议程和各国议会党团对议程的补充意见，以及各国议会党团的报告一并寄给你们。各国社会党议会委员会情报办公室将为每项议程的建议附上情况简介和有关该建议的历史或社会背景。

谨致社会主义敬礼！

主席　**彼·耶·特鲁尔斯特拉**

书记　G. **曼努里**

这一邀请发出之后，各国社会党议会委员会便于1906年的7月17日、18日和19日3天在伦敦爱赛克斯路爱赛克斯大厅召开了第一次全体会议。

第一次会议，1906年7月17日

出席代表：

英国：詹·基尔·哈第，詹·拉姆赛·麦克唐纳，G. J. J. 巴恩斯，I. Fz. 理查兹，W. 赫德森，J. 派克，Th. 格洛弗，J. 霍奇，J. A. 西道，威·梭恩，A. St. 吉尔，J. J. 麦克弗森，G. H. 罗伯茨，J. A. 塞登。

德国：赫·莫尔肯布尔，休特古姆。

奥地利和波兰：伊格纳齐·达申斯基。

俄国：阿尼金。

法国：爱·瓦扬。

荷兰：亨·范科尔，彼·耶·特鲁尔斯特拉，P. L. 塔克，J. H. L. 沙培尔。

比利时：埃·王德威尔得，莱·弗尔内蒙。

此外，出席的还有：

I. 戈列利克，亚美尼亚社会民主组织代表。

鲁巴诺维奇，社会革命党书记。

卡·胡斯曼，社会党国际局书记。

海德门，社会党国际局委员。

Ch. 范赫伊兰特，比利时候补议员。

G. 曼努里，各国社会党议会委员会书记。

由主席基尔·哈第、拉姆赛·麦克唐纳和书记曼努里三人组成办事处。

会议于上午 10 时 30 分开幕，由主席致开幕词，并向出席会议的代表表示欢迎。

经过讨论，决定这次会议不公开，记者和公众退出会场。

主席向会议提交了下列议程：

1. 代表资格审查，确定议程。

2. 书记处报告。

3. 各国社会党议会委员会组织草案。

4. 在各国议会中安排共同的、同时进行的抗议或行动的最佳方案。

5. 在各国议会中支持俄国革命的方法。

6. 社会民主力量对 1907 年国际和平会议和 1906 年 7 月 23 日在伦

敦召开的国际议会和平会议的态度。①

7. 实现生产手段社会化的立法措施（请饶勒斯同志阐述他在这一问题上的设想）。

瓦扬公民认为，开始前，首要的是应明确一下情况。在社会主义组织中不应有双重性，各国议会会议不应该重复国际局的职权。国际局是解决各种原则问题的，各国议会会议则只是寻求执行国际局决议的方法。

特鲁尔斯特拉认为议程上的各项议题都符合各国议会委员会的职能。王德威尔得不同意这一看法。因为，实际上人们建议讨论的是社会民主力量对 1907 年国际和平会议和 1906 年 7 月 23 日将于伦敦召开的国际议会和平会议的态度。

议会委员会会议无权确定各国党的指导路线，而只限于议会部分的工作。所以应该对议程作文字修改。把"社会民主力量"改为"议会部分"。

而另一方面，和荷兰同志们一样，我也认为饶勒斯在法国提出制订

---

① 国际议会联盟会议于 1906 年 7 月 23—26 日在伦敦英国议会厅召开。会议议程如下：

　　——美国小组提议成立国际议会；

　　——美国小组提议制订国际仲裁协定模式；

　　——审议第二次海牙会议议程中提出的各项建议，特别是关于限制军事力量和海军力量、限制军备预算等问题；以及关于中立国的权利和义务的提案，等等。

　　社会党议员参加了这次会议。参见 1906 年 7 月 21 日《人道报》第 825 号第 1 页。

实现生产手段社会化的立法措施的创议，是具有国际影响的。[①] 我不认为能够把社会主义运动局限在一个议会文件的范畴里。

然而饶勒斯的个人设想和意图的失败，对我们的宣传会起到有利的影响，也会有不利的后果，所以研究这一个问题是大有益处的。为了节省时间，我建议，或许可以讨论一下每个议题是否属于各国议会委员会会议的职权范围。

会议一致决定：

1. 根据王德威尔得的建议，修改第六项议程。

2. 委托瓦扬、王德威尔得、休特古姆和特鲁尔斯特拉等人组成一个委员会，拟议下几次会议的议程内容。

书记处的报告和财务报告未经讨论即获通过。

在讨论下一个问题之前，基尔·哈第向来自俄国杜马的阿尼金表示敬意，鲁巴诺维奇翻译了阿尼金的证明信。

阿尼金受到大会长时间的鼓掌欢迎。他答谢大家，并称自己是受劳动团[②]的派遣而来，劳动团和社会党国际在思想上是一致的，社会党国际认为劳动团是它的一个兄弟，社会党国际没有误解。

---

① 特鲁尔斯特拉援引了饶勒斯在 1906 年 6 月 12 日在国民议会发表的演说，这个演说载于 1906 年 7 月 2 日《官方公报》上。演说在两次议会会议上宣讲，讲到将"矿山、工厂和土地"归为集体化的问题。按照饶勒斯的想法，集体化的转变应通过立法进行，即通过规定对财产所有者给予补偿的征购法案。

② 劳动团由 15 名成员组成，他们都不是由工人组织任命的，几乎所有成员都是在自由党派的标签下获选的。人们无法分辨他们是立宪民主党人，还是社会民主主义者。他们的主席是米哈伊利琴科，此人自称是社会民主主义者。还须指出，1906 年 4 月，杜马内部还成立了一个名叫"特鲁多维基"或"特鲁多瓦佳"的小组，小组成员都是获选的农村人士、自由思想者、自治主义者、革命社会主义者等。

时间不允许社会民主党团再派一名代表，但是劳动团和社会民主党团的思想是十分接近的，所以可以说阿尼金能代表两个党团，并且可以汇报它们的活动情况。他声明准备在有关俄国政府的各种罪行问题上，向大会作一切必要的详情介绍。因为他参加了由 33 人组成的、负责在这个问题上作报告的特别委员会。

各国社会党议会委员会组织草案

基尔·哈第建议在"社会党"字样后面再加上"和劳工"几个字。

王德威尔得支持这一意见。他认为各国"劳工"党只要接受在阶级斗争基础上的政治行动，就可以参加国际代表大会——而大家对俄国劳动团代表发言的欢迎掌声，足以说明大家是同意接纳他们的。

社会民主联盟议员代表**梭恩**公民也表示支持。英国朋友的修正案被一致通过。弗尔内蒙认为荷兰朋友的草案是危险的，因为这个草案把工作和权力集中到了委员会主席一个人的手中，这是行不通的，因为草案使得在另一个社会主义机构"国际局"的旁边，又并立出现了一个中央性机构。

因此还是恢复到 1896 年的体制①更好：每个议会党团有一名书记通过委员会书记进行联系。

瓦扬认为，在斯图加特代表大会召开以前，应该维持原状；在阿姆斯特丹，曾决定在该城市建立一个情报办公室。我们不能改变代表大会的决议，即使有不利之处也不能改变。

特鲁尔斯特拉表示，可以不设主席。情报办公室只具有行政管理的性质。

---

① 这是指 1896 年伦敦国际代表大会制定的制度。

王德威尔得表示，我们对荷兰朋友的草案不同意的意见是属于实践方面的。我们的同志是否有足够的财经来源足以组织这样一个新的机构？为什么不去利用现有的机构呢？我们有一名社会党国际局书记，此外还雇有两个办事员。所以我支持瓦扬的建议。

斯图加特代表大会将最终制订有关国际代表大会和国际局的各项规则条文。我们可以把荷兰同志的草案也推延到斯图加特大会上去。

经过基尔·哈第、王德威尔得、特鲁尔斯特拉、范科尔和胡斯曼等人发表各自的意见后，一致通过了瓦扬的下列建议：

在 1907 年召开斯图加特国际社会党人代表大会以前，维持现状；各国社会党议会委员会将在斯图加特代表大会的第二天召开会议，讨论组织草案，并提交代表大会表决通过；直到那时，各国社会党议会委员会情报办公室将仍然设在阿姆斯特丹。

此外，还决定由社会党国际局执行委员会会同曼努里一起拟定一个草案初稿，提交将于 11 月份召开的社会党国际局会议作第一次审查。

随后宣读了下面的电报：

"彼得堡

致各国社会党议会会议，杜马社会民主党团深感遗憾，未能派代表前来祝贺。祝会议成功。我们参加杜马的人数较少，多数在国外。依靠你们的帮助，我们将获得胜利。国际社会主义万岁！党团主席饶尔丹尼亚，书记叶尔绍夫。"

会议主席于 1 时 30 分宣告休会。

第二次会议，1906 年 7 月 18 日

会议于上午 11 时 30 分开始。

通过起草委员会提出的下列议程：

1. 反军国主义行动。预防战争。

2. 俄国革命问题。

会议是公开的。

1. **瓦扬**建议对国际局上次布鲁塞尔会议通过的反军国主义决议①作一些补充。这次会议曾决定，在战争迫近的情况下，各国社会党须急速集合，为避免和制止战争而采取最适当的行动。为了强调加强社会主义的组织，瓦扬建议在这一段文字后面补充：

"在国际和平发生危险的上述情况和形势下，各国社会党和劳工党议会委员会立即与社会党国际局于同一时间、同一地点一起召集会议。"

胡斯曼以社会党国际局名义支持这项决议。决议获得一致通过。

2. 接着由杜马议员**阿尼金**公民就俄国革命问题作了发言。当他站立起身时，受到长时间的鼓掌欢迎，掌声持续了好几分钟，妇女们挥舞着手帕，情景十分动人。

阿尼金感谢大会对他的欢迎，认为这实际上是对俄国无产阶级所表示的欢迎。他解释了什么是"俄罗斯集团"，该集团成员在进入杜马时，相互之间是不认识的。该集团成员中有农民、城市工业无产者和智力无产者。该集团完全理解杜马并不确实地代表国家，因为选举制度是不利于工人的。该集团要求颁布大赦，废除死刑，调查沙皇制度的罪行，推广实施土地法和保护劳工法，把征购的土地分给劳动人民，只有劳动人民才有权拥有被那些高利贷者所占有的土地。集团要求八小时工作日。这一巨大的改革只能通过集中统一的途径，并且符合地方上的需要才能完成，因此需要地方机关的干预来解决。劳动团的政策始终是独立于资产阶级政党的，因而它的影响在不断扩大。足以证明这一点的是它仅在一天内就收集了载有 6000 个签名的 64 封请愿书。最近已指定了

---

① 参见第 57 号文件。

一个委员会，负责调查沙皇制度的罪行和官僚主义。一个重要的问题是如何帮助饥饿的农民。

古尔柯大臣下令，不管农民处于任何不幸的困境，都不准支持农民参与任何骚动。

杜马掌握了所有的文件，足以证明各种阴谋罪行都是由一些大公爵领导的秘密协会策划的。为了扼杀反抗起义和改革经济的革命精神，沙皇政权组织策划了毫无名目的屠杀。各种类似奸污妇女、私刑致残等暴行也时有所闻，并且还无故地损毁农业机械。杜马掌握了有关这一问题的从未发表过的文件。罪魁祸首是现任内务大臣，此人在担任萨拉托夫地区总督期间就曾有过罪行，并且还曾伪造文件，把一些无辜的人流放到西伯利亚。这些人每个月生活费只有3.75法郎，以致他们都死于营养不足。俄国被分割受各地军事政府的统治。这些军事统治长官都操有生杀大权。内阁大臣们都放任不管，借口军事问题直接由沙皇主管。实际上，俄国根本就没有制止杀戮暴行的合法机构。

无产阶级只能向文明世界申诉。事实上，人们已失去对沙皇的信念，已不再相信沙皇会行善。老百姓只能对杜马寄予希望。人民要求在普选的基础上立宪。各阶层的人民群众都已组织成立了各种坚强的集团，以推动革命。例如，铁路的罢工就是这样发生的，铁路工人受到人民群众在金钱上的支持。劳动团委员会曾经一度表现有专政的色彩。但后来又衰落了，因为它缺乏物质手段。而目前又恢复了力量。运动正在有条不紊地向着革命的方向发展。俄国确实是布满了农村警署（每50个农民就有1名警察），这些都是反革命的机构。而且沙皇政府仍然是很有钱的——所以尽管所有的文明国家都进行了社会主义的抗议，基尔·哈第、海德门、屠拉梯、王德威尔得、倍倍尔、阿德勒、瓦扬等人都曾发出过抗议，但是沙皇政府仍然可以置之不理。但是在所有社会主义工人党的一致支持下，胜利将是属于革命的。在结束讲话时，阿尼金提出了一项议程，要求各国议员就沙俄的各种阴谋罪行、敲诈勒索和政府的屠杀事件，向他们的各自政府提出质询，以促使各国议会谴责沙皇政府的罪恶暴行。

波兰社会党代表**达申斯基**发言。俄国拥有 1.4 亿居民，由 50 个甚至 100 个不同的民族组成。这样一个人群的聚居地区，将来在政治上究竟会走向何方？我不是一个预言家，但是我们应该对俄国革命的反响有一定的估计。这里可以提到一件事情，几天以前，有一个私运 50 支手枪的人在郎培尔格地方被捕。

我们的一位同志在一位大臣那里进行活动，以设法避免放逐。"但是这是关系到 50 支手枪的事啊！"这位高贵的官员大声说道。我们这位同志回答说：50 支手枪？正是靠了这些手枪，你才当上了大臣的呀！

在奥地利，我们尽可能地取消有钱的富人们的特权。在其他国家，人们也在这样做。

休特古姆博士说：是这样的！

达申斯基：我感到高兴的是你们在梅克列姆堡有一个组织。我们应该向公众作报道，因为大部分资产阶级报纸都是直接或间接地被维持，被杜尔诺沃和他们那一帮团伙所收买的。至少，报道消息的人都是口头上叫嚷反对沙皇制度，而实际上则是在可耻地伪造事实。社会党议员有责任维护避难而迁移的权利；野蛮民族尚知道有权利为避难而迁移，而资本主义制度却用警察来控制这种权利。他们运用的方法，你们都是知道的。社会党议员有权揭发沙皇陛下密布在西方各大城市中的奸细。他们也有责任为支持运动而组织募捐现金。我在这里补充强调，关于阿尼金发言的决议，应该在募捐这个指导方针下起草，所有的革命党都应参加。

王德威尔得：为了使俄国朋友们获取胜利，应该要求他们统一起来，应该使他们得到金钱的支援，而使俄国政府得不到金钱。在实现统一问题上，我们只能表示我们的愿望。而为了使他们得到金钱的支援，社会党国际局就必须主动再一次发出号召。为了阻挠俄国政府获得金钱，就必须教育人民大众，告诉他们，完全可以不向俄国政府发放贷款。

关于阿尼金发言的决议，在原则上获得通过；委托议程委员会负责起草。

主席宣布第七项议程（见上面第一次会议记录）已经撤销，因为饶勒斯同志家里有人去世，不能到会。①

会议于 11 时 30 分休会。

支援俄国革命的群众大会，7 月 18 日

晚上 7 点钟，在海德公园举行了一次支援俄国革命的群众大会，在会上讲演的人有：

王德威尔得（比利时），特鲁尔斯特拉和范科尔（荷兰），休特古姆（德国），达申斯基（波兰—奥地利），麦克弗尔逊，麦克唐纳，巴恩斯，凯尔·哈第，肯宁安-格雷厄姆（英国），阿尼金，鲁巴诺维奇（俄国），迈耶尔（崩得），瓦扬（法国），哥尔利克（亚美尼亚）。

第三次会议，7 月 19 日

会议于 10 时 30 分开始。

继续讨论俄国事件。

---

① 死者是他的母亲，阿黛拉伊德·饶勒斯，1906 年 7 月 9 日卒于卡斯特尔，终年 85 岁。

　　主席提请会议表决由委员会起草的决议，决议文字如下：

　　"1908 年 7 月 17、18 和 19 日，在伦敦召开的各国社会党和劳工党议会委员会会议，认为俄国社会党人为争取俄国革命胜利而进行的斗争，不仅是为了维护他们自己的事业，同时也是为了维护整个国际无产阶级利益的事业；认为杜马的劳动团在同一个议会组织中联合了工农劳动人民，联合了体力和智力劳动者，为争取他们自身在政治和经济上的解放而进行斗争；

　　认为所有国家的工人阶级和俄国各族人民的利益是一致的，应该动员一切力量以加速俄国政府的灭亡，并将这个政府的罪恶公诸全人类；

　　会议坚定地表示，完全而绝对地和俄国革命者团结一致，支持俄国的社会主义农民和社会主义工人为了共同的解放愿望而起来斗争；会议欢迎杜马的劳动团参加各国社会党和劳工党议会委员会组织；

　　要求所有国家议会中的无产阶级代表争取一切机会：

　　（1）谴责沙皇制度的罪行；

　　（2）发动公众舆论反对俄国政府为了延缓其注定要崩溃的专制制度，而试图通过借款以谋求财政接济的新图谋。"

　　该决议获得一致通过。

　　胡斯曼：我要求对决议作一点实际的补充。仅仅在道义上作一下表示是不够的，也应该重视实际的行动。最近不久，我从参加我们国际和不参加我们国际的各俄国社会党给我寄来的报告中得知，正在斗争中的俄国同志们是特别需要金钱的。你们想必还记得社会党国际局在 1 月 22 日发出的宣言，以及我们的号召所取得的成果。

　　这个宣言和号召在金钱上取得了最好的结果，医治了许多受伤的人员。

　　我建议提一个希望，恳请社会党国际局在俄国问题上再发表一个声明，这次声明除由各国党的书记和代表签名外，也应由各国议会党团的全国书记署名。我相信这个号召是会得到有觉悟的社会党人和工人的赞同的。

莫尔肯布尔：我不同意建议人的意见，我怕这样的表决会被解释为一种不信任的举动。人们会以为国际局没有尽到责任，而且我们不能替代国际局。

胡斯曼：莫尔肯布尔同志可以放心，社会党国际局书记是不会对他自己负责的机构提出不信任的动议的。我相信我的行动是符合俄国朋友们的愿望的。至于职权问题，莫尔肯布尔忘了我只是限于提一个希望，提出一个将会得到热烈赞同的希望。希望会议提供合作，这样的合作将是宝贵的。

范科尔：我同意这一意见，解决目前要求的唯一办法就是表决通过胡斯曼的建议。议会的支持是十分需要的，一切帮助都是有益的，能起到一点影响就有用。目前这样的时刻不要忽视任何方式的支援。

胡斯曼的建议获得一致通过。

关于各国社会党议会党团对 1907 年国际和平会议和 1906 年 7 月 23 日开始在伦敦召开的国际议会和平会议的态度问题

特鲁尔斯特拉提出下面的决议：

"会议邀请将去参加国际议会和平会议的各国社会党和劳工党议会党团的成员在这个和平会议上提出一项决议，要求所有各党议会党团都支持俄国各族人民争取自由的斗争，特别是支持杜马反对专制制度的议会斗争。"

莫尔肯布尔反对这一动议，认为这是无益的。德国社会党人不愿在这样的会上会见那些以和平主义为职业、但却又投票赞成花费亿万预算去制造大炮和战舰的人。我们不愿意合作从事一桩假民主的勾当。我们不愿意玷污劳动人民的阶级良心。

王德威尔得：我完全准备投票赞成特鲁尔斯特拉的决议，但条件是首先要讲清楚，社会党议员对国际议会和平会议是持批判态度的。

直到现在，各国社会党议员在对待这个问题上的态度是有分歧的。例如，奥地利和德国朋友们断然拒绝参加这些会议，相反，法国、比利时、英国、瑞士和意大利的社会党议员则主张参加这些会议。但是——正是由于和其他党的同志在这个问题上存在着不同的意见——所以实际上也没有去参加。

今天，问题已明确地提了出来，我觉得这是好的。

莫尔肯布尔说，德国朋友们拒绝参加国际议会会议，因为他们不愿意在那种会上结交那些所谓的进步分子和和平主义者。这些人一方面经常投票赞成战争拨款，另一方面又经常地投票拒绝通过改善工人处境的立法。但是，人们也可以以同样的理由去反对社会党人参加议会——以前也确实是这样做的。

在议会里我们遇到的是同样的对手，如果我们能够在议会里从事有益的工作——用社会主义的观点看是有益的工作——为什么我们就不能在一个美国式的小型欧洲议会中从事同样有益的工作呢？

我们参加进去，但我们不作任何让步，不作任何妥协。我们参加进去，就像我们参加议会一样。我们唯一关心从事的是保卫社会主义的利益，并且揭发流于形式的资产阶级和平主义的基本实质。

杜马的代表、劳动团的代表也参加了伦敦会议，这就更为明显地说明我们参加这种会议的好处。社会党人介入这样的会议能利用它的巨大的广告宣传作用。

所以我是准备赞成特鲁尔斯特拉提出的决议的。一个明确的条件是不要在各国社会党议员之间引起误会，不要产生含糊不清和怀疑。社会党议员们之所以来到伦敦，只是为了维护俄国革命的利益，维护国际社会主义的利益。

瓦扬：我毫无疑问是赞成特鲁尔斯特拉的建议的，但是我赞成的理由不同于王德威尔得所表述的理由。

我愿意告诉王德威尔得，我丝毫不认为抱着批判的态度去参加国际议会的社会党人就是二流的社会党人，就是温和的社会党人。这里有一个最好的证明，就是我的一些私人朋友，例如桑巴等人，他们都是参加革命社会主义党的，还在法国尚未实现社会主义的统一之前，他们就参与了这种国际会议。但是我必须明确声明的是，参加这种会议不能由各国社会党议会委员会来委派，因为法国社会党人能接受的，德国社会党人就不一定能接受。

这样，实际上那些不是受委派而去参加会议的社会党人就无疑地是由他们自己对这样的行动负责，也就是说，他们是为了国际和平的利益，为了俄国革命斗争的利益，为了反对沙皇制度而去参加会议的。

在法国议会中，我们也是以同样的身份参加了仲裁小组。所以，这个小组中凡是能够去参加的成员就都去参加国际议会会议。

概括地说，特鲁尔斯特拉的建议排除了不能接受的委派问题，只是确定社会党人可以参加国际议会会议，并要求他们在会上尽到社会主义的责任，坚持反对沙皇制度，支持俄国革命，支持国际和平。所以，在我刚才提到的条件下是可以赞成通过的，并且是有实际好处的。

阿尼金：我认为，社会党人有必要去参加会议，这对俄国革命是有利的。我们担心的是反动势力的相互勾结，担心俄国、德国和奥地利帝王之间的勾结。如果德国社会民主党能够在下个星期的会上声明反对动员军队帮助沙皇制度的政策，这样的声明就能迫使各国政府不得不进行思考。我们不必害怕去参加这个会议。如果资产阶级在那里戴有假面具，就应该由我们去把它揭下来。我希望德国社会党人愿意对这些话作一番考虑。

特鲁尔斯特拉：我感到王德威尔得的发言并没有认为参加和平会议的就是社会党的二流代表，而认为这是社会党人的充分权利，要求在会上毫不妥协地捍卫社会主义的思想。"总是有人会指责你是机会主义者的。"我赞同瓦扬的解释。和平会议从来也没有为和平做过什么事情，将来也不会为和平做任何事情。和平会议甚至是我所知道的一切伪善事物中最为漂亮的一种伪善。但是，我们现在面临一种极为特殊的情况，这种特殊的情况证实社会党人去参加这样的会议是正确的，证实阿尼金的发言是正确的。用我们参加议会的事实来证明我们参加和平会议是对的，这样的提法不确切。在议会里，我们维护工人阶级，监督有关劳工立法的表决。资产阶级的和平被沙皇象征为战争，所以我们从来就拒绝信任这个机构。但是，俄国的形势使我认为社会党议员们今年去参加这样的会议是对的。我们的态度应该根据情况来决定。

莫尔肯布尔：阿尼金可以放心，德国军队进行干涉是违反宪法的。而且如果尼古拉二世一味要仿效路易十六的先例，俄国人民是有足够的力量使它如愿以偿的。我们丝毫不反对议员们以个人身份去介入会议，但是，我们不同意他们受党的委托去参加会议。

王德威尔得同意这个意见。

莫尔肯布尔：我们并不是专断或顽固的。我们曾参加了苏黎世的劳工立法会议，可以证明这一点。

王德威尔得：我们同意莫尔肯布尔的意见，各国代表团都是作为个人去参加。我们同意特鲁尔斯特拉所说的，至少在这一次，我不仅有权利，而且也是有责任去参加会议，并且对它进行裁判。

我曾经注意到，每当一个政党要修改它的策略的时候，经常是从对待一个特殊的例外情况开始的，而这种特殊的例外情况则又往往会普及成为经常的一般情况。当然，我并不指望这次会议会实现世界和平，但是在某种情况下，可以避免一些战争的因素。你们想必还记得赫尔事件吧！倍倍尔不是去苏黎世和那些传教士、修士们进行了坦率的辩论吗？我对宪法中的词句不如莫尔肯布尔那样信任，因为我读过马克思的著作。但我也读过拉萨尔的书，我同样相信，宪法的最好的保证是工人组织的力量。所以，我们把希望寄托在德国朋友们的力量上，我希望他们能在那里维护我们俄国的同志们，因为可以给予这样声援的讲坛是不能加以忽视的。我们实际上是意见一致的，所以我希望刚才提出的决议可以获得通过。

特鲁尔斯特拉的决议获得通过。

接着，下面的一些建议（出自工党）被提交给社会党国际局：①

1. 八小时国际工作日

由于机器效率的提高，由于劳动组织的最优化改善以及工人达到了最高的生产率，更由于被迫失业的现象令人担忧地不断增长，本次会议强调要求全世界各国社会党和劳工党认识到必须刻不容缓地发动一次运动，通过工人社团共同的立法行动，争取保证实现八小时工作日。

2. 产业立法的国际模式

鉴于各国的产业立法根据各国对工人的保护程度和对资本家的限制程度的差别而有所不同，鉴于为了尽量能使工人享有最好的产业立法条件，并使那些过度使用劳动力的资本家不能在国际产业界占优势地位，本次会议建议：国际局应该发表一个文件，指出迄今为止哪个国家在关于产业、教育和经济等问题上的立法最先进，要求各国参加议会的社会党和劳工党党团采取行动，设法按照最先进国家的立法修改它们各自国家的产业立法。

胡斯曼： 各国党的书记当然应该为社会党国际局书记提供文件资

---

① 在社会党国际局书记处先前在 1906 年 7 月月度报告中发表的会议记录则相反称："会议未经讨沦"就通过了这两个决议。

料，因为各国的书记比任何人都更了解各该国的特殊情况。

（同意）

瓦扬：社会党国际局书记能否为各国议员提供他们所需要的各国议会文件？

胡斯曼：国际局书记对按时缴纳党费的情况感到满意，所以能够满足瓦扬的要求。

基尔·哈第发表会议闭幕演说。

瓦扬和**弗尔内蒙**代表外国客人致谢，会议于中午结束。①

书记　G. 曼努里

科内利斯·舒茨大街4号，

阿姆斯特丹（荷兰）

书记处报告

自从1904年阿姆斯特丹代表大会成立各国社会党议会委员会时起，荷兰社会党议会党团即被指定担任书记处（临时执行委员会）的工作。荷兰社会党议会党团采取了下列措施：

1. 1904年8月27日向各国社会党议会党团发出邀请信，请它们参加各国社会党议会委员会，并指定一名通讯员。

2. 1904年11月成立各国社会党议会委员会情报办公室（书记曼努里，地址：阿姆斯特丹科内利斯·舒茨大街4号）。情报办公室同时承担书记处的行政管理工作。

3. 1905年3月向各国社会党议会党团寄去一份各国社会党议会委员会的组织草案。

---

① 有关补充资料，参见附件13：书记处1906年7月月度报告。

4. 1905 年 1 月发出一封信，要求各国议会对俄国的屠杀事件提出抗议。

5. 在社会党国际局书记的合作下，于 1906 年 6 月 3 日致信各国党议会党团，建议在 1906 年召开一次各国社会党议会委员会全体会议．

荷兰社会党议会党团

书记　G. 曼努里

63

转达瓦扬关于德国或奥地利对俄国
进行干涉的危险的信的通告

（1906 年 7 月 24 日，布鲁塞尔）

致各成员党书记和代表

亲爱的同志们：

这里附上法国社会党（工人国际法国支部）代表瓦扬公民给我们写来的一封信，我们急速地给你们转去这封信，为的是要求你们对它加以重视，以便在必要时促使各成员党发动一次有力的行动。① 一旦德国

---

① 1906 年 7 月开始出版的《俄罗斯日报》发表了一篇文章，"揭发德国和奥地利两国政府达成协议，如果农村骚乱扩大、发生叛乱或试图实行革命的纲

或奥地利干涉俄国的威胁成为现实，执行委员会将发出电报以召开社会党国际局和各国社会党议会委员会的会议。

如果国际局各国委员或各成员党成员中有同志对情况获有确切而可靠的消息时，请立即向执行委员会提供资料，执行委员会的责任是迅速行动，但希望不要发生错误。①

我们还要告诉你们，不久我们将发表一个宣言，目的是为俄国朋友们筹募他们所最需要的金钱。②按照上星期在伦敦召开的各国社会党议会委员会所表示的愿望，这一宣言也应由各国社会党议会党团的书记或主席签署。所以请你们急速将贵国负责这一工作的同志的姓名和通讯地址告诉我们。

执行委员会

爱·安塞尔，埃·王德威尔得

书记　**卡米耶·胡斯曼**

（续前注）　领时……两国将以武力对俄国进行干涉……奥地利提出的条件是要俄国政府事先同意可以采取任何手段"。参见 1906 年 7 月 20 日《人道报》。7 月 26 日《人道报》报道了《德国北方新闻报》提出的正式辟谣声明，该报指责《前进报》"恶意"断言"以德国或普鲁士为一方，以俄国或以奥匈帝国为一方，或以俄奥两大国联合为一方"达成协议，以制止成立自治的波兰。

①　胡斯曼接到瓦扬的这封信后，即请瓦扬"一旦认为危机有所增长时，立即将情况告诉他"。胡斯曼接着还写道："在上次国际会议上，我感到饶勒斯公民对某些外交谈判的情况深为了解，所以国际局的法国代表团比德国和奥地利的同志能更为迅速而确切地向我们提供情况。"1906 年 7 月 24 日胡斯曼致瓦扬的信。社会党国际局档案。

②　在上面提到的致瓦扬的信中，关于宣言的事，胡斯曼明确提到："我正在起草将由国际局发表的宣言，为的是使我们的俄国朋友们得到他们所最为需要的东西：弹药，军需。"关于宣言文稿，参见第 64 号文件。

瓦扬的信

1906 年 7 月 23 日于巴黎

亲爱的书记公民：

这封信是在伦敦会议上通过的关于社会党议员组织为反对战争而进行干预的决议的一次实际行动，是这个决议的一个后续行动。我正式提请你注意，德国和奥地利在杜马解散后对俄国进行干涉的威胁似乎可能成为现实，这将危及俄国革命和国际和平，为此，我要求你考虑，目前的情况是否需要按照布鲁塞尔会议（1906 年 3 月）① 和伦敦会议（1906 年 7 月）② 的双重决议，立即在布鲁塞尔召开社会党国际局和各国社会党议员会议，研究采取必要的措施，进行国内和国际范围的工人和社会主义的干预。目前，干预的计划特别是德国的干预计划，还只是处于含糊其辞的犹豫状态，各有关方面还作了辟谣。但是对这种情况不作一定的估计，并对事态的进程不加警惕并注意，则是不谨慎的。

谨致兄弟的敬礼！

爱·瓦扬

---

① 参见第 57 号文件（社会党国际局 3 月会议记录）。

② 这里指各国社会党和劳工党议会委员会第一次全体会议通过的决议，见第 62 号文件。瓦扬提到的这两个决议的文稿都附在这个通告中。

64
抗议解散第一届杜马的宣言

（1906 年 8 月，布鲁塞尔）

致各国劳动人民！

尼古拉二世如同他曾违反芬兰宪法①那样，不顾自己的承诺，第二次违背誓言，解散了杜马。②他把军队集中到彼得堡后，就强迫议员们各自解散。为了欺骗欧洲舆论，他发表了一个满纸都是谎话的宣言。他

---

① 1905 年 10 月发生的总罢工显示了芬兰对俄国革命者们的支援。这就迫使沙皇在 11 月 4 日废除了一切损害芬兰权利的措施，并且召开了一次非常的议会会议。1906 年 5 月 10 日，芬兰议会的 4 个等级通过了选举制度的改革，实行了 24 岁的男女都可参加的平等、直接的普选制度和比例代表制，实现了拥有 200 个议员的单一议会，其中 60 名议员组成一个大型的委员会。7月 5 日，一个革命代表大会决定在沙皇解散杜马的情况下举行总起义。7 月19 日，尼古拉二世不得不为芬兰签署了一个在当时属于最自由的宪法，但不久就又被他破坏了。参见《俄罗斯革命日报》（俄国及各附属民族人民友好协会在巴黎出版的定期刊物，自 1905 年 10 月 31 日至 1906 年 7 月 5日）。

② 1906 年 8 月 2 日，社会党国际局书记给各成员党寄去了一个宣言草案。经过修改，有的地方甚至整段文字都被删去，最后才成定稿。例如，这里原来的草案中曾有这么一段文字："对比他本人更为反动的周围人士的谗言作了让步……"这个草案（两页打字稿）存于国际社会史研究所考茨基档案中。

违背自己在 10 月 30 日所作的承诺，非法地强迫杜马接受基本法，紧接着就指控杜马有违法行为。他不给杜马以任何权力，百般加以限制，使杜马只能成为一个讲坛，但是却又指责杜马无所作为。而作为讲坛，杜马至少已揭发了官僚机构的各种罪行。他不让杜马从事任何议会的行动，但却又指责杜马无所事事。①

国际社会主义运动不再把时间浪费在空洞的抗议上，我们再一次号召大家采取实际行动。

社会党对 1 月 22 日又一次侵犯人权的行为丝毫没有感到诧异，也没有惊慌失措。当官僚和大公爵们一旦发现议会中多数派的弱点后，杜马就必然会遭到打击。尽管社会民主党党团和劳动团作了努力，但是议会多数派仍然继续采取使杜马遭到削弱的策略。

选举制度受到令人厌恶的种种限制，行政当局对投票又施加了可耻的压力，再加上老百姓的不信任，因此只有少量的无产者前来投票。这一切使议会多数派成了虚设的空架子，丝毫代表不了国家多数人的愿望。资产阶级自由派的代表们在被解散后所表现的态度已自动证明了他们是错误的。他们在权力面前动摇，在刻不容缓的改革面前犹豫。他们允诺农民的土地改革是不彻底的，没有把土地归还给农村中的人民，这样，他们还能不失去农民的信任？难道他们没有使工人们感到不快？因

---

①　杜马于 1906 年 7 月 21 日被解散。沙皇乘机发表了一个宣言，宣言这样写道："这些国家代表们不去致力于他们的立法事务，却超越他们的职权范围，去从事调查我们设置的地方权力机构的行为，挑剔基本法的不周之处，而基本法的修改权则是仅属于沙皇的圣意的。

最后，这些国家代表们还热衷于各种真正的非法行动，例如以杜马的名义向国家发号召……"宣言最后写道："俄罗斯的忠实儿子们，像父亲召唤自己的孩子们一样，沙皇号召你们和他团结在一起，为复兴我们神圣的祖国而努力。"见 1906 年 7 月 24 日《人道报》。

为他们奉献给工人们的只是一些可怜的表面的更动，而不作深刻的改革。难道他们没有使所有热烈向往自由的人们陷于失望？因为他们在大赦、屠杀犹太人、死刑等问题上，不敢采取大胆而有气魄的决策。尽管他们一再声明忠于王室，但是换来的则是沙皇对他们的蔑视。在议会的开幕式上，沙皇向他们颂扬了基本法；但在这整个一届议会期间，却拒绝了他们的一切建议。最后，当他们由于自身的错误而使自己陷于孤立无援、无能为力的境地时，他们就无可挽回地像秋风中的落叶一样纷纷溃散。①

尼古拉二世的政变将迫使资产阶级自由派抛弃演说的阶段，迫使他们在专制主义和革命之间作出抉择。今后将会是妥协和拖延。经过这次刚获得的经验，那些最为天真的乐观主义者应该懂得矛盾是不可调和的。设立一个没有执行权能的杜马，并不能够制止官僚对公共财富的掠夺，并不能使农民免于饥馑，也不能制止官僚在西方资产阶级的金钱帮助下，屠杀工人，侵犯劳动人民的自由。②

但是，杜马并没有使革命失去光辉，相反，革命已进入了一个新的更为坚决的阶段。在议会的闹剧结束之前，尼古拉二世已经使他的王国的经济和财政陷于崩溃的境地。他扼杀了保守阶级中存在的沙皇宪政的思想。他拒不把土地归还农民，从而就拭亮了农民的眼睛。他促使一部分舰队和军人归向了人民的事业。人民已意识到自由资产阶级的无能，

---

① 上页注提到的那个宣言草案中，曾写有后来被删掉的字句："这个曾经使伟大的宪章日再度获得生命的议会，在它被解散前，还没有达到法兰克福议会的水平。"

② 宣言草案中用的是另外不同的词句："尽管他们作了忠于君主的声明，但资产阶级自由派的议员们仍然遭到沙皇的蔑视。沙皇在他们面前倍加颂扬基本法，但是对他们所提的要求则一概拒绝。在议会的闹剧结束之前，尼古拉二世已经使他的王国的经济和财政陷于崩溃的境地。"

因而自己进入了舞台，并且集结在社会主义的旗帜下。像斗争一开始时那样，无产阶级始终站在反对专制主义的最前列。和城市工人们结合在一起的有农民，也有知识分子。农民已日益懂得只有和工人团结一致才能得到土地。俄国的知识分子比任何其他国家的知识分子都更深刻地领会了我们的理论。资产阶级自由派如果不甘心让自己陷于绝对的无所作为，在许多情况下就将被迫跟上潮流。所以，今后对垒着的是两支大军：沙皇的军队和人民大众的部队。这两个集团之间的冲突是不可避免的。只要革命队伍能够更好地集中力量，统一行动，并且有更为充裕的物质资源，胜利必将属于我们。

从罢工开始的革命，在有利的时机将仍然会以罢工继续下去，将采取抗税和拒服兵役的形式，可以占领王室的土地，占领教会和贵族的土地，将会发生军队的叛乱，并会得到海军和战士们的支援，社会主义的宣传每天都将以新的思想去争取他们。① 革命将不会停留，也不会削弱。它将一直进行到底。沙皇将失去了军队，失去金钱，不再会有任何贷款，也就不再有任何力量，而人民则将最后成为自己命运的主人。

俄国社会党人的过去已对未来作了回答。他们将坚持召开立宪会议②，并自始至终履行他们的责任。现在是我们应该知道必须做些什么的时候了。我们可以从两方面去帮助我们的共同事业：一方面是**堵塞独裁君主筹款的来源**，一方面则是**把钱输送给俄国社会党人**。

法国的激进政府，德国的反动政府，所有国家的资产阶级都是和沙皇勾结的同谋犯。它们以高利为沙皇的宪兵、沙皇的刽子手和他的黑帮们提供军饷贷款。③ 让我们向各自的政府施加压力，制止它们向沙皇讨

---

① 在草案中有"为争取自由的事业……"的字句。

② 这段文字在草案中没有。

③ 关于俄国的贷款问题，见第 65 号文件。

好！我们应该警告那些贷款人，明天的俄罗斯共和国是不会归还沙皇为收买谋杀者而商借的贷款的！我们应该给自由事业一切有益的支持，以使千百万人民从一个无法忍受的专制暴君下解放出来。[①] 如果国际反动势力的神圣同盟不顾民意，为拯救沙皇的镇压力量而破坏革命，进行干预，我们就必须设法采取必要的措施，以有效地援助俄国各族人民。俄国各族人民[②]在这种情况下必将更加紧密地团结起来！他们对已遭打击而濒于死亡的沙皇制度和外国入侵者将不加区别，二者都是他们的敌人。外国入侵者的罪行是要损害一个已经觉悟的民族的自主权利。

让我们作出贡献！[③] 慷慨地贡献吧！贫苦民众积聚的大量钱款将决定着胜利！

我们的口号是：**为沙皇制度的牺牲者们献金！**

请每一个社会主义者，每一个有觉悟的工人把钱投寄给他们党的中央机构，或者寄给俄国同志委派的代表，或者投寄社会党国际局。

打倒专制独裁政权！

国际社会主义万岁！

社会党国际局执行委员会（比利时）

爱德华·安塞尔，埃米尔·王德威尔得

书记　**卡米耶·胡斯曼**

社会党国际局（俄国除外）

英国：	**亨·海德门**	法国：	**让·饶勒斯**
	詹·基尔·哈第		**爱·瓦扬**
德国：	**奥·倍倍尔**	荷兰：	**彼·特鲁尔斯特拉**

---

① 这句话在草案中没有。

② 草案中是"自由的英雄们"。

③ 草案中是："为革命献金……"

保·辛格尔　　　　　　亨·范科尔

阿根廷：阿·康比埃

　　　曼·乌加特　　　　匈牙利：雅·韦尔特纳

澳大利亚：H. 迪克斯　　　　　厄·格拉米

奥地利：维·阿德勒博士　　意大利：恩·费里

　　　斐·斯卡雷特　　　　　　菲·屠拉梯

波希米亚：安·涅梅茨　　　日本：片山潜

　　　　弗·绍库普　　　　卢森堡：韦尔特博士

保加利亚：扬·萨卡索夫　　挪威：S. 加德尔

　　　　格·基尔科夫　　　　　F. 沃尔弗

丹麦：彼·克努森　　　　瑞士：O. 拉潘

　　C. – M. 奥尔森　　　　　让·西格

美国：丹·德莱昂　　　　塞尔维亚：N. 斯托亚诺维奇

　　莫·希尔奎特　　　　瑞典：亚·布兰亭

西班牙：帕·伊格列西亚斯　　C. – G. –T. 维克曼

　　弗·莫拉

各国社会党、劳工党议员会议

英国：詹·基尔·哈第　　　丹麦：M. 奥尔森

（主席）　　　　　　　弗·伯格比尔

詹·拉·麦克唐纳　　　法国：V. 德让特

（书记）　　　　　　　M. 德韦兹

德国：奥·倍倍尔　　　　　A. 格鲁西埃

保·辛格尔　　　　　荷兰：彼·特鲁尔斯特垃

奥地利—　　　　　　　　K. 特尔·拉恩

波希米亚：恩·佩尔讷斯托弗　意大利：安·科斯塔

（主席）

卢森堡：**布拉瑟尔**　　　　挪威：A. **埃里克森博士**

　　　　伊·达申斯基　　　瑞士：A. **韦斯博士**

　　　　（主席）　　　　　　瑞典：**亚·布兰亭**

　　　　约·希贝什（书记）

比利时：**莱·弗尔内蒙**

　　　　E. **贝洛兹**

65

反对向俄国提供贷款的宣言

（1906 年 10 月）

致社会党国际局各成员党

　　俄国沙皇政府机关和其他国家的报纸每天都为我们提供有关尼古拉二世政府计划的补充情况和消息，这个政府已经处于山穷水尽的地步而必须签订一个新的贷款协定。[①] 俄国政府的国库已经空虚，俄国政府乐

———————

　① 1905 年 1 月 2 日，前财政大臣科科夫佐夫来到巴黎，进行新贷款的谈判，1906 年 4 月 23 日缔结了贷款协定［弗·尼·科科夫佐夫（1853—1943）自 1901 年 4 月至 1914 年 1 月一直任财政大臣，1905 年 10 月至 1906 年 4 月中止了一段时间，就是他和维特签订了 1906 年的法国贷款］。

意用外国的金钱，以支撑反革命力量，镇压自由党派，收买黑帮，灭绝犹太人，蹂躏整个民族。如果斯托雷平①的计划得逞，外国就不仅又一次参与这种最无法平息的镇压行动，介入一个最令人鄙视的专制暴政，而且还将成为一次违法行为的同谋犯——因为贷款是应由杜马决定的。他们将会受到维堡宣言②下列文字的约束：

"如果俄国政府不经人民代表们的同意，一意孤行地签订贷款协定，那么这种贷款就将被国家认为是无效的，国家将绝不支付这笔贷款。"绝大多数资产阶级议员都参与了这个维堡宣言。

好几个星期以来，财政大臣科科夫佐夫和他手下的众多仆役们，一直奔忙在西方和美国的市场上。近年来一直在积极参与帮助沙皇搜刮金钱并且起着决定性作用的维特先生③，如今又在巴黎从事谈判。④

为了谋求这些计划获得成功，俄国政府施展了它所惯用的手法，目的在于迷惑公众舆论。它施放空气，佯作要进行各种自由的改革，而实

---

① 彼·阿·斯托雷平（1862—1911），1906 年 4 月被任命为内务大臣，同年 7 月又任大臣会议主席。

② 自杜马被解散后，大部分议员都去了芬兰，并于维堡发表了一个宣言。该宣言的结尾有这样的字句："不经人民代表的同意，政府无权向人民征收税款，也无权向人民摊派兵役。现在政府解散了杜马，所以你们有权不纳税、不服兵役。如果政府擅自借款，筹集资金，这种未经人民代表同意的借款就根本无效，俄国人民绝不承认，也绝不同意偿还。"参见 1906 年 7 月 23 日《俄罗斯革命日报》。

③ 谢·尤·维特（1849—1915），1892 年 8 月起任财政大臣，并于 1887 年从事财政改革。1905 年 11 月 7 日被任命为重组的大臣会议主席。1906 年 4 月俄国向法国借款的主要促成者之一。1906 年 4 月 22 日，第一届杜马驱散的翌日，他为哥列梅金所替代。他的政府活动也告结束。

④ 据《时代报》报道，维特也曾委托巴黎荷兰银行行长向国际金融集团商谈一宗俄国的借款。巴黎荷兰银行行长自伦敦归来后，即宣称美国、欧洲特别是英国答应给予帮助。参见 1907 年 4 月 7 日《俄罗斯革命日报》。

际上则是策划大规模的镇压，设立军事法庭，成百成百地处决无辜者。它今天颁布沙皇诏书，明天又宣布取消，朝令夕改。它扬言要进行改革，却又亲自阻挠各种改革的实现。随后就收买舆论。它收买了几乎所有的法国报纸，也许还有其他国家的资产阶级报纸，以优惠折扣为这些报纸提供俄国的纸张。①

社会主义报纸最近揭露了俄国政府的两项计划。一项计划已经部分地执行，即将农村的银行抵押债券有步骤地转移到国外去，另一项计划的规模更为庞大，旨在把所有的俄国大经济企业作价转让给一个美国康采恩。

国际无产阶级必须挫败这些阴谋。因为一刻也不要忘记，沙皇手中能否聚敛到金钱决定着俄国革命的成败。为了争取胜利，要为俄国同志们提供金钱，但更重要的则是不要让沙皇政府获得金钱。

所以，社会党国际局的所有成员党必须尽一切力量务必使俄国政府及其勾结者们的计划归于失败。在以前发表的一些声明中，在社会党国际局的历次会议上，以及在各国社会党和劳工党议会委员会的会议上，我们曾经提出过一些办法，在这些办法中，我们再强调一下下列一些措施，供各成员党参考：

1. 请各国社会党议会党团在各该国的议会中向对政变制造者——俄国专制政府提供援助的问题提出质询。质询人应该要求政府进行干预，禁止向沙皇政府贷款，禁止在金钱上为沙皇政府提供一切间接的帮助。如果议会尚未开会，请各党团在可能的情况下，即日就此作出决议，并在报纸上发表声明。最后，还应该有计划地利用一切场合，发动

---

① 据《巴黎呼声报》报道，法国报界之所以保持沉默，是因为受了帝国驻巴黎大使馆对它们进行的收买；该报还列举了收买钱款的数目。参见 1906 年 5 月 12 日《俄罗斯革命日报》。

对俄国政府的财政情况及其财政计划进行议论，目的是使它的信用扫地，计划归于失败。

2. 各成员党的报纸——政党的、工会的和合作社的——不仅应该按照这些思想进行报道，而且要抓住一切消息，揭发俄国的财政处境，在公众舆论中有计划地广为宣传。

3. 在紧要的时刻，特别是在那些当地报纸已被俄国收买的国家——主要是法国——以及在一些没有党的报纸的地方，应该重视散发传单、小册子，竖立标语牌，组织群众大会。目的是为了向那些仍为沙皇制度的利益而掏空自己腰包的小资产阶级阐明真相。①

亲爱的公民们！这样的斗争不是一时的临时性活动，而是必须发动群众，使他们保持警惕。在一定的时刻，沙皇政府可能会命令它的仆从们不要再为贷款作舆论准备，似乎是要把问题推迟。千万不要为这种伪装的手法所迷惑。

沙皇政府需要金钱，它需要其他国家的金钱。如果这些国家加以拒

---

① 俄国报纸，不论是立宪派的还是革命派的报纸，都抗议这一贷款，并建议抵制法国商品。国际社会主义报纸领导开展了对这次俄国贷款的尖锐抨击。特别应该提到的是高尔基在国际舆论界掀起了激烈的运动，这一运动遭到意大利和其他国家政府的反对。高尔基在 1906 年 4 月致俄国人民之友协会主席阿纳托尔·弗兰斯的信中这样写道："只要欧洲不为俄国政府继续屠杀和处决提供金钱，斗争就不会是长时期的，也不会是艰难的。如果俄国人民能得到物质上的援助，斗争反倒会是短促而决定性的。"阿纳托尔·弗兰斯在回信的结尾写道："谨向你致以我的祝愿，祝愿你们的解放革命斗争获得成功。同时我也向你表示我悲痛的愤慨，因为我想到法国的财政界正在为这一撮杀人的刽子手政府提供金钱，去折磨高尚的人民。"见《马克西姆·高尔基关于俄国借款的来信和阿纳托尔·弗兰斯的复信》，《俄国人民及各附属人民之友协会期刊》，巴黎 1906 年第 6 期第 8 页。

绝，独裁君主即将悲惨地垮台。①

社会党国际局执行委员会

爱德华·安塞尔，埃米尔·王德威尔得

书记　卡米耶·胡斯曼

66

社会党国际局第八次全体会议记录

（1906 年 11 月 10 日，布鲁塞尔）

　　社会党国际局的代表们于 1906 年 11 月 10 日上午 10 时在国际局书记处（布鲁塞尔人民之家 6 号厅）举行了全体会议。②

　　出席者有：

　　奥·倍倍尔和保·辛格尔，德国社会民主党；

　　享·海德门和基尔·哈第，英国支部；

　　安·涅梅茨，捷克斯拉夫社会党（波希米亚）；

---

① 这一宣言的附件中载有"被解散了的杜马议员名单，这些议员几乎代表了所有的地区，并都参与了维堡宣言。该宣言强调指出，不经杜马同意的一切贷款，将一概不予偿还"。

② 我们重新翻印了书记处 1907 年用法文、德文和英文在布鲁塞尔整理并公开发表的正式会议记录，计 96 页。原来会议应在 11 月下半月召开，但在德国代表团的要求下提前了。见 1906 年 9 月 27 日的通告，社会党国际局档案。

彼·克努森，丹麦社会党；

爱·瓦扬，法国社会党（工人国际法国支部）；

彼·特鲁尔斯特拉和亨·范科尔，荷兰社会民主工党；

雅·韦尔特纳和麦克斯·格罗斯曼，匈牙利社会党；

海·迪阿曼德，波兰社会党；

伊·鲁巴诺维奇和 I. 谢尔古耶夫斯基（候补），俄国社会革命党；

格·普列汉诺夫和安·巴拉巴诺娃①（候补），俄国社会民主党；

亚·布兰亭，瑞典社会党；

爱·安塞尔，比利时工人党；

卡米耶·胡斯曼，国际局书记；

以咨询身份参加者有：斯坦尼斯拉斯·库尔斯基和莱奥·贝格曼公民，代表立陶宛、波兰和俄罗斯犹太工人总联盟（崩得）；奥·布劳恩，代表拉脱维亚社会民主工党。

安塞尔公民主持会议，书记胡斯曼，另有两名书记处助理人员阿图瓦和康托尔。

安塞尔公民首先为埃米尔·王德威尔得因病缺席表示歉意，接着向出席会议的代表们表示欢迎。书记宣读了好几封道歉的信件：

1. **费里**的一张明信片，内容称：

"在我们党的代表大会（10 月 7、8、9 日）后，我将向党的新任的中央委员会提出建议，要求采取措施，以便在 1907 年 2 月份之前，给你们寄上有关意大利各社会主义和工人团体自 1904 年以来的活动报告。

我仍不能参加将在 11 月份召开的国际局会议，因为 11 月初我要在大学讲课。

---

① 原文几处都误写为 A. Balabanoff，应为 A. Balabanova，见附件 15。——译者注

意大利的《前进报》又为俄国同志们举办了一次新的募捐活动，筹集了几百法郎，我即将寄上。

我也已告知我们的行政书记，给你们寄上意大利党到 1906 年 12 月底的党费。"

2. **维克多·阿德勒**的一份电报：

"因讨论帝国议会的选举改革，不能前来布鲁塞尔，请谅。谨致衷心的敬礼。"

3. **让·饶勒斯**也来电致歉，因疲劳缺席会议。

4. 俄国社会民主工党中央委员会的来信，告知提名安热利卡·巴拉巴诺娃女公民为候补代表。①

5. 社会民主联盟（大不列颠）的来信，内容如下：

1906 年 11 月 7 日于伦敦

我受命于社会民主联盟国际委员会，请求社会党国际局不要听任各国社会党议员会议滥用职权；抗议反对像上次会议那样，给那些不是议会议员的人发邀请信；并特提请注意，这一会议超越了职权，擅自增添"劳工"一词，修改了会议的名称。

社会民主联盟国际委员会也希望国际局和各国议员会议相互配合，以集中成员的力量，在所有国家同时采取行动，争取在诸如八小时工作日、危险工业部门、妇女及儿童劳动等问题上提出立法建议。谨致

敬礼！

H. 李

6. 拉脱维亚社会民主同盟的**斯库比克**公民给书记处寄来了拉脱维

---

① 这是在 1906 年 9 月，安热利卡·巴拉巴娃被指派为社会党国际局的候补代表，以替代普列汉诺夫；普列汉诺夫在这一时期病倒了。

亚社会主义工人党的一封长篇复信。^①

7. 挪威的**加德尔**公民来信告知他不能前来参加会议。

8. **希尔奎特**公民的来信如下：

"我非常遗憾不能前来参加即将召开的这次国际局会议，但是我非常希望出席国际局将在斯图加特代表大会以前召开的下一次会议。我们的党目前正致力于积极而激烈的选举运动，竞选出席美国国会的代表。我们所有的时间和精力都投入到这个斗争中去了。选举过后，我希望能够准备写那个我曾允诺过的报告，即关于我们的运动在美国的情况和最近的发展。"

9. **西格**^②公民的来信，也是因为不能前来参加会议而表示歉意，因为 11 月 10 日和 11 日将举行选举。

书记接着简要地谈了一下书记处自从寄出上次的月度报告以来的活动情况。（这个详尽的文件是作为 9 月、10 月、11 月 3 个月的月度报告寄发给各成员党的^③）。在审查了代表们的资格后，书记就向他们分发了有关会议议程上各项问题的法文、德文和英文 3 种文字的报告：

1. 斯图加特国际代表大会筹备情况。

2. 代表大会的议程。

书记宣读了关于第一个问题的报告。报告是这样写的：

斯图加特国际代表大会筹备情况报告

国际局书记最近曾去斯图加特和曼海姆两地，分别和斯图加特的同

---

① 　参见附件 12。

② 　瑞士社会党在国际局的代表。

③ 　参见附件 15。

志们以及德国社会民主党委员会的同志们进行了会晤，商谈了有关明年国际代表大会（1907 年 8 月）所需采取的各项措施。

你们在曼海姆代表大会①的会议记录中已可知悉，德国社会民主党执委会的同志们已先走了一步。根据辛格尔公民的建议，决定把德国代表的人数限制在 300 人之内（150 名为党的代表，150 名为各工会的代表）；这样，别的国家的代表在大会会场中就不会感到太挤了。我们开会地点的条件十分优越。音乐厅十分宽敞，可容纳 1000 名代表，还有许多可以举行小组会议的会议室。

此外，在和德国同志们交换意见后，我们在下列各点上原则上达成了一致意见：

一、斯图加特地方组织的书记和社会党国际局书记在进行一切有关代表大会的准备工作上将进行合作。

二、地方组织委员会特别应负责下列几项工作：

1. 成立一个住宿委员会和一个庆祝委员会；

2. 印发一张城市和近郊的导游图；

3. 负责筹组能讲外语的翻译小组，为外国同志们做向导；

4. 负责大会会场的出入安全和保证会议期间的秩序；

5. 为代表大会供应办公用品；

6. 准备适当地点，为新闻发布提供方便；

7. 采取必要的措施，在代表大会所在地设置一个邮电处。

三、地方组织委员会和社会党国际局书记处相配合，筹备一个德文的社会主义书籍展览，如有可能，也可举办其他国家的社会主义书籍展览。

---

① 这是指德国社会民主党 1906 年 9 月 23—29 日在曼海姆召开的年度代表大会。

四、在整个大会期间，地方组织委员会和社会党国际局书记处相配合，筹措一个社会主义报纸的存放处，各社会主义报纸的发行管理机构最好能每天为斯图加特送来一定份数的报纸。

五、社会党国际局书记处每天将用法文、德文和英文出版一张代表大会日报。为此，书记处将在每一个支部指定一位或两位同志负责作会场记录，并在必要时配以翻译人员。

六、社会党国际局书记处在代表大会召开前三四个月，用德文、法文、英文为各成员党提供各成员党书记所写的有关他们各自国家的党自阿姆斯特丹代表大会以来的活动报告。德国社会民主党出德文版，比利时工人党和其他法语国家的党合作出法文版；英国支部负责必要的准备，以便在必要时出英文版。这些文献的内容，仅限于国际书记处提供的资料，不包括其他任何内容。①

讨　论

辛格尔：我认为，在整个代表大会期间要用 3 种文字出一张报道代表大会情况的日报是非常困难的，因为要做到这一点，物质上的困难很大。最好还是用 3 种文字出一个各组工作的简报。

书记：我不相信实际上做不到，因为国际人口代表大会出了一张类似的日报。当然那是用一种文字出的。不管怎么样，我将全部负责办这件事。

倍倍尔：我同意辛格尔的意见，这也是我们党的指导委员会的意见。我们党对此不负任何责任。

特鲁尔斯特拉：依我看，我也觉得没有必要出这样一张日报。所有

---

①　关于这一计划的完成情况，参见《第二国际》第 203—204 页。

的发言都将有翻译。

书记：你忘了并不是所有的人都能参加每一个小组的会议的。

鲁巴诺维奇：如果有些代表需要一份代表大会的分析性的公报的话，那就是俄国代表们。然而，俄国的两个支部自己可以用俄文出一份公报。

瓦扬：在这样的情况下，我建议书记处可以在斯图加特的社会主义日报上，和德文一起出法文和英文的简报。德文报纸的报道必然是全面的。简报的内容则仅限于为所有国家的代表们提供必须发表的东西。

倍倍尔：有一件事是更为重要的，就是翻译、印刷和立即分发所有的决议草案在讨论过程中提出的所有修正意见。

涅梅茨：能不能把这一任务交给德国的筹备委员会？

书记：不能，这是国际局和书记处的任务。此外，我同意倍倍尔的建议和瓦扬的补充。

国际局接受了倍倍尔—瓦扬的建议，决定用一份简报①替代代表大会的日报。

海德门：你在报告中提到，英国支部应该做必要的准备，以便在必要时用英文出版各国党的报告。讲英语的同志们，美国的各成员党组织，当然应该在这个问题上和我们协作。

书记：我将按这个意思写。

普列汉诺夫：报告规定各国的情况报告在 2 月 1 日到 15 日寄发。这一规定对别的国家可能是可以接受的。但是，俄国目前所处的情况特

---

① 代表大会期间出版了由国际局书记处编辑的两种语言的公报，其中载有各委员会工作的简要的会议记录。参见《第二国际》第 207—208 页。各期公报现存于国际社会史研究所（盖得档案），党史研究所（华沙），马克思主义—列宁主义研究所（莫斯科）。

殊，可能发生代表大会必须全面了解的重大事件。为此，我要求为俄国支部延长一些时日。

书记：我不能接受这一修正。我们的报告文献必须按时出版。所有的文稿都须译成两种文字，翻译需要时间。延长日期就要重复阿姆斯特丹所犯的错误，迫使书记处不得不在代表大会召开后才出版报告。各成员组织当然可以出补充性文件，但是这些补充文件无疑应完全由各有关的成员组织自己出经费。

特鲁尔斯特拉：我同意这样的看法，我觉得这是行得通的。

普列汉诺夫：那我也同意这样。

辛格尔：各国党和组织的报告当然应在 2 月 1 日左右寄到书记处；新的决议文稿最晚应在 4 月 1 日之前寄到书记处。所以我认为确定提交代表大会议程完稿的下一次国际局会议必须在 5 月上半月召开。（同意）

书记处关于代表大会筹备情况的报告经补充后获得通过。

代表大会议程

书记：迄今为止，执行委员会收到要求列入议程的有下列问题：

一、国际代表大会和国际局章程；各国社会党和劳工党议会委员会章程；

二、殖民地问题；

三、外籍工人的出境和入境问题；

四、通过国际局的各项决议，特别是通过关于工人阶级面临战争威胁时的态度问题的决议。

我建议大家逐一讨论各个问题。（同意）

一

1. 代表大会和国际局章程

国际局应在今天第二次讨论它在 3 月 4 日和 5 日两天保留通过的文稿。这一文稿，经过可能的修改，应以国际局的名义提交代表大会通过，只有代表大会有权作出最终决议。

主席：我把这个章程的条文逐条念一遍，请委员们逐一记录：

"一、社会党国际代表大会接纳：

1. 一切赞同社会主义基本原则的协会：生产和交换手段的社会化；劳动人民的国际联合和行动；由阶级政党组织起来的无产者对公共权力的社会主义的占有；

2. 站在阶级斗争的立场上，声明承认政治行动，即立法行动和议会行动的必要性，而不直接参与政治运动的所有行业组织（1900 年巴黎代表大会）。"（未经讨论即获通过）

"二、1. 每个民族的各协会和组织组成一个支部，该支部对是否接纳属于本民族的一切协会和组织表示意见。

未被有关支部接纳的协会和组织有权向社会党国际局提出申诉，由社会党国际局作最后决定；

2. 每个成员党如果设有书记处，或各参加国际的协会或组织设有全国委员会的，则由书记处或全国委员会向各成员社会主义集团转发参加国际代表大会的邀请信以及社会党国际局的决议；

3. 一切提案的文稿都应在国际代表大会规定的召开日期的 4 个月以前提交国际局。国际局在收到文稿后的 1 个月内分发。

凡不按照本程序递交的任何新决议都不予接受、分发或讨论，紧急事件除外。只有社会党国际局有权决定紧急情况，但一切修正案或决议都必须书面提交社会党国际局，并由社会党国际局决定是否采纳修正案，以及是否需要按照修正案提出新的决议。"

瓦扬：国际局在 1906 年 3 月 4—5 日的那次会上没有足够地强调这个文稿的范围。我的想法，也是我们党的想法是每个国家只有一个支部。正因为这样，所以我们的党才自称为：社会党（工人国际法国支部）。我们要把国际建立在各个牢靠的基础上。这个基础就是支部，就是在国际内部起决定影响的支部。所以不能在已有的支部外再成立新的全国性支部。举个例子说，就是不能把那些在法国与政府相勾结的，与统一党（我们支部的社会主义表达名称）毫无关系的黄色的、独立的社会主义集团看做第二个法国支部。为了更加明确一些，我建议把第二节第 1 段的文字写成这样：

"二、1. 每个国家或民族的各党和组织组成一个支部，该支部对是否接纳该国或民族的各党和组织表示意见。"

普列汉诺夫：关于被拒绝的组织有申诉权的问题，我要提请注意，这个制度是非常危险的。特别是在俄国，不择手段的政治权术会促使一些黄色的社会党人提出要求参加代表大会的权利。

瓦扬公民已经接受俄国可以有两个分支部，因为俄国存在有两个大的社会党。如果你们允许这两个分支部在总支部中各自享有完全的自主，那么这个提案就完美了。

鲁巴诺维奇：我以社会革命党的名义，一方面接受统一支部的原则，因为瓦扬公民对此已作了说明和发挥；同时也是由于社会党国际局迫切要求各处都实现统一——但是由于实际情况，也不能急于求成——，而且统一也不能由国际局的表决来实现，所以我要求社会民主党和社会革命党两个分支部在国际局保持平等的表决权和平等的代表权，并且由这两个分支部把俄国的一切其他组织都聚集在它们周围。我们之所以向你们提出这样的要求——在这个问题上，我们也同意报告人范科尔和瓦扬公民的意见——，唯一的动机是为了避免使俄国的各个组织在国际代表大会和国际局内部发生无谓的摩擦。各种事件都表明这两个党在俄国革命的一切示威行动中都是并行地但有区别地发挥着相同的力量：在群众性行动中，在阶级斗争中，在组成与自由党或激进党等其他党派有所区别的政党方面，以及在要求立宪方面，等等。

在农民问题上的不同观点还不允许这两个党考虑统一问题，统一仍然是一个未来的愿望。

今天，这两个党重又被迫转入地下而成为秘密的党。政府的镇压对这两个党施加的压力是相同的。在这样的情况下，要对两党的力量在数量上作出正确而严肃的估计将是鲁莽而轻率的。但是，可以认为两个党的力量是差不多相似的。此外，还有一些其他的情况。

在这两个俄国党之外，还存在有各民族的社会主义政党，这就使代表权和表决权的事情显得十分混乱。

然而，一个统一运动已形成。一方面，所有的各社会民主党都已联合起来——崩得、立陶宛、波兰王国社会民主党人都已加入俄国社会民主工党而成为一个单一的党①，在国际代表大会和国际局中就绝不能再有各自分开的代表权，虽然崩得分子提出要有单独的代表权问题。革命社会主义倾向的各民族党中也有类似的运动。

根据这样的情况，同时也是和普列汉诺夫公民以及各报告人的意见相一致的，国际局可以这样决定：（1）俄国支部分为两个分支部，主要是社会民主党和社会革命党两个分支部；（2）俄国的其他党都请集结在这两个分支部的周围，并在这两个分支部内部决定分配各党的表决票数。

----

① 这是指俄国社会民主工党第四次代表大会（称为统一代表大会），1906年在斯德哥尔摩召开。

倍倍尔：我在想，俄国支部将如何符合关于表决方式的规章第三节的规定。该条文认为，民族就是指那些由于长期的历史传统所形成的向往自治和道义上的一致的各居民聚居集团。这样会不会使代表大会被俄国各民族的表决声所淹没？我们可以结合讨论一下"国际的"和"民族（国家）的"两个概念问题，我认为二者是并不互相排斥的。

瓦扬：在回答鲁巴诺维奇时，我已说过，我同意在没有实现社会主义统一的国家里可以有两个分支部，但是我认为，无须在代表大会的机构规章中载入申诉权。人们不应该挑起这样的麻烦。

辛格尔：我建议支部不要由每个民族的党和组织组成，而是由每个政治国家的党和组织组成。

我们没有必要去管各国内部发生的民族之间的争斗。每个国家最多可有20票（见第三节第3段），各该国的代表们可以按照参加的各民族分配表决票。总之，国际代表大会是为每个国家规划政治路线；而且，是每个国家有它自己的立法，而不是每个民族有自己的立法。

范科尔：在接纳党和组织的问题上，我们很快就可以达成一致。实际上，我们在关于民族支部的资格和在没有实现社会主义统一的国家有必要设置分支部的问题上，我们是一致的。但是，我不同意取消在规章中载有的申诉权，如果这一权利事实上是存在的，就应加以宣布。我也同意瓦扬的修正意见，把**"协会"**这个词改为**"党"**。

涅梅茨：辛格尔提出的问题对波希米亚社会党说来，是一个切身问题。我们波希米亚是一个被人剥夺了民族自主的民族。我们不能在国际代表大会上取消我们的民族资格，接受这样的局面，将使我们和整个民族处于公开的冲突。同时也是和社会主义的原则相抵触的，社会主义是承认民族的生存权利的。

库尔斯基：我首先要提请你们注意鲁巴诺维奇的用词。他说在俄国只存在两个大的社会党，这一点是不正确的。在俄国有两个流派：一个流派叫社会民主主义，一个流派叫革命社会主义。

社会民主主义流派在我们国家有好几个党的代表：有本名就称为社会民主党的，有崩得，有拉脱维亚党，有波兰王国社会民主派，这些组织融合组成了俄国社会民主工党。还有其他一些声明同一原则的集团，它们的合并只是一个时间问题。代表非社会民主主义的流派的就只有一个党，即社会革命党。

鲁巴诺维奇：这是不确切的。

库尔斯基：这是我的意见。建议接受俄国有两个支部，似乎就是要把表决票数分为两个相等的部分，社会民主派一半，革命社会主义派一半。

然而，这样的分配是不行的。

另外，倍倍尔曾说，崩得既然已合并入社会民主派，就不能列入票数分配。

真实的情况是崩得和党都没有因合并而失去力量和影响，而是相反。所以我不理解，倍倍尔为什么似乎要把崩得排斥在代表大会之外。

倍倍尔：不是这样的！

库尔斯基：崩得和党订立的协议里明确地规定，崩得在国际代表大会上保留它自己的代表权。所以崩得和社会民主党是不能同意倍倍尔所表明的意见的。

倍倍尔：是可以同意的！

迪阿曼德：我不能接受把"国家"这个词去替代"民族国家"或"民族"。我的党在国际局书记处发表的一个说明中对这个问题作了明确的表示，我不打算重复我的论据。我们波兰并未组成一个国家，而是一个民族，我们有权利参加国际局和代表大会。

布兰亭：我建议第二节条文应这样写：

"由社会党国际局承认的，并有代表参加这一机构的每一个国家，

或现时尚未存在国家的，则由每一个民族的所有政党和组织组成一个支部……"

我的这个文稿，还可以在形式上进行修改，协调了两种意见，考虑到已存在的事实。诸位必须重新思考一下这个问题。

＊　＊　＊

会议决定当时不作出决议，并将第二节和第三节委托一个由几名成员组成的委员会去起草，请他们在下午的会议上提出一个协调方案。

一并委托给这个委员会的第三节条文在 3 月份通过时的原文是这样的：①

会议在 2 时 40 分休会。

下午的会议

会议在 3 时 30 分重新开始。

特别委员会向国际局提交了起草的第二节和第三节各条文的下列文稿：

二、1. **每个国家或民族的各党和组织组成一个支部，该支部对是否接纳该国或民族的各党和组织表示意见。**

未被有关支部接纳的各党和组织有权向社会党国际局提出申诉，由社会党国际局作最后决定；

2. **各支部的全国委员会，如果没有全国委员会的，则由各成员党的书记处，向各成员社会主义集团和其他成员组织转发参加国际代表大会的邀请信以及社会党国际局的决议；**

3. **一切提案的文稿都应在国际代表大会规定的召开日期的 4 个月**

---

① 第三节条文译文见本卷第 236 页，此处从略。——译者注

以前提交国际局，国际局在收到文稿后的 1 个月内向各处分发。

凡不按照本程序递交的任何决议都不予接受、分发或讨论，紧急事件除外。只有社会党国际局有权决定紧急情况，但一切修正案或决议都必须书面提交国际局，并由国际局决定是否采纳修正案，以及是否需要按照修正案提出新的决议。

三、国际代表大会的表决方式由下列规则规定：

1. 每人 1 票表决权，表决按民族支部进行。每当有出席代表大会的 3 个支部提议，即可进行表决。

2. 每个支部按照级别表的规定，可拥有 2—20 票不等的表决权票数。该级别表将由 1906—1907 年度任职的社会党国际局首次制订。该级别表将定期或根据情况的需要进行修改。

3. 每个支部的表决票数按照下列规定分配：

（1）按照缴纳党费的人数，并考虑其居民人数；

（2）按照该民族的重要性；

（3）按照工会组织和社会主义合作社的力量；

（4）按照一个或几个社会主义政党的政治力量。

国际局可要求提供一切文件或凭证，以验证缴纳党费的成员人数。

四、支部分配它所分得的表决票数。如组成支部的各党和组织在表决票数的分配上有分歧，则由社会党国际局进行分配。

基尔·哈第：我建议代表大会的邀请信也应发给各工会。

海德门：我不同意这个意见。我反对邀请不承认阶级斗争原则的工会活动家。社会党的代表大会不能接纳不是社会主义的协会参加。

主席：这不是纠缠标签或形容词的问题。接纳行业组织的条件是正式规定了的。第一节已经载明这些组织必须持阶级斗争的立场，并且承认政治行动的必要性。我相信基尔·哈第指的就是接受这两个原则的工会，而不是其他的工会。

海德门：作这样的说明，我就同意邀请工会。

特鲁尔斯特拉：这样就决定支部的基础是一个国家或民族，并且由国际局决定接纳新支部。但是，同时也应该提到支部的各派可以分别表决，而且分支部的存在，绝不影响分配给它们的表决票数。（同意）

主席：第四*到第六节的文字是这样写的：

四、在参加国际代表大会的各民族支部的基础上建立社会党国际局，以继续国际代表大会的职责。每个支部在国际局中可委派两名代表。这两名代表可由各成员党委任的候补代表替代。

  *会议结束时，书记从崩得派和拉脱维亚社会民主派那里收到一条关于代表大会和国际局规章第 IV 条条文的意见。① 这条意见的内容是：

"关于社会党国际局的组成，崩得中央委员会再次提出建议，要求今后国际局建立在代表大会的同样基础上。换句话说，就是每个支部在国际局中不是指派 2 名代表，而是按照各支部的表决票数指派代表。举个例子，假设分配给俄国的是 14 票，在 4 个组织中按下列情况进行分配：A6 票；B4 票；C2 票；D2 票。这样俄国在国际局中就有 4 名代表（而不是 2 名），C 和 D 各有 1 票表决权，B 有 2 票，A 有 3 票。由于俄国情况的复杂性，以及大量的社会主义组织，按我们的意见，俄国支部至少应有 4 名代表，代表社会民主派、崩得、拉脱维亚人和社会革命党人。国际局是应该具有威信和影响的，为此，唯一的办法就是和我们所提到的这 4 个党保持密切的接触，从而得到有关俄国社会主义运动的第一手资料。

崩得代表：莱奥·贝格曼

不想对此建议作详细的补充，我谨以拉脱维亚社会民主党中央委员会的名义，表示同意崩得代表的意见，我支持他们的动议。

拉脱维亚社会民主党国外委员会代表：布劳恩。"

[社会党国际局书记注]

---

① 崩得派的建议经斯图加特代表大会讨论后被否决。

五、国际局设一名常任书记，其职责按照 1900 年巴黎代表大会的规定。书记处办公地点设于布鲁塞尔。比利时代表团承担执行委员会的职务；

六、各成员党的党费，根据国际局定期规定的党费额，在每年 1 月份征缴。

（无异议通过）

主席：英国代表团向书记处提交了两个补充修正案，文字是这样写的：

"（1）改变现存的由各委员会各自分发决议的制度，这种制度增加甚至重复了工作。改为由选出的代表大会常务委员会负责汇集各种决议并安排议程。常务委员会中每一民族支部都有自己选出的书记代表参加；

（2）代表大会上的发言时间限为 20 分钟。"

辛格尔：我认为这一体制是不行的。常务委员会将变成代表大会中的一个小代表大会，这将延迟并加重事务。我也反对限制发言时间，这将阻碍报告人作必要而认真的说明。

基尔·哈第：我们曾注意到，在各次社会党的代表大会上，当代表们分散在各种委员会里时，人们会浪费宝贵的时间。若要问常务委员会做些什么事？常务委员会在每天晚上开会，起草各项提案，并制定代表大会的议程。这一制度在英国工作得非常出色。

经过简短的交换看法后，除了 4 票不同意外，表决维持原状（保持各委员会）。

英国代表团随即收回了关于限制发言时间的动议。

书记：还需要解决一个相当复杂的问题，就是第Ⅲ节中指出的分配表决票数的问题。

辛格尔：在下一次会议上解决会更好，在此之前，为我们提供资料。（同意）

2. 各国议会委员会章程

主席：现在我们进入研究各国议会委员会章程问题。

我现在请书记发言，念一下特别委员会的报告。

书记：荷兰委员会曾经为了准备这个委员会在伦敦召开的第一次会议而拟定了一个草案，经过简短的讨论后这个草案被撤回了。那次会议的正式记录可惜还没有公布；但是在国际局书记处7月份的报告中，你们可以找到通过的各项决议的正确文稿。荷兰的草案被否决了，主要因为它会形成两个国际中心，两个图书馆，两个办公处，这样就无益地造成双重的开支。

在此情况下，委员会就决定把问题提交给一个由曼努里公民和社会党国际局执行委员会成员组成的一个委员会。这个委员会对荷兰代表团最初拟定的草案进行了修改，并一致向你们提出下面的文稿：

"第1条　遵照伦敦和巴黎召开的两次国际社会党人代表大会所通过的决议，各国社会党和劳工党议会委员会已由1904年8月20日召开的阿姆斯特丹国际社会党人代表大会上宣告成立。伦敦和巴黎两次国际代表大会所通过的决议文字如下：

> 社会党国际委员会应要求各国社会党议会党团组织一个各国议会特别委员会，以便在各项重大的国际性政治和经济问题上采取共同行动。该委员会附属于国际社会党委员会。
>
> 　　　　　　　　　　　　　　巴黎代表大会，1900年
> 宣告成立各国议会会议。会议由每个国家一名代表组成。会议的目的是使所有各国的议会工作一致起来。（情报寄给爱德华·瓦扬公民）

伦敦代表大会，1896 年

第 2 条　会议年度自 9 月 1 日起到 8 月 31 日止。

第 3 条　各国社会党和劳工党议会委员会的成员是：

参加社会党国际局的各成员党的议会党团，出席会议即成为各国社会党和劳工党议会委员会的成员。参加时，各议会党团指定一名成员为通讯书记。参加的各议会党团即代表它们所属的党。

第 4 条　各国社会党和劳工党议会委员会书记的职务由社会党国际局书记承担。

第 5 条　每个议会党团自身就是一个情报办公室，根据它们所具备的条件，提供各国社会党和劳工党议会委员会各成员所要了解的一切情况，包括有关各国议会的行动和立法情况，以及各国的经济形势等。

第 6 条　各国社会党和劳工党议会委员会的经费由其成员提交会费和自愿捐赠。各党的会费按照其参加议会的议员人数计算，每个议员为 5 法郎。

第 7 条　每年举行一次常规会议。参加各国社会党和劳工党议会委员会的所有议会党团成员都可参加。每年一度的常规会议指定下届开会的地点。

第 8 条　也可召开非常会议，各议会党团可派两名或数名代表参加。

第 9 条　有 5 个议会党团提议，即可召开这样的非常会议。

第 10 条　社会党国际局有权参加各国社会党和劳工党议会委员会的每次会议，参加会议的讨论，向会议提决议案，并提供咨询。

第 11 条　选举制度适用社会党国际局实行的选举制度。

第 12 条　本章程条文以及今后的修正，都须经社会党国际局的同意施行。"

讨　论

海德门：按照我所得到的指示，我首先反对加上**"劳工"**这个词。阿姆斯特丹代表大会曾妥善地决定各国议会委员会只能由社会党的议员组成。

书记：我谨以书记的身份提请注意。我没有权利对名称作任何一个字母的修改。现在这个名称的形式是伦敦各国议会委员会会议通过的。

普列汉诺夫：为什么是**"劳工"**这个词，你们为什么没有加上**"工资劳工"**这几个字。

特鲁尔斯特拉：这个词是英国代表要求加上的，为的是便于英国工党的议会党团成员参加。我们只是仿效了巴黎代表大会①的先例，巴黎代表大会的名称是：**社会主义和工人国际代表大会。**

倍倍尔：我觉得名称并不是严重问题。如果读成：各国社会主义议员及劳工代表议会委员会，这样就可理解了。

特鲁尔斯特拉：伦敦通过的名称并不是毫无意义。这个名称符合这样一个事实，即：劳工党的议员代表参加了委员会。

辛格尔：既然委员会是国际社会党人代表大会的一个创造，那就简单地称之为各国议会委员会就完了，不必再加别的字。

基尔·哈第：我接受辛格尔的建议；但是我要指出，英国工党像比利时工人党一样，是社会主义的，虽然社会主义这个词没有在名称中写出来。

海德门：我只能在你们的决定面前低头；但是我认为这样就会把大

---

①　特鲁尔斯特拉引证了 1889 年 7 月 14—21 日召开的巴黎代表大会，第二国际就是从这次代表大会开始的。

门向不同意我们的原则的议员敞开。

特鲁尔斯特拉：不会这样的。因为议员必须赞同国际代表大会规章第一节规定的各项原则。另一方面，我们有权利像瓦扬指出的那样，使各国议会委员会服从国际局的决定。第 12 条就是按照这一意图草拟的。

辛格尔的修正获得一致通过，1 票弃权。

倍倍尔：我建议各国议会委员会的会议一般都在布鲁塞尔继社会党国际局会议之后召开。

基尔·哈第：各国议会委员会会议规定在一个固定城市召开而不再变动，我对这一点持保留意见。转换地点，有时对工人运动是有益的。

辛格尔：我强调必须固定在一个地点，我建议把第 7 条的文字写为：

"每年继国际局会议之后召开一次常会，见参加各国议会委员会的议会党团成员都可参加。"

下面的一段文字就不要了。（同意）

瓦扬：在章程中载入一条我在伦敦提到的关于在发生国际冲突时召开各国议会委员会会议的条文也是有用的。我们可以在第 9 条条文中作如下的补充：

"一旦由于秘密的或公开的事件令人担忧地导致政府之间发生冲突而使战争成为可能或近乎事实时，就还应在社会党国际局会议的同一时间、同一地点举行一次非常会议，以便为避免并制止战争而确定和协调各国工人的行动，这种行动应该是社会主义性质的，并且是共同一致而互相配合的。"

会议通过了这个文稿，并一致表决通过了上面指出的修正草案。

二

殖民地问题

主席：请书记讲话，念一下执行委员会的提议。

书记：可以这样说，斯图加特代表大会由于前几次代表大会的原因而必须涉及这个问题。特别是因为前任书记已用法文、并在《前进报》上用德文发表了阿姆斯特丹代表大会的会议记录。

巴黎代表大会（1900 年）曾采取下列措施：

"1. 各国党应研究殖民地问题；

2. 凡是经济条件许可的地方，应该特别鼓励建立殖民地当地的社会党；这些当地的社会党加入宗主国的组织。

3. 应该在各殖民地的社会党之间建立联系。"

这一决议已由罗西（意大利）在阿姆斯特丹加以明确，他曾建议并决定建立（并不是像法文的会议记录中所说的那样：一个和社会党国际局有联系的殖民地局），一个"由各成员党建立殖民地问题研究委员会"（见德文文稿）。

执行委员会认为，殖民地问题已比以往任何时候都需要加以研究，并向你们建议：

1. 在每个国家委托一位有能力的人，一位社会党人，他的研究或行动是提请国际局的注意，向国际局报道他所在国家的统治阶级在殖民地进行的剥削情况。例如，范科尔可以向我们作新荷属印度群岛的报告；海德门可以作英属印度群岛的报告；王德威尔得报告刚果，勒德布

尔报告德属殖民地，鲁瓦奈报告法属殖民地的情况，等等……①

2. 如有殖民地本地的社会主义者，则要求他们自己写关于殖民地问题的报告，因为不仅需要听到经济学家或政治家的声音，而且也需要听到那些生活在殖民地当地的人们的话。②

海德门：我首先应该提请你们注意英国殖民地的社会主义活动情况。社会民主联盟在澳大利亚、纳塔尔、南非都有它们的小组。同时，你们不会不知道社会主义在加拿大的进展是很迅速的。我还要声明，准备起草一个关于殖民地问题的新的报告。

倍倍尔：我认为执行委员会的建议只是咨询性的和指导性的。

主席：当然是这样的。

瓦扬：最好是要求本国有殖民地的支部指派一名通讯员，并且和住在殖民地当地的社会主义者取得联系。

书记：这就是我们的意图。

主席：那就这样办吧！

三

外籍工人的出境和入境问题

主席：请书记讲话，念一下执行委员会的一些建议。

---

① 关于这一问题的各种报告均发表在《提交斯图加特国际社会党人代表大会（1907 年 8 月 18—24 日）的提案和决议草案并附说明报告》这一文献中，社会党国际局于 1907 年用 3 种文字在布鲁塞尔出版。只有德国社会民主党由累德堡起草的有关这一问题的报告没有在这一文献中刊出。因为德国社会民主党的报告是在最后几分钟才写成的，仓促间就印了德文的，没有署名，题目是：《社会民主和殖民政策》，共 16 页。（德国社会民主党档案，波恩，迪德曼基金会）

② 由于这一提议被否决，这些报告就不再提起。

书记：根据阿姆斯特丹代表大会的法文会议记录和德文会议记录，在基尔·哈第的建议下，决定将**外籍工人的出境和入境移居**问题推延到斯图加特代表大会。

我们的同志认为问题还没有成熟，而在这期间，则可以收集有关这个相当复杂问题的资料。

像国际局成员们都知道的，席佩耳公民在最近这一时期内，专门从事这个问题的工作，他不久前声称，将在年底发表一本文献，书名是：《美洲、澳大利亚洲和南非的苦力和中国移民问题。国际劳工问题历史》。

另一方面，美国和日本的社会主义报纸，以及还有一些英国工会的出版物，对这一问题的讨论十分感兴趣，特别是他们对阿姆斯特丹大会发表的一些意见作了评论。在阿姆斯特丹代表大会上，有些代表赞成对某种类别的工人的入境进行限制。

执行委员会为此向你们建议，由书记和席佩耳公民进行联系，以便获得他在这个问题上所收集的资料。[①] 同时，执行委员会也要求英国、美国、匈牙利以及其他与这个问题特别有关的党或组织，在必要的时候向我们提供有关这个引起纷争的问题的报告。这样，阿姆斯特丹代表大会的愿望就能得到满足。或许还有必要研究一下欧洲和美洲的一些参加收割甜菜等农作物的临时性移民工人的情况。

布兰亭：我建议在斯图加特不要讨论为收割甜菜等作物而暂时进入欧洲的移民问题。这个问题和我们所要讨论的问题极不相同。

---

① 这是指麦克斯·席佩耳，他在这些文件的基础上起草了一个报告，题目是《各国关于外籍工人问题立法，国际代表大会材料》，《新时代》1907 年第 41 期附刊。席佩耳的这个报告引出了 M. 格龙瓦尔德发表在《新时代》的答辩，见《新时代》第 25 年卷第 2 册第 581—591、615—616 页。

范科尔：令人特别感兴趣的是要请美国同志们作一个有关移民问题的报告。

倍倍尔：这个问题不仅和美国有关，而且也和意大利及匈牙利这样的国家有关。值得注意的是资产阶级的态度几乎是一致的，一方面日益变得更为保护主义，另一方面对入境廉价劳动力则敞开大门。但是我认为，在工人阶级中间，意见很难趋于统一。

瓦扬：我认为临时性的出境移民问题应该加以研究。事实上，我们已遇到了比利时去法国工作的临时性移民问题。在阿姆斯特丹，我们曾扩大了讨论，特别注意到苦力问题。

巴拉巴诺娃：我同意这个意见。尤其是因为意大利人和瑞士人特别关心这个问题，希望得到解决。

布兰亭的建议，从斯图加特代表大会的议程上取消临时性移民问题，该建议被提交表决并获通过。

主席：书记为此即将向各国社会党发信，以收集有关出境和入境移民问题的必要文件。此外，执行委员会的建议也获得通过。

四
通过国际局的决议

主席：请书记发言，读执行委员会关于第四个问题的报告。

书记：这个问题是由瓦扬公民提出的，他以他所代表的党的名义，给我们寄来了下面的照会：

"我谨告知你，按照你上次的信件，国际代表大会的议程应该引起我们关心。我将要求国际局请代表大会批准国际局的那些涉及工人和社会主义普遍利益的决议。这里我尤其想到的是国际局和各国议会会议关于在发生国际冲突威胁时召开会议的决定。但是最好是不仅是这些决议，而且是所有获得一致通过的决议，都可用一个特别印制的报告，分别注明标题，作为国际局的提案提交国际代表大会。"

在国际局通过的决议中，有些问题已经失去现实性；其他一些则与当前的经济、政治形势仍然有关。第一类问题我们不拟再重提。下面是第二类问题，我们根据的是国际局历次会议的会议记录中的记载：

1. 国际局第一次会议（1901 年 12 月 29 日）通过的决议：

反对普鲁士对波兰的压迫

"社会党国际局于 1901 年 12 月 30 日在布鲁塞尔召开会议，谨以各国社会主义无产阶级的名义，对普鲁士在波兰实行的日耳曼化政策表示最强烈的抗议。普鲁士不惜以最野蛮的手段强迫波兰人民放弃祖国语言。

国际局同时也揭露各国领导阶级的伪善和两面派面目。它们对英国在德兰士瓦的野蛮行径非但不表示足够的义愤，而且另一方面还允许并鼓励它们的政府对在德国的波兰人采取令人愤慨的压迫政策。

国际局支持波兰工人阶级从社会民主中去寻求保护，以反抗对他们的民族文化和民族精神的迫害，并寻求摆脱经济上的附庸和依赖。支持波兰工人阶级以全力争取社会主义的胜利。只有社会主义才能为波兰带来完全的自由，带来物质和精神上的平等。"

2. 国际局第三次会议（1903 年 7 月 20 日）通过的决议：

保护外籍工人

"国际局鉴于比利时代表团提出的问题是阿姆斯特丹代表大会议程上的问题，应由代表大会通过总决议加以解决；

另一方面，由于代表们对某些民族主义分子议员所提出的禁止邻国工人的建议原则表示一致谴责，国际局邀请有关国家的社会党议员——这些建议的提出是在阿姆斯特丹代表大会以前——在共同协议的情况下，寻求最有效的办法设法否决这些禁止的措施。"

3. 国际局第四次会议（1904年2月7日）通过的决议：

关于阿根廷境内工作的外籍工人被驱逐事

"社会党国际局强烈抗议任何国家对待见解、言论上的轻度罪行采取驱逐出境的手段，为此，国际局特别向公众舆论谴责阿根廷政府的行径，该政府运用一个立法，即所谓的居住立法，大量驱逐外籍的社会主义者。"

4. 国际局第四次会议（1904年2月7日）通过的决议：

关于迫害德国境内的俄国社会主义者事

"社会党国际局强烈抗议在德国的俄国社会党人受到来自警察和政府方面的迫害；

严厉申斥德国卑恭躬膝地执行甘当俄国专制主义工具的可耻的奴婢政策；

向德国和意大利的社会党人致敬，他们对遭受沙皇制度迫害的俄国活动分子进行了有效的帮助；

要求各国社会党掌握一切机会向正日益试图在西方各国扩散其影响的沙皇制度作斗争，沙皇制度对民主和文明已构成经常性的危险。"

5. 国际局第四次会议（1904年2月7日）通过的决议：

保护巴尔干各民族的独立，反对屠杀

"国际局：

谨向巴尔干为争取独立而进行斗争的各族人民表示同情。

强烈抗议对马其顿人进行的屠杀。

并且为了恢复和维护和平，要求马其顿实行完全的自治，并要求给该国的所有民族、集团以生存和发展的权利。"

6. 国际局第五次会议（1905 年 1 月 15 日）通过的决议：

在所有国家实现社会主义的统一

"国际局谨向那些已经采取措施以实现社会主义统一的国家的社会党表示祝贺，并强调已经获得的成果的重要意义，提请那些尚未采取必要措施以执行阿姆斯特丹决议的国家注意。"

7. 国际局第七次会议（1908 年 3 月 4—5 日）通过的决议，该决议得到各国社会党和劳工党议会委员会 1906 年 7 月 16—19 日伦敦会议所通过的决议的补充。

社会党国际局。"一旦由于秘密或公开的事件，令人担忧地导致政府之间发生冲突而使战争成为可能或近乎事实时，各有关国家的社会党应立即自发地并在社会党国际的邀请下进行直接接触，以便为避免并防止战争而确定和协调各国工人的行动，这种行动应该是社会主义性质的，并且是共同一致而相互配合的。

同时，国际局也应通知其他国家的社会党，并尽快召开社会党国际局会议，以确定整个社会党国际和有组织的工人阶级为避免和制止战争而采取最适当的行动。"

各国社会党和劳工党议会委员会。"在国际和平发生危险的上述情况和形势下，各国社会党和劳工党议会委员会立即与社会党国际局在同一时间、同一地点一起举行会议。"

瓦扬：所有这些决议都可以不经讨论即告通过，只有第七个关于国际冲突的决议是例外。我要求我们的德国同志们，他们所处的情况特殊，在斯图加特准备一个关于避免国际冲突的报告。

特鲁尔斯特拉：是否像某些法国同志们所理会的关于反对军国主义的问题？

瓦扬：完全不是，就只是关于避免国际冲突的问题。

特鲁尔斯特拉：如果是这样的话，我要求把反对军国主义和国际主义问题列入议程。

布兰亭：这个问题是和瓦扬公民的问题相吻合的。

倍倍尔：我接受讨论反对军国主义问题，以便澄清在这个问题上的混乱状态。但是我估计，这个问题的争论必然会突然发生。至于避免国际冲突的问题，我认为瓦扬的提案应该得到补充。

主席：布鲁塞尔和伦敦通过的瓦扬的决议将列为议程上的一个特别的议题。文字可以写成这样：军国主义和国际冲突。（通过）

五
各社会党和工会组织之间的关系问题

主席：我拟请书记发言，请书记念一个执行委员会的建议。

书记：执行委员会终于认为斯图加特代表大会必须讨论一个在许多国家的全国代表大会上讨论过的问题，这就是社会主义工人政党和工会组织之间的关系问题。执行委员会建议把这个问题列入议程，不作其他说明。

瓦扬：在国际代表大会上解决这个问题是极其困难的。各国工会存在的条件是不相同的。我们国际的集体态度已在新的国际组织规章第 1 节条文中得到明确，条文载明凡同意阶级斗争原则并承认政治行动的工会都可被接受参加代表大会。我必须补充指出，如果有人认为还有必要更加明确一些，那么我准备接受执行委员会的建议。

书记： 我认为这是一个棘手的问题，也是一个我们回避不了、终于要出现的问题。

基尔·哈第： 实际上，工党是打算把这个问题在代表大会上提出来的。

瓦扬： 只要你们认为列入议程是有益的，我丝毫不加反对。

国际局接受执行委员会的建议。

其他问题

瓦扬： 我想知道，你们是否认为有必要把劳工立法和特别是劳动合同问题列入大会议程。

海德门： 我认为是有必要的。

特鲁尔斯特拉： 我也要求可以讨论一下新的劳工立法在各国产生的效应问题。

倍倍尔： 如果议程太多，讨论就会失去深度。在我看来，还是保持执行委员会的建议。

主席： 我也认为这是最明智的。（同意）

辛格尔： 还有一个问题要明确一下，是否仍然保持阿姆斯特丹要求的那样，每个代表缴纳 10 法郎的党费？我认为应该保留这一极好的措施，因为书记处为了出版两册报告和决议，显然必须支付相当大的费用。其他费用则将一概由德国社会民主党负责。（同意）

主席： 这样，斯图加特国际代表大会的议程就暂定如下：

1. 通过国际局表决的决议；
2. 国际代表大会和国际局的规章，各国议会委员会的章程；
3. 军国主义和国际冲突；

4. 社会主义工人政党和工会组织之间的关系；

5. 殖民地问题；

6. 外籍工人的出境和入境问题。

书记：在这次会议结束时，我擅自再一次向各位代表和各成员党呼吁，要求能收到你们寄发的所有各种刊物。巴黎代表大会曾委托书记处搜集无产阶级的档案。如果不是全心全意对待这个任务的话，这是完不成的，因为我们的预算仅够日常的开支。此外，像规章所载明的，每年 1 月 1 日交付党费，如果能收到各成员党的党费，执行委员会将感到高兴。

布兰亭：关于这个问题，我愿意向你们报道一个消息。瑞典社会民主工党正在不断获得发展，并在我们国家的发展进程中，日益占有更为重要的地位。国际内部这一力量的增长应该通过增加党费来反映，所以我谨向你们宣布，我们对国际局费用每年提供的份额将增为 500 法郎。（精彩！）

鲁巴诺维奇和**迪阿曼德**声明，他们刚收到拉脱维亚社会民主同盟的一个纸条。由于没有时间，拉脱维亚社会民主同盟未能前来参加这次会议，但是他们声明，一旦有机会，他们还是要来参加讨论问题。①

----

① 在鲁巴诺维奇 1906 年 12 月 7 日写给胡斯曼的一封信中，我们看到了关于这个问题的详细情况：

"在会议结束时，我们和波兰代表迪阿曼德一起提请国际局注意我们收到的一个文件。这个文件是在最后的时刻由斯库比克公民通过康托尔公民送来的。由于没有时间了，所以我们没有在国际局的会议上提出该文件。但是我必须告诉你，这封信的内容包含着对以前发表过的拉脱维亚社会民主工党一封信的答复。根据我们了解的情况，拉脱维亚社会民主同盟是一个严肃的组织。每次有涉及波罗的海各省的事件时，官方文件中经常要提到他们，我们的中央委员会和他们的中央委员会有着极为经常的联系；他们的行动主要是在农村；由于缺乏文件，不能和拉脱维亚社会民主工党进行比较。我可以保证，国际局能够而且应该严肃认真地考虑拉脱维亚社会民主同盟的声明，该同盟属于社会党国际内部集结在社会革命党周围的那些革命社会主义组织中的一员。"社会党国际局档案。

主席：书记告诉我，他刚才收到芬兰社会民主工党的一封信，他们也把党费提高了 50%，就是从 200 法郎增为 300 法郎。我希望芬兰和瑞典朋友们的榜样将会得到仿效。因为大部分国际职业秘书处拥有的基金大大超过社会党国际局的基金。最后，我向代表们表示感谢，感谢大家对我们工作的宝贵合作，并向大家告别。我们将在 1907 年 5 月再见。现在会议结束。

国际局在晚上 8 时 40 分闭会。

社会党国际局会议（1906 年 11 月 10 日）财务报告①
总账目

1906 年 3 月 5 日库存	47282.40	法郎
总的收入款项	51184.69	
合计	98467.09	法郎
总支出款额为		
	69720.09	
结余	28747.00	法郎
俄国基金账	24725.72	法郎
管理库存	4021.28	
1906 年 8 月 5 日入金库	42525.36	法郎
1906 年 11 月 8 日在内的收入	39526.41	
合计	82051.77	法郎
1906 年 11 月 8 日在内的支出	57326.05	
该日库存	24725.72	法郎

---

① 财务报告没有和会议记录一起刊印，而是复写分发给各国代表。

1906 年 8 月 5 日库存   4757.04   法郎

1906 年 11 月 8 日在内的收入   11658.28

合计   16415.32   法郎

1906 年 11 月 8 日在内的支出   12394.04

该日库存   4021.28   法郎

正像你们所看到的，书记处的金库是并不充裕的。然而截至 1906 年 12 月 31 日，各成员党拖欠的党费金额高达 12360.00 法郎。

下面是拖欠党费者的名单（单位：法郎）

社会民主联盟，英国	100.00
英国支部（1906 年补交党费）	450.00
阿根廷社会党	400.00
奥地利社会党	1890.00
国际社会主义俱乐部，澳大利亚	200.00
保加利亚社会民主工党	100.00
丹麦社会党	800.00
美国社会党	875.00
美国社会主义工人党	825.00
西班牙社会党	200.00
社会党（法国）	1250.00
芬兰社会党	200.00
荷兰社会民主工党	1070.00
匈牙利社会党	400.00
意大利社会党	400.00
日本社会党	275.00

卢森堡社会党	25.00
挪威工人党	200.00
波兰社会党（P. P. S.）	500.00
波兰王国和立陶宛社会民主党	200.00
俄国社会民主工党	1000.00
瑞士社会党	800.00
塞尔维亚社会党	200.00
合计	12360.00（法郎）

所以我们请求拖欠党费的各成员党尽早将它们的党费寄来，以便书记处能够适当地完成任务。

67

抗议因基拉克茨基事件要求引渡
一名居留在瑞士的波兰革命者的通告

（1907 年 3 月 10 日，布鲁塞尔）

致社会党国际局各成员党，
并致为争取自由的俄罗斯而战斗的各报纸！

社会党国际局执行委员会刚收到附在这里的两封来信。一封信来自波兰社会党，一封信则来自波兰的自称为无产者的社会党①。这些文件的目的是为了提请文明世界和有组织的无产阶级注意一件要求引渡的事件，即尼古拉二世的政府要求引渡在瑞士遭到拘留的基拉克茨基公民。这个黑帮政府在整个俄罗斯的国土上到处组织谋杀，蒙难者的亲友如果一旦反抗就会遭到镇压。

这个黑帮政府试图把一次政治谋杀转化成为侵犯公共权利的罪行，而这一政治谋杀的执行者并不是人们所要求引渡的公民。屠宰波兰的刽子手虐待拉脱维亚的施刑者，彼得堡的屠夫们为了把他们的一名反对者弄到手，事先作了罪恶的收买。随后，他们将把这名反对者解送给格列古斯和达乌斯的特务人员，供他们在里加和其地方的刑讯室中进行拷打。一切工人组织，一切社会主义的报纸，一切要求实现自由的俄罗斯的人们都来反对这一狂妄的计谋。我们大胆地希望瑞士联邦委员会将不

---

① 这是拉迪斯拉斯·科贝兰斯基以波兰社会党"无产阶级"国外委员会的名义向社会党国际局的报警。他要求胡斯曼发表这一确实的消息。但是由于情况特殊，要求不要提他的姓名，也不要透露他的住处（博利亚斯科—日内瓦）。文献的原件存于社会党国际局档案。胡斯曼把这些文件转给普列汉诺夫，以求证实。普列汉诺夫立即从内尔维写了回信："不用说，你将尽力拯救基拉克茨基。我就不再为此事给你写信了，我是非常了解科贝兰斯基同志的。所以我可以向你保证，他的话是完全真实的。我还要补充，最好不要提他的姓名。"社会党国际局档案。

我们不再重新刊出社会党国际局附在这个通告里的两个文件。第一个文件是关于谋害伊万诺夫的情形。伊万诺夫是铁路局局长，因他实行俄国化政策而遭到杀害。基拉克茨基在发生案件时恰在现场，但他并不是谋杀者。基拉克茨基曾经被俄国警察逮捕过一次，后来脱逃了。第二个文件则是证实伊万诺夫确实因为竭力企图破坏"铁路员工联合会"而受到党的制裁；但是，基拉克茨基并不是执行党的命令的人。社会党国际局档案。

会同意这一政治阴谋，希望联邦委员会释放基拉克茨基公民①，并且希望联邦委员会警惕不要让令人痛心的切尔尼亚克②事件再次重演。

社会党国际局执行委员会

爱·安塞尔，埃·王德威尔得

书记　卡米耶·胡斯曼③

---

① 波兰社会党"无产阶级"的证明转呈到瑞士联邦法院官员们的手中。社会党国际局采取了有利于基拉克茨基的措施。也请参见附件 19。

② 切尔尼亚克事件于 1907 年 2 月在欧洲社会主义者中引起了强烈的震动。切尔尼亚克是社会革命党的党员，被控参与了彼得堡福那尼街的谋杀事件，或为谋杀事件做了准备工作。警方施展阴谋把他诱至斯德哥尔摩而加以逮捕。俄国政府要求引渡。社会党国际掀起了抗议浪潮。瑞典社会民主党有影响的领导人布兰亭指出，俄国革命家是一次挑衅事件的牺牲者。释放后，发现切尔尼亚克窒息死于一艘轮船上。引渡切尔尼亚克的问题在当时社会主义报纸上占了极大的篇幅。例如，可参见《人道报》1907 年 2 月 1 日第 2 版，2 月 2 日第 2 版，2 月 16 日第 1 版；《人民报》1907 年 2 月 16 日全部版面报道，3 月 8 日（胡斯曼的署名文章），3 月 24 日……

　社会党国际局书记处曾于 1907 年 2 月为切尔尼亚克事件发出一个通告，我们没有找到这个文件。

③ 1907 年 5 月，波兰社会党人掀起了抗议引渡基拉克茨基事件的又一次浪潮。波兰社会党"无产阶级"国外委员会在 1907 年 3 月 13 日《人道报》上发表了一个宣言。在同一时刻，卡尔·李卜克内西要求社会党国际局书记处再次照会瑞士社会党人，设法制止引渡（5 月 23 日信，社会党国际档案）。

　应当指出，由于瑞士公众舆论在当时发生了变化，因此，使拯救基拉克茨基的行动遭到特殊的困难。起先，瑞士公众舆论是支持俄国的革命移民的，但在 1907 年，由于发生了塔季扬娜·列昂季耶夫的暴力谋杀行动后，一大部分瑞士公众舆论转而反对他们。塔季扬娜·列昂季耶夫讼案和对她的判决在瑞士报纸上进行了广泛的评论。然而，俄国侨民仍然在 1907 年 5—6 月间，在日内瓦和洛桑分别举行游行示威，反对引渡基拉克茨基。参见 1907 年 6 月 11 日伯尔尼法国大使馆的一份电报。国家档案，F7，文件夹号 12521。

68

转达保加利亚民主社会主义工党关于
马其顿情况的信的通告

（1907 年 4 月 23 日，布鲁塞尔）

致社会党国际局各成员党代表和书记

　　社会党国际局书记处刚刚收到这封信，我们急忙把抄件转寄给你们，特别要请英国、法国、意大利、奥地利、德国和俄国的同志们注意这封信。要求这几个国家的社会党议员们寻求机会向他们各自国家的政府就保加利亚社会民主工人党提到的严重局势提出询问或进行质询，同时有必要在所有国家的报纸上掀起一次舆论运动。结合为争取实现国际性的八小时工作日的示威行动，要求在一个特定的地点实现和平，因为这个地点的形势能在其他国家引起极大反响。我们认为这样做，不会有任何不利之处。但是我们认为，首要的是对那些对马其顿的局势负有责任的政府采取行动。为此，我们希望得到各国书记的友好帮助和坚持不懈的积极行动。

执行委员会

爱·安塞尔，埃·王德威尔得

书记　卡米耶·胡斯曼

保加利亚民主社会主义工党中央委员会，索非亚

1907 年 4 月 12 日于索非亚

致社会党国际局（布鲁塞尔人民之家）

亲爱的同志们：

社会党国际的历史性问题之一就是为使每个被奴役的民族获得自由而进行干预。现今，**马其顿民族**正陷于最严重的奴役境地。尽管柏林条约宣布了它的自治，但是这个国家 30 年来仍然一直处于一个**奴役和灭绝性**的野蛮制度之下。

在欧洲的干预下，莫尔茨太格改革计划得以制订，但它并没有获得任何有效的成果。① 相反，谋杀和屠杀事件却从未像现今这样层出不穷。鼓吹民族主义的武装宣传潮流［原文如此］，在全国散布着闻所未闻的恐怖，因而成为**战争的长期性根源**。

工人运动虽然在全国有力地崛起，但是保加利亚社会民主党人在政治行动上仍然由于长期的战争阴影而陷于**瘫痪状态**。专制王朝借口战争而漫无节制地扩充军队，致使民主在政治生活中根本不可能有任何表现。这种情况特别阻碍了社会主义在保加利亚的发展。

但是，马其顿问题再一次突然而严重地出现，不仅仅威胁着巴尔干国家的和平，而且也威胁着整个欧洲的和平。马其顿问题的性质是错综复杂的。在这种混乱中交织着许多欧洲国家的野心和利益。令人震惊的

---

① 1903 年马其顿爆发总暴动以后，两个最有直接关系的大国，奥匈帝国和俄国制订了一个小小的莫尔茨太格纲领。这个涉及 3 个马其顿村落的纲领彻底破产了。正像一位历史学家所指出的那样："为了侵占马其顿，巴尔干的所有国家都卷入了一次前所未有的狂热的宣传运动和恐怖运动。"L. S. 斯塔夫里阿诺斯：《巴尔干联盟。现代巴尔干统一运动史》，哈姆登，康涅狄格，阿尔肯书店 1964 年版第 156 页。

是，马其顿之所以遭受奴役，纯粹是由欧洲列强的外交和资本家的阴谋造成的。马其顿奴隶们流出的鲜血，成为欧洲列强获取新的侵占的手段。作为报偿，他们容忍马其顿的形势维持现状。资本主义和专制王朝的国际势力听任土耳其对马其顿的奴役，土耳其正在使马其顿濒于灭绝。

我们谨向社会主义工人国际发出呼吁，恳请国际抗议资本主义欧洲的这一可憎的罪行，支援马其顿获取自由。

亲爱的同志们，请允许我们向你们声明，情况是紧迫的，我们的忧虑是难以表达的。因为你们可以发觉，我们的信件已经延误了。我们擅自向你们请求，并且着重强调如下：

由于马其顿的形势正在恶化，马其顿问题今天已突然而明确地提上了全欧洲的议程。我们谨以全体遭受奴役的人民的名义，以巴尔干的社会主义和社会进步的名义，以社会党国际的传统和理想的名义，要求你们的帮助。

在五一节这一劳动和自由的节日，社会党国际同样应为马其顿的自由发出呼吁，抗议土耳其的专制暴政，抗议资本主义欧洲的态度；出于自私的目的，资本主义的欧洲竟然在 20 世纪开始的年代，还容忍这样一种可耻的奴役制度存在。

为此，我们友好地请求你们把我们这一建议转达给各成员党。如果你们敦请它们帮助实现我们的要求，我们将十分感谢。

这一切都完全符合国际局 1904 年 11 月 7 日在这个问题上所通过的决议。该决议在 1906 年 11 月 10 日的会议上再一次通过。

亲爱的同志们！如果你们认为，社会党国际为了支援马其顿的解放，为了防止巴尔干发生灾难性的战争，而采取更为广泛的行动，就请你们按照布鲁塞尔会议决议的精神，告知我们，以便向你们提供有关马其顿问题目前形势的更为详尽的资料。①

争取人类自由的全球性战士——社会党国际万岁！

国际社会主义团结万岁！

马其顿的自由万岁！

亲爱的同志们，谨致最诚挚的庆贺！②

中央委员会

扬科·萨卡索夫，P. 吉德洛夫，K. 保什图乔夫

书记　C. 波茨维利耶夫

---

① 萨卡索夫在一篇题为《巴尔干问题》的文章中作了深入的分析，该文发表于《新时代》第 1 卷第 25 期第 84—87 页。

② 这个通告立刻引起了保加利亚"紧密派"的强烈反驳。1907 年 5 月 3 日，格·基尔科夫以保加利亚民主社会主义工党中央委员会的名义，给社会党国际局发了一封长信，信中提出了 4 点不同意见：1. 保加利亚爱国者们要求的并不只是一个马其顿的自治，马其顿的解放并不会消除专制王朝干涉保加利亚的借口。2. 单单为马其顿问题发动示威，对巴尔干的和平不会有任何实际的效果，主要的问题是欧洲存在着土耳其帝国。3. 马其顿的解放问题已为资产阶级反对派所过分利用来反对拥有实力的党。4. 没有和"紧密派"协商，有人乐于使"紧密派"在各兄弟党眼中失去信任。

　　5 月 7 日，胡斯曼对这最后一个论点提出了抗议。胡斯曼表示准备发表基尔科夫 5 月 3 日的信件，条件是去掉攻击社会党国际局和"宽广派"的文字。5 月 21 日，基尔科夫作了答复，坚持认为国际局站在支持波茨维利耶夫信的一边，并且保留对"宽广派"称为"小资产阶级"。社会党国际局档案。

69

社会党国际局第九次全体会议记录

（1907 年 6 月 9 日，布鲁塞尔）

一

书记处发表的最后定稿

社会党国际局的代表们于 1907 年 6 月 9 日上午 9 时，在布鲁塞尔人民之家举行全体会议。[①]

出席会议的有：

奥·倍倍尔和保·辛格尔，德国社会民主党。

[①] 我们重新发表了社会党国际局书记处在《提交斯图加特国际社会党人代表大会（1907 年 8 月 18—24 日）的提案和决议草案并附说明报告》（以下简称《提案和决议草案……》——编者注）中正式确定并公布的会议记录。该文件由社会党国际局用 3 种文字出版，见第 18—32 页。

　　然而，书记处在社会党国际局的会议刚结束时，即曾在 8 月 10 日和 11 日的《人民报》上发表了一个会议记录，这个记录同时也标上小标题载入书记处 1907 年 4 月和 5 月的月度报告中，见报告第 12—20 页。由于这两个会议记录文稿之间存在着明显的差异，所以我们同时也刊出了这个会议记录的另一个不同稿本，以尽量使我们的基本文献完整而详尽。

　　原来的会议是预定在 5 月的上旬召开的，由于大部分成员党尚未讨论斯图加特代表大会议程的各项问题，所以执行委员会在 1907 年 4 月 17 日发出的通告中，建议把会议延迟到 6 月份召开。在这同一通告中，书记处要求把议程上的各项问题的决议文字稿寄给它，这些决议文稿是应该预先提交给社会党国际局会议的。

亨·海德门和布鲁斯·格莱西尔，英国支部。

奥尔森，丹麦社会党。

让·饶勒斯，爱·瓦扬和让·龙格（候补），法国社会党（法国支部）。

彼·特鲁尔斯特拉和亨·范科尔，荷兰社会民主工党。

海·迪阿曼德博士，波兰社会党。

伊·鲁巴诺维奇，俄国社会革命党。

马尔托夫和巴拉巴诺娃（候补），俄国社会民主工党。

维克多·阿德勒，奥地利社会民主党。

涅梅茨和绍库普，捷克斯拉夫社会党。

韦尔特，卢森堡社会党。

安塞尔和王德威尔得，执行委员会成员，比利时工人党。

卡米耶·胡斯曼，国际局书记；参加会议的还有书记处的雇员阿图瓦和康托尔。

布劳恩公民代表拉脱维亚社会民主党，斯坦尼斯拉夫[①]·库尔斯基和贝格曼代表崩得列席了会议。

王德威尔得主持会议。

书记宣读了好几封因缺席而表示道歉的信件。

罗莎·卢森堡女公民来信说她不能前来参加会议，因为德国的监狱为她打开了接待的大门。[②] 她表示希望国际局不要触及波兰代表权的内部关系问题。

---

① 此处与前文不一致，为斯坦尼斯拉夫（Stanislaw），在前文为斯坦尼斯拉斯（Stanislas）。——编者注

② 罗莎·卢森堡曾于 1906 年 6 月在德国遭监禁，后又于 1907 年在华沙度过了几个月的监狱生活。对她的控告是她在 1905 年德国社会民主党耶拿代表大会上的发言。1906 年 12 月在魏玛开庭审判，她被判处两个月的监禁。

主席：卢森堡女公民在这个问题上可以完全放心，而且问题已经在规章草案中得到解决了。我建议国际局委托书记在卢森堡同志跨进监狱门槛的时候，向她表示我们大家一致的同情。（同意）

普列汉诺夫来信说他在巴黎病倒，并声明由马尔托夫公民替代他。

康比埃和**乌加特**也因受阻而未能到会，他们还特地补充提到："关于有关各民族支部的表决权问题，我们现在满足于4票表决权，这是按照我们的党员人数、我们在议会的代表力量和我们向国际局缴纳的党费所应享有的。我们还没有提到我们强大的工会组织，它们并未正式加入党，但它们是衷心和党站在一起的。"

费里未能到会，因为他要在大学讲课。

鲁巴诺维奇向国际局提交了两个文件。第一个是一封致敬信，文字如下：

"致社会党国际局：

我们是塞瓦斯托波尔卫戍区的俄国军人联合会委员会，谨以塞瓦斯托波尔全体革命水兵和战士的名义，值此五一节，向全世界的劳动人民致敬，热烈祝愿在如此艰难地走向自由、平等和友爱的进军中获得胜利。

塞瓦斯托波尔卫戍区俄国军人联合会
1907年于塞瓦斯托波尔"（盖章）

文件宣读后，国际局报以热烈的掌声。

第二个文件转载了俄国各社会主义组织和政党在5月初召开的会议上通过的决议。这些组织是：（1）俄国社会革命党；（2）波兰社会党（革命派）；（3）亚美尼亚旗帜党革命派；（4）格鲁吉亚社会联邦派；（5）白俄罗斯格罗马达；6.拉脱维亚社会民主同盟；7.犹太社会主义工人党（即锡安工人党）。有些组织，出自它们的独立志愿，没有参加上述会议，这些组织有：（1）伏尔加穆罕默德革命社会主义联盟；（2）

爱沙尼亚革命社会主义联盟；（3）奥谢金社会主义革命组织；（4）楚瓦什社会主义革命组织；（5）希腊社会主义革命组织；（6）雅库茨克社会主义革命联盟；（7）布里亚特社会主义革命联盟。

通过的决议主要有：关于保护少数民族，关于民族和地区自治，关于设立一个永久性的民族书记处，关于设立一个由所有社会党和革命党组成的情报书记处。

（这些决议的文件将在书记处的一个定期报告中刊出。①）

主席：现在我们开始讨论草拟提交斯图加特代表大会讨论的议程。请书记发言。

书记分析了书记处收到的报告和决议提案［……］。② 他以执行委员会的名义，建议不拟按照独立工党和旅居瑞士的意大利社会党所提议的对代表大会和国际局的规章进行修改，并要求代表大会对代表大会和国际局的规章，对各国议会委员会的章程，以及国际局所通过的其他尚有现实意义的决议全部进行表决。

书记建议把英国社会民主联盟关于劳工立法的决议转到各国议会委员会去讨论。书记宣布书记处将用法文出版两卷400多页的文献，内容是各成员党自1904年以来的活动报告；德国社会民主党中央委员会将负责出德文版的；并且已在同样条件下，将所有报告的副本寄给英国支

---

① 这些文稿，在报告中没有转载。

② 事实上，社会党国际局这次会议的讨论是围绕国际局在4月17日收到的4项决议的草案进行的：一个是德兰士瓦关于把世界语当做国际语言的问题，另一个是关于美国的入境移民和出境移民的问题，第三个是奥地利和德国的社会主义妇女选举权问题，最后一个是独立工党关于接受工会参加代表大会的问题。见社会党国际局档案。

部，请他们负责出英文版。① 此外，书记处还用 3 种文字刊印了各项决议草案和有关的报告，作为供斯图加特代表大会代表们进行讨论的基础。② 关于代表大会的组织工作，书记建议参加代表大会的每个支部都派一位或两位懂得法语和英语的同志，负责简要地综合各该支部的讨论记录，以便在斯图加特地方的社会主义报纸上发表。德文的会议记录工作则将由德国社会民主党的普通编辑去组织。这样一个系统将可使大会的全体代表正确地了解各支部的讨论情况。关于全体大会发言的翻译工作，书记处将和各有关党联系。此外，书记处要求德国、法国和英国的各成员党指派一位或两位同志负责检查在全体会议上提出的各项修正案的正确译文。在征得德国同志们的同意后，决定将在 8 月 16 日星期五 3 点召开国际局会议，8 月 17 日星期六 11 点召开各国议会委员会会议，8 月 18 日星期日 11 点召开代表大会（开幕式并确定议程），19 日星期一 9 点召开各国支部会议（代表资格审查），19 日星期一 11 点召开代表大会各支部会议。大会全体会议将在 8 月 20 日星期二 9 点开始。最后，根据奥地利的意大利同志们的要求③，凡愿意改善各社会党机关报之间通讯联系的社会党员记者们，可在 8 月 19 日星期一晚上 9 点举行一个会议，在可能的情况下讨论设立一个交换情况的国际通讯社。

　　为了召开各国议会委员会会议，书记处将印发一张 3 国文字的请

---

①　以《工人和社会主义国际。关于欧洲、澳洲和美洲社会主义纽织 1904—1907 年期间的活动报告，致国际社会党人斯图加特代表大会（1907 年 8 月 18—24 日）》的书名出版，法文版由社会党国际局书记处出版，埃米尔·王德威尔得作序，布鲁塞尔，1907 年，2 卷，第 12—442 页，第 13—584 页。德文只出了第 1 卷，英文版未出。（中文本见本书第 23 卷《第二国际第七次（斯图加特）代表大会文献（2）》。——编者注）

②　见本卷第 328 页注①。

③　参见附件 19：书记处 1907 年 4 月和 5 月月度报告。

贴，附加一张各成员党议会议员的名单。

组织工作的细节将在一个通告中补充并最后落实，寄发给各国参加大会的代表。斯图加特的同志们同意组织一次社会主义书籍和小册子的展览会。所有成员党都将被邀请参加，并请将它们的出版物寄给展览会，如果可能，请寄合订本。地方委员会也同意展出它们的社会主义报刊和杂志。各成员党请将它们的报刊和杂志分别合订成两册，寄交斯图加特。关于居住问题，地方委员会也将采取必要的措施。从现在起，我们确信德国同志们将以他们所惯有的细致和忠诚去完成他们的任务。

辛格尔反对把国际语言问题列入议程。这个问题尚未成熟。如果有必要寻求一个解决办法，也不应该把目标放在一个人工制造的语言上，而是采用一个富有生命的语种，例如英语。

涅梅茨为要求把**妇女普选权**作为特别议案列入议程而辩护。

倍倍尔支持辛格尔关于国际语言问题的意见。他还认为应该限制讨论问题的数量，以便使讨论得以深入。他同意把妇女普选权列为特别议题。

布鲁斯·格莱西尔不同意上面这些人的意见，甚至要求通过全体表决来选择一种国际语言。

瓦扬请求独立工党的同志们收回他们关于修改规章的意见，因为这个问题以前已经解决了。关于接纳尚未成为成员的集团问题，按照规章草案，应该首先由各国支部作出决定。他同意议程上列入妇女普选权问题；同时遵照他的党的委托，他要求议程上保留国际语言问题，然而可以不经讨论就提交表决。就个人来说，他也认为辅助性语言应该是英文。

巴拉巴诺娃对德国妇女和奥地利妇女的两个提案，更为赞同德国妇女的提案。妇女选举权问题可以包含在普选民主化问题里面。①

　　阿德勒认为，对国际语言问题的讨论是不会有结果的。因为布鲁斯·格莱西尔已表示要求进行全体表决。阿德勒表示支持奥地利妇女的提案，因为德国妇女的动议同样也必然会因各国的形势不同而引起无休止的辩论。②

　　布鲁斯·格莱西尔为独立工党对规章的修改进行辩护。修改的目的是为了便于使工党的几十万矿工参加进来。③　我们的工会愿意明确地知道，面对国际局和代表大会，它们处于什么地位。阶级斗争的字样并不经常是容易理解的。"工人阶级反对资本主义的独立斗争"的字样就要好理解得多。

　　饶勒斯：伦敦代表大会④上，英国工会不是已在布鲁斯·格莱西尔所指出的那种情况下参加了大会吗？

　　海德门：布鲁斯·格莱西尔和饶勒斯两人都忘了布鲁塞尔会议，这

---

① 有两个报告和建议，德国的报告和建议由奥蒂莉娅·巴德尔署名，奥地利的由阿德尔海德·波普署名，都发表在《提案和决议草案……》中（第179—185页）。妇女的选举问题曾在第一届社会党妇女国际会议上进行讨论，该会在斯图加特和国际社会党人代表大会同一天举行（1907年8月17日）。会议通过的决议随即提交国际代表大会的委员会，由委员会形成决议的最后定稿。

② 1907年6月8日《前进报》对阿德勒的发言报道得更为全面："阿德勒博士根据奥地利妇女提出的动议，主张把妇女的选举问题作为单独的问题来接受。和巴德尔同志以德国妇女的名义提出的观点相比较，他更赞成奥地利妇女的观点，即把妇女的选举问题从普选民主化的问题中分离出来，因为应该使妇女们有可能讨论她们的权利，而不要使这种讨论和任意的哪一种选举制度问题相混淆。阿德勒的提议被采纳。"

③ 这一修正案的文字是这样写的："国际代表大会的规章应作这样的修改，务使一个良好基础的职业性协会，或者是一个工会联合会能够作为工人阶级国际运动的一个支部参加代表大会，享有参加大会所具有的一切权利和优惠；条件是这个协会或工会联合会声明表示支持它与之结为联盟的社会党的政治行动。"见《提案和决议草案……》第8页。

④ 这是指第二国际第四次代表大会，1896年7月26日至8月2日在伦敦举行。这些会议的正式名称是"工人和工会国际代表大会"。

个会议的决议已被巴黎代表大会所批准。①

辛格尔：我们正式明确地坚持"阶级斗争"的字样。

涅梅茨：我们也是这样，我们不愿意代表大会为黄色团体敞开大门。

奥尔森：我只是想建议谨慎一些。

主席：我要求大家不要再触及根本问题。这里唯一要审查的事情是：国际局是推荐还是拒绝独立工党的修改。我把问题提交表决。（独立工党的修正案，除了布鲁斯·格莱西尔 1 票外，被一致否决。）

国际局同意还是不同意旅居瑞士的意大利社会党的修正案？（一致否决）

国际局赞成**奥地利**社会民主党女党员们的动议，还是赞同**德国**社会民主党女党员的动议？（一致通过第一个动议）国际局是否赞同德兰士瓦关于国际语言的动议？（大部分否决了该动议）国际局是否赞同把军国主义和国际冲突列入议程？（一致同意）国际局是否同意把殖民地问题同样列入议程？（一致同意）② 国际局是否把社会党和职业团体的关系问题保留在议程中？

特鲁尔斯特拉：我首先想知道谁将在这个问题上作报告；然后，还要知道，书记处在这个有关工会和党的真实关系问题上，是否能从各成员党那里得到正式的答复？

---

① 这是指 1899 年 5 月 27—28 日在布鲁塞尔举行的会议。11 个社会党出席了会议。会议的目的是解决有关筹备国际社会党人第五次代表大会的争议问题，第五次代表大会于 1900 年 9 月 23 日至 27 日在巴黎举行。

② 国际局关于代表大会的程序和议程的各项决议，在有关斯图加特国际代表大会筹备工作的第 8 号通告（1907 年 6 月，印制信件 2 页，社会党国际档案）中报道得更为清楚。

　　"A. 代表大会，旨在批准国际局所采纳的各项决议，将全部通过这些决议，一方面是为了节省时间，另一方面则是因为这些决议都是由各成员党委派的代表们制订的。

书记： 德·布鲁凯尔公民愿意为我们做个报告。① 给各成员党发一份详细的调查表是没有任何问题的。② （一致通过）

主席： 还剩下一个工人出境和入境的问题。

瓦扬： 我首先想知道，我们是否有文件材料。然后，我建议我们同时也审查一下暂时出境问题。③

书记： 我们收到美国社会党的一个决议，以及阿根廷社会党的一个

（续前注）　　B. 出于同样的理由，代表大会将全部通过有关代表大会、国际局和各国议会委员会的规章。

　　C. 国际局建议排除独立工党的一个修正案，该修正案的意向是不必要求被邀请参加代表大会的善良真诚的职业性协会必须建立在阶级斗争原则的基础上。

　　D. 国际局建议排除在瑞士的意大利社会党提出的关于所有参加国际局的成员党使用统一的党员证的建议。

　　E. 国际局建议把英国社会民主联盟的一个提案转交给各国议会委员会。英国的这一提案要求所有国家议会的社会党议员协商一致，以便在同一时间在各国议会提出有关同一问题的劳工立法提案。

　　F. 国际局建议，由于问题尚未足够成熟，所以排除德兰士瓦和法国提出的关于选择一种国际性语言的建议。

　　G. 国际局建议，不讨论德国社会民主党女党员关于普选民主化的提案，而采纳奥地利社会民主党女党员的提案，要求把妇女选举权问题列入会议日程。

① 路易·德·布鲁凯尔的报告载于《提案和决议草案……》第30—88页。

② 1907年8月19日，社会党国际执行委员会给所有成员党的书记发去了一个通告（关于斯图加特代表大会的第3号通告），对特鲁尔斯特拉的提议作了更为详尽的表述。

　　"社会党国际局在6月9日会议上委托我们要求全体成员党在下列问题上作出正式答复：

　　1. 你们的政党和各职业团体（工会）有什么关系？

　　2. 各职业工会是否集体参加你们的政党？是否缴纳党费？

　　3. 如果工会并不直接参加，工会会员是否必须是你们党的党员？

　　4. 政治组织和工会的指导委员会之间是否有共同的联席会议，以便双方在有关的问题上协调一致？

　　5. 各工会是否向它们的会员宣传社会主义？"见社会党国际局档案。

　　关于这一调查表的答复都发表在《提案和决议草案……》第20—30页和第577—583页。

③ 或者更确切地说是季节性的。

陈旧的报告。① 另外，席佩耳公民声称要发表一本关于这个问题的著作。

辛格尔：《新时代》上将发表席佩耳著作的简介②，可以发给大会代表们。德国同意把讨论扩大到暂时出境问题。但是我敢于肯定，从现在起，德国将拒绝一切限制出境和入境的措施。

主席：我把这个问题列入议程提交表决，问题要从全面考虑。（一致通过）

我们还有一个重要问题要解决：执行第1II节第2段关于代表大会各民族支部的表决票数分配问题。

经过简短地交换意见后，表决票数的临时分配问题交给一个由5人组成的委员会，成员有：倍倍尔、阿德勒、范科尔、瓦扬和胡斯曼。

会议在12点半休会，下午3点重新开始。

书记宣读委员会的设想：

德国、奥地利—波希米亚、法国、英国和俄国各为20票；美国14票；意大利和比利时各为12票；丹麦、波兰、瑞士各为10票；统一的澳大利亚、芬兰、荷兰和瑞典各为8票；西班牙、匈牙利、挪威各为6票；南非、阿根廷、非统一的澳大利亚党、保加利亚、日本、罗马尼亚、塞尔维亚各为4票；卢森堡2票。

海德门不同意俄国分得最高票数；而且还给芬兰8票，给波兰10票。这样派别分裂反而人为地增强了这些国家人民的力量，而我们则是

---

① 这些报告都发表在《提案和决议草案……》第167—178页。

② 《前进报》对辛格尔的发言作了这样的报道："辛格尔指出，德国党已委托席佩耳同志汇集各国有关入境移居立法问题的文件。这些文章都应在6月底以前发表在《新时代》杂志上。席佩耳的调查曾作为《新时代》1907年第41期副刊发表。在《提案和决议草案……》上有法文的摘要，第584—594页。

应该鼓励实现统一的。

饶勒斯支持这一意见。按照委员会的方案，意大利和德国在原来分裂时反而会分得更多的票。

辛格尔：我们首先应该实际一些。我们分配给每个民族支部的表决票只能是近似值，章程上还载明这一条文是可以修改的。我还要补充提到，在我们的代表大会上，只有绝大多数才能在道义上为改变各种情况施加必要的影响。如果有些支部不满意我们的分配，它们可以在 8 月 16 日，在代表大会前夕召开的国际局会议上提出申诉。

倍倍尔：如果要找的话，总是可以找到吃亏的国家的。德国是 20 票，保加利亚是 4 票。你认为，我们比保加利亚的强大程度和人数都不是要超过 5 倍吗？事实是，经过我们提出的表决票分配法，人们就看不出表决票是按国家大小来分的了。不会再像在阿姆斯特丹那样，对德累斯顿的决议分成反对者和拥护者的情况了，不会再有像希腊人那样，抓住帕特罗克卢斯①的躯体为日本的表决权争吵了。我们是鼓励统一的，证明是我们给统一的澳大利亚分配了 8 票，而非统一的澳大利亚则只分了 4 票。关于意大利，把它和德国相比是错误的。德国的 25 个州只有一个党，而意大利的情况是在一个州里却有几个不同的派别。

瓦扬：我们是从协调的目的出发考虑现有情况的。我们特别不主张由于分裂而设置新的民族支部。对委员会名单的评价，应考虑到这两点想法。

主席：我们仍然感到，给俄国—波兰—芬兰集团分配 38 票，给奥地利—匈牙利分配 26 票是过分的。

阿德勒：奥地利和匈牙利是两个完全分开的国家。把这两个国家结成联盟，是哈布斯堡宫廷定的想法，不是社会主义的思想。因而主席的比拟是不能成立的。我们主张每个民族尽可能地自主。如果要挑剔，把

---

① 帕特罗克卢斯为特洛伊战争时期希腊神话人物，在其死后人们围绕他的葬礼产生争执。——编者注

我们的情况和比利时、荷兰以及丹麦比较一下，它们合计分了 30 票！委员会不只是考虑数字，而是也考虑到组织的坚实程度。我们不能制订出一个算术式的分配。至于分配给奥地利—波希米亚的票数，我们让你们自由地评价，我们是否够得上分得这些票数。

涅梅茨支持这一意见，新方案的好处是将使表决避免出现意外。

主席：我们按次序来，我们将把各个票数逐一进行表决。

（俄国、德国、法国、英国各 20 票一致通过）

海德门：我建议奥地利—波希米亚—匈牙利分配 20 票。（这一修正被否决）

主席：奥地利—波希米亚因而是 20 票。

饶勒斯：我要求分配给意大利 15 票。意大利的社会主义活动表现出令人注目的多样性，从改良主义直到工团主义，其中还有整体主义。

书记：这个建议将得到所有人的赞同。因为意大利能保证交党费，所以增加他们的表决票数是当然的，也是必要的。

（大家同意饶勒斯的建议，同时赞同分配给美国 14 票，比利时 12 票，波兰 10 票。）

主席：委员会建议分给瑞士 10 票。

奥尔森：我将投票赞同，虽然我认为这个数字似乎高了一些。

主席：我建议给瑞士分配 6 票，他们在国家议会中只有两个议员，而且他们在政治和经济方面的组织还比不上丹麦。

倍倍尔：我建议保持 10 票，人们对他们地方上的社会主义组织的力量估计不足。

辛格尔：还有他们的团结精神，对此，我们一直没有给予承认而感到内疚。

（瑞士保持了 10 票，又逐一表决了统一的澳大利亚 8 票，芬兰 8 票，荷兰 8 票。）

鲁巴诺维奇建议给瑞典分配 10 票，瑞典的工会运动的发展是引人注目的。

　　书记表示支持。（大会保持委员会的数字，并且给匈牙利和挪威各分配 6 票。）

　　瓦扬建议给西班牙分配 6 票。（同意）

　　（委员会的其他数字都得到通过）

　　鲁巴诺维奇：亚美尼亚人属于俄国，是俄国支部的一部分。关于其他，我们将再考虑。（同意）

　　书记：表决票数的分配名单拟订如下：

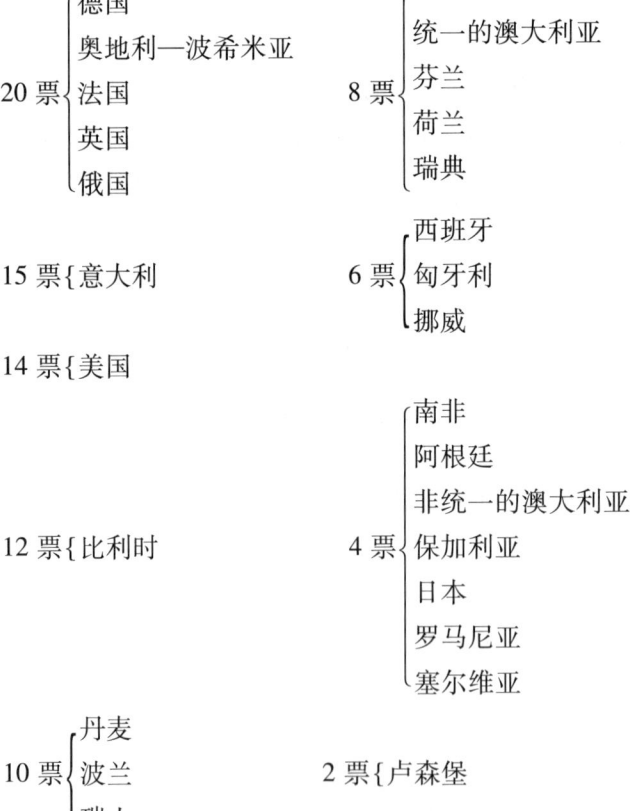

20 票 { 德国
奥地利—波希米亚
法国
英国
俄国

15 票 { 意大利

14 票 { 美国

12 票 { 比利时

10 票 { 丹麦
波兰
瑞士

8 票 { 统一的澳大利亚
芬兰
荷兰
瑞典

6 票 { 西班牙
匈牙利
挪威

4 票 { 南非
阿根廷
非统一的澳大利亚
保加利亚
日本
罗马尼亚
塞尔维亚

2 票 { 卢森堡

鲁巴诺维奇：关于俄国支部内部的问题，俄国支部赞成如下的表述：

1. 在接受有关党参加国际代表大会的事宜上，由两个分支部组成的俄国支部在这个问题上拥有平等的表决权。

（1）参加社会民主党分支部的是以下各党：

俄国社会民主工党、崩得、拉脱维亚社会民主工党以及亚美尼亚社会民主工人组织。

（2）参加社会革命党分支部的有以下各党：

俄国社会革命党、亚美尼亚旗帜党、格鲁吉亚社会联邦党和拉脱维亚社会民主同盟。

在两个分支部一致同意接纳或不接纳俄国的某一新党时，俄国支部的决定是最后决定。如果意见分歧，则由社会党国际局对问题作最终裁决。

2. 关于俄国支部表决权的分配，将在俄国支部的下一次会议上作出决定；票数将在两个分支部之间进行分配；如果意见分歧，则由社会党国际局对问题作最终裁决。

书记：《的里雅斯特劳动者报》编辑部要求国际局在斯图加特召开一次社会主义报纸记者和发行者会议，目的是改善各日报之间的通讯联络。如有可能也可研究一下关于建立一个全国性通讯社的可能性。

辛格尔：我赞成第一个设想。但是，国际局不能参与第二个设想，这样的事情必须有大量的资金。

布劳恩：让我们从第一个设想开始。

布鲁斯·格莱西尔：不要把周刊排除在外，在英国周刊十分普遍。

经过倍倍尔、涅梅茨和布劳恩等人相互交换意见后，将按照书记所指出的情况召开一次会议。

书记：我们收到了不少要求参加国际局的申请。这里有罗马尼亚社会党①、克罗地亚社会民主党②、犹太复国主义集团③等。执行委员会向大家建议，按照规章，将这些申请转给申请者组织所属的支部。罗马尼亚同志们的要求除外，他们将自己建立一个支部。（同意）法国同志们要求国际局在海牙会议召开时发表一个宣言。如果国际局批准的话，执行委员会将负责起草这个文件。（同意）执行委员会同时还通过日本社会党的来信获悉该党已派加藤公民参加斯图加特代表大会，日本同志们迄今仍然继续遭到该国政府的迫害和专横的制裁。④ 执行委员会向大家建议，发一份致日本政府的抗议。（同意）最后执行委员会还要向你们建议，给美国两个党发去一封支援信，表达国际局对西部矿工联合会同志们的同情，他们是资本家反劳工组织阴谋的牺牲者。⑤（同意）

巴拉巴诺娃女公民，得到鲁巴诺维奇的支持，并在饶勒斯、海德门、阿德勒、王德威尔得等公民的赞同下，提出了下列议程：

---

① 更确切的是指"工人罗马尼亚"一些小组提出的参加国际局的申请。参见附件 16：书记处 1906 年 12 月和 1907 年 1 月月度报告。

② 关于这一问题，我们曾在《前进报》上发表的会议记录中发现了确切的记述："匈牙利、克罗地亚和斯洛文尼亚的入会申请已委托匈牙利支部办理，吕滕纳的申请则委托奥地利支部办理。犹太爱国'社会主义者'的类似申请则委托俄国人解决。"

③ 犹太复国社会主义工人党申请入会的要求和社会民主工党（锡安工人党）的备忘录都发表在书记处 1907 年 4 月和 5 月月度报告中，见附件 19。

④ 关于日本的迫害情况，参见片山潜的回忆录，乔·豪普特和 M. 雷贝里乌主编《第二国际和东方》，巴黎，居库雅斯，1967 年，第 279 页及其他一些地方。

⑤ 1907 年，为了扼杀战斗性极强的科罗拉多西部矿工联合会，托拉斯企业主们阴谋制造了一次挑衅事件。矿工联合会的领导人莫耶、海伍德和佩蒂特博恩被控为伤害爱达荷州总督生命的一次爆炸案的主犯。在美国社会党发动的一次巨大的运动后，法官们释放了 8 位工会领袖。参见 R. 萨尔捷：《科罗拉多和爱达荷的阶级斗争》，《新时代》第 25 年卷第 2 册第 211—222 页。应指出，斯图加特代表大会通过了一个声援科罗拉多矿工的动议。

"国际局强烈抗议将俄国革命者引渡给沙皇政府，并恳请所有国家的社会党人充分运用他们的政治影响，以防止侵犯逃亡的权利，并维护欧洲对俄国革命保持中立的原则。"①

瓦扬：最后，还有一个建议。为了把各国议会委员会和国际局有机地联系起来，你们不认为有必要把我们中间参加各国议会委员会的各议会党团的书记吸收为助理代表吗？（同意）为此我向你们建议，把国际局规章的第四节条文作如下的补充：

"各国议会委员会的各国书记具有社会党国际局助理代表资格，根据这一资格可以出席社会党国际局的会议。"（同意）

辛格尔：轮到我提一个建议了。国际代表大会的办事处由谁来指定？我认为应该由代表大会本身来指定。

书记：我认为还是由各成员党的常设机构社会党国际局来指定为好。

瓦扬：听凭代表大会的决定。这样的制度永远不会有坏处。

主席：就这样了。我们的工作到此结束。我向大家道声："斯图加特再见！"

会议于6点结束。

二

不同文本：书记处最初发表的正式会议记录

斯图加特代表大会议程

辛格尔认为妇女普选问题应该在斯图加特进行讨论，而国际语言问

---

① 关于警察通缉在萨克森和普鲁士的俄国革命志士的情况，参见 B. 布拉赫曼：《俄国社会民主党在柏林，1895—1914 年》，柏林科学院出版社 1962 年版第 72 页和续页。

题，他认为尚不够成熟。

倍倍尔强调妇女选举应在国际代表大会上进行讨论；这个问题已经成熟，甚至沙皇都已主张这一意见。国际语言问题可以延期再作研究。议程不要太满。把已列上的 5 个大问题作彻底的讨论。不要忘记，代表大会实际上只有 5 天的讨论时间。

瓦扬：特别是不要重复讨论以前已经解决了的问题。我们的英国同志们尤其不应重提关于接受像他们的工会那样的工人协会参加国际代表大会的问题，这些工会虽然还没有加入社会党国际所属的全国性支部，但它们接受阶级斗争的原则。

对法国也是一样的。统一社会党是社会党国际的唯一支部。如果有提出申请参加国际的，统一社会党就是唯一有权解决这些申请的。

饶勒斯：法国的独立社会党人是不会申请参加的。

发言人认为语言问题不能成为一个支部在斯图加特提出讨论的目标。但是代表大会可以指明，在目前的情况下，英文似乎可以成为事实上的国际语言。

巴拉巴诺娃在关于妇女权问题上，和奥地利的提法相比较，她更同意德国的提法。把这个问题和选举权的民主化联系起来。

主席王德威尔得：国际局不必表态，这一权利归属代表大会。

阿德勒：如果接受世界语，这将引起无尽无休的争论，真会出现"巴别之塔"① 的情况。

也应防止对选举权民主化作一般性的讨论。还不如像奥地利妇女所

---

① 《创世记》第 11 章 1—9 节记载，人类当时有共同语言，并且一起居住在与幼发拉底河相距不远的示拿之地。人们利用河谷的资源，在那里建筑城和塔，以聚集全体的人类及展示力量。上帝降临视察，认为人类过于自信和团结，一旦完成计划将能为所欲为，便决定变乱人们的口音和语言，并使他们分散各地。高塔于是停工，而该塔则被称为巴别。——编者注

要求的那样，只限于讨论妇女的选举权问题。

布鲁斯·格莱西尔：工会问题是特别重要的，涉及一个有 100 万会员的独立的党，不久就将增加到 150 万。

应当调整它们和社会党国际之间的关系。

阶级斗争在英国不是一个流行的观念。

英国各工会和我们一样，宣传反对资本主义。

在它们提出要求的情况下，接受工党参加斯图加特代表大会。

饶勒斯：据说，阶级斗争的提法使英国的无产阶级感到不安。伦敦代表大会并没有把这个提法当做教条：代表大会要求参加大会的工人组织反对资本主义制度。这是英国工党的提法，所以并不存在问题。

海德门和**王德威尔得**表示不同意。

王德威尔得：我正式要求把问题列入斯图加特代表大会的议程。

辛格尔声明他不接受对目前关于参加社会党国际的条件作任何改动。

瓦扬：是有含混不清的情况；有人不强调这一点。

涅梅茨强调不要作任何修改，不要为黄色团体敞开大门。

瓦扬：没有人要求改变。

主席**王德威尔得**征询国际局意见，是否把参加社会党国际的问题列入斯图加特代表大会的议程。

国际局决定不予列入。

关于妇女选举权问题

国际局决定把妇女选举权问题列入斯图加特代表大会的议程。（奥地利的提案）

关于国际语言问题

这个问题不向斯图加特代表大会提出。

关于军国主义问题

列入斯图加特大会议程。

瓦扬在事先就曾指出，这个问题不应在斯图加特大会上涉及。没有任何国际支部提出建议这样做。后来饶勒斯又要求不要重复审查已经解决了的问题。因为军国主义问题已在布鲁塞尔国际代表大会上作了决定。①

关于殖民地问题

这个问题已被接受提交斯图加特大会。

关于各社会党和工会组织之间的关系问题

这个问题也将在斯图加特大会上讨论。

特鲁尔斯特拉要求在讨论这一问题之前，书记处先给各个党去信，以了解社会主义运动和工会运动之间的关系的确切情况。

胡斯曼：德·布鲁凯尔公民已承担了这一任务，将提出一个报告。

---

① 瓦扬提到的是 1891 年 8 月在布鲁塞尔召开的国际社会党人代表大会。在这次代表大会上，荷兰代表多梅拉·纽文胡斯要求以总罢工为武器抵制战争威胁。经过激烈的争辩后，通过了瓦扬和李卜克内西提出的决议。

关于外籍工人的出境和入境问题

这个问题将在斯图加特大会上进行讨论。

瓦扬要求特别说明国际局应如何考虑这一问题。

辛格尔：德国的报告将在这个星期内发表，并且认为应该把问题扩大到季节工，以便全面地处理这一问题。

关于各国的表决票数问题

胡斯曼：章程载明国际的每个全国性支部都拥有 2—20 不等的表决票数。

谁将拥有最多的表决票数？

发言人认为，法国、德国、奥地利、英国、俄国（包括芬兰在内）等国将有权利拥有最多的表决票数。

他详细宣读了书记处制定的各国的表决票数。

大家在这个问题上交换了意见。

瓦扬认为估计一个国家的重要性不仅应按照它的政治行动，而且也应该看到它的工会行动。

范科尔主张进行严密、精确而有条理地估价，然后分列出等级。

他建议把这一任务委托给一个由 3 人组成的委员会。

鲁巴诺维奇感到满意，因为人们公正地对待了俄国，从工业和农业无产者的观点出发，把俄国列为社会主义的强大力量。我们在杜马有 64 名议员，革命农民党有 40 名左右。发言人详细叙述了俄国的社会主义力量：拉脱维亚、立陶宛即将进入有组织的无产者队伍。

倍倍尔支持把问题交给一个委员会。

阿德勒认为一个党的价值不太能用数字来计算。

书记处提供了一个讨论的基础。

发言人要求作各种说明。

饶勒斯认为提交一个委员会将是浪费时间。大家一起把它一下子解决掉。认为阿德勒是对的，数字很难表述一个国家的社会主义力量。

在法国我们曾经有过分裂。但是我们并没有失去希望，我们要把分裂分子中最优秀的人拉回到我们中间来。

另一方面，认为法国不存在一个建立在阶级斗争基础上的严肃而强有力的工会运动是不正确的。在最近的亚眠代表大会以后，法国社会主义运动正在和工会运动靠拢。这将是今后的工作，应该估计到这一情况。

主席**王德威尔得**建议指定一个 5 名成员组成的委员会，下午 2 点再继续开会。

胡斯曼、范科尔、阿德勒、瓦扬和倍倍尔被指定为委员会成员。

会议在中午休会。

下午的会议

埃米尔·王德威尔得主持会议。

关于分配各国表决票问题

胡斯曼宣布五人委员会的结论如下：

将给予俄国、德国、奥地利—波希米亚、英国、法国以最高额表决票数 20 票。

美国分配 14 票。

意大利和比利时各 12 票。

波兰、瑞士、丹麦各 10 票。

瑞典、荷兰、芬兰各 8 票，统一的澳大利亚也可分配 8 票。

匈牙利和挪威各 6 票。

保加利亚、阿根廷、西班牙、南非、罗马尼亚、日本、塞尔维亚和非统一的澳大利亚都各为 4 票。

卢森堡大公国为 2 票。

海德门表示惊异，一些分裂的国家，由于分裂而票数却超过了最高额。

饶勒斯：这完全违反了我们所追求的社会主义统一的目标。

集中和统一的运动形成大国，这样有利于扩大社会主义的思想和组织。奥地利兄弟们最近取得的胜利保证了这一点。正是按照这一原则，他们才能显示出他们的力量。

按照委员会的方案，意大利和德国原来分裂时会比现在实现统一后反而分得更多的票，然而从前他们的社会主义运动没有像现在这样的力量和影响。

辛格尔：应该实际一些。分配的任务只能是近似的。

而且问题的重要性被夸大了。在我们的国际会议上，只有绝大多数才能够也才应该起决定作用。

国际局在 8 月 16 日还要开会。

那些认为在分配中吃了亏的国家可以在代表大会前夕举行的这次会上提出申诉。

倍倍尔极力强调向代表大会申诉的权利。

瓦扬：这样协议是可能达成的。

王德威尔得注意到，奥地利和匈牙利获得了 28 票[①]，俄国和芬兰也一样，而法国和德国则各自都是 20 票。

---

　①　票数似有误，参见本卷第 348—349 页。——译者注

阿德勒：把奥地利—匈牙利看做一个国家是不正确的。这是哈布斯堡宫廷的想法，但这不是社会主义的思想。社会主义要求恢复每个种族和每个民族的自治。如果不是社会主义，那么人们也可以把塞尔维亚、保加利亚等国附属于奥—匈。（哄笑）

我们并不要求20票和18票；但是我们要求有我们民族的各自一份。

饶勒斯：奥地利—波希米亚有权利获得它们的20票，但是匈牙利没有权利得到8票。

海德门建议奥地利得15票，匈牙利得5票。

国际局决定，像前面的4个社会主义大民族一样，给奥地利—波希米亚20票。

除了意大利以外，委员会的其他建议都被采纳了。

饶勒斯要求给意大利15票，并对意大利作了高度的赞扬。（通过）

王德威尔得不同意把丹麦和瑞士置于相等的地位。丹麦的组织是如此强大，而瑞士的组织较小。他要求只给瑞士6票。

倍倍尔不同意，他认为瑞士的组织根底深而严肃。

辛格尔支持这一意见。

王德威尔得不再坚持他的见解。

鲁巴诺维奇强调增加瑞典社会党的票数，他建议把8票改为10票。这一建议被拒绝。

瓦扬和卡·胡斯曼在关于西班牙和阿根廷的两个组织上交换了看法。

瓦扬建议给西班牙6票。（通过）

按照是否实现了统一，有条件地给了澳大利亚8票。

鲁巴诺维奇指出，亚美尼亚是包括在俄国社会党支部内的。

关于国际情报报刊问题

卡·胡斯曼建议委托国际局书记处在斯图加特召开一次各报刊领导人的会议，以便按照哈瓦斯和路透社的模式组织一个国际通讯社，全面保证工人运动和社会主义运动情报的沟通。

阿德勒认为，目前这一工作是实现不了的。应该明确宣布这一点。

辛格尔：这样一个机构的费用太高，因而国际局对这样一件没有把握的事情不能承担任何责任。

布劳恩认为这一目标是应该达到的。但是应该从第一步开始做起，改正目前的欺骗性报道。

倍倍尔也认为这一想法是实现不了的。我们在德国建立了一个全国性的情报办公室，代价极大。将来当我们的国际收入足以负担时，这一事业也许可能实现。

涅梅茨也反对此建议。应该由报界去组织它们的通讯联系。

布劳恩强调通讯社的电报和电话联络的危险性。

格莱西尔要求把这一建议扩大到周刊。

胡斯曼认为召开一次记者会议是有益的。不规定议程，把他们召集在一起自由地交谈，充分地发表意见。（同意）

关于海牙国际会议

宣读了法国的一个决议，拟起草一个社会党国际对海牙会议的宣言。

瓦扬支持这一建议，国际局将起草这一宣言，以表明社会党国际在和平和战争问题上的思想。（同意）

卡·胡斯曼：这是遵循我们历次国际代表大会通过的各项决议。

关于申请参加社会党国际的问题

书记在有关申请参加国际的问题上向国际局征询了意见。这些申请经常都是提交给有关国家的支部。

鲁巴诺维奇通报了俄国支部关于这一问题的决定。（作为通告）文字如下：

"俄国支部经过讨论后，在以下各点上取得了一致：

1. 在接纳有关党参加国际代表大会的事宜上，由两个分支部组成的俄国支部在这一问题上拥有平等的表决权。

（1）参加社会民主党分支部的是以下各党：俄国社会民主工党，崩得，拉脱维亚社会民主工党，以及亚美尼亚社会民主工人组织。

（2）参加社会革命党分支部的有以下各党：俄国社会革命党，亚美尼亚旗帜党，格鲁吉亚社会联邦党，以及拉脱维亚社会民主同盟。

在两个分支部一致同意接纳或不接纳俄国的某一新党时，俄国支部的决定是最后决定。如果意见分歧，则由社会党国际局对问题作最终裁决。

2. 俄国支部20票表决票数的分配，将在俄国支部的下一次会议上作出决定；票数将在两个支部之间进行分配；如果意见分歧，则由社会党国际局对问题作最终裁决。"

关于迫害日本社会党人问题

卡·胡斯曼揭发，在日本，社会党人遭受迫害。

国际局决定发表一个抗议宣言。

关于美国矿工的诉讼案件问题

国际局通过了一个议程，抗议在行刺爱达荷州州长斯滕贝格事件后发生的专横无理的缉捕。

关于各国议会会议

瓦扬要求各国议会会议的各国书记有权参加社会党国际局，以便建立经常性的联系。（同意）

关于斯图加特代表大会的办事处

辛格尔认为由代表大会自己指定办事处。

卡·胡斯曼认为常设机构国际局实际上应该主持办事处工作。

瓦扬：听凭斯图加特代表大会的决定；只有代表大会有权讨论这一问题。

关于对社会党人的迫害问题

巴拉巴诺娃女公民提请注意德国、瑞士等国迫害社会党人的制度。

鲁巴诺维奇：各国议会应该对大批流亡的移民给予普遍性的保护，这些移民有权得到欧洲文明的帮助。一旦俄国爆发革命，欧洲应该采取行动。欧洲至少应对交战双方保持中立。希望各国议员们能发表像布兰亭在瑞典议会发表的那样的声明。

饶勒斯和**海德门**参加了讨论。

王德威尔得宣读了一个内容如下的议案：

"国际局对瑞士发生的专断的引渡提出抗议，要求欧洲对俄国革命保持中立。"（通过）

70

反对解散第二届杜马和反对第二次和平会议的宣言

（1907 年 6 月 21 日）

致各国劳动人民

上次当尼古拉二世着手准备召开第一次和平会议的时候，他的远东政策不可避免地导致了对日本的战争。

这次在接受海牙第二次和平会议①的颂词的时候，他又下令解散了第二届杜马。

这样重合的事例极好地说明了在海牙和彼得堡上演的闹剧的意义。如果第三届和平会议将在这个人物所建立的宫殿中召开的时候，就将更充满讽刺意味。就是这位人物和其他人一起，首创用武装警察来对待工

---

① 社会党人认为，从 1907 年 6 月 5 日开始的第二次海牙会议是"一次战争会议……第二次会议和第一次会议一样，没有为国际和平做任何事情。相反，会议遵循的是征服和统治政策的利益"。M. 帕夫洛维奇对会议的工作作了批判性的分析，并提出了社会党人的观点，见《海牙会议》，《新时代》第26 年卷第 1 册第 544—550 页。

最近的一篇文章用这样的词句对这次会议作了总结："会议组成了一个'裁仲法庭'，通过了一些有关中立国权利的协定，试图把'战争'人道化；然而在限制军队人数上，会议毫无成就，即使在和平调解触及各国'荣誉'的分歧上也未能制订出任何措施。"P. 勒努万、E. 普雷克兰、G. 阿迪、L. 热内、J. 维达朗：《武装的和平和大战，当今时代》，巴黎，P. U. F.，1900 年，第 49 页。

人阶级，从而向全世界明确表示他对社会和平的观念就是枪杀那些为他创造了巨大财富的工厂中的工人。

长期以来，无产阶级早已揭穿了俄国政府传统政策的实质，沙俄政府是一切反动势力的基础。它的对外和平的观念并不是消除战争，而是削弱它的对手，以确立沙皇制度的霸权。它所梦想的对内和平则是人民遭殃和君主独裁的永存。

第一次海牙和平会议之后，尼古拉二世侵略了满洲，并犯下了"布拉戈维申斯克①"暴行。它违背了对芬兰人民许诺的誓约，使整个俄罗斯淹没在血泊中。在里加它重演了中世纪的暴行；它放任士兵不受制裁地对哥里的贫苦农民大肆劫掠、杀戮；并默许阿卡杜伊监狱的看守用刺刀捅杀男女政治犯。在莫斯科起义事件中，它怂恿士兵射击救护车。骚乱过后的很长时间内，沙皇的警卫仍然可以不经过任何诉讼程序，任意枪杀铁路员工，致使他们在工作中经常处于惊惶之中。②

沙皇对待自己的臣民像对待自己的敌人的士兵一样，这是何其可耻的行径！而正是这样一个资本主义和殖民掠夺的匪帮头子却俨然企图以法律的化身自居，强迫全世界承认他是以法律替代暴力，以诚挚的谅解替代流血争斗的象征，标榜以持久和平的条约替代自相残杀的战争。姑且承认他的诚意，他也无能实现他的和平意图。因为军国主义无非是依靠国家组织的武装，以维持资产阶级经济和政治对工人阶级的奴役，因为在资本主义制度下，国家之间的战争一般都是它们争夺世界市场的结果，因为各强国不仅致力于保持它们已经占有的市场，而且还竭力争夺新的市场，而为此就必须经常地奴役外国人民并强占他们的土地。不妨

---

① 即海兰泡。——编者注

② 社会主义报刊多次揭发了俄国的暴行。关于俄国局势，参见 A. 贝洛：《俄国和平运动蒙难者》，《新时代》第 25 年卷第 1 册第 778—784 页；并参见附件 16：书记处 1906 年 12 月和 1907 年 1 月月度报告。

请在海牙就座的那些外交家们互相看一下吧！那坐在西部非洲主子身旁的不就是印度的统治者吗？和马达加斯加征服者们一起就位的不正是刚果的剥削者吗？而争夺满洲的胜利者身旁就座的却正是他的不幸的对手！那些自以为有教养的人热衷于战争，统治阶级有计划地维护战争，他们的目的就是使各国人民互相敌对。所以在无产阶级眼中，战争就是资本主义的本质，只有消灭资本主义的剥削才能消灭战争。相反的，工人阶级则是战争的天然敌人。因为工人阶级是战争的主要牺牲者，他们为战争牺牲了自己的儿女，牺牲了自己的财产，因为战争是和社会主义的目的相违背的，社会主义的目的是为了创建一种世界事物的新秩序。这种新秩序将建立在生产者之间的团结、各民族国家之间的友好和各国人民的自由的基础之上。

1870 年，当德国吞并阿尔萨斯—洛林的时刻，社会主义无产阶级的代表，倍倍尔和李卜克内西对战争和吞并提出了反对和抗议。

1904 年，俄国和日本两国的官方政府使成千上万的年轻人牺牲了生命，而俄国和日本两国的无产阶级代表则在阿姆斯特丹相互友好地拥抱在一起。[①]

1870 年，正当炮声在两国边境上轰鸣时，德国工人给法国工人的信中这样写道：

"我们永远不会忘记，世界各国的劳动人民都是我们的**朋友**，而所有国家的专制暴君则是我们的**敌人**！"

法国工人则是这样回答德国工人的：

"法国工人们！德国工人们！西班牙工人们：让我们的呼声汇合在

---

① 这里是指普列汉诺夫和片山潜在 1904 年阿姆斯特丹国际社会党人代表大会开幕式上的象征性拥抱。

一起，一致反对战争！"①

　　这就是第一个工人国际的语言，这仍然是新的工人国际的语言！不顾诬告和迫害，新工人国际的代表们用行动坚持各国之间和平的思想，坚决拒绝一切军事贷款。我们清楚地知道，一旦劳动人民成为军队的主人，战争就将成为过去！所以我们毫不迟疑地坚持解除资产阶级的武装，而以人民的普遍武装来实现工人阶级的武装。每当政治地平线上出现具有威胁性的乌云的时刻，工人阶级就通过他们的议员并举行示威，在议会和街头进行干预。在危险的日子里，为了避免并制止战争，工人阶级坚决勇往直前。我们的政策不会是互相矛盾的，所以英国工人就曾在德兰士瓦战争中，反对了他们的政府。国际无产阶级队伍不会形成相互对立阵营的两个派别。

　　工人国际始终捍卫这样一个原则：一个威胁别的民族独立的政府必然要侵犯、反对它自己的民族，侵犯、反对它本国的工人阶级，因而也就是反对国际工人阶级。所以，和平的思想只有在社会主义思想取得进展并获得实现后才能确实体现和胜利。而相反的，专制主义的加强则是孕育战争的最好的土壤。从这一观点看，解散杜马就构成了对整个欧洲的危险。这并不令人感到奇怪。我们已习惯地看到沙皇政府经常违反它自己的保证，一旦它有了力量，它就会像对待俄罗斯人民一样，对其他民族采取行动。

　　尼古拉二世在面临危险的某些日子里也曾对自由作过承诺。而一旦他认为危机似乎不再是那么紧迫的时候，他就立即把他感到不够顺从的第一届杜马打发开。他所需要的是一个仆从式的议会。俄国政府接受的是字面上的议会制度而不是议会制的实体。为了报答保皇党人及其主子的愿望，斯托雷平先生颁布了一个有限的立法，装模作样地制订了一个

---

① 参见《19世纪和20世纪社会运动研究原始资料国际索引》，《第一国际》第8卷，巴黎，1963年，第28和225号。

选举名单，监禁了他的对手；并且像一个骑士那样，这位大臣要人怂恿他的黑帮和下层警察去屠杀妇女和儿童。然而，事态的发展使政府的打算落了空。尽管当局施加了压力，也采取了暴力，第二届杜马却表现得比第一届杜马更激进，100多名议员表现了不同程度的社会主义色彩。从选举后的第二天起，就可以明显地看到，第二届杜马的日子是屈指可数的。但是斯托雷平先生要显示自己是个仁慈的好主子，因而容忍了议会的存在，然而条件则是议会必须同意按照政府的一切要求去做。立宪民主党人表现了无能的软弱，对政府的种种要求作了过多的让步。他们拒绝了大赦计划，拒绝申斥官方的谋杀行为，他们甚至连别人拒绝他们审查预算也不敢加以否决。他们苦苦哀求左翼分子少说任何会使斯托雷平先生感到不快的话，要求他们带着微笑去忍受迫害和折磨。内阁首脑从此就开始为所欲为。他派人搜查议员们的住宅，甚至以人民的名义捏造通电，要求解散杜马。他要求取消对录取官员的公开考试。他屡次提出支持警察机关的动议，肆无忌惮地诬称发现反对皇帝和危害国家安全的阴谋。不经审查就不断地进行集体缉捕。面对这种可耻的行径，资产阶级的代表们完全丧失了勇气，不敢作出任何应该作出的反应。解散杜马的命令发布时，立宪民主党人连一点男子气概的表示都没有。

俄国的有组织的无产阶级曾经自己作出过反应，并将再次对此作出反应。反对专制的斗争将毫不间断地继续进行下去，所有国家的工人们也将继续对我们正在斗争中的同志给予声援。奥地利帝国议会的社会党议员们已经宣布将向他们的政府对这次解散杜马的后果提出质询。人们已隐约看到这次事件的复杂性，而且也已看到它将危及其他国家的利益。法国社会党人必将提请他们的政府注意有关贷款问题上的郑重保证。具有议会传统的国家，大不列颠社会党人将在攻克巴士底监狱的节日7月14日那天举行示威，抗议这种连续发生的政变；政变的主谋者们只能妄图用伪善和谎言来作掩饰。[①] 其他国家的无产者都在心中支持这一运动，提醒他们的成员牢记，只有社会主义才会有和平，我们的口号永远是：**打倒专制政体！俄国革命万岁！**

社会党国际执行委员会（比利时）

爱德华·安塞尔，埃米尔·王德威尔得

书记　**卡米耶·胡斯曼**

社会党国际局（俄国除外）：

南非：W. H. **萨瑟兰**

英国：**亨·海德门**

　　　詹·基尔·哈第

德国：**奥·倍倍尔**

　　　保·辛格尔

奥地利：**维·阿德勒**博士

　　　　斐·斯卡雷特

法国：**让·饶勒斯**

　　　爱·瓦扬

荷兰：**彼·特鲁尔斯特拉**

　　　亨·范科尔

波希米亚：**安·涅梅茨**

　　　　　弗·绍库普

保加利亚：**扬·萨卡索夫**

　　　　　格·基尔科夫

丹麦：**彼·克努森**

阿根廷：**阿·康比埃**

　　　　曼·乌加特

澳大利亚：P. J. **奥马拉**

匈牙利：**雅·韦尔特纳**

　　　　D. **博卡尼**

意大利：**恩·费里**

　　　　菲·屠拉梯

日本：**片山潜**

卢森堡：**韦尔特**博士

挪威：S. **加德尔**

　　　F. **沃尔弗**

罗马尼亚：C. **拉柯夫斯基**博士

瑞士：O. **拉潘**

　　　G. **赖曼**

---

① 在 6 月 22 日的通告中，执行委员会转发了英国的一个建议："全世界在 7 月 14 日组织一次示威运动，以抗议海牙会议的闹剧和尼古拉二世的政变。"华沙党史研究所档案。

C. M. 奥尔森

美国：丹·德莱昂

莫·希尔奎特

西班牙：帕·伊格列西亚斯

弗·莫拉

塞尔维亚：M. 斯托亚诺维奇

瑞典：亚·布兰亭

G. － G. － T. 维克曼

71

各国社会党议会委员会第二次会议记录

（1907 年 8 月 17 日，斯图加特）

各国社会党议会委员会于 8 月 17 日星期六 11 时举行会议，由执行委员会代表王德威尔得（比利时）主持。共有 150 名各国社会党议员出席了会议。

按席位轮流的不完全的统计出席人员名单如下：

德国：休特古姆、辛格尔、大卫、福尔马尔、列曼、艾希霍恩。

英国：麦克唐纳。

奥地利：维纳尔斯基、福斯特纳、涅梅茨、格勒克尔、温特、佩尔讷斯托弗、格鲁伯、施皮尔曼、埃尔德施、约翰尼斯、A. 大卫、里格尔、哈努施、弗罗因德利希、谢弗、伦纳、迪阿曼德、阿德勒、埃伦博根、塞茨、利伯曼、维蒂克、绍库普。

比利时：王德威尔得、弗尔内蒙、安塞尔、封丹、埃尔贝斯、泰尔瓦涅。

保加利亚：基尔科夫。

丹麦：克努森。

法国：罗布兰、贝图勒、德洛里、瓦扬、迪雷、盖得、包法利、格鲁西埃、饶勒斯、桑巴、鲁瓦奈。

荷兰：沙培尔、范科尔。

意大利：科斯塔、龙达尼、恩·费里。

俄国：维·曼德尔贝格。

瑞典：布兰亭、克里斯蒂恩松、托尔松、林德利。

主席：我谨向代表们表示欢迎，并允许我向大家再重复讲一下各国议会委员会组成的背景。1896 年伦敦代表大会曾通过一项决议，要求各国社会党议会议员组成一个各国议会委员会，每个国家一名代表，目的是使所有国家的议会工作统一起来。所有一切联系都经过瓦扬公民，由瓦扬公民临时负责汇总工作。

四年以后，在巴黎代表大会上，各国议会委员会已附属于社会党国际局，并且决定各国成员党必须使各国社会党议会党团参加中央性的组织，以便在各种重大的国际政治和经济问题上容易采取共同的行动。

在 1904 年的阿姆斯特丹代表大会上，临时决定委员会的常设书记处地址设在荷兰。

各国议会委员会 1906 年在伦敦举行了第一次会议。从那一天开始就清楚地显示出，社会党国际局和各国议会委员会的两个书记处必须合在一起。荷兰代表草拟了一个章程草案初稿给国际局；国际局今天则向你们大家提出一个章程草案的定稿。两个书记处的合并事宜今天已经完成，我们希望经过这样的集中，能使各国议会委员会活跃起来。设置各国议会委员会的目的并不是要在大的国际代表大会旁边再设一个小国际代表大会。我们要求的是达到一些实际的目标。议程上列出了各项引人关注的问题。首先一个问题是研究一下俄国的议员，在杜马被沙皇解散后，是否应该仍然被认为是会议的活动成员。第二项议程是通过章程。第三是审查特鲁尔斯特拉公民草拟的一份学术报告。第四，讨论罗马尼亚同志提出的一项议题。各国议会委员会的章程草案初稿载于《提案和决议草案》第9页。在一本特别印制的小册子上，则印有已提出申请参加各国议会委员会的各国社会党议会议员和上议院议员的名单。[①]

现在我宣布开始讨论第一项议程。

阿德勒（奥地利）：我向您建议接受被解散的俄国杜马的议员为各国议会委员会的成员，而且不必经过讨论。在伦敦，我们曾经接受了俄国党的代表，当时他们在这个国家的议会中还没有议员。今天我们有责任接受这些被非法剥夺了任命的议员。我们必须在这里向我们这些尊敬的社会党人同志们表示敬意。因为我们知道我们的朋友们遭受了何等深重的迫害，了解到他们为争取自由而进行了何等英勇的斗争。（赞扬声）

饶勒斯（法国）：我认为各国议会委员会不仅应该接受被解散的杜马的成员，而且应该向被沙皇政府逮捕投入监狱的俄国同志表示同情。

盖得（法国）：我完全同意这个意见，为此我有幸提出一个决议草案如下[②]：

---

① 参见《第二国际》№558，第343页。

② 第二届杜马在1907年7月被解散。普列汉诺夫立即通报了社会党国际局。他在1907年7月11日写信给胡斯曼，告知好几个被解散的杜马的社会民主党议员被捕："控告他们的罪名是十分荒谬的。指控他们从事一个军事阴谋。实际上，他们只是接待了圣彼得堡政府的一个上访代表团，而且还可以设想这个上访代表团是由挑衅肇事的特务分子组成的。"普列汉诺夫要求社会党国际局书记："是否有办法为这些议员做些工作，向欧洲舆论发出呼吁。"他建议各国社会党议会委员会主动采取"有益的行动"。（社会党国际局档案）胡斯曼有相同的意见，并立即在一个为召开各国议会委员会会议而发的通告上（该通告拟在报上发表）补充加上了这样一段文字："最后，重要的是各国议会委员会应提出强烈抗议，反对俄国政府解散第二届杜马的政变事件，抗议对无产阶级的享有威望的代表的迫害和专横无理的监禁。第二届杜马的不少议员已申明要来斯图加特，其他国家的同志们无疑地将兄弟般友好地热烈欢迎他们。

"全世界各国社会党议会委员会 1907 年 8 月 17 日集会于斯图加特。

谨向被解散的杜马社会主义议员们表示热烈的同情和坚定的支援，他们为了无产阶级的利益和议会的政治自由而被沙皇政府投入监狱。

我们提请文明世界的政治舆论愤怒谴责沙皇政府的谋害行为，沙皇政府捏造了两个借口——诬指议员们参加秘密社团和参与所谓的军事阴谋——而接连地对议员们进行非法的搜查和缉捕，最终甚而解散了杜马，侵犯了人民代表的豁免权，这些代表的唯一罪行则是保护了俄国工人阶级的利益。

我们要求各国社会党的议员在各国议会中，在所有真诚的民主议员中间，发动一次声援英勇的俄国同事们的民意运动。俄国同事们为了坚持完成他们受全国人民委托的任务，为争取人民的自由而受到令人愤慨的打击和迫害。"（长时间的鼓掌）

主席：我刚才收到原杜马议员曼德尔贝格公民寄来的有关社会民主党议员遭受迫害情况的报告。我向你们建议，将这一报告列入会议记录。[①]（同意）

这一报告的文字如下：

"同志们！

由斯托雷平代表的沙皇政府，在解散第二届杜马的时候，逮捕并监禁了他们所能搜捕到的所有我们社会民主党党团的成员。

为了使逮捕议员的行为合法化，政府凭借的理由正是他们在解散杜马前夕，要求杜马批准他们逮捕社会民主党党团成员的同一理由。

---

①　这个报告是胡斯曼创议提出的。在他给上面提到的普列汉诺夫 1907 年 7 月 11 日来信的复信中，他确实曾写道："社会革命党人告诉我们，他们将有一个代表来斯图加特（8 月 17 日）作一个关于他们党团在杜马的活动报告。你们党的议员也应这样行动。我还要提醒你，必须向我们提供有关迫害和监禁议员的资料。"（1907 年 7 月 13 日胡斯曼的信，社会党国际局档案）

正像你们所知，当时杜马曾选出一个委员会，负责研究这一要求是否公正合法。

在审查了所有构成这一控诉行为的文件后，委员会准备声明反对政府的这一提案。而斯托雷平先生就突然执行了一个蓄谋已久的计划：解散了杜马。

为了评价这一行为，有必要回顾当时的背景，这比任何材料都足以证明俄国政府的这些控告是多么毫无根据。

被召集来决定我们党团命运的这一委员会，几乎全部都是由我们的反对派对手们所组成，而且毫无例外地都知道，如果他们拒绝迫害社会民主党人，其后果就将不可避免地招致**立即解散杜马**。

然而，尽管如此，该委员会仍然不敢相信能够认为：对社会民主党人的控告是合法的。

这一控告行为还证明，斯托雷平先生的政府非常清楚，他们所拥有的文件是毫无意义的，而只是为了排斥他们所憎恨的社会民主党议员。他们甚至不惜采用**挑衅分子**捏造的匿名控告信。为此，政府事实上还利用挑衅分子组织了一个代表团去彼得堡找社会民主党党团。控告行为表明，政府不仅完全知道代表团所带的信件有些什么内容，而且还知道代表团应该在什么时候到达我们议员们的住处。政府策划的计谋就是用武装部队侵入我们党团的驻地，把代表团成员和社会民主党党团成员一并加以逮捕。①

政府为什么要筹划这样一个阴谋呢？

斯托雷平总理和司法大臣在回答我们对警察进入社会民主党党团驻地的质询时，解答了这个问题。大臣们声称，政府得到情报，在指定的

---

① 关于这个问题，参见以《解散第二届杜马》为题发表的文件，《红色档案》1930 年第 6 卷，第 59—91 页。

时间，社会民主党党团驻地将举行**一次有社会民主党议员和军队的一个战斗组织代表参加的会议**。这样，我们就了解到政府得到的是什么样的情报，以及情报又是从哪里得到的。

现在已经很清楚，当政府代表在回答我们的质询时，他们非常明白，政府所要逮捕的军人根本不是什么武装部队的战斗小组代表，而只是一个呈递信件的代表团。而且他们也清楚，根本不是社会民主党议员和战斗组织的代表举行什么集会，而只是呈递一份申诉状。而且事先社会民主党党团根本就不知道有军队的代表团前来访问。大臣们是完全了解这一可憎计谋的整个筹划过程的。

他们在崇高的杜马讲坛上肆意说谎。他们对所以这样做的原因是完全清楚的，因而也就暴露了他们所追求的目的。**他们的目的就是要为指控我们组织军事阴谋做好准备**。

然而，这一挑衅性的阴谋结果是一无所获。

武装部队侵占了我们党团的驻地后，政府并没有发现什么军队的代表团。立即进行的现场搜查，也没有提供任何可供指控根据的文件。然而，不顾这一切，政府仍然提出了控告。

我们总的是被控告接受了民众的申诉状，特别是士兵的申诉状。此外，人们还指控我们是属于俄国社会民主工党的。然而，我们是非常公开地声明我们是属于俄国社会民主工党的。

我们党的纲领散发了几十万份，而且**并不是秘密刊印的**。我们的选民选举我们，正因为我们是社会民主党人。政府也完全知道这一切情况。但是它仍然控告我们是属于一个秘密性质的社团。

政府对我们社会民主党候选人的提名并没有加以任何阻挡。它容忍我们在杜马中露面，并且组成一个社会民主党党团。

政府现在控告我们属于社会民主党，并且为此而把我们投入监狱，这岂不足以证明它是故意把杜马作为一个陷阱来引诱我们吗？

同志们，俄国无产阶级的代表们被政府投入了监狱。他们的健康本来就已被过去的监禁和流放生活所损害，最终将被彻底摧残。在这些被囚禁的人士中，有些人正患有严重的疾病，如贾帕里泽、策列铁里、洛姆塔季泽以及其他同志们。

他们在监狱中等待着法院的判决。

但是，谁将是他们的审判官呢？

这将是沙皇的法庭，将是专制独裁政府的法庭。这个法庭不止一次地证明，指导它履行职责的方针并不是主持公正，而是讨好政府。真正审判我们同志的将是政府，无数次的政治诉讼案件都证明，俄国的法庭只是从事政治迫害的可耻工具。**我们同志的命运将由它们来摆布。**

这些法庭所作出的判决书是不用加以怀疑的。我们的同志都将被判处流放。

因而，杀人的监狱所未完成的事情将由强制劳动去完成。我们的同志将被残酷的囚犯待遇摧残致死。谁将拯救这些无产阶级的代表？谁能从牢房中把他们解救出来？谁将使他们免受沙皇制度的报复？

俄国的无产阶级当前无法拯救他们的代表。

自豪而强大的无产阶级向沙皇政府清算所有遭受牺牲的无数受害者的这笔账的日子终会到来。沙皇政府必须对所有这些战士们所遭受的残酷的命运作出回答，其中包括第二届杜马的社会民主党议员。但是，今天这个时刻，我们要向你们，同志们，要向全世界无产阶级的代表发出呼吁！

请你们提请全世界的工人注意，提请全世界工人注意沙皇制度的这一新的罪行。

请告诉全世界的无产者，告诉他们斯托雷平政府是如何把社会民主党的议员诱入陷阱的，是如何践踏了一切法律而把他们逮捕的，告诉他们斯托雷平政府现在又是如何正在残害这些被捕的议员的，或是利用监狱，或是通过流放和强制劳动。

同志们，请努力发动一个反对并憎恨沙皇制度和斯托雷平政府的运动。俄国政府对欧洲舆论的重视远远超过对俄国本国民众舆论的重视。

激起各国人民的愤怒，并使之形成压力！如果俄国政府在公众的舆论压力面前仍不退让，如果它甘冒不韪，要在不断摧残人类罪行的账单上再增添一笔，那么就记住这件事！然而，只要无产阶级一致反对沙皇制度，我们在监狱中遭受监禁和被处强迫劳役的同志的内心就会充满喜悦并感到骄傲。

同志们，请你们按照我们的请求去做。你们是忠于社会主义国际团结的原则的。在彼得堡的杜马讲坛上，我们在向专制主义作斗争，我们在为工人阶级的解放，为俄罗斯的解放而进行战斗。我们所捍卫的并不只是我们的事业，我们是在为全体社会民主主义战士和全体无产者的共同事业而斗争。我们维护的是全世界无产者的共同事业。因为工人阶级在全世界最野蛮、最残酷的敌人就是专制独裁政权。我们所支持的反对沙皇政府的斗争，也就是为争取全世界无产阶级伟大事业胜利的斗争。

第二届杜马议员

维克多·曼德贝尔格"

辛格尔（德国）：盖得的决议出色地概括了曼德贝尔格所表达的思想。我建议大家一致鼓掌表示通过。（全体一致赞成）

鲁巴诺维奇：我向大家报道一个消息，被解散的第二届杜马的议员契尔斯基公民向代表大会提出了一个《关于社会革命党杜马党团的活动报告》。这个报告和社会革命党的报告一起发表在法文版第2卷和德文版的文选上。①

---

① 《工人和社会主义国际。斯图加特国际社会党人代表大会上报告（1907年8月18—24日）》第2卷第422—457页。（中文本见本书第23卷《第二国际第七次（斯图加特）代表大会文献（2）》。——编者注）

费里（意大利）：我要求发言，提一项议程建议。我没有参加开幕会议，如果国际局能把工人出境和入境问题列入议程，我将非常感谢国际局。我认为所有国家议会的社会民主党议员都应反对试图使工人入境遭到更多困难的各种特殊措施，或特别的抵制工人的措施。

阿德勒（奥地利）：入境移居问题已经列入代表大会的议程。应该等待在代表大会上进行讨论，而不要预先在这里表态。

费里（意大利）：那也可以，我只是要提请各国议会委员会注意到这个问题。

主席：现在我们进入审查各国议会委员会的章程。

瓦扬（法国）：在开始讨论条文之前，我想提请各位注意，国际局和代表大会的章程草案规定并建立了国际局和各国议会委员会之间的有机联系。实际上，根据该章程的第4条，各国议会委员会的各国书记在社会党国际局中具有助理代表的资格，并以助理代表的资格参加社会党国际局的历次会议。我向各位建议通过这一解释，并在这个意义上补充已经提交给你们的草案。（同意）

主席：开始讨论第1条，没有人要求发言。我宣布通过。第2条，通过。第3条，通过。第4条，通过。第5条，通过。第6条。

弗尔内蒙（比利时）：我要求发言。这第6条条文应在这样的意义上作修改，各国议会委员会的书记不必向每个议员征收会费，但他只需声明，每个国家议员的会费已集体交付给各该国的全国书记。

换句话说，就是各支部或成员党的书记在缴纳该党或该支部的党费时，同时也就缴纳了各国议会党团的会费。（同意）我的修正的文字表述如下：

"各支部或成员党议员应交的每年的会费总数，由社会党国际局各支部或成员党向国际局缴纳会费时一并缴纳。"

主席：没有人反对这一修正，我就宣告通过。（第7到第12条，会议未经讨论即告通过。）我在会议开始时就告诉大家，英国代表团曾向我们提交了一个双重性质的建议，他们希望知道你们对他们建议的意见。第一个建议是有关一个《产业立法的国际模式》，文字如下：

"鉴于各国的产业立法根据各国对工人的保护程度和对资本家的限制程度的差别而有所不同，鉴于为了能使工人享有最好的产业立法条件，并使那些过度使用劳动力的资本家不能在国际产业界占优势地位，本次会议建议：国际局应该发表一个文件，指出迄今为止哪个国家在关于产业、教育和经济等问题上的立法最先进，要求有代表参加议会的各国社会党和劳工党采取行动，设法按照最先进国家的立法修改它们各自国家的产业立法。"

出于同一思想，英国社会民主联盟最近也向书记处提交了下列建议：

"斯图加特代表大会指派国际局采取必要的措施，协调各种劳工立法提案，务使在所有的立法议会同时提出，以加强方案的力量。"

麦克唐纳（英国）：我感到有必要按照英国的第一个决议做些工作。我认为这是必需的，以制止资本家借口落后国家的立法而强调不能改进。

福尔马尔（德国）：英国同志的决议，我认为是难以做到的，尤其是第二个决议。我并不认为国际局能够承担这样的责任。实际上，怎么能够按照一个唯一的典型以使法律模式化呢？

怎么能制订一个可为所有国家都适用的立法呢？对第二个决议，我的意见是应该完全予以拒绝。

范科尔（荷兰）：我的意见也是如此！书记处不能替代某些国家的

创议而从事这种海格立斯①式的工作。

休特古姆（德国）：我同意刚才发言的几位同志们的意见。如果英国朋友愿意收集文献，他们可以向巴塞尔国际立法研究所进行咨询。该所出版的刊物能使我们很容易地了解到各国劳工立法的进展情况。

大卫（德国）：我同意休特古姆的意见。此外，议员是有权利向各自的政府索要一份完整的文件的。我要求拒绝这两个提案。

然而我认为各国议会党团如果把它们的全部立法提案提供给各国议会委员会则是件有益的事情。各国议会委员会可以给予发表，并且可以向大家提供和某一问题有关的所有文献。最后，各国议会委员会有权根据某一会员议会党团的要求，对某一问题的立法活动进行国际性的调查。我有幸按照我的观察提出修正。

麦克唐纳（英国）：我们党同样也不赞成英国的第二个提案。但是，刚才发言的人并没有说服我相信第一个决议也是无益的。大陆的朋友们似乎并不很了解巴塞尔研究所出版的刊物的情况。这些文件有时是非常肤浅的，而且经常是看不懂的。各国议会委员会在这个问题上应该进行干预。我还要补充提到，在很多情况下，工人的真实处境根本就不符合他们各自国家议会所制定的立法的规定。

格鲁西埃（法国）：统一所有的立法是不可能的；但相反在一些特殊性问题上改善国际性的立法则是极为可能的，例如限制劳动时间问题。各国议会委员会书记处完全可以向所有的议会党团寄发一份有关一个指定问题的调查表，并向其他国家的议员提供文件。

阿德勒（奥地利）：统一导致的往往是最小数值，而绝不会是最大数值。所以我认为在一个统一的模式下的共同行动是不可能的。但是我

---

① 海格立斯，古希腊神话中的英雄，以非凡的力气和勇武的功绩著称。——译者注

们可以在这里声明要设法改善我们的劳工立法，以满足英国同志的愿望。我们很了解各国的立法情况，但是我们不知道的是各不同国家的同志究竟提出了一些什么不同的立法草案。我们非常需要知道，由于社会党议员们的努力创议，已完成了哪些工作。为此，我向你们建议，按照大卫公民意见提出的方针，通过一个决议；根据这个决议，各议会党团向书记处寄发两份它们将要制定的立法提案。

瓦扬（法国）：我刚才起草了一个决议，可能有益于完善我们的章程，文字如下：

"1. 每个议会党团必须通过信件和文件，使各国议会委员会了解它的党在劳工立法方面的工作。

各国议会委员会的职能是接受一切咨询性要求，并在其可能的范围内通过寄发文件、提供资料予以满足。

为此，各国议会委员会应该用简要的说明，提供通过立法的日期和条文，也可对它所收到的各项议程的专题作专门调查，以尽量答复各种要求。

2. 利用通告传达某一议会党团就议程上的某一问题所提出的立法草案，各国议会委员会可使其他国家的议会党团根据它们各自国家的条件提出类似的立法提案，而且尽量互相配合并同时进行。"

桑巴（法国）：我同意瓦扬的建议。但是我认为，国际局书记处确实可以把其他反对党所提出的各种提案汇集起来。

主席：我们现在讨论的是英国的决议，有人似乎准备取消这些提案；然后又有人提出了两个相互补充而并不相互排斥的条文，这就是大卫的修正案和瓦扬的修正案。我建议把这个条文替代我们章程中的第5条。（同意）

会议于1时休会，3时又重新开始。

＊　＊　＊

主席：我们现在开始审查特鲁尔斯特拉公民关于**社会民主政治体制**问题所提交的一篇学术论文。

特鲁尔斯特拉：社会主义运动的发展及其不断增长的影响已明显地显示出一种缺陷，这种缺陷必然损害这一运动力量的统一并将阻碍它今后的发展，除非我们立即采取一些紧急的措施。

在当前，我们可以指出一些征象，证明我们前进得是正确的。

议会中的社会主义行动——没有人怀疑这种行动的必要性和重要性——在积极的效果方面是影响了工人的社会处境，然而在全世界也引起了一种失望情绪。如果我们社会党在议会中长时期地只是代表微不足道的少数，这种失望情绪会使资产阶级受到打击；因为这证明资产阶级用心不良，或者则是他们没有能力实现工人阶级的心愿。但是如果这个少数所代表的却是一个巨大得多的比例，或者说在议会外面支持这一少数的群众，在国家中是占很大的一部分的，那么议会工作的这一僵死状态就会被利用而成为反对社会民主党自身的一个论据。特别是一些社会党的部长们，无论是得到或者没有得到他们党的支持，都开始要为资产阶级的政治制度分担责任。人们开始越来越认为我们党应对这一制度的缺陷负责。而且在争论中，人们是不会考虑到我们是被迫接受这种政府形式的。

相比之下，德国的半专制主义的制度并不比法国的民主议会制度具有更坏的影响。人们甚至要问，德国的制度具有很大的稳定性和连续性，难道不比法国的制度更有成效。在法国，党派的不断变更和政策变换对国家机器的影响，不时地骚扰着各种事务的进程。

这不是一种偶然的现象，在法国工人中间，对议会政治的淡漠和厌烦已发展到如此高的程度，在德国工人中，反议会的思想观念似乎也在发展。

大卫（德国）：这完全不正确。

特鲁尔斯特拉：我的看法不是这样。凡是社会主义运动已经逾越了简单的宣传和单纯的反对阶段的地方，它就被迫必须利用资产阶级的政治制度，以满足工人当前的迫切愿望，而这一制度的不足之处也就显得更为清楚，并将进而危害到社会民主党本身。除非社会民主党一方面虽然仍要利用这一制度，一方面则必须对它进行严厉的批判，以摆脱由于采取这一方法而引起的一切责任。

有人或许会反驳我的看法，认为我所指出的这些不尽人意的地方，其原因并不在于政治制度，而应归因于经济结构和资产阶级的政治霸权。然而，这两个因素是不能分开的。任何经济制度都有它自身所固有的政治制度。自不待说，在资本主义制度下，人民大众被迫从事日常过度的雇佣劳动，人们所能想象的就只有一种代议制的政治体制。

议会，是资产阶级政权产生时的历史表现，而且是得到王侯们亲自认可的，它是这一制度的极妙的机构。人们可以轻易地证明，这一机构的运行和发展只能是追随资本主义的。所以在当前我们所生活的这个转变时期里，它的缺陷就显得更清楚了；因为各种社会利益和社会措施开始日益涉及立法者的利益。尽管在各不相同的国家中，议会面对王室和政府所拥有的权利有所不同，但是有一点则是共同的，就是法律和制度都是在部长们的办公室里酝酿和制订的，议会对立法的影响只是限于**修正和补充**而已。只要一个议会中只有两个重要的政党，各自代表国家政治生活和思想观念的一个方面，这种反对意见就不会有重大的影响。政府就在这两个政党的手中倒换，由这两个政党轮流执政，实行它们的政治制度。

另外一种形势在发展，资产阶级政党正在解体，在它们身旁出现了一个"工人政党"。议会制度的基本条件就出现了缺陷。由于议会内部存在着对立，并缺乏一个固定而重要的多数，这些临时性的政府就有时显得完全**无能**，有时则又变得非常**强而有力**。有时无能，是因为各政治派别之间的意见分歧，所以这种临时性政府就不可能保证一种确定的制度得到胜利。有时又非常强而有力，则是因为没有一种有觉悟并且一致的反对力量，所以临时性政府就有机会实现它们的计划。

资产阶级政党的解体是议会制度性质改变的主要原因之一。由于这种解体，我们观察到各种政治派别之间组合的不断变化；在民主国家中，这种情况就使政府和立法失去一切稳定性，致使这些国家日益热衷于政治野心的投机。在一些较不民主的国家里，这种解体就为王室提供了一种手段，而把各种反对派别组成一个有利于政府的联盟。尤其是由于对社会民主党的惧怕而使资产阶级各集团之间的分歧退居第二位的时候，就更会出现这样的情况。

这并不令人感到奇怪，资产阶级性质的变化导致它的主要政治机构也发生变化。

然而，机构本身是和资产阶级国家相联系而不可分割的，从资产阶级国家的角度看，这种机构不可能满足现代立法的要求。出发点是假设议会是代表全民的。但是，即使在普选制度下，这种假设也并不符合真实情况。议会只是代表了民族的一部分，而且也仅只是限于代表而已。各种集团和团体的智慧和对各种事物的知识，以及它们的实践经验，成为他们盲目地自信能被选为代表的因素。人事的选择更多的是从属于对各派政党政策的考虑，而选择该人的真正理由则是次要的。所有一切和政府的行动有关的问题，始终都是由同一批人作出判断，这就会流于表面形式化并且经常是过分的一致。这种弊病也就影响到立法的质量。尤其是因为立法者的任务已经不仅只是纯属行政性和司法性的，而且更多是带有社会性质的。因此这种弊病的影响也就更大。

资产阶级的内阁官僚则是议会的合乎逻辑的历史性的补充。所以，虽然直至目前，面对资本家的自私，同时也是出于我们自己的积极性，社会民主党不得不对国家施加全部影响，从而成为巨大的动力，促使扩大国家的干预。但是人们不能指望社会民主党可以运用这种方法实现自己的制度。相反，理论告诉我们，无产阶级的胜利只能是对国家的基础进行攻击，"把国家机器存放到古董博物馆"。另外，我们一些最有能力的、从事研究未来社会主义制度的理论家们，认为主要的任务是把目前的国家缓慢地改变成一个社会组织，并把工会组织放在第一列位置上。

然而在社会民主党的直接行动中，在它为在受目前制度限制而设计的实际行动计划和愿望中，这个思想丝毫没有显示出来。这种情况恰巧说明，这样的实践，即使是部分的实践也只能在社会民主党自己的制度下才能实现。

我们可以以铁路、矿山等的国有化为例子。

社会党人应该反对**国家经营**的制度，在这种制度下，通过内阁各部门的办公室，从上到下都贯通了以资本家的私有企业为基础的管理；社会党人应该主张为全民族的利益，并在全民族的监督下，由有关的人民集团来经营。然而，为了做到这样的事情，却又没有任何组织机构。或者，假设能够把工人的工会和其他团体汇合成一个组织，以参与经营；然而首先碰到的问题是这个组织和国家的中央组织没有任何联系。

再者，也没有任何制度可以赋予承担经营的组织以一种公众的、自主的权力。而没有这些条件，是无法进行经营的。

然而，在资本主义制度下，工人往往更多的是害怕而不是愿意去接受对工会组织规定的各种政治限制，权利与义务的规章等。法国、德国、英国的情况充分证明了这一点。从工会组织方面说，最好的情况似乎仍然是不受规章约束的运动的自由。因为在资本主义制度下，这个组织的主要特点应该是政治性的战斗。这就阻碍了同一行业的所有成员都必须参加所属的同一个组织。再则，工会组织不可能充分信任地去接受一个正是它要与之战斗的阶级为它的法律地位制定的规章。工会组织的伟大的社会任务只有在社会主义制度下才能得到全面的开展和确认。

以上所述似乎足以说明，为什么社会民主党人即使为了自己的斗争和目标而利用资产阶级的政治制度，也必须考虑到资产阶级政治制度的不完善的本质。随着社会民主党的力量日益壮大，并在工作获得更多的积极成果后，它更会逐渐进一步地意识到这一点。迄今为止，这种批判性的观点在社会党人中表现得还是并**不充分**或者是并**不确切**的。

不充分，这是指面对无政府主义和反议会主义，工人运动往往过分注意了议会行动的价值，过分注重了议会行动的无可争论的必要性和有利方面，而忽略了对议会所应该采取的无产阶级的立场和批判的立场。人们有时在理论著作中作了引人注目的批判，这是可能的，但是在实际斗争的宣传过程中，则是过于忽略了。这是并不令人奇怪的，因为在社会民主党的纲领中，并没有提出一个和资产阶级政治制度相对立的政治制度，而且在实际上，也只是想如何更有特色和更为逻辑地去运用资产阶级的议会制度。

不确切，这是指在对议会主义作论证性的批判时，人们完全无视或部分地无视议会在历史上的必要性和必须加以利用这一点，不仅只是把它作为战斗的场所，而且也是为了从议会争取得到直接的成果。从德国的"独立派"① 到法国的"工团主义者"，所有号召注意议会主义弊病的各个流派都犯有这样的错误。而这种错误是会使他们的批判陷于僵化而无效的。因为他们没有提出任何属于无产阶级自己的制度来替代这个他们所谴责的制度，或者仅用一些模糊的概念来解释工会组织，试图给工会赋予一种作用，而这种作用又只是在无产阶级制度下才会产生的，而且是必须经过充分的准备和发展的。

在这两种情况下，都是由于缺少一个自身应有的制度，因而使党的

---

① 指弗里德贝格领导下的无政府主义倾向集团。

统一和宣传力量受到了报复性的打击。仔细观察一下所有国家的社会民主党，可以发现在关于策略问题上到处都存在两种不同的见解。一种见解是偏重强调**议会方式**日益增大的价值。他们接受议会方式的一切后果，甚至包括接受资产阶级的民主。另一种见解则是相反，他们并不抛弃议会方式本身，而是设法摆脱这种方式所带来的后果，竭力突出反对派的特色，他们意图通过国内和国际的制裁力量，制造障碍，以防止运动的"议会化"。他们寻求新的战斗武器，鼓动人民群众在议会外面向整个资产阶级发动斗争。

虽然这种斗争是重要的，但是斗争的好处是否有些被夸大了。让我们开始观察一下，所有的文字斗争都引起了满城风雨，但在实际上则都没有什么结果。并不否认有过一些特殊情况，斗争也出现过饶有兴味的形式。人们有权利提到法国和德国的情况。党的代表人物们在一些重大的事例中，习惯于采取配合的行动，尽管并不是始终都采用同一策略；不少问题在开始的时候引起普遍的注意，而实际上只是一些政策上是否适当的问题。这些问题都可以在党的传统中得到解释，而且都只是在宣传观点上有些价值。一旦真正偏离了无产阶级所接受的指导路线，这种偏离就会相当快速地显示出来，从而就会引起必要的反应，使工人阶级得到主要的经验；没有这种主要的经验，工人阶级是打不开道路的。无产阶级所从事的阶级斗争就包含着无产阶级阶级斗争自身所能够而且必须适应的原则性条件。你忠实而不是勉强地接受这些条件，你就会在精神上和力量上得到鼓舞，保持活力；在你采用任何方法时，你都会听到良知的声音，它将指导你必然沿着正确的道路前进。

资产阶级在社会主义的进展中，当然会看到它自身所受到的威胁，因而日益显示出它的资本主义的本性。即使是它的左翼，其中一些个别的民主分子在某些偶然的情况下也会和社会党相结合，但一旦无产阶级运动显示革命的本性时，他们就重新显示出资本主义的反动本质。

由于受到这样的限制，所以在相当长的时期中，在不同国家，在不同的时期，人们自然将轮流运用这两种方法。当党内的两派意识到他们的真正的利益所在的时候，他们将尽力相互指正而不是相互残杀。但如果其中的一派危及到党的整体的时候，人们就不得不反对这种行动方式，因为它必然要削弱组织的力量。

然而，党内的这种斗争也同样苦于缺少属于社会民主党本身固有的政治体制。目前的战斗纲领，从政治方面，明显地就是完成资产阶级政治制度的最终目标。不分男女的普选制度就是这一纲领的开场白，同时也是它的结束语。把国家干预扩大到所有的领域，是我们随时都遇到的各种愿望中的一个。

社会民主，在它的政治纲领方面，只不过是资产阶级民主的一种逻辑形式。它的近期纲领只能是限于议会目前的范围内所能执行的东西。实际上，那些指责修正主义分子和改良主义分子对资产阶级民主怀有过分幻想的人，最好把问题提到他们自己面前，看看错误是否应该在党的纲领自身中去寻找。

另一方面，还缺少反对这一倾向的任何坚实的基础。人们不愿意过分夸大议会行动，在任何情况下都想对议会保持一种独立性。在参与改革时，想提出绝对革命化的要求。但是，在实际上，人们则是竭力利用议会的一切程序，设法为工人争取一切可能的利益。因为如果不是这样，就会把工人驱向资产阶级民主的怀抱。一个政府如果愿意认真严肃地做一些事情，以满足我们的愿望，则必然就会遭到资产阶级反动力量的反对，因而就必须得到我们的支持。我们可以提出非常革命的条件，但是一到最后投票时，就必须满足于一半的改革，或者只有四分之一的改革。议会的考验就是这样的。议会运动有它本身固有的规律，任何一个要利用这一机构的党派都不能逾越这种规律。

因此，把党在有关策略上的斗争，有关如何保持原则性的斗争，限制在研究如何对待资产阶级政治制度这一点上，是错误的。要符合这一制度，社会民主党的任何行动都必然多多少少会和我们的原则相抵触，或多或少地会带上机会主义的印记。政治原则的斗争超越了这个范围。政治原则斗争的目标只能是针对社会民主党拿什么样的政治制度去替代资产阶级的政治制度。而既然党内最激进的派别也并不能回答这个问题，因此他们往往就是在不可能找到的地方去寻找原则和彻底的改革。

党只有明确了所要达到的政治组织目标，才能确定对当前的正面工作的领导方针作出决定。这种观察对它对各工会组织、对公务员工会的权利和义务等问题上的观点都有极大影响。对待各资产阶级集团，党必须找到一个可以充分利用它们的固定标准，以便确定在某种特殊情况下，可以暂时和它们中间的一个或者几个集团站在一起，共事到什么程度。而且，也只有采取这一方法才能消除用社会民主观点去解释国家和议会问题上所存在的错误观念。这种观念不仅在党外人士中存在，而且在党内也同样存在。

以上所述，证明党本身的利益要求我们必须为社会民主党制定一种政治制度。而且应该承认，这个问题还具有更为广泛的普遍意义。

对资产阶级乌托邦主义的惧怕心理，直到今天仍然妨碍着我们一些最杰出的思想家向这个方向作认真的努力。考茨基小心翼翼地在这方面下了一些力量[1]，他正式郑重地声明，他的工作只能具有学术上的意义。而像门格尔[2]和德利尼埃尔[3]等人的著作则只能加强这样一种观念，

---

[1] 指考茨基的著作《议会主义、人民立法和社会民主》，斯图加特，J. H. W. 迪茨出版社，1893 年。

[2] 指奥地利法学家安·门格尔的著作《社会主义国家》，E. 米约翻译，Ch. 安德莱作序，巴黎，贝莱，1904 年。

[3] 参见律·德利尼埃尔：《集体主义的实施》，饶勒斯作序，巴黎，1899 年，以及《社会主义对话》，巴黎，1901 年。

就是认为：任何试图要在当前就确定社会民主党应该接受什么样的政治制度的努力，必然不可避免地导致像资产阶级乌托邦主义那样的毫无结果。

但是，情况并不是这样的，一切在于人们所遵循的方法。如果像门格尔那样致力于研究社会民主党的道德观念或道德原则，并设法在法律上付诸实施，这就会停留在乌托邦的范畴内。然而如果遵循历史的方法，研究现存的社会结构，并进而探讨这些现存社会结构中的哪些部分是可以为无产阶级的制度所应用的；了解各种社会机体的发展及其内在的组成情况，从中归纳出一些可以应用于其他情况的普遍性的法则，这样人们就能得出真实的结果，而不至于使所有科学性的工作大都沉湎于想象。如果我们还不在这个时候向世界指明社会民主党人所要运用的政治机构，以使这一胜利有益于实现他们的理想，那么，人们会想到：无产阶级对资产阶级的胜利将是多么遥远。党一贯坦率地承认，用人工的办法去制造社会主义社会是不可能的。党的任务不是沙文主义式地狂热地强调进化，这一点党是认识到的。党认为党的责任是创造并发展司法和政治机构，以促使党本身的发展并有利于将来工作的开展。如今在几个先进的国家中，社会民主党已经拥有几百万的支持者，而且党正在组织日益增多的群众去反对现存的经济和政治制度；在这样的情况下，提出上述的要求难道还过分吗？要求社会民主党不能满足于继续穿着缝上红色补丁的资产阶级外衣去散步，而应该有我们自己的衣服，穿上我们自己的服装。党应该具备可以提供讨论的自己的政治机构方案，这样的要求难道是过分了吗？

社会民主党如何着手开始在社会主义社会中保持资产阶级的国家？这是政治制度应该解决的一个问题。我们可以接受经济和工业的运动将沿着社会主义的方向向前进展的看法。现在的问题是要知道，应有什么样的有足够的活力和弹性的政治建筑，以求跟上运动，并促使运动壮大。我们将在这个基础上从事建设。

资产阶级进行革命时，也曾回答了面临的类似的问题。三等级会议（Tiers – État）代表们的手册上载有资产阶级的政治制度。议会已经存在了几个世纪。资产阶级使议会具备了更为普遍的性质。为议会制订了原则，并且实行了这些原则，进而又把这些原则提高并形成制度，资产阶级为自身，也向全世界表明了人们需要的是什么。为了设计一种政治制度，无产阶级也略微需要一些资产阶级的这种精神。像资产阶级那样，无产阶级要有它自己的机构，这是它取得政权的成果，并且在斗争中使之加强和发展，就像议会所经历过的那种情况一样。然而要使这样一个机构得到普及将是更为困难的。要使它具有公众的威信，符合社会和政治的统一需要，这些都是资产阶级的政治机构所并不具备，也没有经历过的。

我们的政治制度的基础只能是组织，建立在经济利益共同体上的组织，工会团体将在这种组织中占首要地位。应该使这种组织具有一定的公众威信，而且可以把它的意志施加给少数人。在这一组织之上应该有一个引导人民利益和愿望的机构。

作为这一制度的雏形，我们可以提到在资产阶级的体制中已经存在了几个世纪的一种组织。这就是荷兰的"waterschap"，或称"wateringue"（排水工程）。某一地区的土地所有者都有一种共同的利益。这种共同的利益就是防止水患，调节水位，因而就必须修建堤岸、闸门、桥梁、水力磨房等。少数人可以运用否决权，阻挠修建和维修这些工程。但是国家可以在一定的公共利益的条件下，保证愿意维护共同利益的多数人有权迫使少数人参加一种共同体，从而使实施上述各项工程成为共同体的公共责任。国家把一部分权力转交给这个组织。只要为实现公共的特殊利益需要，刑法、警察和征收赋税的权力等都可以转交给这个共同体。我们可以容易地理会这一特殊性组织和一般组织之间的关系。

我讲这个例子，是为了表明这并不是纯粹出于想象，而是可以找到非集中化的具体例子的。可以使国家逐步而部分地解脱自己的职能而只保留控制和一般性的领导。各种组织的内部构成也是同样有例可循的。英国和德国工会的经验还可以提供其他的资料。

我想我已讲得相当多了。我是要提请社会党国际局和各国议会委员会注意，必须掌握时机，在制订一种政治体制之前开展各项必须进行的研究工作。这样一件重要的工作委托给一个人负担是有困难的。如果把筹备体制的工作委托给一个单个个人，他也必须要依靠并能得到其他同志的善意的合作和指点。这一工作的执行必须是集体性质的。最好的办法是指定几个党的成员来执行这一任务。这几个成员可以从他们中间选出一个人担任报告人的职务，并在其他同志的配合下为他们共同工作的成果定稿。

我个人的看法是最好能掌握时机，赶在 1910 年的国际代表大会之前发表研究成果。我相信这些工作对社会民主党的行动统一和发展都会有最好的效果。

瓦扬（法国）：特鲁尔斯特拉所讲的是非常令人感兴趣的；但是我认为要为未来的国家提出一个形象来是不可能的。饶勒斯曾经给了我们很多次类似的诺言。（哄笑）他可能已忘了他答应过什么。

饶勒斯：我什么也没有忘。（哄笑）

瓦扬：任何情况下，即使饶勒斯没有忘记他的诺言，他也将以个人对他的行动负责，党不能从事这样的事情。

饶勒斯（法国）：特鲁尔斯特拉提出的问题是社会主义需要关心的最困难的问题之一。他唯一欠缺的是没有把他的报告提交书记处印发给委员会的成员。我们并不是在这里为未来的国家或明天的社会提出一个纲领；我们只是想知道，我们的最低纲领将如何能成为一种现实。在法国，我们面临的是下列的问题：

"一旦当前掌权的资产阶级激进政府实现了它的纲领，将会出现什么样的局面？一旦出现这一情况，我们还应干些什么？"我们必须知道我们要干什么！这是一个令人感兴趣的问题。这不只是人们所谓的"改良主义者"所关心的问题。考茨基本人在他自己写的《社会革命》①那本书中探讨了明天的国家的立法。王德威尔得不是也制订了一个集体主义的体制吗？我们不能仅限于停留在批判的立场上。我们同时也应该是积极而建设性的。上次各国议会委员会会议曾要求我详细叙述一下我对明天政治的思考。托社会主义发展的福，我突然病了，但现在我又已非常健康了。（哄笑）我认为，所有各国的议会党团都有责任关心这个问题。

盖得：不是各议会党团，而应该是各国的党；否则，就又葬送了。（笑声）

饶勒斯：各国议会党团和各国的党，我们是一致的！

阿德勒（奥地利）：我想，特鲁尔斯特拉提出的问题对所有国家都是有好处的。但是，我并不认为采取国际性的行动会有很大的收获。我不能苟同特鲁尔斯特拉的悲观主义。我认为这种对议会行动的成果持悲观看法的原因只是这些人对议会立法可能获得的成就抱有不切实际的幻想。如果你不抱幻想，你就不会感到失望，而且你也会理解，在无产阶级的代表尚占法定少数的情况下能完成多少事情。人们会理解立法行动在所有的国家还是取得了进展的，尽管也有一些挫折。这种进步是由于社会主义的行动，并不单纯是靠我们所争取到的。但是，也是因为我们

---

①　指考茨基的著作《社会主义革命：I. 社会改革和社会的革命，II. 革命后的日子》，柏林前进出版社1902年版；法文译文先发表在1902年和1903年《社会主义运动》杂志上，后又由河流出版社于1912年以单行本发行。

的影响而迫使其他人去做的。饶勒斯认为资产阶级民主在法国已经到了
尽头，我想我是这样理解他的。

这在法国或许是可能的，虽然我也有些怀疑。但是对其他国家，这
个想法是不正确的。在所有各方面，还有许多事情可做，资产阶级社会
在它自己的土地上还有许多工作可以完成。当饶勒斯就法国的情况提
问：此后，我们还有什么可做的呢？我就这样回答他："很好，饶勒斯
公民，你就实现你们的最低纲领呀！而且你们还有足够的事情要做，也
有足够的时间思考其他的创议。有人可能会回答我，在这方面我又一次
表明了一定程度的目光短浅。这是因为，据我所知，老花眼并不总是一
种美德。"（哄笑）我私下认为，实现社会主义结构中的细节问题是重
要的，但我并不担忧这种病情会有太大的扩展。而如果我们指定一个委
员会来调整人们对明天社会的各种不同的见解，那么这种病情反而可能
会是危险的；这不是指对运动而言，而是指对委员会成员们将是危险
的。（哄笑）然而，我不愿意在所有观点上都拒绝特鲁尔斯特拉的思
想。研究一下引导资产阶级社会向社会主义的转化问题是很好的事情。
但是在这些条件下，不应该把研究限制在社会主义的行动上。没有社会
主义的干预，这种转化同样会完成。写一本有关这一问题的书也许可能
是令人感兴趣的，但是我们不能在各国议会会议上做这件事情。正像人
们可能正处于一个大战役之中而什么也没有看到一样，我们正处于斗争
的中心，而我们却还没有认识到需要协调动作，我怀疑，成立一个委员
会就会比我们更幸运一些。

主席：我建议把这个问题推延到各国议会委员会的下次会议去研
究。这样一个如此复杂、各种见解如此不同的重大问题是不能仓促讨
论的。

特鲁尔斯特拉：我接受主席的建议。

福尔马尔（德国）：我不能接受主席的建议，除非我们表明，我们

对这个问题不承担任何责任。我还要请你们防止这样一种倾向，就是把所有一切困难的问题都推给国际代表大会或国际局会议。此外，我还认为，一些个人在党的主持下所从事的工作，在一定程度上就应该由党承担责任。

（全体会议通过了主席的建议）

拉柯夫斯基（罗马尼亚）：我曾经想向各国议会委员会提呈一个有关我们在我们国内的处境的决议提案，但是我已经和国际局达成协议，把这个决议提交给代表大会。①

德洛里（法国）：我要求以后列入各国议会委员会议程的各种提案应寄给书记处，再转给各成员党支部，只有经大多数党团的同意后才能列入议程。

主席：没有人反对这一决议，我宣布通过。现在我请书记发言。

书记：有些同志抱怨各国议会委员会僵化、不活跃。我必须向诸位声明，我不能对此负责。因为我接受书记处的工作只有几个月，而且我还有责任作一个诚实的声明，我的几位前任书记也不能对这种情况负责。应该负责的是各国议会党团本身。各国议会党团往往忘记把它们的通讯书记的姓名和地址寄给书记处，即使接二连三地提醒它们也还是如此，或者则是一贯地忽视答复其他支部向它们索要的资料。我还应提到，双重书记处的重叠情况也是造成这种不正常的原因。希望书记处合并后能解决这一问题。经不少同志的要求，我请在这里出席的各议会党团把它们书记的姓名告诉我，并且通知你们，在代表大会的工作结束之前，这些书记还将和执行委员会的成员一起开一次会。这样，各国议会

---

① 指抗议 1907 年 8 月发生的屠杀起义牧民的事件和接着发生的对罗马尼亚社会党人的迫害。这个决议的文稿见《斯图加特代表大会会议记录分析》，第 399—400 页。

党团书记就可以协商一下如何实际改善通讯联络。

主席：我收到了泰尔瓦涅和拉封丹两位公民的一个提案，要求在议程上加上下列这样一个问题："各国社会党议会委员会在国际议会争取和平和国际仲裁联盟中的行动。"我建议诸位把这一问题放到下次会议上讨论。（同意）我还建议下次会议将在社会党国际局会议之后在布鲁塞尔召开。（再次同意）议程讨论完毕，我宣布闭会。

晚上 6 点。

附　件

社会党国际局书记处月度报告

（1905—1907）

1

书记处向执行委员会提交的 1905 年 2 月月度报告[①]

（1905 年 3 月 1 日，布鲁塞尔）

1905 年 2 月 1 日，维克多·塞维公民辞职后，由卡米耶·胡斯曼公民接任书记职务。国际局因此作了调整，并确定局址设置在人民之家的 6 号厅。为此，书记处工作不得不中断数天。

因此我们向各国党的代表和书记以及所有社会主义报刊发了通告，请他们记下书记处的新地址，以便投寄邮件和通讯联络，避免延误复信。

新设书记处随即对国际局的所有文件作了一次清点，确定了明确的分类法，规定了收发登记，以反映机关的全部活动。[②]

为了执行巴黎代表大会的决议，大会曾委托书记处建立社会主义的国际档案，集中有关各国工人运动的书籍、文件资料和报告，书记处主动向若利蒙合作社收购了优美的塞扎尔·德巴普之光图书馆，该馆保存了有关旧"国际"历史的独一无二的收藏品。[③]

---

① 我们全文重印了这些小字体的报告，只有标题是我们统一的。

② 这些登记也包括社会党国际局书记处所有来往信件的令人满意的摘要，都保存在社会党国际局的档案中。

③ 参见书记处在斯图加特代表大会上的报告（中文本见本书第 22 卷《第二国际第七次（斯图加特）代表大会文献（1）》——编者注），以及乔·豪普特：《关于社会党国际局收集的第一国际档案文件的说明》，《社会运动》1963 年第 3 期第 84—86 页。

　　这个图书馆将成为一个基础，借助这个基础，可以容易地补充我们的收藏工作，但需要各国书记和代表能很好地配合我们的事业。

　　我们将在短期内给他们寄去我们现有的各种出版物的名单，并请他们帮助补充。

　　德巴普图书馆向我们正式提出的价格是 2000 法郎。由国际局、比利时总委员会、布鲁塞尔联合会和布鲁塞尔人民之家各承担四分之一。

　　设备安装需用近 800 法郎，目录由参议员拉封丹资助印制。

　　为了支付这些费用，已进行了一次认捐。在下一个报告中，我们将告诉你们这些认捐商谈的结果。

　　本月份的通讯工作数量极大。在鲁巴诺维奇公民的要求下，我们曾请德国同志进行了大力干预，以制止逮捕一位外国同志。普凡库赫和哈泽两位公民极为迅速地处理了这件事情，为此我们特向他们表示深切的谢意。

　　莫里公民（鹿特丹）要求国际局帮助他进入比利时，迈斯芒斯公民已负责处理这件事。

　　我们收到了丹麦、塞尔维亚、匈牙利等国社会党在各种会议上通过的有关支援俄国革命志士的决议文稿。这些决议文稿都已转交俄国的两个组织。

　　在鲁巴诺维奇的要求下，我们曾向所有各成员党和代表发去信件，请他们在各自所在的地方为支援俄国革命志士和沙皇制度的受害者发动一次募捐。①

　　书记处可替各国党集中并分发这些捐款。按照受惠者自己确定的比例方案分发。

　　我们的号召得到了响应，因为截至 2 月 28 日，我们已经收到了荷

———————————

　　①　参见第 30 号文件。

兰的 500 弗洛林，波希米亚的 2202.41 法郎，瑞典的 620 法郎。

英国社会党要我们的代表名单。美国社会主义工人党要求参加并提名德莱昂公民为代表，我们作了答复，暂时接受他们的申请，1905 年的党费为 400 法郎。

通过德·布鲁凯尔同志的转告，我们得知普列汉诺夫公民要求召开国际局会议，以讨论俄国的事件。[①] 我们已请普列汉诺夫公民向社会党国际局提出正式的书面要求，迄今为止我们尚未接到这一书面要求。[②]

保加利亚社会主义工人党要求开除"改良主义分子"[③]；我们给了他们答复，他们所提到的集团一贯接受国际代表大会决议，所以国际局不能采取这种做法。

在此期间，我们请求保加利亚同志参照法国同志的榜样，并请他们将他们的分歧告诉我们，以待下次国际局会议上解决。

---

① 1905 年 3 月 25 日，德·布鲁凯尔在给胡斯曼的一封信中写道："普列汉诺夫前些时候曾向我表示俄国社会民主党想要求国际局召开一次会议。如果能把俄国社会主义运动的目前情况告知其他国家的代表，他们将感到安慰。但是，因为他们怕遭到拒绝，所以想请别的国家替他们提出这个要求。当时我曾向王德威尔得说了这件事，他表示要非正式地征询一下各国代表的意见，关于开会的时机是否有利。他是否曾向你提起过这件事？你们作出了什么决定没有？"社会党国际局档案。

② 普列汉诺夫没有提出这个要求。

③ 自 1904 年开始，保加利亚社会党的"紧密派"不断向社会党国际施加压力，要求把他们的竞争对手"宽广派"挤出他们的行列。在社会党国际局 1905 年 1 月 15 日会议前夕，"紧密派"给布鲁塞尔书记处发来了好几封信，并附有一个声明（参见第 27 号文件），要求拒绝"保加利亚机会主义派"（指萨卡索夫、达贝夫等人的派别）参加国际的申请。参见 N. 哈尔拉科夫 1904 年 12 月 7 日致社会党国际局的信，社会党国际局档案。1905 年 1 月 3 日会议前夕，社会党国际局收到了下列电报："我们认为保加利亚代表团是不合乎规章的，不能参加阿姆斯特丹代表大会。我们反对拉柯夫斯基作为阿姆斯特丹的代表，这是一件有害的事情。"社会党国际局档案。

由于国际局的财务情况还没有最后清算（这将由安塞尔和塞维两位以前负责管理的同志在15天内办理完毕），我们对所有关于党费问题的不同意见，不能表示明确的态度。

我们告知西班牙社会党和瑞典社会党，它们已付清1905年以前的党费；告知荷兰社会党，我们不能把它的党费降为200法郎，因为国际局要在1906年才能在这些问题上作出规定；告知瑞士社会党，它从1902年开始，每年应缴纳200法郎；告知保加利亚社会民主党，我们暂时接受它的代表，1905年它的党费是100法郎。

一些次要的问题，我们不再一一详述，例如要求资料的增多了，订购书籍、各项声明等。

书记

2

1905年3月月度报告

机密

前此已曾告知，比利时工人党的4个团体各自承担500法郎，以购买塞扎尔·德巴普之光图书馆。我在上一个报告中已提到这件事。这样我们就有了一个可靠的基础，可以按照巴黎代表大会（1900年）的决议，建立一个良好的国际图书馆。过去收买这一图书馆的若利蒙合作社已经接受我们的建议。现在我们要办的事情就是配备一切必要的家具。

我已印就卡片，将给所有的社会党活动分子寄去，请他们把最近出版的各种刊物免费寄给我们。

书记处当然非常关心俄国的事件。我们已将格奥尔吉·加邦关于俄国各革命和社会主义集团采取统一行动的信件①转寄给全体成员党和全体代表，还有一个旗帜党关于沙皇政府最近在巴库煽动的屠杀事件的报告②也已转寄给大家。我们把各社会主义组织有关俄国事件所通过的决议抄件转寄给俄国的各集团。迄今为止，我们收到为俄国同志寄来的下列款项：波希米亚 2002.41 法郎，瑞典 620 法郎和 637 法郎，荷兰 500 弗洛林和 300 弗洛林。不幸的是俄国各集团至今未能在分配这些款项上达成一致意见。

书记处已委托负责分配法国各项捐款的巴黎委员会设法调解分配社会党国际局筹集的捐款。不幸的是调解至今没有取得成功，以致这些募集的捐款和比利时的捐款直到今天仍然躺在人民之家的保险柜里睡大觉。③ 书记处坚决拒绝运用权威来解决这个问题，但已决定召开执行委

---

① 参见第 31 号文件。

② 参见第 33 号文件。

③ 这件事情的整个过程载于鲁巴诺维奇在 1905 年 3 月 17 日写给胡斯曼的一封信中："为了帮助在遭受沙皇政府屠杀的全体蒙难者之间分配法国公众募集的捐款，经法国各社会主义报刊领导人的紧急要求，成立了一个俄国各社会主义组织的委员会。

　　该委员会内部存在的唯一困难是俄国社会民主工党党内集结在《前进报》周围的各分裂派委员会的权利问题。这些分裂派委员会要求有代表参加上述成立的委员会，并且分得一份捐款。

　　但不久就达成了这样一个协议：《前进报》的各委员会放弃要求在这个委员会中有一名代表，至于钱的问题，则指定了一名公正的仲裁人——他是法国社会党总书记兼《社会主义者报》总编白拉克公民——白拉克最后解决了分歧，决定把捐款基金的 1/10 交给中央委员会，3/10 交给《前进报》的各分裂派集团。

员会会议，以提出解决这个问题的明确办法①，如果巴黎的协商在短期
内还不能得出结果的话。

　　澳大利亚、加拿大和美国都传来极好的消息。新南威尔士②最近召
开的一次工人代表大会上通过了一个得到绝大多数人赞同的决议。决议
委托一个特别委员会提出一个赞同社会主义原则的动议。

――――――――――

（续前注）　　参加上面提到的那个委员会的所有各党的代表一致通过了按照下述
　　　　分配的方式：
　　　　1. 俄国的两个党分得捐款总额的8/15，各得4/15。
　　　　2. 其他各党分得余下的7/15。
　　　　崩得派分得总额的2/15，3个波兰党分得总额的4/15，并再协调一致
　　地按下列比例分：1/9分给波兰社会党；1/9分给俄罗斯波兰王国和立陶宛
　　社会民主党；2/45分给无产者党。
　　　　拉脱维亚社会民主党——该党在里加省具有雄厚的力量，并遭到很多
　　牺牲——分得1/15。所以最后的分配情况如下：
　　　　（1）社会革命党　　　　　　　　　　　　4/15
　　　　（2）社会民主工党　　　　　　　　　　　4/15
　　　　　　　（其中包括《前进报》各集团的3/10）
　　　　（3）波兰社会党　　　　　　　　　　　　　1/9
　　　　（4）俄罗斯波兰王国社会民主党　　　　　　1/9
　　　　（5）波兰无产者党　　　　　　　　　　　2/45
　　　　（6）崩得　　　　　　　　　　　　　　　2/15
　　　　（7）拉脱维亚社会民主党　　　　　　　　1/15
　　　　由《人道报》、《小共和国报》和《俄国论坛报》募集的第一批捐款就
　　是按照这样的比例分配的。过几天还将作第二次分配。
　　　　但是又发生了一个麻烦：波兰王国社会民主党国外委员会指令它的代
　　表退出了该委员会，因为和俄罗斯波兰王国和立陶宛社会民主党发生了
　　不和。
　　　　我之所以这样详尽地叙述，是因为要提请你们注意，分配法国筹募的
　　捐款的协议并不能扩大适用于社会党国际局筹募的捐款。"社会党国际局
　　档案。
①　参见第36号文件。
②　这是指新南威尔士社会主义工人党。

加拿大要求我们重新进行关于申请参加社会党国际的谈判。现在这一问题正在处理中。

美国已肯定参加国际，德莱昂是社会主义工人党的代表。在希尔奎特同志的建议下，社会党也将提名一位代表正式参加国际。

澳大利亚代表埃尔公民已动身来欧洲，他已提出辞职，不久将有人接替他。

罗莎·卢森堡女公民寄来 100 法郎，为波兰王国和立陶宛社会民主党缴纳的党费（1905 年党费）。

我们感到遗憾的是还不能作财务报告，因为塞维和安塞尔两位公民尚未解决过去管理上遗留下来的一些问题。

在结束之前，还要提到我们已给鲁昂代表大会发去一封贺信①，欢迎法国社会党的统一。现在我们正在考虑研究是否应该印发阿姆斯特丹代表大会会议记录第 2 版，因为第 1 版已经散发完了。

书记　卡米耶·胡斯曼

3

1905 年 4 月和 5 月月度报告

（1905 年 6 月 5 日，布鲁塞尔）

4 月份和 5 月份，书记处继续进行安装设备的工作，审核各种刊物并加以分类；同时还为分配俄国的捐款作了艰苦的协商。为设立国际图

---

① 参见第 34 号文件。

书馆所需的家具设备都已经安装就绪。我们正准备按次整齐地排列已有的 10000 册基础书籍，这些书籍是书记处依照上次报告中说明的情况购买的。俄国的捐款将在几天后按国际局委员们所确定的百分比进行分配。

保加利亚工会中央委员会要求参加国际局。但是我们回答他们，留给保加利亚的两名代表席位都已经为别人占有，所以只能请他们和已经参加国际局的保加利亚成员组织中的任何一个组织进行协商；并且请他们和我们保持通信联络，以便得到我们的文件。①

加拿大社会党要求重新商谈在减少党费的情况下参加我们国际。我们的答复是以前我们没有和他们商谈过这件事，最低的党费是 200 法郎。但是考虑到加拿大国土辽阔，而加拿大的社会主义组织却又成立不久，还年轻，因而可以暂时吸收他们参加，在国际局中享有一个席位，缴纳 100 法郎党费。国际局将在明年的下次会议上讨论制订一个新的参加国际的方式。

亚美尼亚社会民主党写来一封信，批评我们所发的关于巴库屠杀事件的通告。这封信承认我们的抗议是及时而有益的，但是认为最好不要在附件中发表旗帜党的信件，因为写信的组织不是社会主义性质的而是一个纯粹的革命暴力集团。② 他们也要求得到一份国际局募集的捐款，

---

① 社会主义"紧密派"的代表们急切地向社会党国际局申述了他们中央委员会的意愿："国际局每次涉及保加利亚的提案，或执行委员会每次必须作出有关保加利亚的任何决定，都应在有利的适当时机通过代表告知我党。此外，我们还要求，你们在采取任何决定的时候，都应告诉我们并要征询我们的意见。我必须使你们知道，在中央委员会里，都是一些我们这里称为'自由'工会和'中立'工会的代表，他们和保加利亚社会民主工党以及保加利亚工会总联合会都没有任何共同的关系。"哈尔拉科夫致社会党国际局的信，1905 年 7 月 27 日至 8 月 9 日，社会党国际局档案。

② 参见第 33 号文件。

并且提供了有关亚美尼亚运动情况的报告。我们答复了这封信，指出如果宣言发表得不合时宜，那么他们的批评也许是有一定意义的。我们指出他们亚美尼亚社会民主党对采取值得赞扬的首创精神漫不经心，而旗帜报党则采取了主动性。我们目前还不能对针对亚美尼亚革命联盟的攻击发表意见。在复信中我们指出，国际局募集的捐款是提供给俄国（社会民主党、革命党、崩得）和波兰的各个集团的。

为美国保留的两个席位最后已确定由社会党和社会主义工人党占有。社会党代表迄今仍然是赫伦公民，社会主义工人党的代表则是德莱昂。由于这两个组织中的前面一个是从书记处创立伊始就参加了国际局，所以我们提出了拖欠的党费问题，在财务报告中你们可以看到账目的情况。

澳大利亚国际社会主义俱乐部告知我们，埃尔公民的代表席位已由H. 迪克斯公民所替代。我们已要求迪克斯公民对澳大利亚各工会内部在接受社会党国际代表大会提出的各项原则方面所表示的意向提供补充材料，以便准备吸收这个宏大的工人组织参加我们国际。

荷兰同志答应等即将举行的立法选举过后，就支付他们拖欠的党费。

执行委员会曾决定正式参加在比利时弗拉默里地方举行的阿尔弗勒德·德费索纪念碑揭幕典礼。比利时工人党代表大会批准了新的国际书记的提名。

亚美尼亚革命联盟通过《俄国论坛报》机关报，声明参加国际社会主义运动。我们要求他们确认一下这个声明，以便可能的话促使所有亚美尼亚各集团达成一致行动。

我们得到答复说，委员会制订的方案要提交党的全体大会审查通过，短期内即可告诉我们。白拉克（法国）公民告知我们，阿姆斯特丹国际代表大会的记录没有抄录全部决议。我们请他确切指出遗漏的地方，以便在再版时有可能补上。①

我们曾给在这两个月内分别举行代表大会的匈牙利、瑞士、荷兰、法国等国的党发去了贺信（王德威尔得和胡斯曼两位公民作为执行委员会的代表参加了巴黎代表大会），这些党都在事先告诉我们要召开会议。我们曾为法国的统一和华沙的屠杀事件给各成员党发了通告，你们都已收到了这些通告的文稿。② 英国社会党已向我们表示，他们的党将研究并讨论关于社会主义政党统一问题的通告。我们也曾给的里雅斯特举行的奥地利—意大利会议发了电报。这个会议的目的是反对罗马和维也纳两国资产阶级政府的军国主义政策。

我们给小郎西川和日寿小德两位公民发去了表示支援的信件，他们因反对日本的军国主义政策而遭东京政府逮捕。③

最后，有两个通知：

1. 书记处收购到 50 份法文的有关 1869 年 9 月在巴塞尔举行的第四次国际工人协会代表大会的非常完整的记录（布里斯美编，布鲁塞尔，69）。我们可以为每个成员党的图书馆或书记提供一本到两本，价格是 2 法郎一册。

2. 我们将非常感激所有各国党的全国书记，如果他们能作必要的安排，经常按时为我们图书馆寄一份他们的各种社会主义出版物（日报、杂志、小册子、报告、书籍等）。过去的旧出版物也同样受欢迎。不久我们将给各国书记寄去一份我们现有的藏书清单，请他们为我们补

---

① 阿姆斯特丹代表大会会议记录再版的计划没有实现。只是用 3 种文字重新校对发表了这次国际代表大会通过的各项决议。参见《第二国际》№ 151。

② 参见第 34 和 35 号文件。

③ 因为组织了反军国主义的群众集会和支援俄国社会民主党的示威，小郎西川被监禁 7 个月，日寿小德被监禁 5 个月。参见 G. D. H. 科尔：《第二国际》，伦敦，麦克米伦，1956 年，第 2 部分第 935 页。

充他们各自国家出版的书籍，以保证执行巴黎代表大会通过的决议。允许我们再提一下，非常遗憾的是国际局书记处所收到的报告和文件是如此之少，执行委员会经常只能从报纸的报道中知道一些有关各成员党的情况和活动。每次当我们接待各国前来布鲁塞尔访问研究社会党国际组织情况的时候，我们几乎什么资料也提供不了，我们认为应该是结束这种情况的时候了。

这个报告显然是不能公开发表的。

国际书记　**卡米耶·胡斯曼**

4

1905 年 6 月、7 月和 8 月月度报告

（1905 年 9 月 22 日，布鲁塞尔）

6 月 2 日，乌里扬诺夫公民通知我们，今后俄国社会民主工党的中央机关报是《无产者报》，并且确定由乌里扬诺夫替代普列汉诺夫为社会党国际局的代表。我们将这封信的抄件寄给了普列汉诺夫（6 月 12 日），要求得到关于这一替代的解释。这封信和普列汉诺夫的复信（6 月 16 日）都已寄给各国社会党的代表和书记。[①]

从这些文件看，显然《火星报》仍然是上面提到的俄国党的一个派别的机关报。这个派别认为第三次代表大会的召开是不合法的。至于普列汉诺夫，他写信告诉我们，只有在他受到两个派别的任命时，他才

---

① 参见第 39 号文件。

保留在国际局中的席位。我们竭力向社会民主党的这两个派别强调，要求他们达成协议，并且对只有一个派别的代表参加国际局这一情况，我们表示完全持保留意见。①

英国社会民主联盟代表海德门曾写信给我们（6 月 12 日），认为在发生摩洛哥事件以后，有必要召开一次社会党国际局会议。倍倍尔代表他们的党认为：摩洛哥问题并没有像海德门所认为的那样严重，并且表示不同意这一提议。② 另外，倍倍尔还提出一个意见，认为国际局应该研究一下俄国各社会主义政党的情况，并且要求执行委员会前去调解。执行委员会接受了这个意见，并在等待和这一问题有关的一些集团的答复。这封信同时也发给了国际局委员们，执行委员会还在信中附上了一个对海德门建议的修正③，这个修正倾向于像的里雅斯特会议那样，召开一个英国—法国—德国的三方会议。由于国际局委员们对有关摩洛哥问题的各种建议没有达成任何一致的协议，因此动议就没有结果。

英国社会民主联盟书记李公民也要求国际局尽早召开会议，以讨论俄国的统一问题。这一建议已转达给各成员党的代表和书记。④

乌里扬诺夫和普列汉诺夫要求国际局进行干预，以阻挡俄国政府借助外国船只对付波将金号的水兵们，并试图在日后引渡那些流落在罗马尼亚的水兵。⑤ 这些情况已向各报刊作了通报，恳请它们在这个问题上掀起一个舆论运动。

我们收到了来自亚美尼亚社会民主党和亚美尼亚革命联盟的消息，公布了高加索屠杀事件，并要求给予援助。

---

① 参见《列宁和胡斯曼通信集》第 24 页。
② 参见第 40 号文件。
③ 参见第 38 号文件。
④ 参见第 45 号文件。
⑤ 参见第 44 号文件。

我们收到倍倍尔的一封信①，信中提到亚美尼亚社会民主党抱怨亚美尼亚社会主义革命联盟有代表参加国际局，并且得到了钱款。他们认为亚美尼亚社会主义革命联盟是一个资产阶级政党。我们回信指出，没有任何一个亚美尼亚的派别参加了国际局，亚美尼亚革命联盟一分钱也没有拿到。②

《前进报》编辑库纳特公民为了继续发表文章揭发德国士兵在中国的残暴行为，要求和一位曾接受比利时报纸采访的③中国社会主义者联系，以求有助于他的工作。书记处帮助完成了这件事。

阿根廷社会党执行委员会给我们发来了一个通告，要求欧洲各国的码头工人在阿根廷工人为要求增加工资而发动总罢工时，抵制来自阿根廷的所有船只。我们的同志认为，只有抵制，才能与阿根廷政府相抗争。阿根廷政府采取的策略是不时地宣布戒严状态，以阻挠无产阶级从资产阶级那里争取改善他们的处境。这个通告已转给各成员党的代表和码头工人的国际书记。④

关于普列汉诺夫和列夫两位公民之间的论战，请参见我们上几次的信件。我们又收到了列夫公民的一封极为冗长的信。列夫公民坚持了他所有的全部论点。⑤ 我们不能再重复发这封信，因为持不同意见的公民必然会用同样长的信来答复他。这样就会把书记处变成一个论战的国际通信处。列夫公民的信将在亚美尼亚各集团提出申请参加国际的问题时，寄给国际局委员。

---

① 指倍倍尔 1905 年 7 月 16 日的信件，原告是亚美尼亚社会民主党国外委员会代表列夫。
② 这封信保存在社会党国际局档案中。
③ 参见第 57 号文件。
④ 参见第 37 号文件。
⑤ 参见第 43 号文件。

我们收到了公民罗津写的一份有关俄国事件和拉脱维亚社会主义工人党的行动的非常好的报告。①

我们遗憾地宣告，和加拿大社会党进行的有关它参加国际的商谈没有得出结果，它认为最少的党费额也显得太高了些。

书记处收到瓦扬公民的一个建议，他要求所有的成员党考虑采取普遍的措施：**（1）首先是由直接有关的那些国家的党；（2）同时再由整个社会党国际发动一个社会主义的、工人的、国际性的行动，以避免并制止战争。**

瓦扬还要求国际局把这个问题列入国际局长期性的议程，并在下次会议上讨论。

国际局收到这个建议时正值书记休假，因此转寄给各党的代表和书记时已略为延晚了一些……②

我们曾要求布鲁塞尔人民之家管理委员会为刚安置就绪的国际局图书馆配备第二套家具。

这个要求已部分被接受，比利时合作社迄今为止已在费用上支付了600 法郎的款项。

我们现在正忙于把我们国际图书馆成千上万册的图书进行分类。这一分类工作迫使我们招请临时工帮忙。这样就会稍许增加国际局的开支。

丹麦社会党通过克努森公民向我们表示，今后他们党的所有出版物都经常按时寄给国际局。克努森要求国际局的文件都用德文寄给他们。我们回答他，将尽可能满足他的要求，但得等到国际局和书记处下次改组之后。

---

① 这个报告发表于《人民报》。
② 参见第 49 号文件。

美国社会党希尔奎特公民答应我们为发展国际图书馆作出贡献。他将尽可能在最短时期内偿清他们党拖欠的党费。

我们也给法国、奥地利、意大利、瑞士等国的党写信，要求它们缴纳拖欠的党费，但至今尚未得到满足。有时甚至忘了在这个问题上给我们答复。

另外，我们也收到了以下几项党费：

美国社会党拖欠的党费	500.00 法郎
德国社会民主党 1905 年党费	1000.00
保加利亚社会民主工党 1905 年党费	100.00
澳大利亚国际社会主义俱乐部 1905 年党费	200.00
丹麦社会党 1904 年党费	600.00
	合计 2600.00 法郎①

和我们上次财务报告中说的相反，只有保加利亚社会民主工党偿付了从 1900 年到 1904 年拖欠的党费计 600 法郎。直到今年年初，保加利亚只有这一个党是成员党。

国际书记曾要求奥地利社会党偿付拖欠的党费。阿德勒回答说，曾与前书记塞维商定，奥地利的党费减为 500 法郎。但塞维则告诉我们，他丝毫也记不起来曾商谈过这样一次减少党费的事情。因此问题至今悬着。

在这一季度，我们收到了援助俄国受害者的下列款项：

荷兰社会民主党	208.30 法郎
丹麦社会党	410.25
	合计 618.55 法郎

---

① 数字有误。——译者注

6月初，我们曾将鲁巴诺维奇、普列汉诺夫和罗莎·卢森堡关于分配第一笔捐助俄国同志的款项的建议提交国际局委员表决。[①] 鲁巴诺维奇—普列汉诺夫的建议获得一致通过，1票弃权。

费里给我们寄来了一张捐助俄国同志的数额为4500法郎的支票，并告知已汇出同等数额的款项。

下列款额已送交俄国社会主义政党：

俄国社会革命党	5049.23法郎
俄国社会民主党（《火星报》）	2624.51
俄国社会民主工党（《无产者报》）	2524.52
波兰王国和立陶宛社会民主党	3155.77
波兰社会党	3155.77
崩得（犹太联合会）	2524.50

合计18934.30法郎

执行委员会决定保留2000法郎给拉脱维亚社会民主工党，2000法郎给亚美尼亚社会民主党，还有500法郎留给波将金号的水兵们。

我们曾把范科尔关于社会党国际局各成员党和国际代表大会的代表制和表决方式问题的建议通报了各国党的代表和书记，并请他们把他们的看法和修改意见以及新的建议告诉我们。我们收到了下列各国党的意见。

——法国社会党（工人国际法国支部）；

——拉脱维亚社会民主工党；

——英国社会党；

——美国社会党；

---

① 参见第36号文件。

——崩得（立陶宛、波兰和俄罗斯犹太工人总联盟）；

——保加利亚社会民主工党；

——辛格尔公民代表德国社会民主工党。

所有这些建议都已简要通报在上月 8 月 30 日的通告中。①

这 3 个月中，告知我们召开了下列代表大会：

——塞尔维亚社会党和工会代表大会；

——保加利亚社会民主工党代表大会；

——保加利亚民主社会主义工党代表大会；

——瑞士社会党代表大会；

——匈牙利工会代表大会。

凡是及时向我们通知了代表大会的党，我们都给它们大会的主席发了贺电。

执行委员会

埃米尔·王德威尔得，爱德华·安塞尔

书记　**卡米耶·胡斯曼**

5

1905 年 9 月月度报告

（1905 年 9 月 30 日，布鲁塞尔）

9 月 27 日，我们从瓦扬公民那里收到了法国社会党（工人国际法国

---

①　参见第 48 号文件。

支部）的一个正式建议。建议的意图是要求国际局寻求避免和制止战争的最适当的办法。这个建议已立刻转寄给各国社会党的代表和书记，请他们立即转交他们党的中央机构，并将他们的赞同意见尽速告诉我们。①

　　我们曾询问俄国社会民主工党的乌里扬诺夫公民，关于倍倍尔的建议的声明是否征询了他的委员们的意见。倍倍尔的建议要求执行委员会前去和俄国的各派别进行协商。9月16日，乌里扬诺夫寄来了下列信件：

　　"亲爱的同志，

　　你们提议由社会党国际局出面调解我党两个派别的信件，均已全部寄往国内的中央委员会。现在我可以通知你们，中央委员会准备参加所说的会议，但是有一个条件，就是这个会议的性质应该只是一种预备会议。我想，中央委员会的代表在最近就能到达日内瓦或柏林，可能是9月间就到。

　　但是我必须告诉你们，中央委员会准备同党内少数派的执行机关——组织委员会在国内订立一个协议。预备谈判已经进行过了，两党已经就国外组织为俄国革命拨款的款额达成了协议。协议文稿已经在两个星期以前寄给你们了。

　　鉴于只有国内同志完全谈妥以后和解的持久性才有保证，所以最好等这些谈判有了结果以后再来召开你们向我们提出的会议。

　　　　弗拉基米尔·乌里扬诺夫（尼·列宁）②"

　　所以，执行委员会必须等待。

　　保加利亚民主社会主义工党代表扬科·萨卡索夫同志对保加利亚社

---

① 参见第50号文件。
② 《列宁全集》中文第2版第45卷第91页。——编者注

会民主工党（哈尔拉科夫）的指控表示抗议（见 8 月 26 日通告），并认为它拿不出指控的事实根据。① 我们为俄国同志收到以下各项钱款：西班牙社会党 2800 法郎，费里公民（意大利社会党）在不久前允诺我们的 4500 法郎。

我们立刻按照执行委员会的决定，给拉脱维亚社会民主工党寄去了 2000 法郎，给亚美尼亚社会民主党寄去 2000 法郎，给波将金号的水兵们寄去 500 法郎。

我们收到贝勒加德（法国）社会研究和自由思想小组寄来的一封申请书，要求从斯图加特代表大会开始，把世界语作为社会党国际局和国际代表大会上的通用语言。

这封请愿书是由下列同志们签署的：

——万桑·里沙尔公民，贝勒加德研究小组书记（统一社会党）；

——约翰·肯特公民，大不列颠社会党党员（英国）；

——让·瓜尔基公民，意大利社会党日内瓦支部；

——加尔德宁公民，俄国社会革命党书记；

——A. 维斯博士公民，瑞典社会党党员，小组主席（共产主义合作社）；

——彼得·塞尔莱恩，德国劳工协会主席（德国）。

---

① 1905 年 9 月 1 日，扬科·萨卡索夫根据保加利亚社会民主党中央委员会 8 月 25 日通过的决议，指名他为社会党国际局的代表。在关于"紧密派"的抗议问题上，他作了如下的发言："关于保加利亚另外一派社会党人的代表激烈抗议国际局接受我们为代表的问题，我们必须声明：随着这一派别日益在保加利亚的劳动人民中间失去立足地盘，他们将更为狂热地叫喊他们是在国外的保加利亚社会主义运动的唯一代表。我们坚持要求这一派别的代表们说明促使他们抗议我们被接纳参加国际局的理由。国际社会党人代表将会看到，有某些社会主义流派狂热地自诩为纯而又纯的社会主义，而却不自觉地滑向了无政府主义。"社会党国际局档案。

根据书记处提出的新的要求，布鲁塞尔人民之家决定由它出资为我们的图书馆安置了第二套设备。费用总额达 1200 法郎。

经由德莱昂代表和书记处商定，美国工人党寄给前书记塞维的报告到得太迟了，已不能在"组织"文集上发表，因而将改在斯图加特代表大会举行前出版的下一本书刊上刊发。①

德莱昂同时也答应为国际图书馆补充他们党的出版物，为书记处按期寄投下列报刊，《女工报》（纽约），《社会主义工人报》（克利夫兰，俄亥俄），《新论点报》（罗得岛），《人民意志报》（纽约），《工人报》（纽约）。②

关于范科尔的建议，萨卡索夫公民代表要求保持旧的表决和代表制度。

乌加特代表以阿根廷社会党的名义提出了相同的意见。

瓦扬公民代表为我们的图书馆寄来了 8 本有关第一国际和公社的小册子，书名是：

（1）《国际与革命》；

（2）《致公社社员们》；

（3）《工会和代表大会》；

这个月我们收到的党费如下：

波希米亚捷克斯拉夫社会党 1905 年党费	200 法郎
西班牙社会党 1905 年党费	200

我们特将截至 1905 年 9 月 30 日查清的 1901—1904 年的拖欠党费情况，列出如下：

---

① 社会主义工人党的报告发表在《工人和社会主义国际》，《斯图加特国际社会党人代表大会报告集（1907 年 8 月 18—24 日）》第 1 卷第 43—56 页。（参见本书第 23 卷《第二国际第七次（斯图加特）代表大会文献（2）》。——编者注）

② 德莱昂和社会党国际局书记处的通信保存在社会党国际局档案（照相复制件，mi BIF）中。

英国（独立工党）* 　　3 年，每年 100 法郎，计 300 法郎，

　　　　　　　　　　　已交 100 法郎，尚欠 200.00 法郎

奥地利　　　　　　　4 年，每年 800 法郎，计 3200 法郎，

　　　　　　　　　　　已交 610.19 法郎，尚欠 2589.81 法郎

美国（社会党）　　　4 年，每年 800 法郎，计 3200 法郎

　　　　　　　　　　　已交 751.50 法郎，尚欠 2448.50 法郎

法国（法兰西社会党）4 年，每年 400 法郎，计 1600 法郎，

　　　　　　　　　　　已交 1200.00 法郎，尚欠 400.00 法郎

法国（法国社会党）　4 年，每年 400 法郎，计 1600 法郎，

　　　　　　　　　　　已交 1200.00 法郎，尚欠 400.00 法郎

荷兰　　　　　　　　4 年，每年 400 法郎，计 1600 法郎，

　　　　　　　　　　　已交 608.50 法郎，尚欠 991.50 法郎

匈牙利　　　　　　　4 年，每年 200 法郎，计 800 法郎，

　　　　　　　　　　　已交 482.60 法郎，尚欠 317.40 法郎

意大利　　　　　　　4 年，每年 800 法郎，计 3200 法郎，

　　　　　　　　　　　已交 800.00 法郎，尚欠 2400.00 法郎

阿根廷　　　　　　　4 年，每年 200 法郎，计 800 法郎，

　　　　　　　　　　　已交 600.00 法郎，尚欠 200.00 法郎

瑞士**　　　　　　　8 年，每年 200 法郎，计 600 法郎，

　　　　　　　　　　　已交 200.00 法郎，尚欠 400.00 法郎

　　　　　　　　　　　　合计拖欠 10347.21 法郎

　* 英国独立工党只承诺支付 1903 年到 1904 年的党费，因为在此时期以前，他们说他们在国际局没有正式代表。书记处在任何情况下都还应收缴那 100 法郎没有争议的党费。［社会党国际局书记注］

　** 瑞士自称每年党费额定为 100 法郎，因而拒交尚欠的 200 法郎。［社会党国际局书记注］

澳大利亚的报告

　　我们还高兴地向你们概要地传达一份悉尼国际社会主义俱乐部寄来的报告。这个报告内容很有趣，首先说明了社会主义思想在澳大利亚的进展情况。此外还告知我们，澳大利亚的所有工人组织都将参加国际局。

　　报告是由国际社会主义俱乐部书记迪克斯同志写的。首先提到了新南威尔士政治劳工会议召开的情况，这个会议是在悉尼举行的。我们曾要求得到会议的资料。澳大利亚报刊的报道似乎指出了社会主义运动在该国有所加强。纺纱工人协会布罗肯希尔分部在会上提出一个决议案，表明该组织的宗旨是生产、分配和交换手段的社会化。国际社会主义俱乐部的成员同时也是旅馆业雇员的代表，洛利歇同志支持了这个提案。工党议会党团的首脑们试图间接地反对这个提案，强调指出这样的原则声明将会使他们在选举中失败。但是看到提案得到支持，他们就建议把它修改得缓和一些，并成功地将提案移交给一个由 7 人组成的委员会。这个委员会随即草拟了下面的建议。国际社会主义俱乐部的代表不同意这个建议。建议的文字是这样的（我们是逐字抄录的）。

　　本组织的目标是：

　　"（1）培养一种澳大利亚的感情，这种感情是建立在保持种族的纯洁并在澳大利亚发展一个文化先进而自力更生的公社的基础上的。

　　（2）以集体所有的垄断专利确保全部工业成果归生产者所有，并扩大国家和市政的工业职能和经济职能。"

　　悉尼一家工人报纸《工人》的前发行人乔治·布莱克同志曾试图加以修改，以表示会议对国际工人运动的支援。但他的建议遭到拒绝，委员会的决议稿获得通过。

　　尽管这个决议的影响是有限的，但是资产阶级的报纸和政治家们仍然指责决议具有社会主义意义。虽然论战表明了对社会主义原则的深刻的无知，但是还是起到对社会主义原则进行研究和学习的作用。足以证明这一点的是 1905 年 7 月 8 日至 12 日举行的州际劳工会议。会议表明在思想观念上的进步。会上提出起草 4 个文件：

"（1）**新南威尔士和塔斯马尼亚：**

新南威尔士党在 1 月份通过的目标。

（2）**昆士兰：**

联合劳工党的目标，文字表达如下：

通过扩大国家政府和地方管理机构的工业职能和经济职能，以实现生产、分配和交换等手段的集体所有，以保证工业成果归生产者所有。

（3）**维多利亚：**

生产、分配和交换等手段的逐步实现国家化。

（4）**墨尔本政治劳工委员会：**

会议认为，资本主义是私人财产的主要敌人和破坏者。资本主义是通过合法地没收工人阶级创造的超过维持生计的工资以外的一切而发展起来的。雇佣手段的私人占有把社会建立在奴役经济中，不可避免地导致精神和政治的专制！为此，会议肯定，澳大利亚劳工组织的目的是全面控制生产、分配和交换等手段，即雇佣——财富生产手段，归为全民所有并为全民所控制，以区别于为一个阶级谋利。"

经过将近两天的讨论，维多利亚的利斯·洛克斯公民对讨论起了一定的影响，他是塔斯马尼亚的代表。提案获得通过。讨论似乎证明群众比领导者们更为先进。[①] 昆士兰的马特·里德建议**澳大利亚的工人运动应该和国际社会主义运动取得联系，并应采取必要的步骤以争取直接参加今**

---

① 关于这个问题，参见芬利：《澳大利亚联合劳工党（1901—1951）》，伦敦，1955 年。

后的国际代表大会。这一决议获得通过，并希望在短期内就能贯彻执行。①

迪克斯公民在结束他的报告时，痛惜地指出，领导者们似乎和有组织的会员们的自觉的愿望之间是有抵触的。但是他对思想观念的进步是有信心的。

6
1905 年 9 月和 10 月月度报告

在向你们简略汇报书记处的活动之前，我们有两件事得先提一下：

1. 请各成员党务必在近期内急速将有关**瓦扬建议**的决定告知我们。

2. 同样紧迫的是，必须支援俄国同志，他们不仅需要鼓励，而且需要金钱。

10 月 8 日，我们接到荷兰社会民主工党的一封信，信已转寄给各成员党的代表和书记。信中说，以荷兰社会民主工党领导委员会的名义，他们认为，在海牙和平会议举行第二次会议之际，必须明确地宣布一下国际社会主义运动关于全球和平问题上的思想。②

为此，决定要求社会党国际局在会议期间组织一次或多次会议，由各国社会党的代表们在会上讲话，这些会议将在阿姆斯特丹、海牙和鹿

---

① 该决议确实已付诸执行。澳大利亚社会主义联合会于 1907 年 7 月 15 日成立，决定派维克多·克勒默参加斯图加特代表大会。参见《工人和社会主义国际》第 2 卷第 488—490 页。

② 参见第 51 号文件。

特丹召开。

至今为止，仅有瓦扬和倍倍尔给了我们答复。

瓦扬在 10 月 18 日的来信中写道：

"关于荷兰建议在海牙国际官方和平会议召开期间，在荷兰举行国际会议的事情，我并不认为国际局和各国党有必要按照他们的意见办。荷兰社会党可以召开会议，邀请各国代表发言，但不必为此动用社会党国际，由荷兰社会党办这件事就可以了。

我们认为，社会党国际有自己更为紧迫的事情要办。这就是我们建议它作出决定，促使工人阶级采取有效的一致行动，配合国际局的行动，以避免并制止战争。我们再次强调，在这个问题上给予答复并作出决议。"

倍倍尔在 10 月 22 日写信给我们：

"我们当然完全不反对荷兰同志们的建议。但是对我来说，我要声明我不能参加任何会议，我的时间非常繁忙。"①

人们记得，在上个月，4 月份，阿根廷社会党给我们寄来一个报告。报告要求欧洲各港口的工人在必要时对载运农产品的阿根廷船只进行抵制，以制止阿根廷政府为罢工运动而宣布戒严的措施。10 月 12 日，我们接到阿根廷同志的来电，告知罢工开始，同时宣布了戒严。

由于对我们 6 月份报告中提出的要求没有收到任何反应，执行委员会又发出了一个声明，声明文稿已再次向各成员党的代表和书记以及各有关组织作了通告。迄今为止，我们仅收到了关于这个问题的一个答复。这是来自瓦扬公民的答复，文字如下：

"我收到了你们的号召和阿根廷社会党的呼吁。我立刻就将它转寄给了劳工联合会书记 V. 格里弗尔勒斯公民，他是能使号召在法国产生影响的最适当的人。同时我希望能在各处都产生效果。因为支援和抵

_____

① 原文为德文，按法文译文翻译。——译者注

制，不仅对阿根廷社会党人和工人是必需的，而且也有助于组织国际社会主义的无产阶级行动。这是国际社会主义无产阶级行动的第一次动员，也是自己力量的局部动员。它将为更广泛、更为有力的动员做准备，特别是为我们党要求社会党国际筹备发起为反对一切战争威胁的动员做准备。我特此再次提请你们向所有的通讯员重复发出号召，务必得到解决的办法。”

与我们在上次报告中所指出的相反，俄国社会民主党并没有指派代表来社会党国际局。①

白拉克公民告诉我们，社会党（工人国际法国支部）第二次代表大会将在 10 月 28、29、30、31 日和 11 月 1 日在沙洛召开。

海德门公民给我们寄来他就倍倍尔对法德冲突事件（摩洛哥事件）的重要性的看法而给倍倍尔公民写的信的抄件。②

我们收到了书记处对范科尔建议（代表大会和国际局的组织）所作的修正的各种评论。第一种评论来自阿根廷社会主义工人党代表康比埃，文字如下：

“我支持保留现行的代表大会和国际局的代表制方案，这并不意味这个方案是完美无缺的。而是因为你们建议替代它的方案，在我看来，有极大不妥之处。其中包括专断而不公正地规定每个民族的代表权。确定每个民族的代表权不能这样毫无实际根据，而且也毫不严肃。不能把在绝对不同条件、不同法律和不同体制下进行斗争的国家作任何比较。绝对没有根据可以公正地衡量各个党的力量。由此，国际局的所有会议将会引起无尽无休的争论。1—10 等级的划分比 2—6 等级的划分，将更加加甚不妥之处。”

----

① 列宁为社会党国际局代表的任命在 1905 年 10 月才被接受。
② 在社会党国际局的档案中我们没有找到这个文件。

10 月 18 日，我们在这个问题上收到瓦扬公民的一封信，信中这样写道：

"你们的建议的主要优点在于你们指出了范科尔提案中没有这样清楚地指出的一点，这就是你们（其中无疑也有范科尔本人的意见，因为你们是和他商议的）考虑到委员会负责的改革是着重于把各民族组成支部。你们清楚地说明了，只有组成支部才能给予表决票，支部多了，表决票数也就多了。这里有含混不清的地方。支部不是也是不能作为根据的。

关于我，我想我能够肯定国际局和代表大会的意图，国际局从来也没有打算而且也没有权力建议并决定增加支部的数目。

代表大会屡次决定，在任何情况下，一个民族的支部数目不能超过两个。① 出于我自己的考虑，在任命委员会的问题上，我曾向国际局强调，不要违背代表大会的这个决定。我曾指出，唯一的办法是研究一下，如果不把两个支部像在 1896 年代表大会以前那样归并为一个支部的话，那么以后这两个支部应怎样进行表决。1896 年伦敦代表大会作出了令人遗憾的决定，同意各国可以有两个派别。②

因此有必要重新明确一下问题。这不是指增加支部。在任何情况下，一个民族不能有两个以上的支部。如果国际局和代表大会决定，一个民族只能有一个支部，那就更好。但是国际局没有资格审议一个旨在把支部的数目提高到两个以上的建议，没有资格以令人不快的宽容决定允许一个民族可以分成多少个支部。

问题是由于目前有些民族，如果它们自己愿意，就可分为两个支部。而这两个支部是和实现了社会主义统一的一个支部是相等的。因此，至今这两个支部，或者说这一个支部，在代表大会上就只有两票表

---

① 这是指 1896 年伦敦代表大会通过的一个决议。
② 即指全国性支部。

决权。有人指出并公正地观察到代表大会的表决是不正确的。因为一个刚有社会主义觉醒的民族和一个社会主义运动已成为有组织而有力量的民族在代表大会上处于相等的表决地位，这确实是不正确的。因此国际局就指定一个委员会负责研究，是否有可能确定一种新的表决方式，以使每一个国家的表决权符合于它的组织的真正价值，符合于它的行动和它的社会主义力量。

不用说，在下面的问题上，我是和你们一致的。既然代表大会接受，或已经接受了像俄国这样一个没有实现统一的国家［像崩得这样一个纯粹社会主义的政党］，就不仅有必要寻求一种表决方式，设法如何根据俄国存在的实际情况和它的行动表现，在表决票数比例上提高俄国的地位。同时国际局也应像代表大会一样为这个大家都一致承认的真正的社会主义派别敞开大门。有代表参加代表大会的就应有代表参加国际局。不这样，国际局就不能正确地代表代表大会，也不能正确地代表社会党国际。

但是在国际局和在代表大会上一样，一个国家不能有两个以上的支部。

如果决定一个国家只有一个支部，像 1889 年到 1896 年期间那样，这样就最好，表决问题的解决也就简单了。最小的国家可以有 2 票，最大的国家可以有 10 票。

但是，如果仍然保持有两个支部，那么明显地，在存在社会主义分裂的最小的国家中，两个支部就各得 1 票表决权。在存在分裂的最大的国家中则每个民族就按照它所代表的力量分配 10 票表决权。如果一个大党参加了这个支部，而不参加那个支部，那么这个支部就可以分得 6 票、7 票或 8 票，而那个支部就只能分到 2 票。

在听取各国党和支部代表们的意见后，国际局和国际代表大会应该执行这同一个比例制法则。我再重复一次，范科尔和你的建议都不能触及增加两个支部的数目问题。只能把支部的数目减少为起先那样的一个统一的支部，而且今后也是始终应该统一的。这样在讨论各种建议和修正意见时就会简单一些。阿姆斯特丹代表大会所注重的唯一目标就是为了能正确地组织好代表大会的表决，正确地解决国际局和代表大会上的社会党人的代表权。"

10 月 21 日，瓦扬公民又给我们写了这样一封信：

"我想你们也将使他们了解我上次信中所表达的意思。这里我再提一下，就是关于**支部**的问题。在我的记忆中，只有你的建议提到了这个问题。我再重复一次，支部的问题是不能更改的。历次国际代表大会的正式决议都不准更改这个问题。

正是由于对这个问题没有详细明确地说明而引起的误会，所以有些人在谈论**表决票数**时，就以为是**支部数目**，而忘了支部数目是不能再作为问题提出来的。又有些人则由于忘了这一点而要求维持原状，不作改变。由于存在这样的误会，所以这个问题的提法至今一直不正确，并且一直没有正确地解决。

因此，我以前的一些见解，当然也有其他好几个人的见解，都没有为他们所知道，像你们一样，他们以为变动**表决票数**也就是变动**支部数目**。

现在首先要做的事情就是应该澄清情况，很好地解释清楚，问题不是指支部。就是说，要解释清楚，由于允许分成两个支部，所以民族已分得相当多了，而现在则是要在一个统一的支部中。或是在两个支部中，给各个民族足以代表他们的价值和社会主义力量的一定的表决权，并相应地分配他们参加国际局的代表权，而不再是规定每个支部都有 2 票表决权。"

从这些文件中，似乎可以看出，执行委员会的委员和特别委员会的成员对特别委员会的任务的理解并不是都和瓦扬公民一样的。在范科尔、王德威尔得和胡斯曼等公民的思想中，委员会应该不受过去所通过的规定的限制，设法解决两个棘手的问题，即国际代表大会的表决方式问题和参加国际局的代表制问题。而且似乎可以证明，这样的解释是正确的，就是瓦扬公民本人是要回到伦敦代表大会以前的表决方式上去。因为意见有所不同，所以我们认为最好还是了解一下曾经参加上次指定的特别委员会的国际局成员对这个问题的意见。

独立工党（10 月 28 日来信）总的接受了范科尔的建议。并认为每一民族的表决票数最高不能超过 6 票，最低不能少于 2 票。另一方面，他们要求：一个民族中存在一个以上支部的，这些支部在决定有关代表大会的一切问题上，应由他们自己作为一个单一的支部来解决。但是这些支部应注意在代表中分配票数，在存在分歧的情况下，务使少数派应和多数派一样，能够参与表决。基尔·哈第代表他的党补充指出，在他看来，由国际局为某一个确定的民族内部分配表决票数是很困难的。随后他又表示对范科尔的建议中不承认波兰和其他民族分别为单独的民族这个问题上保留意见，在听取更为广泛的解释之前，暂不先表态。

关于瓦扬的建议（维持各国之间的和平）。我们收到以下信件。第一封是费里公民在 10 月 18 日的来信，文字如下：

"我高兴地告诉你们，意大利社会党的领导在前天举行的全体会议上（出席的有莱尔达、隆戈巴尔迪、马兰戈尼和议员莱·比索拉蒂、恩里科·费里等同志），接受并极为关注地赞同法国社会党提出的关于争取一个国际一致反对战争协议的动议（瓦扬动议）。

我也应该提醒你们，意大利社会党已经做出了榜样，实践了瓦扬动议中提到的各项建议。1905 年 5 月 21—22 日，意大利社会党派出了他们的代表参加了**的里雅斯特国际社会党人会议**（代表意大利党的领导和议会党团：比索拉蒂、里戈拉、龙达尼等议员，莱尔达、马兰戈尼为党的领导成员）。

埃伦伯根、涅梅茨、佩尔讷斯托弗等议员和阿德勒、克里斯坦等同志代表奥地利社会党领导和议会党团也出席了的里雅斯特会议。

参加这次会议的还有博卡尼、布欣格尔和戈德纳等同志（代表匈牙利社会党）；布克塞格（代表克罗地亚社会党）；皮托尼、奥利娃、拉扎里尼等代表在奥地利的意大利社会党执行委员会（亚得里亚海支部）；皮谢尔代表在奥地利的意大利社会党（特伦托支部）；科帕茨、凯尔摩伊、帕内克代表南斯拉夫社会党执行委员会；耶尔梅奇奥、维德马尔、瓦涅克、凯尔摩伊代表斯洛文尼亚社会党政治委员会；平古恩蒂尼、基乌西、彼得罗尼奥、萨埃茨、帕尼尼代表的里雅斯特执行委员会；皮瓦、利鲁西代表波拉地方的社会党人。

的里雅斯特各工人团体也派有一个代表，各省也有代表参加了会议。

国际局发来了一个电报，德国社会党发来一封赞助信。

正如你们所知，在这次会议上，意大利和奥地利的社会党人（德国人、匈牙利人、斯洛文尼亚人）为制止意大利和奥地利之间发生战争达成了协议。当时两国民族主义报纸的宣传鼓动已使形势呈现出发生战争的可能。

会议遭到民族主义报纸的大肆攻击，诬指为反爱国主义。但是会后出现的情况是鼓吹战争的言论宣告中止。"

10月22日，下列通讯确认了费里的这封信：

"10月18日意大利社会党领导获悉法国社会党旨在避免并制止可能发生战争的建议后，一致决定接受并参加这一建议。

书记 S. 瓦拉扎尼"

倍倍尔公民以他们党指导委员会的名义，表示（10月6日）他们党"赞同瓦扬的建议"；挪威社会民主党的克林根公民也发来了相同的信件。

比利时工人党曾把问题提交给各地区联合会。各地区联合会经过讨论后，向总委员会转呈了为执行该方案的各种建议。

美国社会主义工人党也赞同这个建议。美国党认为，从现在起国际局应该了解各国党为保证实现瓦扬建议所提出的目标而采取的各种措施。

美国社会主义工人党为反对建立在阶级合作原则基础上的并受资产阶级爱国情绪煽动的合作社组织，已着手帮助成立一个广泛的工人合作组织。这一组织以阶级斗争为基础，将在短期内改变目前的情况，并使各种迄今纯属柏拉图式的愿望成为现实。

独立工党认为，这一问题不能通过通信得到解决，要求在国际局内部进行讨论。

倍倍尔公民收到一封从开罗寄给他的信。他把这封信转寄给我们。我们要请英国朋友注意这封信，信的内容如下：

"1905 年 10 月 8 日于开罗

奥古斯特·倍倍尔先生：

恕我冒昧，擅自提请你注意，最近开罗为了维护雇佣人员的利益，反对资本家而成立了一个联盟。联盟拥有 500 名会员，已成立 10 个月。联盟专门从事调解工人和雇主之间的纠纷。由于远离任何有组织的政党，所以缺乏任何领导。联盟写信给你，请你以一切可能的方法给予支持（咨询和合作），以解放雇员们。务使他们懂得，他们不是奴隶，应该享有和其他公民相同的权利。我们将非常感谢你，如果你能使国际社会主义者注意并关心开罗的雇员联盟。致意。

罗曼·汉森

（受命于联盟）

地址：M. D. 德尔布戈，

开罗雇员联盟主席，第 643 号信箱。"

美国社会主义工人党给我们寄来了一张 200 法郎的支票，相当于它 1905 年党费的半数。

请你们注意，保加利亚社会民主工党的哈尔科夫拉公民在国际局的席位已为格·基尔科夫同志所替代。地址是：《劳动》杂志编辑部，维斯特尼克。

国际局的西班牙代表克西多同志已由弗朗西斯科·莫拉公民替代。

独立工党告知我们，它不久将出版一个月刊。凡愿意和它交换出版物的社会党请写信给弗兰西斯·约翰逊公民，地址是，伦敦中央东区舰队街红狮院 10 号。

在结束这一冗长的报告之前，我们还要提请你们注意下面两封信。第一封（A）信是专门答复倍倍尔对俄国社会党问题所提出的建议；第二封（B）信则已转寄给德国社会民主党。

（A）

"1905 年 10 月 27 日于日内瓦

亲爱的同志：

您在 6 月 28 日给我们寄来了倍倍尔同志就我们党内的意见分歧所提出的建议。

7 月 24 日我曾经写信告诉您[1]，我不能以我们党的中央委员会的名义答复你们，因为我仅仅是中央委员会的委员之一，我并且请国际局给我作几点解释。我收到了胡斯曼公民 8 月 5 日的复信，他在信中说执行委员会的干预只是道义上的影响。我当即把倍倍尔建议的确切意义转告我们党的中央委员会。现在我已经收到中央委员会的答复，中央委员会

---

① 见《列宁全集》中文第 2 版第 45 卷第 45—48 页。——编者注

接受你们的建议指派瓦西里耶夫、施米德和列宁三位同志为自己的代表。施米德同志现在在国内。所以我们必须预先知道召开会议日期（至少在3个星期以前）。

其他两个代表现在都在瑞士。

请接受我们的真诚的敬意！

弗·乌里扬诺夫（列宁）

附言：刚才我又接到一封信，说施米德同志不久（大概在11月间）将出国，处理一些有关我们党的事情。因此，尽快得到我们党的另一派对召开会议日期的答复，对于我是极其重要的。我们党在国内工作的党员出国是极其困难的事情，所以，最好立刻确定会议召开的日期，就是说，希望另一派和国际局的委员能尽快告诉我们，他们想要在什么时候召开会议①。"

（B）

"1905年10月31日于日内瓦

亲爱的同志们：

10月29日星期日的《晨报》上刊出了下列一则电讯。据波森讯：'此间人士普遍认为德国军队可能入侵波兰。有人甚至声言现在已正在做准备云云。'鉴于两个帝王的最近会见②令人相信他们在俄国发生革命的情况下所要采取的措施已协商就绪；另一方面，由于我们国内的情

---

① 见《列宁全集》中文第2版第45卷第126—127页。——编者注

② 这一会谈于1905年7月23—24日在喀琅施塔得对面的比耶尔克举行，引起了法国和英国的不满。在没有通知两国外交部长的情况下，尼古拉二世和吉约姆二世签署了一个联防协定。协定规定应在对日和约缔结后实施。

况已十分严重，我认为有责任提请社会党国际局警觉，提防德国可能帮助沙皇俄国而进行干预。①

亲爱的同志们，在这种情况下，务必要求国际无产阶级采取最有力的行动。

格奥尔吉·普列汉诺夫

地址：康多尔街6号"

我们恳切请求该信涉及的各党采取必要的措施以保证实现倍倍尔公民提出的建议和普列汉诺夫公民指出的事项。

执行委员会

爱·安塞尔，埃·王德威尔得

书记　**卡·胡斯曼**

7

1905 年 11 月月度报告

（1905 年 12 月 3 日，布鲁塞尔）

书记处收到了下面这封信，特此扩大印发。

---

① 1905 年 11 月 28 日，吉约姆二世写信给尼古拉二世："我理解你在目前这样的时刻，不宣布你和我的联盟将使你感到喜悦。当今国际的革命力量在全世界广泛地传播令人讨厌的谣言，诬指我对你施加有利于反动势力的压力。"《吉约姆二世和尼古拉二世通信集，1894—1914》，巴黎，普隆，1924年，第 205 页。

　　　　　　　　　　　　　　　　　　　　　　　　"1905 年 11 月 11 日

　　　　　　　　　　　　　　　　　　　　　　于加利福尼亚圣弗朗西斯科

同志们：

　　下面署名的社会党党员荣幸地向你们国际局提交一个支援俄国革命的国际性示威方案。我们要求你们发起一个示威运动，要求在 1906 年 1 月 22 日，在每一个有社会主义组织的城市或乡镇同时举行支援性质的示威游行，以纪念圣彼得堡和平请愿团遭到屠杀一周年。这次示威在可能的情况下，都应采取游行和群众大会的形式举行，并且在大会上进行募捐，筹得款项寄给社会党国际局，专为提供俄国的无产阶级革命需用。

　　虽然日期已经迫近，但如果急速而热情地行动起来，那么我们的这一意图还是可以实现的。

　　同志们！

　　由你们国际局向国际无产阶级号召发动一次紧迫而协调的行动，必将得到热烈的支持。实现这一意志，不仅将有效地支持我们斗争中的俄国同志，而且也将在道义上推进我们的事业，加强国际运动的团结。

　　俄罗斯人民在争取自由中已经成熟，革命正在行进中。这个国家需要从外部得到支援，以推翻一个嗜杀和掠夺成性的野蛮专制皇朝。俄罗斯无产阶级急迫地等待着食物和武器，这是全世界社会党人能够提供给他们的，一天也不能延缓了。我们是站在为争取自由而斗争的俄罗斯人民的一边的，俄罗斯劳动人民的事业就是我们的事业。

　　同志们！

　　1 月 22 日应该通过组织这次支援俄国革命的世界性的共同示威行动而具有历史性意义。这是在道义上并在物质上对一个向往自由的人民的支持，同时也有意义地显示我们的运动所具有的力量和规模。

　　谨致社会主义的敬礼！

I. 舍夫，	卡梅伦·H. 金克
安娜·斯特伦斯基	罗亚尔·弗里曼·纳什
苏普雷马·泰代斯基	弗雷德里克·I. 班福德
V. 泰代斯基	杰克·伦敦
约瑟·埃德尔曼	埃米尔·利斯"

这一建议已得到英国代表们的支持，英国代表们表达如下：

"在基尔·哈第公民主持下，昨天晚上召开的全英代表大会委员会一致表决通过大不列颠社会主义运动所有支部支持美国同志的严肃的建议。为此，特恳请你们将此建议提交执行委员会，并请尽速将执行委员会的决定告知我们。我们认为这个建议是非常迫切而重要的。

基尔·哈第，海德门"

经与书记商议后，执行委员会完全同意美国同志在 1905 年 11 月 11 日信中所提出的良好而合乎时宜的建议（见前文）。特请各国代表和书记向各国党转达下述决议：

（1）各成员党务必于最短时期内赞同通过本执行委员会在时间紧迫的情况下所作出的权威性决定。

（2）执行委员会在这个问题上将向全世界社会党发表一个将由国际局全体成员签名的声明。[①]

（3）各成员党将在适宜的地点，于 1 月 22 日组织一次群众大会，并在可能的情况下举行游行，并将征集募捐的结果申报社会党国际局书记处。

（4）另一方面，由于许多代表希望国际局在近期内举行会议，以解决一些悬而未决的问题，主要是有关瓦扬的建议、国际局的改组和代

---

① 参见第 53 号文件。

表大会的表决方式等问题。为此，布鲁塞尔的社会党国际局会议最好能与 1 月 22 日的日期相结合。所以执行委员会向大家建议于 1 月 20 日、21 日、22 日 3 天（星期六、星期日、星期一），在布鲁塞尔召开国际局会议，请你们在 15 天内来信告知是否参加。国际局全体会议的行动将象征表示全体社会主义无产阶级的支援。

　　11 月 7 日，荷兰社会民主工党代表特鲁尔斯特拉给我们写来了下述的一封信件，执行委员会用上面提出的建议回答了他：

"1905 年 11 月 7 日于斯海弗宁恩

致社会党国际局执行委员会

亲爱的公民们：

　　国际局的年会通常是在 12 月份召开。我认为革命的危机正在从俄国扩展到奥地利，并且具有重要的国际意义，使今年的会议日期有必要提前。

　　我建议（除一些悬而未决的问题外），会议议程上列入讨论：俄国和奥地利的各种事件对国际社会主义的意义。

　　为了使国际无产阶级在这一历史时刻能通过它唯一的机构发表讲话，我建议国际局举行一次公开的会议，由国际局的多名成员向全世界无产者演说，并通过支持俄国革命的决议，举行普选等。

　　如果执行委员会同意我们的意见，亲爱的公民们，请你们以此向国际局的成员们提出建议。

　　谨致兄弟般的敬意。

特鲁尔斯特拉"

　　书记处还收到有关范科尔提案和书记处修正案的各种信件：

（1）美国社会主义工人党（德莱昂的信件）同意修正案，拒绝范科尔提案，因为他们认为该提案不合乎逻辑。

（2）波兰社会党由海·迪阿曼德公民来信表示：

"我们不能像范科尔所做的那样把**民族**和**国家**的概念混为一谈，从而只给那些政治上独立的民族的党以特殊的代表权。我们不能接受，在现存国家的疆界如此变动的情况下，把国家看成一个神圣的实体。相反，我们认为，在一切情况下，从某一国家社会党的利益出发，要求改变现存国界足可以随着时间的推移而加以实现的，我们纲领中的其他要求也是同样可以实现的。尽管这一切在资产阶级的心目中显得都是乌托邦似的幻想，而且，在一个国家中同时存在几个不同的党的现象是一种事实。这种事实是不可能凭借对观念的解释来加以消除的。另一个事实是，只要一个社会主义政党尊重另一个社会主义政党的行动，那么语言不同的伙伴就能保持极为良好的关系。奥地利的情况就是特别引人注意的。因此，必须申斥任何企图偏袒某一特定的党而剥夺任何另外一个党的权利的现象。同样地，不能对昨天还是联合在荷兰境内的卢森堡，或对某一个圣马力诺社会民主党给予特别的代表权，而对波兰、捷克或克罗地亚的社会党则拒绝给予代表权。

范科尔给了芬兰的代表权，而一旦芬兰可能失去它剩下的一点点可怜的、沙皇还没有剥夺的自主权利，那么它在国际局中的代表也就将随之而消失。范科尔的说明只能使问题更为混乱。他似乎并不懂得**民族**这一词汇的概念。他把民族解释为国家或种族，这是双重的不确切。高加索的22个'**民族**'（按照范科尔的意思是'种族'）的可怕的幽灵并不能吓唬任何人。因为人们知道这22个种族实际上仅只归属于3个民族：格鲁吉亚、亚美尼亚和鞑靼。

如果在这一环境中组成的各社会党能成功地获得了真正的力量，拒绝它们在国际无产阶级的大家庭中占有席位，这将是闻所未闻的奇事。

所以我们主张保持沿用至今的做法。我们只要求一件事情：在接受新党参加时，必须更加谨慎。同时应该排除那些假冒的组织或只是在极短的时间内存在过的组织。

关于第二个建议，我们接受建议的基本思想。但是我们认为在确定分配给每一个民族的票数时，应该遵照一个事先为大多数民族都承认的客观的原则行事。

波兰社会党和波兰社会民主党

海·迪阿曼德"

最后，我们收到了西班牙社会党的一封来信（1905 年 11 月 5 日），信的文字如下：

"关于范科尔关于国际代表大会表决方式的建议，我们同意国际局书记处的方案。"

关于瓦扬的建议，我们收到了下列的信件：

瑞典社会党（11 月 1 日）。

"瑞典社会民主党领导局在 10 月 19 日的会议上，讨论了你 9 月 27 日提到的关于瓦扬公民和饶勒斯公民的建议。

瑞典党的领导局热烈赞成该建议。特别是因为瑞典和挪威两个兄弟党在今年的实践中体验到当国家和政府间开始争斗时，这样一种联合具有何等的价值。

如果不是两国的社会主义工人党互相在必须采取和平政策的问题上进行了协商，并达成一致意见，联合的问题到目前也就不能解决。相反的，最后的结果则将是在两个兄弟国家的人民之间爆发战争。现在一切都已在相互让步下得到了调解，各自的人民比以往更有机会去处理各自的内部事务。

这一最终的结果，在很大程度上可以认为是由于各国的社会党和工人党致力于和平的努力所取得的。

社会民主党领导局
C. G. T. 维克曼"

西班牙社会主义工人党的来信（11月5日）。

"我们最近举行了代表大会。我们认为在各自特定的情况下斗争的每一个民族的党都应按照各自的社会主义力量所处的具体条件而采取行动，以制止冲突。"

阿根廷社会党告知我们，他们同意瓦扬的建议，但是他们没有告知采取什么措施以表明实现这一建议。

最后，在这一问题上，费里公民也有一封信。

"我受意大利社会党指导委员会的委托，谨向社会党国际局转达米兰社会党联合会通过的下列动议。

米兰社会党联合会关切地注意到德国帝国主义有可能威胁〔原文如此〕干预俄国，支持专制王朝镇压俄国人民，损害俄国人民的权利。鉴于这一事件对保持现存的社会体制具有重要意义，我们提请意大利社会党和社会党国际局注意，必要时建议为支援俄国革命而进行社会主义的干预。

请告知你和国际局执行委员会对此动议有何决策，在任何情况下，我都可以为此参加执行委员会的会议。

恩里科·费里"

普列汉诺夫也有一封关于这一问题的信，信已转寄给德国社会民主党指导委员会。只有他们能在这一事件上对我们加以指导，但是，直至目前，我们还未收到回信。

关于阿根廷社会党的请求（见前一个报告），有两点说明。阿根廷社会党要求欧洲在某种情况下抵制阿根廷的农产品。第一点说明来自乌加特同志，信文如下：

"我收到阿根廷社会党执行委员会寄来的一个通知，证实了你们国际局收到的有关罢工、戒严等情况的电报。戒严的结果导致了总罢工。① 阿根廷同志号召总罢工是完全正确的，因为由于滥用战时立法，因而违反宪法剥夺了罢工权利。我们的工人每年在最有利的时候都试图部分地改善他们的处境，但是每年都遭到资产阶级的抵制。这些贪婪的资产阶级由于远离欧洲舆论的监督，不惜采取特殊的手段。总罢工是一种最高级的、也是绝望的武器，但也未能迫使政府让步。因此，为了制止多年来扼杀工人的要求的进攻，我们只能寄希望于得到欧洲各大港口码头工人们的支援。欧洲的码头工人们不用停止工作，也不用引起任何麻烦，只要抵制来自阿根廷的船只，就能使阿根廷资产阶级的主要财源受到损伤。

书记公民，为此我恳请你，一定坚持强调要求各有关团体紧急考虑这一抵制行动，帮助他们的远方的同志们。这些远方的同志中间，有许多人都是你们欧洲国家的移民同胞，请帮助他们抵御压迫。我们的社会主义组织正在阿根廷经历着一个艰难的时期，只有得到你们大家的帮助，才能获取胜利。

曼努埃尔·乌加特"

第二点说明来自巴西的一个非社会党国际会员组织的社会主义联合会（巴西社会主义联合会）（11月9日），信文如下：

"我们已收到《人民报》，号召支援阿根廷的同志们。

我们确实不能保证实现这一愿望，因为巴西工人阶级中还不存在团结支援的精神。但是我们将尽我们的一切可能争取改善我们海外兄弟们的经济情况。

总书记　M.索萨·阿吉亚尔
地址：巴西，巴伊亚，马西埃尔·德拜舒大街43号"②

---

① 参见第37号文件。

② 这个巴西联合会出版一张日报《前进报》，自1906年起和国际局保持接触，曾发起一个运动，联合了巴西的各社会主义组织和集团，组成了一个工人党。

荷兰同志们曾要求国际局在海牙会议期间，乘机在荷兰组织一系列会议。关于这一要求，西班牙社会主义工人党认为是无益的，因为社会党人在战争问题上的意见已为人们所熟知。而美国社会主义工人党则不愿表态，因为他们离荷兰太远，所以不可能参加这一活动。

关于俄国的事情，书记处收到了一些文件，其中有俄国社会民主工党的来信，特请各成员党加以注意。

"最近几个星期来，俄国革命要求增加新的力量。我们原先可以增派一些战斗员，但是我们这里的金库不足应付各种需要。我们也不能打算从国内工作的同志那里得到支持，因为现在的运动使一切道义和物质上的力量都出现了紧张。为此，我们致意国际局，请求给予我们帮助。请国际局号召所有各国的社会党在各国开展募捐活动，支援俄国的革命。

奥尔洛夫斯基[①]"

从上几个报告中，人们可以注意到，执行委员会已尽了一切努力，以急速落实倍倍尔公民有关统一俄国社会民主力量的要求。但是最近几个月的事态阻碍了俄国同志采取行动以实现执行委员会的愿望。根据普列汉诺夫同志 11 月 25 日的来信，我们得悉他们两个派别已在彼得堡实现了暂时的联合，组成了一个联合会，有一个联合委员会在领导；而且统一问题也终于在各派社会民主力量中提上了日程。[②] 所以执行委员会认为，可以希望依靠他们的有关集团自己搞好统一事业。

---

① 奥尔洛夫斯基，真名为瓦·瓦·沃罗夫斯基。列宁于 1905 年 11 月返回俄国后，即临时转托他担任社会党国际局的代表职务。参见《列宁和胡斯曼通信集》第 36 页。

② 普列汉诺夫的这封信写道："为了消除你们对我们党的情况的疑虑，我急速写信告诉你们，两个派别（'多数派'和'少数派'）在圣彼得堡通过一个'联合委员会'实现了统一。希望这是俄国社会民主党实现完全统一的第一步。"社会党国际局档案。

　　为了结束这个报告，我们提请注意下面的一个文件。这个文件的抄件是由普列汉诺夫同志提供给我们的。俄国邮局或德国邮局都没有给我们寄来这个文件。

　　圣彼得堡联合委员会信文抄件：

　　"亲爱的国际局同志：

　　伟大的俄国革命正经历着最为重要的时刻，政府企图运用反动的武装，这是它在1905年革命时期已经运用过的。波兰人民要求获得为了他们的文化和发展所必不可少的民族自治，而沙皇政府却以宣告全波兰的戒严状态来回答他们。沙皇政府设法煽动俄罗斯和波兰人民之间的民族仇恨，企图借用沙文主义的方法扼杀革命。沙皇政府的这一政策正在得到西欧的半专制君主政体的支持。吉约姆二世正在俄国的东部边境［原文如此！］集结军队。完全有严肃的理由相信他将把军队派往俄国，以镇压波兰人民。俄国的革命事业也是全人类的革命事业，它正处于巨大的危险中。

　　俄国无产阶级支持波兰的兄弟们，强烈抗议对波兰人民的暴力镇压。

　　亲爱的同志们，请你们告诉我们，为了排除这一危机，你们将采取什么措施，以帮助俄国人民。

　　谨致诚挚的敬礼！

俄国社会民主工党
中央委员会及组织委员会"

　　我们再一次提请德国同志对这一问题的注意，并希望知道他们的意见。

执行委员会
爱·安塞尔，埃·王德威尔得
书记　卡米耶·胡斯曼

　　注意：正当我们发出这一报告时，我们在日内瓦的《人民报》（12

月第 1 期）上读到了普列汉诺夫公民的一则谈话，根据这一谈话，俄国社会民主党尽管在圣彼得堡实现了部分的统一，仍然希望并要求社会党国际局执行委员会按照上一次提到的条件进行干预。

执行委员会当然始终准备为俄国同志们服务，可以和他们的代表们在本月 9 日、10 日、11 日，即星期六、星期日和星期一在布鲁塞尔会晤，或者在本月 16 日、17 日、18 日，也可以在 1906 年 1 月 13 日、14 日和 15 日会晤。①

卡米耶·胡斯曼

8

1905 年 12 月月度报告

社会党国际局会议不能如期在 1 月 20 日、21 日和 22 日召开，我们立刻写信告知了瓦扬公民。倍倍尔签署的一封 11 月 8 日的来信称，德国同志们由于宣传工作的原因，1 月底不能前来布鲁塞尔。我们也立刻通知了美国代表们，他们可能已经启程在途中。

执行委员会现在特请德国代表们对召开国际局会议的问题提出建议。法国代表团特别认为会议是必要的和紧迫的。德国代表团建议的日期将立刻转告国际局的其他成员们（自那时后，德国代表们曾建议会议

---

① 这一邀请的建议没有得到回音。由于对立派别之间不断表示了良好的愿望，俄国党的统一问题就从社会党国际局所关心的议程中撤销了。

日期定在 3 月份）。

　　奥拉夫·克林根公民（挪威）告诉我们，如果会议在 3 月份举行，他可能和瑞典的亚·布兰亭公民一起参加国际局的会议，并作关于他们国家最近政治情况的报告。作为备忘，我们再提一下，在 1 月 6 日的一封信里，瓦扬公民同饶勒斯商定后，曾同意执行委员会的建议，在 1 月 20 日、21 日和 22 日召开国际局会议。崩得、匈牙利社会党和其他成员党也都表示同意。

　　瓦扬公民仍然坚持强调要紧急讨论关于实施他们的建议的措施。他的关于国际配合行动以反对战争的建议是几乎得到一致通过的。这一讨论不能依靠通信来进行，因此必须在短期内召开国际局会议。我们已不能再作更多的重复了。

　　倍倍尔公民再次告知我们，关于可能对俄国进行干预的问题，他已直接给普列汉诺夫公民复信，并且特地提到毕洛夫首相在德国帝国国会上所作的正式声明。①

　　月底，执行委员会发出了一个由国际局全体成员署名的声明，支持美国社会党同志的建议，决定号召全世界的社会党人在 1 月 22 日举行示威，以纪念俄国革命一周年。

　　在这一问题上，我们在 12 月 21 日收到了在瑞士的意大利社会党的一封信，信上建议：

　　（1）1 月 22 日这一日子应提前在 1 月 21 日星期日庆祝，而不要在 22 日星期一举行。[在我们的声明中已考虑了这一愿望。——执行委员会注]

---

　　①　莱奥·施特恩引述了毕洛夫的这一声明（1905 年 12 月 6 日于帝国国会）的片段，见《1905—1907 年俄国第一次革命对德国的影响》，柏林，吕滕和勒林出版公司，1956 年，（《德国工运史档案研究》第 2 卷第 2 册第 96 页）。

（2）1月22日工作的全体工人把这一天的工资捐助给俄国同志们，以表示支援。

在瑞士的意大利社会党请我们向各成员党转达这一建议，我们现在就在这里转告大家。①

响应我们的声明，西班牙社会主义工人党告知我们，他们将在1月22日那天在各处举行集会和游行，并进行募捐以支援俄国革命。德莱昂公民也以社会主义工人党的名义向我们表示了相同的决定，并告诉我们，美国同志们已经做了准备。

德国同志们通过倍倍尔和辛格尔两位公民发来电报，告知我们赞同举行国际性纪念的计划。

匈牙利社会民主党表示遗憾，虽然他们也愿意支援俄国同志们，但是有困难，因为目前他们的所有行动都要集中于争取普选的胜利。

我们已为俄国革命征收到下列款项：

荷兰社会民主工党　　　　425 弗洛林

捷克斯拉夫社会党　　　633.65 法郎

芬兰社会党给我们寄来了如下的号召书：

"芬兰社会民主党谨向各国同志们致敬。

关心政治的同志们都知道，不管上层阶级怎样宣传，在下层阶级中存在着深刻的分歧。这种分歧甚至能使争取政治自由的努力归于失败，因为争取政治自由要求所有各种进步力量的共同行动。

不仅资本主义日益变得更具有威胁性，压迫着深受工资奴役和失业痛苦的工人们，而且我们的国家还处于一种混乱状态中。这是因为我们被剥夺了民族代表权利，我们国家的绝大多数人民不能表达自己的意志。由于这种不可忍受的状况所产生的不满，在近几年已日益采取示威

---

①　参见第55号文件。

游行的形式表达出来。去年春季，芬兰议会——一个由 4 个等级组成的代表机构——借口违反程序而拒绝接受普选。群众示威几乎要演变成暴动。只是由于社会党工人的干预，才幸免于难。[①] 但是俄国的最近事态大大地推进了政治局势的发展。在最近的十月总罢工中，我们在许多地方都提出了召开立宪代表大会的要求。

统治阶级的阴谋诡计和缺乏团结精神，阻挠了这一大胆的思想的实现。而 11 月的沙皇宣言则再次提醒了议会，新的民族代表制应该建立在普选的基础上 ［原文如此］。

在此之后，人们已不再敢反对普选的原则。每个有影响的党派也在它们的会议上声明它们绝大多数都支持拥护唯一的议会。然而也出现了明显的令人不安的迹象，特别是在老的瑞典派中间。这个老的瑞典派，凭借他们的富有，在贵族和资产阶级中，并且也在部分的教士和农民中具有巨大的影响。统治阶级日益明显地企图依靠两院制来拯救他们的特权。其后果就将危害我们的自治改革。

为了使人民解脱这一灾难。社会民主党准备在人民福利因引用等级代表制而遭受威胁时，再度发动总罢工。

希望社会党国际的各成员党理解我们运动的重要性。我们请求社会党国际书记处向所有各党转达我们的请求，在物质上支持芬兰无产阶级为争取获得基本的政治权利所作的努力。[②]

---

① 指 1905 年 4 月 14 日事件。当时在赫尔辛福斯（赫尔辛基）3 万名示威群众汇集在"正由 8 个非贵族等级在讨论选举方案"的议会前。示威群众中大部分是工人，他们为等待讨论，守候了 6 小时，然而人们如此急切盼望的选举却宣告流产了。当时的一个目击者这样写道："等待中的工人们的激动情绪是令人震惊的，它感染了整个芬兰工人阶级。4 月 14 日这一天被名为'耻辱之日'。"参见《工人和社会主义国际》第 2 卷第 158—159 页。

② 参见第 64 号文件。

争取获得这些权利后，我们芬兰无产阶级将进一步武装起来，并将更紧密地和国际社会主义运动结合在一起。

通讯书记

埃米尔·佩尔蒂莱

党的书记

奥古斯特·里萨宁，尤里约·埃·西罗拉

1905 年 12 月 15 日于赫尔辛福斯①"

由参加国际代表大会的英国各社会主义集团组成的英国国际社会党人代表大会全国委员会给我们寄来了一个他们在 12 月 16 日一次会议上通过的决议。

"英国国际社会党人代表大会全国委员会谨向俄国革命表示最深切的同情。支持他们为使他们的人民摆脱沙皇制度和腐败的官僚枷锁的压制，争取解放而作的努力。祝愿他们战胜一切反动势力。会议也向正在努力争取民族自治和政治社会自由的波兰人民致以诚挚的敬意，并衷心地支持德国社会民主党主动采取措施，以制止德国派遣军队镇压波兰的起义。"

瑞典码头工人书记林德奎斯特公民告知我们，他们的组织准备抵制阿根廷载运农产品的船只，以帮助阿根廷的伙伴们反对阿根廷政府政策的斗争。但条件是其他国家的码头工人也通过同样的决议，并要求阿根廷同志们把要抵制的船只的名字告知瑞典码头工人。

一位奥地利同志阿尔伯特·利弗曾去伦敦学习，瞻仰了卡尔·马克思墓。他在《人民论坛报》（维也纳）第 50 号上，痛心地描述了我们这位大师安息之地失于修葺的荒凉状况。

我们提请英国同志们对此情况加以注意，希望他们能给予补救。

---

① 即赫尔辛基。——编者注

意大利社会党告知我们，将汇款补交 1905 年 12 月 31 日以前的党费。希尔奎特公民也写信通知我们，他们的社会党书记马伦·巴恩斯将汇来到期未交的党费。

执行委员会

爱·安塞尔，埃·王德威尔得

书记　**卡米耶·胡斯曼**

9

1906 年 1 月月度报告

（1906 年 1 月 1 日，布鲁塞尔）

致各成员党代表和书记

执行委员会决定在 8 月 4 日至 5 日（星期日和星期一）召开社会党国际局会议。大家知道，德国代表们曾表示 1 月 21 日、22 日不能前来，所以希望最好能改在 3 月的上半月。法国、荷兰、意大利和其他国家的代表们建议 3 月 4、5 日，执行委员会同意了他们的建议。暂定议程包括如下几项：

（1）**瓦扬建议**（制止战争的措施）。（2）**范科尔提案**（国际代表大会和社会党国际局的组织以及书记处的预算）。（3）**特鲁尔斯特拉动议**（俄国事态及其影响）。（4）**布兰亭—克林根动议**（瑞典—挪威的最近冲突事件）。

关于**范科尔**的提案——委员会的修改草案已转发给所有各党——我们收到了大量的来信。

瓦扬公民在 1 月 14 日写信给我们：

"在这方面，可以认为国际局的新建议已在某些细致谨慎的解释和一些次要的修正中满足了我们的意见和要求。当然，就是指满足我们对国际支部的统一的要求。如果不能统一时，则像伦敦会议以来就不得不勉强接受的，在不统一的国家中可存在两个分支部。国际支部在每个国家中的这种统一，不仅已含蓄地被接受，而且你们的文稿中已正式加以承认，并且予以表达了。还有一些次要的问题，就是明确指出，所有属于一个民族被接纳的各组织都应包括在这个民族的一个国际支部中。如果它们之间有分歧，有权向国际局申诉。重要的是每个支部的表决票数应该按照你们非常公正地规定的规则加以确定。每个支部在国际局中的代表应该尽可能地加以限制，非常严格地加以限制，否则国际局就会变成一个小型的代表大会。那些力量相似的国家，即使表决票数很少，也可以因拥有更多的代表而压倒别的国家。"

倍倍尔的一封信表达了德国代表团的意见，信的文字如下：

"关于建议（国际代表大会的表决方式），我们将在下一次会议上提出我们的异议。作为个人的意见，我认为没有完美无缺的制度。最好仍然按人头表决。我认为目前的所有建议都是不太行得通的。"

关于俄国党的代表权问题，鲁巴诺维奇公民请求国际局重新考虑。他认为，他所属的党有权要求在总数上有和俄国社会民主党相等的表决票数。其他民族的党可以要求或者像芬兰或波兰那样具有自主的代表权，或者则是集结在两个大党中间，即社会革命党和社会民主党中间。因此，按照范科尔的方案，两个党各应有 5 票，条件则是应由集结在这两个党中的各民族党之间进行分配。

捷克斯拉夫党给我们写来了下列的信件。

"范科尔公民原来的提案中关于国际局的代表制的建议对在奥地利的捷克斯拉夫社会民主党来说是完全不能接受的。因为在我们看来，这是违反社会党国际的基本原则的。

仅以外部标志作为确定民族的唯一标准是不能接受的，特别是以全体居民反对同一个政府为标准这一点。而把社会党国际局的代表制从属于某一个封建的或资产阶级政府的现存政治疆界也是不能接受的。

范科尔同志陷入一个基本的错误中。他混淆了**国家**和**民族**的概念。这样的混淆往往是违反了真实的情况的。例如，法国就是一个在民族上统一的国家。但是也有多种民族语言的国家。例如奥地利就是一个由一批民族组成的政治国家。

所以国际局的代表制不能依照现存的政治国家来确定，而只能按照现有的各文明民族（Kulturnationen）的愿望来确定。一个形成了独立国家的民族所具有的代表权，其他独立生存的民族也应该具有，即使他们并未组成独立的国家。

因为不存在一个政治上独立的国家，因而就可以把这一个或那一个民族排除在社会党国际之外，这样的制度有时会引申出最为奇怪的现象；卢森堡、列支敦士登、蒙特卡洛或圣马力诺等国可以在国际局享有代表权，而相反一些博大资深的社会民主党，例如捷克、波兰或克罗地亚的党却没有代表权。

奥地利的捷克斯拉夫党认为它被排除在国际局之外，是最大的不公正。尤其是因为它自一开始以来就是新的国际成员，而且它相信，它始终自觉地完成着它的任务。它有将近四分之一世纪的历史，而且它可以自认为是大陆上最强大的社会主义政党之一。它拥有广大的文化力量，4 种日报，有自己的议员，有将近 50 种政治性的和职业性的报刊。它团结了 10 万有组织的工人，代表着一个有 800 万居民的文明民族。

因此，在关于社会党国际局的代表制问题上，我们主张保持原有的状况。我们还要求，今后的国际应该不受政治疆界的限制而包括一切具有一种文明的语言，一种固有的文字，并以社会主义原则为基础，能向社会党国际局负责完成其任务的所有各种民族。①

为此，我们拥护波兰社会党代表迪阿曼德公民的动议，我们也高兴地获悉执行委员会已在修正案的形式下采纳了这个动议。

希望我们的从捷克斯拉夫的利益出发，也是从社会党国际整体利益出发着想的观点，能够得到严肃的考虑，并且希望能够得到一个良好的、能使全体成员党都感到满意的解决办法，为此我们提出以下的修正意见：

对草案的修正：

第 2 节第 2 段：凡在同一个政府下生活的居民聚居集团可视为民族，然而，也可例外地把由长期历史传统形成的，坚持向往自治和道义上的一致的各居民聚居集团视为民族，不论他们是附属于不同的政府的，抑或是受同一政府统治的。

关于国际代表大会上的表决方式，我们赞成保持迄今实行的平等表决。

社会党国际局捷克斯拉夫党代表
安东·涅梅茨，弗兰茨·绍库普"

---

① 把捷克代表排除在国际局之外将会助长捷克党内分裂分子的分裂愿望。这就是为什么奥地利党的所有代表一致拒绝触动现存代表方式的原因。阿德勒受代表大会的委托向接着召开的一次社会党国际局会议上提出这个观点。阿德勒未能出席国际局的会议，就写了一封信致国际局，要求对范科尔提案延缓作出决定。参见书记处 1906 年 3 月和 4 月月度报告中的阿德勒信件（见本卷第 474— 475 页）。

　　俄国社会革命党最近举行了一次代表大会，给我们寄来了下面的记录①：

　　"我们的党最近召开了一次代表大会，参加大会的是现有将近 80 个组织中的 55 个数量众多的组织，代表着遍布整个俄罗斯王国土地的各个集团。大会一致拥护我们曾在阿姆斯特丹代表大会上向你们通报过的纲领草案中提出的各项目标。在我给你们写这封信时，这个草案已经大会作了稍许修改，并加以确认，从而成为我们党的正式纲领。代表大会在研究了形势后通过了一个决议，表明了要把我们的党改变成一个公开性的党的愿望。把党建立在民主的基础上，同时考虑到目前的形势，认为秘密组织仍应保留，并根据各种特殊性的非常情况，而为党制定了临时性的章程。所以党仍保持着它的战斗组织。农民运动确切无疑地证实了我们党土地纲领的正确。党的影响在某些省份中有了十足的巨大规模的增长。在中部许多省份中，党的小组有数百个。我们纲领的中心思想是：不仅土地归农民所有，而且要在俄罗斯农民的愿望的基础上实现社会化。这一思想深入渗透在**各农村公社通过的**成千上万个**决议中**。这些决议有的已在报纸上报道，有的已传递到政府。这些决议的绝大部分都包含着必须通过平等和直接的选举以实现立宪的内容，要求通过立法全面解决问题。这个思想是通过我们无数的宣传家和鼓动家传达到群众中去的。

　　我们的党在圣彼得堡、莫斯科、哈尔科夫和其他城市的工人代表委员会中起着十分重大甚至举足轻重的作用。用数字来说明我们党在无产

---

① 俄国革命社会党代表大会的工作在提交斯图加特国际代表大会的报告中介绍得更为详细。参见《工人和社会主义国际》第 2 卷第 179—190 页。（中文本见本书第 23 卷《第二国际第七次（斯图加特）代表大会文献（2）》。——编者注）

者阶层中所起的影响是有困难的。然而，我们必须告知国际局，我们党一方面坚持了战斗的、进攻性的政策，同时在圣彼得堡和莫斯科的委员会中，也正式而郑重地表达我们的审慎的意见。只是由于事态的发展到了难以抑制的情况下，我们的党才发动了所有的战斗力量，光荣地参与了莫斯科的起义运动。

目前党正在从事改善组织工作，党已在 60 个城市中设有委员会，并有大量的小组分散在各省区，以致党不得不把国土分为 10 个区域，并成立了 10 个巨大的区域性组织。这 10 个区域的代表汇集于由代表大会选出的中央委员会，组成党的执委会，它根据形势的需要处理策略上的各种变化。代表大会通过决定，认为有必要协调所有社会主义和革命党派的战斗，并且组织起来明确地反对一切其他资产阶级政党。"

帕布洛·伊格列西亚斯公民给我们寄来了一份关于西班牙社会党情况的报告。

"这封信的目的是向你们汇报西班牙社会党第七次代表大会以及我们参加城市选举的情况。

上个月，10 月份在马德里举行了代表大会。整个大会几乎完全是为了改进党的组织。关于在战争情况下应注意的策略问题，大会通过了一个决议。我们已把这个决议的抄件寄给了你们。大会也指出了社会主义运动在西班牙取得了重大发展的情况。人们可以看到这样一点，在第六次代表大会时，我们有 82 个组织，而在这次第七次大会时，这个数字已经增加到 144 个。

我们的党参加了 9 月份的立法选举，获得了 2.6 万张选票，而在 1903 年则是 2.9 万张。选票减少的原因是由于全国普遍遭受巨大的经济危机。特别是农村工人的情况，成千的农村工人由于经济危机被迫离开了他们出生的土地。这使我们失去了大量的人员和选票。

虽然我们这一次仍然没有能够进入议会，然而我们对我们朋友们的斗争还是满意的。他们孤军奋战在各种反社会主义的资产阶级联合势力中间，从共和分子一直到君主主义分子。

在 11 月份的城市选举中，我们取得了另一个成就，7 个城市的市政府重新为我们敞开了大门。今天我们党已在 30 个市镇中拥有 71 名市参议员，而在上次选举中，我们仅在 23 个市镇中拥有 50 名市参议员。

如果注意到我们成功地在马德里获得了 3 个市参议员，就可以意识到这次胜利是特别引人注目的。而且在几个历来由共和分子统治的城市中，例如像在奥维耶多那样的城市中，我们的朋友们也战胜了共和分子。

事实上，我们对我们力量的状况是感到高兴的。如果不是国内发生惊人的经济危机，我们的胜利会更加巨大。经济危机使宣传工作遭到了极大的困难。"

南卡罗来纳州（美国）的劳工部门派一个代表到比利时来，征募棉花纺纱工和织布工，还有农垦工人。我们根特的朋友们要求我们提供关于这一工业部门的经济资料。我们随即给希尔奎特和德莱昂两位公民去了信，他们给我们写了有趣的报告和资料。这些材料叙述得很悲观，我们立即把它们翻译出来转给根特的工人组织。这里，我们请所有成员党都要保护工人抵制这种雇佣劳工的企图，因为在目前的经济状况下，这样做是很有害的。

我们极为高兴地从美国朋友们的报纸上获悉，他们在 12 月 7 日举行了第一次会议。考虑了他们国家各社会主义政党的统一问题①，因而我们希望能在极短的时间内向他们祝贺美国社会党的统一。

----

① 这次会议在新泽西州召开。新泽西州的社会党和社会主义工人党以同等的代表人数参加了会议。这次统一会议的决议以文献集的形式出版。参见《工人和社会主义国际》第 1 卷第 63— 68 页。

关于卡尔·马克思墓地维护受到忽视的情况，倍倍尔给我们写了这样的话：

"在此之前，我们已向在伦敦的德国同志要求解释。他们的回答是墓地状况极为良好。我们还将进行调查。在任何情况下，德国党将做必要的事情。"

我们在今年1月份中收到下列支援俄国革命的款项：

比利时工人党	211.95 法郎
荷兰社会主义工党：150 弗洛林 =	309.00
匈牙利社会党	2088.20
美国社会主义工人党：525.12 美元 =	2647.70
阿姆斯特丹社会民主联合会	6243.50
瑞士社会党	778.30
曼托瓦社会主义小组	15.40
居尔谢公民，斯德哥尔摩	29.64
韦尔特博士，卢森堡社会主义联盟	30.00
俄国社会民主小组，纽卡斯尔	5.60
社会主义研究小组，贝勒加德(法国)	7.00

合计　12366.29 法郎

我们请所有有意给我们寄钱的各党的书记或司库尽早把要寄的款项寄给我们。

在我们的12月月度报告中，我们曾提到匈牙利同志们表示遗憾，由于国内的政治形势，不能像正常情况下为俄国革命提供支援。然而我们注意到匈牙利仍然给我们寄来了第一笔款项2088.20法郎，从而消除了他们悲观的估计。

倍倍尔公民告诉我们，在德国开展新的募捐运动将会有困难，因为他们已给俄国的各组织寄去了25万法郎。但德国同志们仍将继续募捐。

波兰社会党（"无产者"）要求分得一份支援俄国革命的捐款。

崩得中央委员会给我们寄来了下列决议：

"崩得第六次代表大会热烈欢迎国际无产阶级的声援行动。欢迎国际社会民主力量对俄国革命事业在物质上的帮助和道义上的支持，特别是对犹太无产阶级斗争的支持。大会委托中央委员会通过国际局向欧洲和美洲的各国的社会主义政党表示感谢。"

最后，我们要在这里指出1月22日纪念俄国革命一周年的示威获得了卓越的成功。社会党国际局的号召在全球都得到了响应。书记处再一次请你们把关于这次示威行动的一切文献寄一份给书记处。

执行委员会

爱·安塞尔，埃·王德威尔得

书记　卡米耶·胡斯曼

内部机密部分

这里把1905年12月31日到期未缴的党费情况公布介绍如下：

1901、1902、1903、1904、1905 各年

大不列颠

独立工党1903年以来的党费定额是100法郎，当时交了100法郎现在还欠1904年和1905年两年的党费，计

··200.00 法郎

社会民主联盟1901年以来的党费定额也是100法郎，一直交到1904年，尚欠··100.00 法郎

奥地利

奥地利社会党1901年的党费定额是800法郎，到1905年12月31日应交4000法郎。已交610法郎。该党申明要把党费定额减为400法郎，这是和前任书记塞维的声明不一

致的，执行委员会不能接受，所以该党还应交……………3390.00 法郎

德 国

德国社会民主党 1901 年以来的党费定额是 800 法郎，已
交清了所有的党费。

澳大利亚

国际社会主义俱乐部 1901 年以来的党费定额是 200 法郎，
已交清了所有党费。

波希米亚

捷克斯拉夫党 1901 年以来的党费定额是 200 法郎，已交
清了所有党费，包括 1906 年的党费。

保加利亚

民主社会主义党：1905 年以来的党费定额是 100 法郎，
已交清了所有党费。

社会民主党 1904 年 12 月 31 日以前的党费定额是 200 法
郎，后来改为 100 法郎，已交清了所有党费。

丹 麦

丹麦社会党 1901 年起党费定额是 800 法郎，应交 4000 法
郎，已交到 1904 年 12 月 31 日，还应交………………… 800.00 法郎

美 国

社会党 1901 年的党费定额是 400 法郎，直到今天交了 750
法郎，还应交………………………………… 1250.00 法郎
社会主义工人党在 1905 年被接纳时党费定额是 400 法郎，
至今交了 200 法郎，还应交………………………… 200.00 法郎

西班牙

西班牙社会党在 1901 年被接纳时党费定额是 200 法郎，
已交到 1905 年底。

法　国

法国自 1901 年起党费定额是 800 法郎，已交 3200 法郎，

还应交·· 800.00 法郎

芬　兰

芬兰社会党在 1902 年被接纳时党费定额是 200 法郎，到

1905 年底应交 800 法郎，已交 593.10 法郎，还应交

·· 206.90 法郎

荷　兰

荷兰社会民主工党的党费定额是 400 法郎，到 1905 年年

底应交 2000 法郎，已交 608.50 法郎，还应交

·· 1391.50 法郎

匈牙利

匈牙利社会党 1901 年以来的党费定额是 200 法郎，截至

1905 年 12 月 31 日，应交 1000 法郎，已交 482 法郎，

还应交·· 518.00 法郎

意大利

意大利社会党 1901 年的党费定额是 800 法郎，后来减少

为 400 法郎，已交 2000 法郎，还应交 1905 年的党费······ 400.00 法郎

日　本

党费定额是 100 法郎，5 年计为 500 法郎，只交了 25 法

郎，还应交·· 475.00 法郎

卢森堡

1901 年以来的党费定额是 100 法郎，从未交过，所以净

欠党费·· 500.00 法郎

挪　威

挪威社会党 1901 年以来的党费定额是 200 法郎，已交 800

法郎，还应交·· 200.00 法郎

波　兰

波兰社会党（P. P. S.）的党费定额是 100 法郎，已交清
1904 年以前的党费，还应交······························· 100.00 法郎
波兰王国和立陶宛社会民主党的党费定额是 100 法郎，
已交清了所有党费。

阿根廷

阿根廷社会党 1901 年以来的党费定额是 200 法郎，已交
600 法郎，还应交 1904 年和 1905 年两年的党费，计
··· 400.00 法郎

俄　国

社会革命党 1901 年以来的党费定额是 100 法郎，已交清
1904 年以前的党费，还应交······························· 100.00 法郎
俄国社会民主工党也还应交 1905 年的党费，计············ 100.00 法郎

瑞　士

瑞士社会主义工人党 1901 年的党费定额是 800 法郎，后
减少为 200 法郎，已交 200 法郎，还应交··············· 600.00 法郎

瑞　典

瑞典社会党 1901 年以来的党费定额是 200 法郎，已交清
了所有党费。

塞尔维亚

塞尔维亚社会党 1901 年以来的党费定额是 100 法郎，只
交了 25 法郎，还应交······································· 475.00 法郎

　　　　　　　　　　　　　　合计 12311.40 法郎[1]

---

　　① 数字有误。——译者注

　　这样的财务情况是并不太光彩的。原因是有些组织的疏忽，以致欠交党费积累过多。国际局需用的费用是必然要增长的。一年以来，信件就增加了 10 倍。书记处成立了一个国际图书馆，需要阅览各种杂志和报纸，建立档案和案卷，并且必须每月让各成员党了解书记处的活动而交换信件。我们的同志们可能还不知道，为了完成这样的工作，我们每个月的报酬是：书记 100 法郎，雇佣职员 150 法郎，一个临时雇用的俄国职员也是 150 法郎。国际局的最近一次会议认为，一个人要完成所有这些工作，书记的工作是相当重要而繁重的。如果下次的 3 月份会议上作出这样的决定，那就明显地需要一个较大的预算。

执行委员会

10
1906 年 2 月月度报告

　　这里我们再次提醒一下书记和代表们，我们希望在 5 月 10 日之前，收到你们的组织关于在下一个五一节发起游行示威的意见。迄今为止，只有法国和比利时答复了我们的号召。

　　我们曾向各党提出国际局全体会议定于 3 月 4 日和 5 日召开。瑞士代表拉潘公民将由让·西格公民替代。德国代表辛格尔公民声明，由于健康原因不能前来布鲁塞尔。意大利代表费里公民因宣传工作须留在国内。美国代表希尔奎特公民也是相同的情况。

　　奥地利代表斯卡雷特和阿德勒两位公民，要求会议延期在 4 月 15

日举行。因为他们在 3 月 4—5 日不能离开国内。阿德勒必须出席帝国议会，因为议会要讨论政府关于普选问题的立法。

执行委员会作了回答，奥地利同志们的建议到达得太迟了；国际局全体会议不能在复活节举行，因为有好几个国家要召开全国代表大会，而且还有不少其他国家的代表要求赶快召开全体会议。

芬兰社会党中央委员会告知我们，参加社会党国际局的瓦尔帕斯公民将由尤里约·西罗拉公民替代。

鲁巴诺维奇公民再次被选为俄国社会革命党驻社会党国际局的代表，圣彼得堡的谢尔古耶夫斯基公民为候补代表。

迪布勒伊公民告知我们，交趾支那社会主义联合会要求参加社会党（工人国际法国支部）。

该联合会有一个半月刊机关报《社会主义公报》。书记是菲亚克公民，通讯地址是西贡和平咖啡馆。

我们也通过莫拉和伊格列西亚斯两位公民转来一封古巴社会主义者的信，信文如下：

"致社会党国际局

书记同志：最近成立的哈瓦那社会主义组织①决定申请参加社会党国际局。我们的集体通过了一个和西班牙社会主义工人党目前遵循的相同的纲领。我们的目的是在我们有了必要的人员时，就在这个岛上建立社会党。

我们有幸在这里附上我们发表的两份宣言，公开声明我们怎样建立党，并且表达我们的思想。

---

① 这是指哈瓦那的国际社会主义协会，成立于 1904 年。

在我们宝贵的思想诞生之际，我们的集体愿意成为社会党国际的一个组成部分，以把我们的力量参加到同志们中间来，一起为传播公正和人们团结的原则而努力！

谨以我们集体的名义向你们致敬。

主席　　何塞·瓦奎兹

对外联络书记　　恩里克·费南德斯

1906 年 1 月 9 日于哈瓦那

地址：古巴哈瓦那 29 区圣米涅。"

西班牙代表们补充：

"我们只是要补充指出，这个新成立的解放党的主要成员是由来自西班牙各城市的西班牙移民组成的，而且以前几乎都是我们西班牙党理论的卫护者。

谨致兄弟的敬礼！

弗·莫拉，帕布洛·伊格列西亚斯"

执行委员会已向古巴同志们要求提供补充资料。①

英国全国委员会给我们寄来下面的一个关于今后召开国际社会党代表大会程序问题的提案。

"鉴于目前代表大会所遵循的工作方法减弱了代表大会所具有的教育因素，并使代表们失去了对大会的兴趣，我们委托我们驻社会党国际局的代表向国际局表示坚决维护下列的决议：

1. 每个民族支部各自负责控制并接纳他们代表的申请，遭拒绝时有权向常设委员会申诉，须按下面所决定的条件提名。

---

① 参见附件 16：书记处 1906 年 12 月和 1907 年 1 月月度报告。

2. 凡设有全国委员会的国家，都由全国委员会负责向各不同集团转达社会党国际局的邀请和决议。

3. 改变现在的由各委员会各自分发各项决议的制度，这种制度增加甚至重复了工作。改为由代表大会选出的常设委员会负责汇集各项决议并安排议程。常务委员会中每一个民族支部都有自己选出的书记代表参加。

4. 代表大会的发言时间限为 20 分钟。

5. 所有的决议都应在代表大会召开日期的 4 个月以前提交国际局。国际局在收到决议后的 1 个月内进行分发。

凡不按照这一程序提交的任何新决议均不予以接受、分发或讨论，紧急事件除外。

只有常设委员会有权决定紧急事件。但各项修正或决议案均应书面提交常设委员会，并由常设委员会决定是否接受修正案，是否有必要按照修正案的形式另外制定新的决议。"

关于表决：

"为了避免使目前按照民族表决的办法发生不正常的现象，最好按照 5 名代表 1 票表决权的比例为参加代表大会的各民族分配表决权，或者是从 5 名开始有表决权，最多为 12 名代表。

在这种情况下，组织代表大会的民族的力量将以它们参加上次代表大会代表人数的 5/4 为基础来计算，多加 1/4 是为了避免有人认为在两次会议之间运动有了发展而提出异议。"

执行委员会接到**社会主义工人党**代表德莱昂公民的一份关于 1905 年情况的报告。

"凡看过社会主义工人党在阿姆斯特丹代表大会上所作的报告[①]的

[①]　参见美国社会主义工人党《在阿姆斯特丹国际社会党人代表大会上的报告》，法文正式译文经作者校阅，巴黎，Ph. 马凯特，第 16 页。

人们，将会对现在这个报告所详细叙述的情况感到高兴而惊异，这些情况在去年还只是处于萌芽状态。

在外国同志们的眼中，美国的情况可能显得有些混乱。这种情况是由于社会主义政治运动和经济运动、工会运动混淆在一起的争吵产生的。但当你不停留在表面现象的观察时，这种混乱状态就会变得清晰起来。

美国的社会主义运动和工人运动的斗争基本上存在着两个大原则。

第一个原则是社会主义政治运动不能（即使它要）也不应（即使它能够）忘记或忽视经济运动；任何健康而富有成效的社会主义政治运动都只能建立、稳固在一个工会运动性质的经济运动的基础上。用一句话来表达，这个原则意味着，在美国，'真正的'政治运动，或者社会主义运动，只能是同样'真正的'经济运动的反映。

另一个原则是，社会主义的政治运动不应（即使它能够）也不能（即使它要）和经济运动取得某些联系。社会主义的政治运动宣扬中立。在美国，社会主义运动和工人运动的所有纠纷都带着这两个相互对立的原则的痕迹。

社会主义工人党支持第一个原则，因而试图鼓励开创'真正的'的工会主义。

由于社会主义政治运动的影响，美国的工会主义领域由一种名为'行帮工会主义'所统治，意思就是纯粹和单一的工会主义。

这种工会主义的体制不仅把各种行业作为各种单位组织起来，而且把它们组成为一种至高无上、独立自主的团体。

这种经济体制上的根本性错误立即得到了资本家阶级的赏识。行业联合会使得一切经济运动陷于僵化。实际上，虽然这些工会的工人获得了比没有组织起来的工人较高的工资，但是这种较高工资的代价则是工人阶级陷入了绝望的分裂。首先，'行帮工会'① 严格地排除大多数工人参加工会，借口要经过学徒，要缴纳高额的会费和高昂的入会仪式费用［原文如此］，以及其他各种限制性条件。另一方面，每当这里有一个同行业的工会在和统治阶级进行斗争时，另一个'行帮工会'就必然会犹大式地接受贿赂，而和雇主勾结。没有必要去冗长地一一列举一连串损害美国工人阶级的叛变行为，也没有必要去揭发这样的工会运动中的许多腐败事例。为了证实这一情况，只需指出这些'行帮工会'都是和一个名为'市民公会'的资本家组织相联系的。这个机构的宗旨就是要在资本和劳动之间建立和谐的关系。这些工会主要是由美国劳工联合会②组建的。

　　一个劳工的政治运动——如果不是一个劳工的政治运动，也许就是一个社会主义的政党？——只能在工人阶级的阵营中征集参加者。所以这种纯粹和单一的工会主义的工人运动所引起的争论必然要转入政治运动。在这种情况下，工人阶级不仅因参加各种不同的资产阶级政党而在政治上分裂，而且这种纠纷还会反映在相互对立的社会主义政党中来。

　　这样的局面是不可忍受的。这一点已日益显示得更清楚了，终于导致 1905 年 7 月发生了一次反对这种资本主义工会主义的巨大的反抗行动。成立了'世界产业工人联合会'③ 的组织，会员已经超过了 15 万

① 行帮工会是指一些传统的老工会。参加这些工会的社会主义工人党党员们试图从内部使这些工会政治化。这些行帮工会的最坚决的反对者们创立了世界产业工人联合会，参见 G. P. H. 科尔：《第二国际》第 2 部分第 790 页。

② 美国劳工联合会 1904 年时有 167.6 万名会员，参见 M. 卡尔松：《美国劳工联合会及其政策（1900—1908）》，卡本代尔，1958 年；L. L. 洛温：《美国劳工联合会：历史、政策及其前景》，华盛顿，1933 年。

③ 世界产业工人联合会 1905 年成立于芝加哥，该会的主要主持者是西部矿工联合会和他们的最早的原始组织"最西端"。该会既反对正统的工会主义，也反对改良的社会主义。参见上述科尔著作，第 2 部分第 790 页和续页。

人。它的口号是：工人阶级和统治阶级之间是没有任何共同之处的。它的宗旨是占有并保卫生产所需要的一切，以建立一个劳工管理的共和国。它的方法是工人阶级在政治和经济两方面都统一起来。参加者不仅来自没有组织的群众，而且也来自那些觉悟过来而背叛了他们首脑的'纯粹而单一'的工会会员群众。

这一内容丰富的事件立即获得了第一个成果，就是打破了资本主义巴索维亚的平静，并且最终迅速地为美洲的社会主义政治运动建立了广泛而又坚实的基础，从而按照阿姆斯特丹代表大会所要求的在美洲实现社会主义政治力量之间的统一。

我可以荣幸地指出，这个大家所如此殷切地希望解决的问题正在循着良好的道路实现着。"

希尔奎特公民2月1日写信给我们：

"1. 美国社会党全国委员会一致通过了**瓦扬的动议**，因而希尔奎特代表的一票应该算做支持这一提议的。

2. 关于**范科尔的动议**，除第三节条文外，我赞成特别委员会的最后拟定的稿子。

国际局对每个民族都接纳这么多有表决权的代表，这样的做法我并不认为是明智的。我认为代表大会和国际局之间是有区别的，这种区别就是国际局是一个执行机构，为了使它保持办事效率，就必须使它的成员不能太多。如果我们必须对每一个党都接纳很多的代表，国际局就将成为和代表大会相仿的一个全体代表大会。这在实际上就将使国际局成为一部碍事的沉重机器。所以我要求作如下的修改：'每个民族支部向国际局委派的代表不得超过3名；每名代表在国际局拥有和他所代表的党在国际代表大会上所拥有的相同的表决票数。'这个修正取代草案初稿上的下面这段文字：

'每个民族支部可按照上述级别表规定的在国际代表大会所拥有的

表决票数，向国际局委派相同人数的代表（第1I节第3段）。'"

执行委员会

爱·安塞尔，埃·王德威尔得

书记 **卡米耶·胡斯曼**

内部机密

奥地利社会党要求把他们的党费减少到500法郎。

芬兰社会党要求为他们供应一笔款项，以帮助为数不少的俄国逃亡者。执行委员会决定给他们汇去了2000法郎。但迄今尚未告知我们是否已收到这笔款项。

党　费

我们在2月份收到的党费情况如下：

阿根廷社会党补交1904年党费	200.00 法郎
奥地利社会党迟交党费	1000.00

俄国基金

国际局在2月份收到下列各项款额：

荷兰社会民主工党	620.00 法郎
丹麦社会党	1382.17
阿根廷社会党	1915.21
阿根廷社会党（为犹太人遭屠杀）	183.24
美国社会主义工人党	2080.00
伯尔尼劳工联合会，瑞士	256.20
凯基公民捐款，法国	15.15

讷沙泰勒劳工联合会，瑞士	18.00
美国社会党	5363.92
保罗·许克公民，美国	478.95
H. K. 阿尔布里希特，美国	154.50
H. L. 里约，美国	108.15
L. 马尔凯托，美国	25.75
布雷特施奈德，美国	920.30
贝托芬，美国	41.20
L. 米尔德，美国	1210.25
米特尼柯维奇，日内瓦，瑞士	20.00
E. G. 加尼安，美国	125.95
美国社会主义工人党	3097.50
劳工协会，卢森堡	50.00
弗雷德·赫斯特，美国	419.70
戴维·理查森，美国	128.75
H. 克里格，美国	310.30
J. G. 摩尔根，温哥华，加拿大	206.00
H. 迪克斯，国际社会主义俱乐部，悉尼	257.30
美国社会社会主义工人党	1550.63
阿图罗·库洛，美国	5.10
约翰·林克，美国	214.50
比利时工人党	7000.00
荷兰社会民主工党	828.00

合计 28966.72 法郎①

---

① 数字有误。——译者注

除了为资助路过布鲁塞尔的俄国社会党活动分子之外，我们还从俄国基金中取出：

2000 法郎汇寄给芬兰社会党。

500 法郎汇寄俄国社会民主党中央委员会，为 1 月 22 日事件。

500 法郎汇寄拉脱维亚工人党。

俄国基金

	收　入	支　出
2 月 27 日　瑞典社会党	620.00 法郎	
27 日　捷克斯拉夫社会党	2202.41	
27 日　荷兰社会民主工党	1666.80	
4 月 1 日　瑞典社会党	537.00	
12 日　捷克斯拉夫社会党，波希米亚	337.43	
25 日　让布卢俄国学生	58.50	
5 月 12 日　荷兰社会民主工党	1251.90	
19 日　国际社会主义俱乐部，悉尼	125.60	
19 日　丹麦社会民主党	685.00	
15 日　瑞典社会民主党	250.09	
15 日　意大利社会党	4500.00	
30 日　比利时工人党	4000.00	
30 日　波兰王国和立陶宛社会民主党		3155.77 法郎
23 日　俄国社会革命党		5049.23
30 日　俄国社会民主工党		5049.23
30 日　波兰社会党		3155.77
7 月 6 日　犹太崩得党		2524.64
14 日　俄国同志 I. 坎托尔，旅费		10.00

		收　入	支　出
14 日	荷兰社会民主工党		228.30
8 月 2 日	斯米茨，旅费		20.00
16 日	J. 卡斯帕罗维茨，旅费		5.00
7 月 5 日	比利时工人党	2700.00	
11 日	比利时工人党	176.04	
18 日	比利时工人党	65.50	
8 月 22 日	M. 罗森克朗茨，旅费		10.00
31 日	—		5.00
31 日	—		7.00
31 日	西班牙社会党	2800.00	
9 月 9 日	拉脱维亚工人党（J. 罗津）		2000.00
15 日	金融兑换损失（支票和手续费）		65.00
19 日	意大利社会党	4500.00	
25 日	亚美尼亚社会民主党		2000.00
25 日	存放费和损失		4.00
21 日	波将金号水兵（鲁巴诺维奇）		500.00
21 日	存放费和损失，支票		1.45
25 日	安赫列维奇，俄国逃亡者，餐费		5.00
26 日	A. 索尔尼克，俄国逃亡者，旅费		15.00
27 日	安赫列维奇，俄国逃亡者，旅费		15.00
10 月 3 日	Chs. 鲁马克尔，俄国逃亡者，餐费		5.00
11 日	丹麦社会党	78.35	
11 月 14 日	瑞典社会党	258.72	
15 日	阿尔诺德·马古柳斯，俄国逃亡者		5.00
17 日	鲍里斯·斯米尔诺夫，俄国逃亡者		5.00
28 日	拉脱维亚工人党（柯瓦莱夫斯基）		500.00
12 月 5 日	A. 格里加斯，俄国逃亡者		2.00

	收 入	支 出
14 日 布赖讷勒孔特社会主义联合会，比利时	20.00	
16 日 音乐界联谊会，布鲁塞尔，比利时	28.29	
16 日 埃姆·兹拉廷，波兰逃亡者，餐费		10.00
16 日 捷克斯拉夫社会党，波希米亚	633.65	
18 日 布鲁塞尔音乐协会，比利时	25.58	
18 日 A. 斯纳尔斯基，俄国逃亡者		3.00
20 日 魏因贝格，俄国逃亡者		2.00
22 日 魏因贝格，俄国逃亡者		10.00
22 日 L. B. 莱朗蒂，旅费		5.00
22 日 匿名者	2.10	
23 日 范德伯恩，布鲁塞尔，比利时	5.00	
28 日 《人民回声报》，布鲁塞尔，比利时	3.20	
28 日 《德意志劳工杂志》，布鲁塞尔	41.16	
28 日 埃姆·兹拉廷，波兰逃亡者		10.00
28 日 J. 纳达梅尔，俄国逃亡者，餐费		2.00
28 日 J. 库尔沃尼克，俄国逃亡者，餐费		5.00
28 日 莱布·库尔沃尼克，俄国逃亡者，餐费		2.00
29 日 魏因贝格，俄国逃亡者，餐费		5.00
1 月 2 日 米歇尔·范德罗斯特，比利时	2.78	
2 日 A. 勒贝尔，比利时	2.57	
2 日 贝尔塔·韦尔默朗，比利时	1.45	
8 日 进步合作社，比利时	100.00	
8 日 J. 纳达梅尔，俄国，旅费		15.00
8 日 戈恰·卡沃伊尼克，旅费		15.00
8 日 莱布·卡沃伊尼克，旅费		15.00
埃利亚斯·哈曼，俄国逃亡者，餐费		2.00
8 日 若利蒙兄弟会，比利时	50.00	

		收　入	支　出
9 日	木工工会，布鲁塞尔	50.00	
10 日	荷兰社会民主党	879.75	
10 日	俄国社会民主工党		500.00
10 日	支票费		1.50
11 日	美国社会主义工人党	580.20	
11 日	那慕尔联合会，比利时	10.15	
11 日	电报费		18.60
15 日	匈牙利社会党	2088.20	
18 日	A. 波尔，美国（匈牙利人）	25.00	
19 日	荷兰社会民主工党阿姆斯特丹联合会	6243.50	
19 日	荷兰社会民主工党	309.00	
24 日	日内瓦《人民报》，瑞士	543.15	
24 日	弗里堡社会党，瑞士	35.15	
24 日	曼托瓦社会主义小组，瑞士	15.40	
25 日	洛桑工人社会组织	200.00	
26 日	M. 库尔施纳，斯德哥尔摩，瑞典	29.60	
25 日	曼科夫斯基和海曼，俄国逃亡者		10.00
27 日	韦尔特博士，卢森堡	30.00	
29 日	美国社会主义工人党	1033.75	
31 日	W. A. 费舍，纽卡斯尔，英国	5.60	
31 日	R. 文森特，贝勒加德，法国	7.00	
31 日	西尔韦斯特·奥格尼维奇，俄国逃亡者		5.00
2 月 1 日	荷兰社会民主工党	620.00	
2 日	丹麦社会党	1382.17	
8 日	阿根廷社会党	1905.21	
8 日	阿根廷社会党	183.24	
8 日	美国社会主义工人党	2060.00	
8 日	伯尔尼劳工联合会，瑞士	256.20	

		收　入	支　出
8 日	凯基，法国	15.15	
12 日	I. 波拉科夫，俄国		2.00
8 日	J. 施拉克特，特雷列尔，俄国		10.00
8 日	契姆斯特雷莱，俄国		5.00
12 日	讷沙泰勒工人联合会	18.00	
13 日	美国社会党	5363.92	
13 日	保罗·霍伊克，美国	154.50	
13 日	H. K. 阿尔布里希特，美国	478.95	
	H. L. 里约，美国	108.15	
13 日	路易·马尔凯托，美国	25.75	
14 日	布雷特施奈德，美国	920.00	
14 日	贝托芬，美国	41.20	
14 日	戴维·米尔德，旧金山	1210.25	
14 日	A. 米特尼柯维奇，日内瓦	20.00	
14 日	E. 加尼安，美国	125.95	
14 日	美国社会主义工人党	3097.50	
14 日	爱·瓦尔帕斯，赫尔辛福斯①，芬兰		2000.00
14 日	爱·瓦尔巴斯，瓦尔帕斯，芬兰，电费		10.00
	卡·胡斯曼代表团及电报费，		
	科瓦［列夫斯基］事件		20.00
14 日	让·贝格曼，旅费，列日，同上事件		12.75
14 日	让·贝格曼，旅费，根特，同上事件		8.05
14 日	B. 约费，旅费，列日，同上事件		9.00
14 日	俄国同志，逃亡者		10.00
14 日	科瓦事件，车杂费		6.00
16 日	科瓦事件，电报、电话费		10.00

---

① 即赫尔辛基，下同。——编者注

		收　入	支　出
16 日	劳工协会，卢森堡	50. 00	
16 日	安德森，俄国逃亡者		5. 00
20 日	弗雷德·赫斯特，美国	419. 70	
20 日	戴维·理查森，美国	128. 75	
20 日	H. 克里格，美国	310. 30	
20 日	J. G. 摩尔根，温哥华，加拿大	206. 00	
20 日	弗里茨·奥辛，旅费，餐费		100. 00
20 日	两个看护人		20. 00
18 日	贝尔布洛克，根特，20 个拉脱维亚同志		100. 00
21 日	—		200. 00
21 日	两个看护人		20. 00
22 日	G. 弗里策，俄国逃亡者		2. 00
22 日	两个看护人		10. 00
23 日	—		10. 00
22 日	H. 迪克斯，国际社会主义俱乐部	257. 30	
26 日	美国社会主义工人党	1550. 63	
26 日	贝尔布洛克，根特，20 个拉脱维亚同志		150. 00
26 日	阿图罗·库洛，韦克菲尔德，美国	5. 10	
27 日	比利时工人党	7000. 00	
28 日	J. 林克，美国	214. 50	
28 日	荷兰社会民主党	828. 00	
28 日	S. 贝尔科维茨，波兰逃亡者		5. 50

　　　　　　　　总计 69993. 38 法郎　27468. 02 法郎①
　　　　　　　　3 月 4—5 日库存款额 42525. 36 法郎，
　　　　　　　　1906 年 2 月 28 日结账如上。

---

① 　数字有误。——译者注

社会党国际局

总账目

1905 年 1 月 15 日库存	3141.16 法郎
截至 1906 年 2 月 28 日收入款项，	
包括俄国基金在内为	83211.62
包括俄国基金在内的支出额为	39070.38

差额……　44141.24

合计……　47282.40 法郎

扣除俄国基金	42525.36

库存……　4757.04 法郎

国际局账目

1905 年 1 月 15 日库存	3141.13 法郎
1906 年 2 月 28 日收入	10218.24
1906 年 2 月 28 日支出	8602.36

差额……　1615.88 法郎

库存……　4757.04 法郎

拖欠党费

扣除 2 月份交款，截至 1905 年 12 月 31 日，尚须交付社会党国际局：

英国独立工党	300.00 法郎
英国社会民主联盟	100.00

奥地利社会党	2290.00
丹麦社会党	800.00
法国社会党	800.00
美国社会党	1250.00
芬兰社会党	206.90
荷兰社会民主工党	1391.50
匈牙利社会党	518.00
意大利社会党	400.00
日本社会党	475.00
卢森堡社会党	500.00
挪威社会党	200.00
波兰社会党	100.00
阿根廷社会党	200.00
俄国社会革命党	100.00
俄国社会民主工党	100.00
瑞士社会党	600.00
塞尔维亚社会党	225.00

合计 10756.40 法郎

尽管我们坚持强调，各国党仍然不重视清偿它们的党费债务。一方面，我们看到由于书记处本身的变化，它的任务日益增大；而另一方面，我们却又观察到各成员党都倾向于要求减少它们的党费额。然而，现在的预算已经是不够的，因此重要的是必须采取严肃而决定性的措施。

1905—1906 年度财务开支情况

下面是 1905 年 1 月 15 日至 1906 年 2 月 28 日一年间财务开支的细

则情况（单位：法郎）：

月度	薪金	通讯费	供应用品	杂务费	总额	特殊费用
2 月	250.00	55.00	30.00	15.00	350.00	
3 月	250.00	75.00	55.00	25.00	405.00	
4 月	250.00	50.00	10.00	5.00	315.00	215.00
5 月	250.00	55.00	65.00	12.00	382.00	700.00
6 月	250.00	110.00	50.00	20.00	430.00	155.00
7 月	375.00	160.00	35.00	5.00	575.00	60.00
8 月	400.00	140.00	10.00	10.00	560.00	
9 月	400.00	120.00	10.00	15.00	545.00	
10 月	400.00	180.00	20.00	50.00	630.36	
11 月	400.00	150.00	30.00	20.00	600.00	
12 月	400.00	140.00	10.00	10.00	560.00	
1 月	400.00	160.00	85.00	40.00	685.00	730.00
2 月	400.00	150.00	65.00	90.00	705.00	
	4425.00	1525.00	475.36	317.00	6742.36	1860.00[①]

所以在过去的 13 个月中，正常的开支是 6742.36 法郎，加上为安置图书馆、旅费和其他特殊工作的特殊费用开支 1860.00 法郎。如果研究一下这个账单，我们可以注意到，前面 5 个月的正常平均开支是每月 375 法郎，而后面 8 个月的正常平均开支则为每月 605.00 法郎。这一费用增加的原因是：（1）扩大了通讯联络；（2）为寄缄口邮件而增加了邮费；（3）由于书记处被迫临时雇用了第二个职员。

目前的库存仅剩 4757.04 法郎，我们迫切强调各成员党尽早把拖欠

---

① 数字有误。——译者注

的党费交来，还有 1906 年度的党费，以便能够适当地筹备下一届斯图
加特的代表大会。阿姆斯特丹代表大会的经验告诉我们，预算赤字可能
高达 5000— 6000 法郎。

11
1906 年 3 月和 4 月月度报告

非机密部分

这两个月以来，书记处主要忙于拟订 3 月 4 日和 5 日召开的国际局
会议的会议正式记录。这个会议记录将用 3 种文字出版。[①] 另外还特别
忙于发表一个五一节宣言，以及关于限制劳动时间问题的 14 个报告，
主要有关国家如下：德国、奥地利、比利时、波希米亚、丹麦、美国、
法国、英国、荷兰、匈牙利、意大利、瑞典、塞尔维亚和瑞士。这个文
件也将用 3 种文字出版（共 90 页）[②]，并且已经分别给各成员党的书记
和代表们寄去，也分发给所有经常给我们图书馆寄资料的杂志社和报
社，以及一切平时愿意寄出版物给我们的单位。然而遗憾的是：

1. 我们没有收到关于西班牙、俄国（包括芬兰、波兰等）、挪威、
阿根廷、澳大利亚、卢森堡和日本等国有关八小时工作制的任何情况

---

① 见本卷第 232—245 页。

② 曾用 3 种文字以下列书名发表：《社会党国际局。五一节国际示威》，布鲁
塞尔，布里斯梅，1906 年，8 开本，90 页。

报告。

2. 好几个报告都是在五一节前夕寄到的，因此使这个文件的发表延迟了好些时候。在这种情况下，印刷工作就不得不急剧加快，于是就往往会发生错误，影响文件的精确。

考茨基同志告知我们，罗莎·卢森堡同志已在波兰被捕①，暂时由考茨基同志代替她为波兰和立陶宛参加社会党国际局的代表。

书记处从《纽约工人报》的一则消息中获悉墨西哥成立了一个社会党，书记处立即和这个新的社会主义组织取得了联系。

我们收到了新西兰社会党的一封信如下：

"我们热切地希望能够参加社会党国际局，特恳求你们尽速地寄一份章程给我们。

新西兰社会党是 1901 年 8 月成立于惠灵顿的。克赖斯特彻奇支部则组成于 1902 年 2 月，1903 年 4 月解散，后来又重组于 1904 年 9 月。②

我们曾决定要加强团结，为拥护社会主义而工作。但这个拥护社会主义的决议仅得到一小部分人的支持。这一小部分都是意志坚定的人，他们在克赖斯特彻奇支部中发起了一场选举的斗争。在斗争中，他们受到了打击，但是他们还是在战斗中幸运而坚定地赢得了胜利。我们在参与这次斗争中得到了一次良好的教益。我们准备参加所有的社会主义者

---

① 1906 年 3 月 4 日，罗莎·卢森堡和莱奥·约吉希斯两人在华沙公寓住处被捕。警方是从来自德国的情报追踪到他们的。卢森堡于 6 月 28 日经波兰社会党领导缴纳了 3000 马克保金后获释。参见 P. 弗勒利希：《罗莎·卢森堡》，巴黎，马斯佩罗，1965 年，第 151—155 页。

② 新西兰社会党在初期和澳大利亚党有紧密的联系。例如，汤姆·曼曾于 1902—1903 年和 1908 年两次前往新西兰。新西兰的工人运动也受美国世界产业工人联合会的影响。参见前述科尔著作第 2 部分第 885—909 页。

都有责任去完成的工作。

弗·库克"

亚美尼亚社会民主党中央书记处给我们寄来了如下一封有趣的信：

"1905 年 10 月，亚美尼亚社会民主工人组织在高加索召开了年度代表大会。全组织的所有委员会都派代表出席了大会。遵照议程第十五项决议，代表大会委托中央委员会向社会党国际局和德国社会党表示感谢，感谢它们对我们组织所给予的物质和道义上的帮助以及对我们的同情和支持。

高加索的政治条件不允许中央委员会立即完成这一令人欣慰的使命，以至直到今天我们才来完成这一任务。

全世界的无产者都能怀着可以理解的满意心情注视并观察着俄国同志们反对俄国专制主义的英勇斗争。在国际社会主义运动为他们提供的一切手段而组织并武装起来的俄国无产阶级向他们的剥削者和压迫者们宣告了总罢工，并向沙皇政府宣布了战争。不久总罢工演变成为革命。除了个别特殊的以外，所有各民族的有组织的劳动人民都参加了这个伟大的解放斗争。他们径直地奔向了胜利，解放了受剥削和受压迫的人们。尽管沙皇政府是如此的残忍和野蛮，但是俄国无产阶级仍然在这样一种力量悬殊的斗争中取得了胜利。他们粉碎了俄国官僚，粉碎了这个'世界宪兵的脊梁背'，拔除了俄国鹰的利爪——'十月十七日宣言'。从此俄国专制主义受到了谴责。

但是，在这历史性的时刻，亚美尼亚的战斗的无产阶级曾经处于并且继续处于特殊的条件下。沙皇制度在无产阶级的打击下呈现衰落而不能自制，就实施了由一帮政客（有普列韦、波别多诺斯采夫、维特、哥利岑、苏沃林等人）所发明的著名的政治制度。为了制止国内的革命运动，并一举消灭所有的不满分子，政府挑唆俄国各族人民和不同阶层的人民相互对立。乌利加纳人屠杀了俄罗斯的知识分子和革命者，俄罗斯人掠夺杀戮犹太人。最后政府还在高加索挑动鞑靼人反对亚美尼亚人。政府把亚美尼亚人看做是高加索反对俄国专制主义最危险的因素。政府的最近这次挑衅事件对亚美尼亚无产阶级和亚美尼亚整个民族是最可怕和最危险的。俄国政府决定不惜任何代价惩治亚美尼亚整个民族。政府在亚美尼亚—鞑靼省推行挑拨各民族的政策，它在这里找到了实现这一邪恶计划的有利土壤，因为穆斯林人民毫无政治觉悟。为了确保计划的成功，政府一方面武装鞑靼人，另一方面则解除亚美尼亚人的武装，并且宣布这两个相邻的民族发生了战争。而在那些找不到为它服务的反革命分子的地方，则集中了它的武装力量以对付革命群众。

目前，政府正利用鞑靼人的粗野和无知，利用他们的掠夺性和报复性，使他们成为保卫俄国专制主义的卫士，而与亚美尼亚革命者为敌。亚美尼亚革命者正和他们的俄罗斯、犹太、波兰、格鲁吉亚、拉脱维亚、芬兰等各族同志们一起为争取解放而斗争。政府一手挑动起来的这种冲突已在两个民族（亚美尼亚和鞑靼）的资产阶级中间煽动起仇恨，并将继续加剧这种无比的仇恨。在所有的工业中心（例如巴库）鞑靼族的资产阶级寸步不让地企图替代亚美尼亚资产阶级长时期以来在工商业中所占有的牢固地位。外国资本家们也在暗中对亚美尼亚竞争者展开了隐蔽的战争。鞑靼资产阶级的资本，由于受到亚美尼亚资本主义的扼制而不得发展，于是这些资本家就纠集了一批愚昧无知的力量（穆斯林），并唆使他们扑向亚美尼亚人。在各省份，那些'卡纳'和'贝克'们（士绅，地主）利用这种冲突以巩固他们的土地。他们把自己的利益和农民的利益混同在一起，农民则受了这些剥削者的欺骗。这些封建主子就把农民组织起来，并成为武装部队的首领，肆意劫掠乡村，以防止在各亚美尼亚—鞑靼族混居的省份发生农民运动。

泛伊斯兰主义在穆斯林的思想意识中获得了发展、保护和传播，而亚美尼亚民族主义则宣扬泛亚美尼亚主义。两个宗教（基督教和穆罕默德）之间几百年来的仇恨使这一已被煽动起来的冲突显得更为复杂。这一冲突的灾难性后果是明显的。整个外高加索地区淹没在血泊中：到处在屠杀，城市遭到洗劫和火灾，乡村被毁损，工农业陷于停顿，成千上万的工人和农民流离失所。所有这种混乱不仅阻止了地方上的社会主义和革命运动，而且还使沙皇制度得以巩固，并使民族主义政党得以活跃。

而且应该指出，俄国社会党并没有理解政府所挑起的这一冲突的全部意义和重要性。它未能从高加索地区的社会主义运动的观点出发理解这一冲突，因而就不可能对亚美尼亚无产阶级给予帮助，而且它（俄国社会党）至今仍然对亚美尼亚无产阶级的痛苦无动于衷。

有组织的亚美尼亚无产阶级抗击着一切专制主义的势力，继续在亚美尼亚和鞑靼无产者群众中宣传社会主义，相信终于会有一天能从所有的资产阶级势力，从毛拉（伊斯兰教教士）、'贝克'等所有剥削者的手中解放亚美尼亚—鞑靼的无产阶级和农民群众。

到那时候，两个民族的无产阶级将团结一致，共同反对两个民族的资产阶级民族主义，使这一民族冲突得以终止，从而使我们重新开始反对俄国政府的斗争。

组织起来的亚美尼亚无产阶级永远高举国际社会主义的红旗。谨向社会党国际局致以兄弟的敬礼！

中央委员会"

最后，为了补充国际局会议（8月4—5日）的会议记录，这里得重新发表一下上次月度报告中未能列入的几个说明和文件：

美国社会党代表希尔奎特公民关于**瓦扬的动议**写信告诉我们，他们组织的全国委员会一致决定赞同这个决议。随后，希尔奎特又对**范科尔的建议**提出了修正意见。他建议把下面这段文字：

"每个民族支部可按上述级别表规定的在国际代表大会上所拥有的

表决票数，向国际局委派相同人数的代表（第1I节第3段）。"

改为：

"每个民族向国际局委派的代表不得超过 3 名；每名代表在国际局拥有和他所代表的党在国际代表大会上所拥有的相同的表决票数。"

亚美尼亚社会民主党列夫公民给我们写来了下述信件：

"这里对特别委员会修改过的范科尔的方案提出几点意见：

正像你们知道的，在俄国并不存在一个单一、统一的工人政党，而是存在着相互独立工作的由民族组成的各个政党。因此，不可否认统一是有利和必要的，但是在目前还没有可能。

这些党的存在并不是像人们假设的那样，是由于某几个社会党人或工人群众的领袖的意志。远不是这样，这是由于俄罗斯帝国的历史发展以及由组成俄罗斯帝国的各民族的历史发展的必要性。这些民族并没有为俄国政府所同化而各自生存着，具有各自特殊的政治要求和愿望，这些要求和愿望甚至是和帝国的利益完全直接对立的，政府对待各小民族的暴力政策甚至加深了它们的相互隔离。

在这样的情况下，各资产阶级政党都在为实现它们的政治纲领而工作着。它们宣称全民族的团结，宣称所有各社会阶层、各阶级的团结。但在这些资产阶级的身旁却诞生了各社会主义政党，它们有着自己的社会主义的纲领和反民族主义的政策。把受各资产阶级政党的巨大影响，有时往往是奴役性的影响下的工人群众解脱出来，这就是落在各社会主义政党肩上的任务。

为此，就不能够指责这些政党，它们必须从一个特定的环境中摆脱出来，并要在这种特定的环境中为社会主义、为无产阶级而工作。

作为这些组织中的一个，我们为此正当地要求在国际代表大会上的表决权，以及同样地在社会党国际局里的表决权。

范科尔方案谈到，高加索 22 个种族仅有将近 900 万居民，结论是不能给这么众多的民族以表决权。如果需要的话，我们还可以增加这个数字，但是这样是没有说服力的。因为我们要求的不是代表种族的表决权，而是代表工人组织的表决权，而工人组织在高加索则就只有两个：（1）一个是参加俄国工人党的格鲁吉亚社会党和（2）亚美尼亚社会民主工党。

列夫（签名）"

阿德勒寄来下面的一封信：

"我们不幸没有能够出席这次国际局会议。① 会议开会那天，正值奥地利议会开始讨论政府关于选举改革问题的方案。纯粹和单一的普选制是我们为之进行长期极其艰苦斗争的目标，这个目标即将接近实现，因此我们不能离开这里，即便是一小时也不能。

所以我们请你们原谅我们。我们对缺席会议感到非常遗憾，特别是因为会议的议程又是那么重要。

我们只能希望议程上的所有问题都将在不用我们担忧而且能够接受的情况下获得解决。现在在关于第二个问题（范科尔的提案）上，我们想再一次向你们表达我们的意见。如果这个问题在下次会议上不拟再进行讨论的话，则请你，亲爱的同志，务必向国际局转达我们的意见，这将使我们感到高兴。

范科尔方案中有一点我们不能予以同意，就是他制定的有关接受各民族社会主义组织参加代表大会和国际局的方式。而另一方面，我们对按照各党的力量比例确定各党的代表权这一点则丝毫也不反对。

把所有反对同一个政府的各社会主义政党视为一个民族的原则是不正确的，因为这违反了历史传统。各社会主义政治组织参加代表大会和国际局，这些单一的政治组织可以形成统一的单位，因为它包括了该民

---

① 参见《1906 年 1 月月度报告》。

族的全体无产阶级，或者，如果该民族的无产阶级暂时是分裂的，则假定它是能够包括全体无产阶级的。在许多国家——例如在俄国，在奥地利——好几个民族的无产阶级组织都在为反对同一个政府而斗争；而在这些国家，同一个政府则又压迫着好几个完全自治的民族。波兰和捷克的无产阶级的政治组织一般都是独立的，而且是包括了它们民族的整个无产阶级。英国的各个分裂的派别和过去法国那样的各个分裂派别不能与这种情况相比。当这种分裂趋于结束并导向统一时，一个民族的无产阶级的发展必然导向社会主义政治组织的日益明显的'自治'。

社会党国际局如果看不到这些事实，它的章程就将和各社会主义政党本身发展的规律相矛盾。

它也将抹杀目前存在的代表权利。照我们看来，我们不能取消波兰社会主义组织和捷克社会主义组织迄今固有的独立性代表权。范科尔建议提出的代表权方式在有关迄今还没有独立代表权的组织问题上也同样是不符合逻辑的。

所以我们认为，不可能找到一个能在实际上作为所有各方共同基础的一般方式。我们认为国际局只能承认已经有代表权的各个民族。按照他们各自的力量，按比例地给予他们一定的表决票数。对新申请参加的，则在逐步接受他们的过程中加以研究讨论。

我们并不否认，这样做会使那些小的组织和其他民族比较起来会拥有过大的力量。但是这样的弊病对那些大民族说来是比较容易承受的，而那些小民族如果不被作为独立的组织吸收进来，则会感到难以接受。这些小民族将会非常痛苦地从国际社会主义运动的画面上消失。这种情况是我们应该加以避免的。

这就是为什么我们奥地利人将投票反对范科尔的方式，并反对一切以任何方式限制接纳民族组织的制度。"

12
1906 年 5 月和 6 月月度报告

（1906 年 7 月 4 日，布鲁塞尔）

非机密部分

书记处曾于 5 月初用 3 种文字向所有各成员党寄去了国际局全体会议（1906 年 3 月 4—5 日）的记录。这个文件附有范科尔关于国际代表大会和国际局的组织问题的建议草案，刊印的份数相当多，并以每册 50 生丁的价格出售。自那时以来，我们收到了一些通知，对国际局的成员组成作了多次改变。下列人员由他们各自所属的党指定为国际局的代表：

爱·瓦尔帕斯（赫尔辛基）和尤里约·西罗拉，为芬兰社会民主党的代表，尤里约·西罗拉同时还是芬兰社会民主党的书记。

挪威代表（挪威工人党）：S. 加德尔，《弗雷姆蒂登报》编辑德拉门，F. 沃尔弗，M. A. 贝尔根。

波兰（波兰王国和立陶宛社会民主党）：罗莎·卢森堡女公民遭沙皇政府监禁，罪名不明，由柏林的考茨基公民替代。

阿根廷社会党要求我们向各成员党通报，洛伦索公民的书记职务已由安热尔·M. 吉梅内斯博士公民所替代，地址是布宜诺斯艾利斯，梅西科区 2070。

书记处接着就忙于执行国际局 8 月份会议的决议，即关于在伦敦召开各国社会党议会委员会会议。书记处和该委员会的书记曼努里公民取得了联系，经过多次辛劳的商谈，决定于 7 月 16 日，17 日、18 日和 19

日举行会议。在这次大会的议程上，必然要通过章程，同时正如 8 月 4 日和 5 日的会议上所决定的，这次会议将成为一次支持国际社会主义运动各项原则的示威，同时也表示无产阶级对沙皇制度罪恶的抗议。国际局期待俄国社会党的所有各派代表都出席会议。7 月 19 日还将举行一次群众集会。

我们曾于 6 月 29 日收到崩得的一个用德文写的关于比亚韦斯托克军事大屠杀事件的报告。这一文件已转发给好几个成员党的重要日报。

在我们发表有关五一节示威活动的大量资料后，我们又收到了基尔·哈第公民寄来的关于英国五一节运动情况的报告，这个报告恰好补充了格林公民的饶有兴趣的工作。

关于八小时工作日的报告

"在过去 10 年中，关于八小时工作日没有引起什么大的骚乱。在 1888—1894 年的 6 年过程中，则是有过这样激烈的骚乱的。但是在 1894 年，政府同意为全体政府雇员实行八小时工作日。这样就使普遍的骚乱停息下来。自那时以后，许多城市的政府也相继仿效了政府的做法。

矿工则和上面提到的情况不同。自 1888 年以来，他们连续不断地掀起风潮，要求法定八小时工作日。目前，有关这一要求的一个草案正提交各市镇的议会讨论中，很可能在明年形成立法。矿工法草案与法国的立法条文紧密相关。他们具体要求，立法颁布后的第一年，一天工作不超过 9 小时；第二年为 8 小时半，到第三年才是 8 小时。然而和法国法案有一个很大的差别是，工作日是从工人下井时开始，到出井后结束。

一个很大数目的矿工，经与雇主商定后已经实行了 8 小时工作。在不少其他工业部门中，雇主和工人个别地签订了类似的合同。在英国北部，12 万矿工工作 6 小时半到 7 小时。我估计，在英国，每天工作不超过 8 小时的矿工不少于 50 万。在纺织工业，工时是由立法限制的，每星期为 54 小时。随着工人政治运动的发展，在议会中出现了一个工人党，法定八小时工作的问题在有组织的工人阶级中引起了新的兴趣，但是不能说目前的运动是有力而普遍的。

詹·基尔·哈第"

最后，我们收到拉脱维亚社会民主同盟寄来的一份各种文字写的有关波罗的海各省发生的暴行的宣言，已转发给好几个党的重要报纸，这些报纸都已把它发表了。宣言附有如下的一个报告：

"拉脱维亚社会民主同盟　　　　　　　　　　1906 年 6 月 25 日于苏黎世

　　国外委员会

　地址：瑞士苏黎世霍斯加斯 104 号

　　爱·斯库比克

致布鲁塞尔社会党国际局

拉脱维亚社会民主同盟第一次通过这里附上的宣言向国外公众舆论致意。并借此机会，向国际局转寄有关我们的发展情况的通讯，这个资料足以说明我们目前和国际局取得联系是必要的。

我们同盟的活动范围主要是波罗的海沿岸各省，特别是讲拉脱维亚语的地区，包括立窝尼亚和库尔兰两个管理地区，居民约 200 万。俄罗斯帝国这一部分地区的社会结构的特点是明显地存在着一个无产阶级。

工业无产阶级集中于一些大小城镇，诸如里加、利巴瓦、米塔瓦、温达瓦①等地。至今在这些大小城镇中起统治作用的一直是一个极为混杂的资产阶级，很多是德籍人士。这一片平整的土地为一个小乡绅阶级所统治。在政治上，这个阶级对他们来自东方的'埃布尔'同僚不作任何退让。在这一阶级旁边，存在着一个农民阶级，这个农民阶级并不缺少任何财产。但是四分之三的农民群众则是由农业工人所组成。这些农业工人被剥夺了所有财产：这一情况足以说明波罗的海沿岸诸省的运动的力量。在这一地区，农民的要求并不稍逊于俄罗斯中部地区，对目前这样的土地分配情况的不满已存在多年，一旦有可能提出这样的经济要求，这种不满情绪就会公开显露出来。但是，农民们自己也有不满情绪，因为大土地所有者至今仍享有许多从奴隶制时期遗留下来的特权。例如至今大土地所有者仍拥有'选择教士的圣职授予权'。道路的修建和维护费用都完全是由农民负担的，而多年以来农民要求的狩猎和捕鱼权利则始终是白费力气。这种情况使波罗的海沿岸诸省的运动具有浓厚的社会色彩，因而运动主要是针对反对目前存在的大土地所有者和沙皇制度的。波罗的海沿岸各省文化发达，报纸和社团组织坚固，因而使运动并不仅限于要求取消政治上的障碍，而且也注意到立刻重建的问题。例如去年年底的情况就十分明显，重新组织了地方自主的行政管理。

　　在这样的经济和文化背景下，社会主义的宣传工作具有极好的场所。这种宣传开始于90年代，首先打入了年轻的学术界，主要是理论性质的，所以开展过程中没有发生任何问题。就在这个时期，组成了各种不同纲领和不同策略的集团，这些集团又逐步地组成了决定拉脱维亚政治的两个党：拉脱维亚社会民主同盟和拉脱维亚社会民主工党。组成同盟的人员从理论走向了实践，而工党则是由一些学院和合法的小集团

---

　　① 　今文茨皮尔斯。——编者注

合并而成的。同盟是更早的组织，成立于上世纪 90 年代末，工党则诞生于 1903 年。

两个组织在纲领和策略上的特点，简略说来，可以认为一个是和俄国社会革命党相似，而另一个则是反映了俄国社会民主党的倾向。在适当时机，我们可以给你们寄去一份我们的纲领，但是我们已向你们指出了我们的观念的主要各点。

我们纲领的政治部分的特点是为我们的地区要求广泛的自治，而工党的政治纲领中则排除了这个要求。关于这个问题，近几年来，频繁交换了意见。今天问题不久即将在我们的思想方针下获得解决。从民主观点出发，我们也要求实现普选，要求有主动首创权利。在这一点上也遭到我们共同斗争的兄弟们的拒绝。叙述所有有关这些要求的各种问题会扯得太远，所以我们只能限于描绘一个轮廓。我们同盟和工党之间在观念上的最大的差异在于社会部分和农业政策。在这方面，我们的倾向接近于俄国社会革命党，然而我们的观点并不和该党关于'公社土地'（Obchtchina）的思想相一致，公社土地的概念超越我们的思想范畴太远。但是我们认为，一种理智的农业政策不能只满足于鼓励占有土地，并把一切希望集中在客观趋势的发展上，而这种发展则是要等待社会主义运动所追求的目标实现以后才能出现的。在俄国正处于大变革的前夕的时刻，我们已要求进行一种社会教育的试验，保护创立农业工人合作社，并在自治体的领导和监督下，同意这些农业工人合作社使用征购的土地。鉴于我们地区的土地财富有限以及我们的人口密度，我们认为，只有这样的办法才能少许满足土地的需求。而按照目前的经济法原则（nach Erwerbswirtschaftlichen Grundsätzen）分配土地则是满足不了土地的需求的。我们认为，从现在起，我们就能开始从事组织合作社。这一观点和工党是完全不同的。工党主张土地按照已经存在的单一的经营方式继续下去（der reinenVerkehrswirtschaft）。按照我们的纲领，我们在农村无产阶级群众中进行了广泛深入的宣传，并在这个问题上获得了最好的成功。合作社思想日益深入扎根并形成了抵制小资产阶级准民主分子倾向的牢固的力量。小资产阶级准民主分子主张把大地主的土地分割成小块，增加农场主阶级的人数，以加强他们的反动力量队伍。

两个组织各自在策略上的特点就是这样。我们主张采取综合性的手段。我们更不排斥在俄罗斯帝国的特殊环境下，以暗杀个别人的形式施加最尖锐的政治压力。在这个观点上，工党更接近于遵循俄国社会民主党的策略。

同盟出版了拉脱维亚的第一个非法杂志《拉脱维亚工人》，以后将用《无产者》来代替。在我们的地区还出版了《前进报》，还有一张专门的政治副刊名叫《工人》。同盟特别注重用活页文选和小册子进行宣传。在小范围内也用口头鼓动，今后还将采取召开大会的形式进行口头宣传。同盟参与了近年来发生的所有的革命事件和冲突。目前我们正在进行反击疯狂的沙皇马队的斗争。应该补充提到，同盟非常重视运输工作，这使我们保证了令人满意的供应，并也帮助了俄国的其他组织。

我们的有组织的盟员数将近 1 万人。

你们应该知道我们目前是必须在什么样的条件下工作的。我们好几百个盟员正在监狱中，许多盟员被迫逃亡国外，过着极为困苦的生活。我们的工作方法是十分危险的。直到目前，我们避免向外国同志请求帮助，但是现在我们想，我们必须向外国同志呼吁声援了；我们等待着人们在我们的斗争中伸出援助之手。在不久的时日里，我们的斗争还将会有成千人遭到杀害或伤残。当前的残暴已超过 1868 年对波兰的镇压。我们正处在历史上最为血腥的时期，迫切需要支援。

我们对国际局的请求概括如下：

1. 我们请求你们接受我们的党参加各国社会党联盟，同意我们拉脱维亚社会民主同盟在国际局中有代表权，以使我们在其他的情况下能够得到支持；

2. 请求你们用法文、英文、德文刊印并散发关于波罗的海沿海各省暴行的活页宣传材料，以引起各社会党报刊的注意；

3. 如果可能的话，请求你们专为波罗的海各省组织一次募捐；

4. 我们请求你们把我们的组织列入支援俄国革命牺牲者捐款的受惠者名单。由于至今我们没有参加捐款基金的分配，请为我们留出份额。

社会革命党和波兰社会党将自愿地给你们寄来有关我们组织的补充材料。

谨致兄弟般的敬礼！

拉脱维亚社会民主同盟

奉中央委员会之命：

国外委员会

爱德华·斯库比克"

卡尔斯基公民以波兰王国和立陶宛社会民主党的名义给我们写来了下列信件，并要求我们转达国际局各委员。

"亲爱的同志们：

在当今这个时刻，整个社会主义世界的目光正被引向东方，在无产阶级的惊讶的目光中，这里升起了东方各民族自由解放的曙光。资产阶级则在颤抖中看到了胜利的社会革命的红色幽灵正在成为现实。特别是杜马正成为普遍注意的中心点。这个杜马是在无产阶级的血泊中形成的，而资产阶级则利用农民群众的无知试图借助杜马结束革命。他们用无尽无休的演说来困扰我们，而当要他们对政府无时无刻不在进行的屠杀人民的暴虐行为稍加制止的时候，却从不见效。

你们已从我们党的一个成员的信件中了解了我们的立宪政府的血腥

暴行。这封信是我们采取的一个步骤。这个政府每天都在为英勇的维护自由的战士竖立新的绞刑架。杜马谴责沙皇的这种司法行为纯属庸俗的凶杀，但是政府并没有终止这种行动，而是以加倍的热诚绞杀牺牲者。塞瓦斯托波尔、里加、华沙、西伯利亚，到处都竖立起绞刑架。帝国各地区议员走向杜马的各条胜利通道上，都有政府竖起的绞刑架。杜马宣称沙皇政府是一帮罪恶的匪徒，而沙皇政府则以新的罪行来证明它是无愧于这一称号的。它每天都在更新它的野蛮的镇压措施，以充实它的疯狂的罪行。希望借此挑拨起饱受折磨的人民再一次发动绝望的然而可能是不成熟的暴力起义，以使革命遭受粉碎性的镇压，从而把这个国家的震动全世界的革命中心变成死一般寂静的坟墓。

在我们这个特殊的活动环境中，各种疯狂的暴行要比敖德萨、戈梅利、基斯切涅夫等地发生的更为野蛮，更为骇人听闻。在波兰也是一样，那里经常可以看到火光和鲜血，在人声嘈杂的宗教仪仗队伍中燃响一个爆竹，就会引起一连串的枪声。特列波夫集团的罪犯们谎称是犹太人在袭击宗教礼仪，并用炸弹炸死了神职教长，于是城市市民们就立刻和这批专门为制造事端而派遣来的匪徒们合伙进行屠杀。这种骇人听闻的杀戮，其残暴的程度超过了沙皇政府年鉴上的任何一次记录。而军队则交叉着双手。眼看着凶杀行为放任不管，或者甚至助纣为虐，像驱赶野兽似地到处追逐卑贱的贫民。

同志们，我们对沙皇制度的残暴几乎已经习以为常，但是我们在描述这些使文明世界充满恐怖的情景时，仍然感到心有余悸而畏缩。然而，按照那些黑帮们的意图，在比亚韦斯托克①所发生过的一切只是以

---

① 在比亚韦斯托克，格罗德诺政府于 1906 年 6 月 14 日血腥屠杀犹太民众。这一事件发生后，行政当局一直保持着屠杀犹太人的气氛。公众舆论哗然，杜马指定了一个调查代表团。

后将要发生的一连串类似事件的序幕。我们已获悉了确切的情报，不久将计划在华沙组织一次屠杀犹太人的事件。比亚韦斯托克的绞刑架，华沙、里加以及其他城市的例子应该是镇压多年来俄国革命的信号，而且这一切也将是中止全欧洲的自由运动的信号。

同志们！我们给你们写信，并不是为了描述这些血腥暴行的旧事而使你们感到恐怖。经历过1848年和1870年的无产阶级，在为争取自由和权利而向国际专制暴君联盟进行斗争时，完全知道将会遭遇到的是什么。我们给你们写信，有着另外的目的。

同志们！'欧洲宪兵'，确实已经抗御了第一次革命的冲击，因为国际资本支持了它。资本是人民的压迫者，它遭到了国际无产阶级的痛恨。资本也是反动堡垒的最后一个救命船锚。推倒这个反动堡垒就将打开全世界无产阶级奔向自由的大道。不顾无产阶级的反对，资本使沙皇制度从尘土中重新站起。在4月份的日子以后，无产阶级行进在革命的前列。旧世界的秩序今天正在等待着资本的拯救，它一方面指使维特和杜尔诺沃去乞讨数百万的钱财，另一方面则向资本显示欧洲革命的红色幽灵以报警。伟大的导师马克思在他的第一个宣言中就曾指出，无产阶级面对国际反动势力的疯狂不能视若无睹。无产阶级最重要的任务就是尽自己的力量制止这股反动力量。我们的奥地利、法国和德国的同志们深刻地理解了这个任务，他们极为大胆地当面指责他们的政府支持一个堪与几个世纪以前的亚洲专制暴虐国家媲美的反动政府。

我们认为国际无产阶级重新又面临着采取国际性行动的时刻，以击退国际反动势力的进攻。

受到资产阶级的钳制，无产阶级也许还没有能力使他们的力量占据统治地位。然而，他们仍然有力量迫使资产阶级在历史面前对自己的行为感到可耻。无产阶级有能力证明资产阶级的文化、资本主义的文明对人道和对人类都是一种耻辱。因为它们支持并怂恿一种最为反人道的势力——沙皇制度构成的秩序。

在和全俄罗斯的无产阶级取得一致意见后，我们是有能力证明这样一个事实的。只有真正革命的无产阶级才能制止资本主义的野蛮兽行；而不能依靠杜马，杜马是由资产阶级的代表和农民的代表组成的。资产阶级的代表企望于和专制主义进行妥协，而农民则像所有的小资产阶级一样，往往在趋向革命时表现出不坚定和愚昧。

同志们！我们给你们写信的目的就是这样。希望无产阶级的呼声能够传遍全世界，抗议残暴而骇人听闻的沙皇制度，而沙皇制度之所以能够存在则是由于得到了国际资本的支持。我们给你们写信，就是为了宣布正义和自由的日子已经来到！

资产阶级和各国政府的罪魁祸首们是可耻的！这些狼狈为奸的勾结者们是可耻的！

为争取俄罗斯所有各民族的自由而斗争的俄罗斯王国的无产阶级万岁！

他们为国际无产阶级反对资本主义的其他斗争扫平了道路！

为争取全人类的自由而斗争的国际无产阶级万岁！

卡尔斯基"

卡尔斯基公民提出的建议将会在伦敦召开的各国社会党议会会议上得到考虑，这次会议结束时将举行一次关于目前俄国形势的国际性群众大会。

机密部分

国际局的各委员们曾收到普列汉诺夫公民关于杜马提出的建议，以及与这一问题特别有关的各成员党的答复。[1]

———————————

① 参见第59号文件。

波兰社会党（P. P. S.）给我们寄来了下面的一封信（即迪阿曼德6月28日的来信）：

"奉波兰社会党之命，我谨向你声明，我们对普列汉诺夫同志建议的答复是否定的。正因为这样，促使我们组织表明抵制杜马。杜马的大部分进步成员迄今所采取的态度并不能改变我们的见解，因为这是一条向专制主义开展斗争所能采取的革命道路。

过去当杜马开会时，还是应该向它表示敬意的。而目前采取这样的行动会得出不正确的解释。"

从鲁巴诺维奇公民的一封信中，我们摘录了下面这样一段话：

"我曾向杜马劳动团为社会党国际局要了一些文件，待我收到后，即将给你寄上。在此之前，我想提请国际局成员们注意最近一期《俄罗斯论坛》[①] 上发表的一些文章，特别是有关格鲁吉亚发生的暴行事件。[②] 我从俄文报纸上得知王德威尔得公民已为格鲁吉亚发生的罪行召开了会议。社会党国际局其他成员最好也能这样做。6月15日那期公报上发表的文件可以帮助他们做这一工作。这些文件是发给社会党国际局全体成员的。但如果国际局希望再要，你们要多少，我可以寄多少。在下一期上，我将公布比亚韦斯托克屠杀事件的细节——这是十分可怕的。我认为较为理想的是能提请担任议员的国际局成员们注意海德门和基尔·哈第的决议，并请他们仿效英国同志们的做法，勇敢地在议会中谴责沙皇制度所犯的罪行。"

---

① 见1906年6月《俄罗斯论坛》。

② 《社会未来报》1906年第11期第146—151页以《社会主义运动在格鲁吉亚》为题发表文章，表明比利时社会党人对格鲁吉亚问题的关心。

俄国基金

我们收到了为俄国基金寄来的如下款项：

《人民报》，该款来自一个不经意

   发现的多余的借款条   133.00 法郎

美国社会主义工人党   1035.00

X. F. 克拉茨，纽黑文，美国   433.10

美国社会党   119.20

澳大利亚社会主义联盟，澳大利亚   150.50

社会党（工人国际法国支部）   1200.50

巴西社会主义联合会，巴西   214.52

合计 3285.82 法郎

党　费

我们收到了下列党费：

社会党，法国（1905 年党费）   800.00 法郎

德国社会民主党（1906 年党费）   2500.00

瑞典社会党（1906 年党费）   200.00

匈牙利社会党（1905 年 12 月 31 日迟交党费） 523.56

俄国社会革命党（1904—1905 年）   800.00

合计 4823.56 法郎

最近一次邮件有争议，事情没有了结。

1905 年 12 月 31 日为止的拖欠党费

独立工党	200.00 法郎
社会民主联盟，英国	100.00
奥地利社会党	2290.00
丹麦社会党	600.00
美国社会党	750.00
美国社会主义工人党	200.00
荷兰社会民主工党	977.00
意大利社会党	400.00
日本社会党（1904—1905）	200.00
卢森堡社会党（1904—1905）	200.00
阿根廷社会党	200.00
波兰社会党	100.00
俄国社会民主工党	800.00
瑞士社会党	600.00
塞尔维亚社会党	225.00

合计 8617.00 法郎①

1906 年须交党费

英国支部（已交 800 法郎）	450.00 法郎
奥地利社会党	600.00
国际社会主义俱乐部，澳大利亚	200.00

---

① 数字有误。——译者注

比利时工人党（已交 800 法郎）	200.00 法郎
保加利亚社会民主工党	100.00
保加利亚民主社会主义工党	100.00
丹麦社会党	800.00
美国社会党	625.00
美国社会主义工人党	625.00
西班牙社会党	200.00
社会党，法国	1250.00
芬兰社会党	200.00
社会民主工党，荷兰	400.00
匈牙利社会党	400.00
意大利社会党	400.00
日本社会党	100.00
卢森堡社会党	100.00
挪威工人党	200.00
波兰社会党	400.00
波兰王国和立陶宛社会民主党	200.00
阿根廷社会党	200.00
俄国社会民主工党	400.00
瑞士社会党	200.00
塞尔维亚社会党	100.00

西罗拉公民写信告诉我们，芬兰议会曾致信杜马表示同情，但是 3 个社会党议员并没有主动创议这一举动，因为社会党当时正抵制议会，以求改革议会选举。

13

1906 年 7 月月度报告

（1906 年 8 月 10 日，布鲁塞尔）

根据社会党国际局上次会议的决议，各国社会党议会委员会会议于 7 月 16 日、17 日、18 日和 19 日在伦敦埃赛克斯大厅举行。

由于当时所处的情况，出席会议的人数不多，原因已作了解释。基尔·哈第公民在沙克尔顿、拉姆赛·麦克唐纳和曼努里等人的帮助下，主持了会议，曼努里是会议书记 ［……］

在完全公布会议讨论情况之前，我们先将会议通过的各项决议和建议再次转载于下 ［……］①

会议表示希望社会党国际局图书馆能提供各国社会党议员所需的所有国家的议会文件。

作为对会议通过的决议的补充，瓦扬公民提请书记处注意关于德国和奥地利干涉俄国的传闻，这一情况是符合布鲁塞尔（1906 年 8 月社会党国际局）和伦敦（1906 年 7 月各国社会党议会委员会）两个决议的精神的。这封信已转寄给全体成员党，各主要的有关党已复信给我们，表示完全同意支持瓦扬的建议。

---

① 　由于我们曾全部发表了各国社会党议会委员会第一次会议记录，所以这里就只限于重新发表一些补充资料。参见第 62 号文件。

我们收到声援俄国失业者国际委员会①（洛桑北区 3 号，委员有马克西姆·高尔基、列昂尼德·安德列耶夫、亚历山大·阿姆菲捷阿特罗夫、H. 赫尔岑、K. 斯林钦科、亚历山大·塔拉索夫）寄来的下列号召书，要求正式转告各成员党：

"致欧洲工人们：

洛桑国际委员会为了支援没有面包的俄国工人们——他们是你们的具有共同目的的劳苦兄弟——特向你们，欧洲的工人兄弟们提出如下的坚决请求：尽你们所能，给予俄国人民以道义和物质上的帮助！全世界的工人们应在他们共同的争取从劳动和资本的枷锁以及暴力的统治下获得解放的共同事业中互相支援。这种互助将把他们团结成为一种统一的不可战胜的力量，以加速正义对专制势力的胜利的到来，加速真理战胜谎言，人类战胜野蛮。

俄国人民决定把斗争进行到底，直至完全战胜他们的敌人。"

所有的捐款都请寄给司库 K. 斯林钦科，募集的款项将作如下分配：

1. 委员会决定先把分给立宪民主党失业基金会的 10% 的捐款转交给邮电职工联合会，同时也在俄国社会民主党和俄国社会革命党之间进行分配。

2. 委员会金库收到的凡有专门指定收款单位（俄国铁路工会、邮电工会、工人代表委员会、俄国失业委员会、药剂师联合会、农民协会

---

① 社会党国际局书记处将在今后的年代里帮助这个委员会。信件保存在社会党国际局档案里（摄影复制件，mi BIF）。

等）的款项，都将直接投寄给指定单位，不再在各党派之间分配。

注意：（1）委员会司库收到的无指定收款单位的款项将在两个俄国社会党之间分配，俄国社会民主党得50％，俄国社会革命党得40％，委员会成立时就曾作出这样的决定。

（2）献金者仅限于有代表参加社会党国际局的各社会党。

塞尔维亚社会民主党书记斯托亚诺维奇公民给我们寄来了如下的信：

"我们谨向你们告知，我们决定在7月9日在全国组织一次要求举行直接、平等的普选的群众集会和示威运动。这将是我们的工人运动的一次历史性事件。

迄今我们都未能进行这样的活动，一方面是由于我们党的组织工作力量不够，另一方面则是因为现在的选举制度不利于无产阶级。但是今天情况变化很大。准备性的组织工作至少暂时已经完毕，而且因为新的'议会'将使选举制度更糟而不是更好，所以我们准备开始发动斗争。"①

我们收到崩得党国外委员会寄来的如下信件：

"这里寄上崩得中央委员会提出并在俄国社会民主党和俄国社会革命党会议上通过的关于屠杀犹太人问题的决议。

我们还恳请你们要求欧洲各国议会的社会党党团，在各国议会中采取各种方法表示对比亚韦斯托克的牺牲者的同情和支持，抗议俄国政府组织的屠杀行为。

---

① 1906年7月9—22日，塞尔维亚社会党确实曾在全国各地组织示威，要求自由选举和全体成年人都有选举权。社会党议员拉普赛维克在贝尔格莱德群众大会上发了言，并向全国代表大会发出了一个由数千名工人签名的请愿书。

　　无须向你们强调指出，这种表示通常对革命运动，特别是对犹太无产阶级所具有的非常重要的意义。"

会议记录

　　在崩得党委员会的创议下，最近召开了一次会议，出席会议的有：俄国社会民主工党，拉脱维亚社会民主工党，波兰王国和立陶宛社会民主党（P. S. D.），崩得（波兰、立陶宛和俄罗斯犹太工人总联盟），社会革命党，波兰社会党（P. P. S.）。在第一次会议上，大会就邀请农民总同盟的代表参加会议进行讨论。

　　会议讨论的是采取有效措施反对政府组织的屠杀犹太人事件。

　　会议通过了下列决议：

　　1. 鉴于十分缺乏反对政府的反犹太主义行为的民间读物，会议提请所有各革命组织注意，有必要以最广泛的方式出版并推广民间的大众出版物，宣传犹太人民的悲惨处境，他们被剥夺了基本的公民权利，并阐明由于专制政权对犹太人所采取的政策所造成的经济和政治形势。

　　2. 会议认为有必要在全俄罗斯组织一次反对屠杀犹太人政策的运动，为此，会议建议在国内召开各种群众大会和会议，会议议程的内容可参照如下："我们……参加会议的人讨论了屠杀犹太人问题，我们宣告：在进行反人民的斗争中，独裁政府试图转移并遏制人民的愤怒，从而制止全民族要求土地和自由的巨大运动。为此，政府企图煽动一部分民众去反对另一部分民众。它剥夺了犹太人民的公民权利，并在人民中根深蒂固地培植一种'凡是反对犹太人的，什么事情都可以做'的思想。政府试图把犹太人民当做一种避雷针，以转移没有觉悟的人民的积怨，并不惜借助警察、军队和职业杀手们去屠杀犹太人民。我们宣布，人民的敌人并不是犹太民族，也不是任何其他民族；人民的敌人是把一切无辜的牺牲者推入血海的政府和所有一切协助政府从事这些罪恶勾当的人们。对于我们，所有的人都是平等的，不分种族和宗教信仰。我们已经为此目的而进行斗争，我们将继续我们的斗争。我们号召全体公民要求立即授予犹太人民与其他俄罗斯公民享受一切同样的公民权利，并且废除一切迫害受压迫民族的特殊法律。

对专制政府说来，军队并不是保卫人民的一种手段，而是进行屠杀和劫掠的一种工具。我们要求军队中有觉悟的那部分人对强迫他们执行的这种丑恶的掠夺和屠杀的任务进行坚决的抵制。我们号召军队，每当有人企图驱使他们去屠杀犹太人的时候，就把武器反过来对准这些挑唆者和屠杀者。我们声明，只有人民的军队才能保证公民的生命和荣誉。我们号召全体公民自己组织起民兵自卫队。我们要求杜马采取坚决的措施反对屠杀犹太人。垂死的反动势力把屠杀犹太人当做他们最后的一张王牌。

为此，我们谨向杜马建议：

（1）向俄罗斯全体公民发出号召，向他们说明屠杀犹太人的暴行的真实目的，号召他们组织民兵武装，拿起武器去抵制那些屠杀者和杀人犯；

（2）向军队发出号召，揭发他们受蒙蔽参与屠杀犹太人的可耻行径；号召他们起来保卫和平的公民；

（3）向将要进行屠杀犹太人的地方派去代表团，以便及早采取制止屠杀的行动，在人民群众中进行宣传，揭发政府的行径。

每个党或组织都保留有对这个决议作出它们所认为必要的修改或补充的权利。"

3. 会议认为有必要在军队中宣传反对屠杀犹太人的主张。

4. 会议提请所有革命组织注意，必须在组织自卫队问题上取得一致意见。在它们各自所在的地点成立由各革命组织派代表组成的委员会，负责解决与组织自卫队有关的各种技术问题。

我们收到新西兰社会党的下列来信：

"新西兰社会党 1901 年时成立于惠灵顿。克赖斯特彻奇支部则成立于 1902 年。自那时以来，除了有几个月时间的停顿外，他们不断宣传社会主义的原则。惠灵顿支部曾在某一时期出版过一份月刊（《共和国》），后来因环境不利而停刊。我们支部有 62 名党员。我们曾在上次选举中为争取一个议席而斗争，但失败了。我有幸成为新西兰第一个进行竞选的革命社会党人。我仅获得了 95 票，但这还只是一个开始。我们党拥护社会党国际的各项原则。

F. R. 库克"

我们收到纳塔尔社会民主联合会（德班支部）寄来的下列信件：[①]

"在纳塔尔社会民主联合会（德班支部）的一次会议上，我受委托同你们联系。请向法国统一社会党转达德班社会党人衷心的祝贺，祝贺他们在最近一次立法选举中获得的巨大胜利，我们为法国朋友们所取得的鼓舞人心的结果感到高兴。"

普列汉诺夫同志提出的关于向杜马表示同情的建议[②]虽然并不现实，但是为了留底存查，我们还是要在这里转达一封从亚美尼亚社会民主工党那里寄来的信件：

"亚美尼亚社会民主工人组织中央委员会刚收到你们的来信。你们征询关于普列汉诺夫同志建议向俄国杜马表示同情（国际性的同情）

---

① 　关于这个联合会以及在南非的其他社会主义组织的活动，我们在《工人和社会主义国际》第 2 卷第 491—492 页看到一些简短的资料。

② 　参见第 61 号文件。

的意见。

你们想必知道杜马并不是一个立宪代表大会。它被剥夺了一切立法职能，甚至连成立一个向国家负责的部长委员会（政府）也是办不到的。这个机构不仅必然无能满足无产阶级的要求，甚至无能实现居住在俄罗斯的最弱小的民族的要求。它不能得到亚美尼亚无产阶级的同情。

俄国专制政府在有组织的无产阶级的打击下感到没有希望了，所以在国内成立了一个名叫杜马的机构，以设法使革命流产，拯救专制王朝。大地主和资产阶级（经常是胆小的）对我们的革命运动的成功惊慌失措，就抓住这个机构，以求缓和无产阶级的要求，而无产阶级则要从封建主义和奴隶制中解放这个国家，要求用宪法或共和国来替代俄罗斯的专制主义。杜马实际上并不是一个议会机构，而只是蒙着一层议会的假象的东西，它诱使国家沉睡，因而成为革命的陷阱，成为掌握在官僚手中的反对我们革命运动的防御武器。革命还没有结束它的历史任务。沙皇制度仍然相当强大，足以漠视杜马的存在而继续贯彻它的有组织的暴行和大屠杀。所以亚美尼亚无产阶级要把已经开始的革命继续进行下去，并为反对一切反革命分子和一切企图阻止革命运动的机构（其中包括杜马）而斗争。杜马不仅已经僵化而无力保障公民当前的权利，而且还有害于我们的运动。

亚美尼亚社会民主工人组织坚决而有力地倡议抵制目前这样的杜马。我们慎密地注视着杜马的每一步活动，以我们运动的观点批评这一机构的一切行动，务使亚美尼亚无产阶级了解杜马以及其周围所发生的一切事情，揭露它的无能和无用，以消除对它存有的最后幻想。我们为反对杜马而进行着激烈的斗争，以便解散杜马，争取一个立宪会议来替代这个僵死的机构。

如果社会党国际局以为俄国无产阶级已经放弃抵制杜马的策略，那是你们了解的情况错误。全体无产阶级（组织在所有全国性社会党组织

中的无产阶级，甚至包括好几个民族主义组织中的无产阶级）继续抵制
杜马，只有普列汉诺夫他们的一小部分人除外。抵制杜马的建议是在斯
德哥尔摩举行的俄国社会民主党上次代表大会上通过的，而那些全国性
的社会党组织则没有被要求对这一个建议表示意见，这个建议对我们的
运动具有很重要的意义。

　　亲爱的公民们，我们提请你们注意这一问题的严重性。社会党国际局
在俄国同志们中间有着极大的威信。如果你们按照普列汉诺夫同志的建议
发出一个国际宣言，就将会有自找麻烦的危险，因为正如我们在上面提到
的，俄国的杜马并未得到有组织的无产阶级的同情（除了普列汉诺夫集
团）。这将会全面败坏我们正在和杜马发生激烈冲突的同志们的士气。

　　但是我们并不向你们隐瞒，我们对社会党国际局和各国议会中的社
会党议员能更为有力地支持所有的社会党组织和议会党团反对俄国的专
制政体，则是感到高兴的。我们也认为，如果外国同志们能对俄国政府
的罪恶行为发出有力的抗议，对我们的革命运动也是有益的。

　　　　　　　　　　　　　　　　　　　　　中央委员会"

　　纽约的亨特公民是《贫穷》的作者①，目前正在欧洲作学术巡回旅
行。他将非常感谢各成员党的书记，如果书记们能把自目前起到1907
年4月期间的各次代表大会和重要会议的日期告诉我们。

机密部分

　　我们收到的俄国基金：

---

①　罗伯特·亨特是1904年纽约出版的《贫穷》一书的作者，他的书收进社会
　　党国际局图书馆。他从欧洲返回后，出版了一本极负盛名的书《社会党人
　　在工作》，纽约，麦克米伦，1908年。

世界产业工人联合会，美国　　　492.00 法郎

在他们的请求下，我们寄去的款项和特殊费用开支：

俄国社会革命党　　　　　　　　1000.00 法郎

芬兰社会民主工党　　　　　　　500.00

　　　　　　　　合计　1500.00 法郎

1905 年 12 月 31 日为止的拖欠党费

独立工党，英国　　　　　　　200.00 法郎

社会民主联盟　　　　　　　　100.00

奥地利社会党　　　　　　　　2290.00

丹麦社会党　　　　　　　　　600.00

美国社会党　　　　　　　　　750.00

美国社会主义工人党　　　　　200.00

荷兰社会民主工党　　　　　　977.00

意大利社会党　　　　　　　　400.00

日本社会党　　　　　　　　　175.00

卢森堡社会党　　　　　　　　200.00

阿根廷社会党　　　　　　　　200.00

波兰社会党　　　　　　　　　100.00

俄国社会民主工党　　　　　　800.00

瑞士社会党　　　　　　　　　600.00

塞尔维亚社会党　　　　　　　225.00

　　　　　　　合计　7817.00 法郎

14

1906 年 8 月月度报告

非机密部分

从现在起，国际书记处必须提请各成员党的书记同志注意，为了使斯图加特国际代表大会（1907 年 8 月）具有良好的组织工作，重要的是应在代表大会前用 3 种文字出版所有国家的社会主义和工人组织从阿姆斯特丹代表大会（1904 年 8 月）到 1907 年 1 月这一时期的活动报告。

以前，这一文件①一直是在代表大会以后才发表的，因而代表们总不能了解国际社会主义运动的真实情况。这样的错误不能再重犯了。为此，执行委员会最好能在 1907 年 2 月 1 日之前收到上述的这些报告，以便我们能够适当地重新看一下文字，组织翻译，最后付印并寄发。这一工作需要时间，特别是俄国的事态将使俄国参加代表大会的各党给我们寄来的报告具有非常重要的意义。

社会党国际局决定在 10 月或 11 月召开会议，主要是为了最后以国际局的名义通过代表大会和国际局本身的章程方案，因而要采取必要的措施以保证斯图加特国际代表大会的圆满成功。所以国际局的会议必须确定一个日期。

由于各国党的委员们似乎在 11 月活动更为适合，执行委员会建议你们在下面日期里挑选一下：11—12 日，18—19 日和 25—26 日。

执行委员会也希望各成员党的书记或代表将他们各自的党在响应国

---

① 事实上，这些活动报告一直到阿姆斯特丹代表大会才刊印成册。

际局上次声明所表示的愿望方面所采取的决定告诉我们。国际局曾表示
要为在金钱上帮助俄国同志而组织募捐。

秋季已经临近了！

我们收到了西班牙工人党的下面一封回信。它答复了有关瓦扬的建
议，以及我们要求它提供哈瓦那各个社会主义组织的资料。哈瓦那的一
个社会主义组织要求参加我们国际（见前面的报告）。

"你们寄来了关于瓦扬公民关于下次国际局会议和各国社会党议会
委员会会议的建议通知。我们应该提请你们注意，我们在议会中没有代
表，但是我们对建议的内容还是同意的。

关于哈瓦那两个社会主义组织的情况，我们提供不了什么资料；然
而，我们正写信给这个岛上的朋友们，要求了解并提供情况。一俟接到
回音我们立即转告你们。"

我们收到罗马尼亚社会主义组织发来的下列电报：

"1906 年 8 月 26 日于布加勒斯特

罗马尼亚社会主义工人组织的成立大会①谨通过社会党国际局向全
世界无产阶级致以兄弟的敬礼。工人国际万岁！社会主义万岁！

代表执行局

拉柯夫斯基博士"

我们还收到下面这样一封信：

"1906 年 6 月 6 日于雅西

---

① 这是各社会主义组织——罗马尼亚曼西多阿莱各集团——和工会 1906 年 8
月 13 日、14 日和 15 日在布加勒斯特召开的第一次全国会议。

亲爱的公民：

请允许我要求你们在下次社会党国际局的会议上提出下面这样一个建议：国际局将用法文或德文出版一本汇集所有各国社会党的纲领的书籍。

这样一本书的用处是明显的：它将为各社会党的建立，或者是改组合并，提供直接而宝贵的指导，它将大大有助于工人政治运动的统一。谨致兄弟般的敬礼！

麦克斯·韦克斯勒"

下面是卢森堡社会党寄来的一个通知：

"卢森堡参加社会党国际局的代表是：韦尔特博士和 S. G. 普罗布斯特律师公民，他们两人都是议员，都居住在卢森堡。参加各国社会党议员会议的代表是 X. 布拉瑟，他是卢森堡的律师和议员。今后有关社会党国际局的信件请寄给卢森堡 S. G. 普罗布斯特公民，律师，议员。"

我们收到拉脱维亚社会民主工党的一封来信：

"1906 年 8 月 17 日于里加

致布鲁塞尔社会党国际局

在社会党国际局书记处 5 月和 6 月的月度报告中，我们读到了一篇署名斯库比克的通讯。通讯用虚构的事实详述了所谓的拉脱维亚社会民主同盟①的活动。作者提到，同盟认为必须恳求同志们援助同盟所进行的斗争。不仅要求声援，而且同盟还认为应该申请参加国际局，以便在国际局获得代表权。

由于同盟指明它是在名为拉脱维亚的地方开展的活动，所以我们认为必须作如下声明：

1. 上述通讯中叙述的事情，或者是毫无根据的，或者则是作了令人惊异的歪曲。

我们不想提及通讯作者所涉及的他们党的纲领问题，我们只是对他的组织有1万名成员而感到惊讶。这个数字太夸大了，因为最多只能说是'几百个'。最好是同盟应该指明它的成员都是在哪里，在哪些工业中心，在波罗的海各省的哪些地区征集的。

自名为拉脱维亚社会民主同盟的集团开始活动以来已有一年了，即使在阿姆斯特丹国际社会党人代表大会上，拉脱维亚社会民主同盟在波罗的海各省还是不知名的，西部地方联合会派到阿姆斯特丹的代表在国际局的会议上说，他们的集团只有5位同志。同盟的活动，通过一些蛊惑人心的动作和各种无组织的举止，对社会民主革命斗争的开展，起到了特殊的阻挠作用。

2. 所谓同盟参加了所有的战斗，或者参加了去年的各种事件，这是不合实际的。我们应该证实——波罗的海各省的所有社会主义组织也都将证实——同盟在拉脱维亚无产阶级进行的经济和政治斗争中，没有起任何作用。同盟并不拥有任何有组织的工人群众，所以更不能说他们参加了历史性的总罢工（1905年10月、11月和12月）。同盟甚至根本

---

① 拉脱维亚社会民主同盟是具有革命社会主义倾向的组织。它申请参加国际局的要求在1906年11月社会党国际局会议上提出讨论。参见第66号文件。

没有组织过任何稍微闻名的经济性罢工。同盟也没有能够成功地建立起任何一个工会组织。拉脱维亚无产阶级的经济和政治组织，拉脱维亚无产阶级的纪律和教育，完全应归功于拉脱维亚社会民主工党。是拉脱维亚社会民主工党领导了反抗沙皇制度的压迫，反对贵族的封建特权和反对资本的迫害的斗争。我们国家的其他所有有代表性的社会民主组织都和拉脱维亚社会民主工党一致行动，只有同盟的行动不一致。所以同盟也没有参加教师总联合会和各县城的代表大会，大会以拉脱维亚全体人民的名义谴责了教育改革，并且要求由拉脱维亚社会民主工党提出的县城自治。我们也不知道同盟参加过其他的斗争。图库姆的武装抵抗运动，曾经迫使立窝尼亚骑兵队投降的连涅瓦尔丹附近的战役，以及在阿尔特彼巴格附近和哥萨克匪帮进行的战斗等，所有这些战斗都是在拉脱维亚社会民主工党的旗帜下进行的。同盟的成员少，组织上也弱，因此不能相信它能够对付‘野蛮的匪帮’，这任务完全是由我们的党承担完成的。目前塞满了波罗的海诸省各地监狱的 2000—3000 名政治犯都不知道有一个他们可以要求声援和帮助的‘同盟’。而为了支援这些政治犯，里加的拉脱维亚社会民主工党每个月要花费 800 卢布（2000 法郎）。

3. 我们还记得去年 4 月份在加朋召开的会议上，当问到同盟的两名代表时，所有出席会议的各社会主义组织都认为，同盟只是一个虚构物。

4. 关于所谓在波罗的海诸省工作的同盟的完整的资料，不能由波兰社会党（P. P. S.）提供，也不能由俄国社会革命党提供，因为这两个组织在我们国家并没有什么代表性。在波罗的海诸省和拉脱维亚工人党一起工作的还有犹太人的崩得和俄国社会民主工党。最近一个时期还有立陶宛社会民主党。所以只有这几个党能向你们提供资料，说明拉脱维亚社会民主同盟绝对是无足轻重的。

根据以上阐明的情况，我们认为必须坚决抗议韦尔邦参加社会党国际局，反对他作为代表参加社会党国际局，反对牺牲在俄国工作的各社会党的利益，或损害我们党的利益而给他们物质援助。"

机密部分

我们收到的俄国基金捐款：

美国社会党	470.23 法郎
阿根廷社会党	665.20
美国拉比诺维茨公民	257.50
	合计 1392.95 法郎

党　费

我们收到英国独立工党 1905 年 12 月 31 日的拖欠党费：200 法郎。

1905 年 12 月 31 日为止的拖欠党费

英国社会民主联盟	100.00 法郎
奥地利社会党	2290.00
丹麦社会党	600.00
美国社会党	750.00
美国社会主义工人党	200.00
荷兰社会民主工党	977.00
意大利社会党	400.00
日本社会党	175.00
卢森堡社会党	200.00
阿根廷社会党	200.00
波兰社会党	100.00

俄国社会民主工党	800.00
瑞士社会党	600.00
塞尔维亚社会党	225.00

合计 7617.00 法郎

卢森堡社会党给我们写来了下列信件：

"我们必须向你们承认，目前我们党由于各种原因造成的情况，在物质上负担太重，所以不能向社会党国际局缴纳党费。我们绝对不能缴付 100 法郎的党费，必须减少为 100 法郎的 1/4，即每年 25 法郎。这是我们所能做到的。我们依靠你们进行斡旋。

韦尔特博士"

我们答复了韦尔特公民，执行委员会没有资格改变国际局的决定。我们请他自己在下一次会议上提出这问题。

15

1906 年 9 月、10 月和 11 月月度报告

（1906 年 12 月，布鲁塞尔）

国际局执行委员会发出了一个关于俄国政府为了继续它的血腥镇压政策而企图与外国签订贷款协定一事的通告。[①] 执行委员会同时提请各

---

① 参见第 65 号文件。

成员党注意必须不懈地支持俄国同志们，支持他们决定参加新的杜马选举。① 德国社会民主党已经响应了我们的号召。丹麦的工会组织在几个月来募集了一笔可观的款项。

俄国革命正处于一个新的阶段，和第一届杜马选举的情况相反，所有各社会主义党派几乎没有一个例外，都决定参加新的选举斗争。

选举权确实是可怜的，现存的立法也因损害民主而恶化。正由于这一原因，我们的朋友必须尽更巨大的努力，再一次使沙皇制度专制政体受到新的打击，并向世界表明，俄国不仅有革命者，而且始终处于革命的高峰。

我们的同志们的成功同时也会增强一部分资产阶级的民主意识，从纯粹工人的观点讲，则具有极为重大的宣传意义。

当今，是俄国的无产阶级承担着国际革命运动的所有负担，所以应该得到其他国家组织的帮助，因为他们的努力将会在整个西欧引起反应。此外，我们朋友们的成功，意味着众多被监禁的同志获释，流放在西伯利亚的战士将会返回，可能是反革命的结束。

我们同时获悉彼·斯托雷平政府正不断向邻近国家施加压力，要求它们驱逐或引渡流亡的革命人士。因此，各成员党必须监视有关政府不得同意这种引渡。

崩得要求我们通报各成员党，请它们对那些自称是从俄国被驱逐出境的社会党人要求过境帮助的事宜必须保持最大的谨慎。不少人以骗取同志们的同情为职业，因此有必要采取如下的措施：凡自称是战斗中的社会主义组织成员而请求帮助的人必须持有各俄国社会党的各国外委员会、地方组织发给的证明信，或者在特殊情况下须有熟悉情况的同志的介绍信。

---

① 参见第 65 号文件。

必须由各国外委员会开具确实来自俄国的证明，因为伪造假证章和印花邮票是非常容易的。此外，我们请各成员党只有确信来人是真正的社会主义组织成员时，才能给这些国外委员会开介绍信。

保加利亚社会民主工党通知我们，提名波兹维利耶夫公民为他们组织的书记。①

德兰士瓦独立工人党通知我们正式成立，并答应给我们寄来章程。

西罗拉公民给我们寄来了一份十分详尽的关于芬兰社会党在1906年8月和9月期间的活动报告。我们将把这份报告寄给各成员党的刊物。②

拉柯夫斯基同志寄来了一份罗马尼亚社会党最近一次代表大会的报告。我们已将该报告转发给各成员党的杂志社，并已发表。③

丹麦社会党向我们通报了选举斗争的成果：目前已有28名社会党议员进入众议院，4名进入参议院。

挪威社会党向我们通报，他们在议会中的议员已从4人增为11人。

拉脱维亚社会主义工人党向我们通报了拉脱维亚社会民主党的成立，该党由该国的极为众多的社会主义组织所组成。

俄国社会民主党指定巴拉巴诺娃女公民为国际局的候补代表。④

英国社会民主联盟执行委员会要求国际局执行委员会进行干预，以

---

① 指社会党"宽广派"。

② 这份报告发表在书记处1906年12月和1907年1月月度报告中。参见附件16。

③ 以下列标题发表：《罗马尼亚工会和社会主义组织成立大会》，《社会未来报》1906年第11期第335—342页以及德国《新时代》第25年卷第2册第313—317页。

④ 指安热利卡·巴拉巴诺娃，参见第55号文件。她是由普列汉诺夫提名的。她的任命由帕·阿克雪里罗得和维·扎戈尔斯基签署。社会党国际局档案。

便和大不列颠其他社会党进行谈判，按照历次国际代表大会的要求，实现社会主义的统一。我们立即向独立工党作了试探，独立工党则以下列方式对这些建议作了否定的答复：

"我们的执行委员会认为，其他国家发生的事情是十分令人感兴趣的，但是不应该认为这就是英国所必须遵循的榜样，因为政治情况不同。请你们在这个问题上再看一下我们以前给你们的信件。"

崩得向我们通报，它已以联合的形式加入了俄国社会民主党。它把达成这一协议的情况告知我们，详细情节已在各成员党的刊物上发表。[1] 澳大利亚社会主义国际俱乐部（新南威尔士）通报我们，他们的书记迪克斯已由 P. G. 奥马拉公民所替代。

国际局执行委员会派国际局书记为代表参加了在曼海姆举行的德国社会民主党代表大会，派安塞尔公民参加了法国社会党的代表大会。

按照国际局上次会议的决定[2]，国际局书记将自 1907 年 1 月 1 日开始，兼任各国议会委员会书记。

关于斯图加特国际代表大会的一切筹备情况，请参见国际局上次会议特别刊印的会议记录（1906 年 11 月 18 日）。我们曾向各国支部书记寄发了法文、德文和英文的邀请信。[3] 我们是按照下列安排寄发会议记录的。

---

① 在《俄国社会民主工党向哥本哈根国际社会党人代表大会的报告》中，曾说到一个决议概括了这样的组织原则："在接受崩得的统一方案时，代表大会仍然表明坚决反对按民族组织无产阶级。"（第 78 页）

② 参见本卷第 305—306 页。

③ 关于这些邀请信的索引，参见《第二国际》第 200—202 页。

	德文	法文	英文
英国			1500
德国	1000		
奥地利	500		
澳大利亚			100
阿根廷		300	
波希米亚	500		
比利时		500	
保加利亚社会主义工人党		100	
保加利亚社会民主党		100	
巴西		200	
加拿大		100	100
海峡殖民地		50	50
丹麦	500		
埃及			50
西班牙		300	
美国社会党	200	100	800
美国社会主义工人党	200	100	700
法国		1000	
芬兰	200		
荷兰	300		
匈牙利	500		
意大利		500	
日本			100
卢森堡	100		

	德文	法文	英文
挪威			300
葡萄牙		100	
波兰社会党	200		
波兰工人党	200		
俄国社会民主工党	300	300	
俄国社会革命党	300	300	
亚美尼亚	50	50	
罗马尼亚		200	
塞尔维亚	200		
瑞士	200	200	
瑞典	300		
	5750	4500	3700

附　件

1906 年 11 月 8 日于布鲁塞尔

书记处 9 月和 10 月月度报告
财务部分

9 月和 10 月间，我们收到下列党费：

奥地利社会党（拖欠部分）	1000.00 法郎
丹麦社会党（拖欠部分）	600.00
荷兰社会民主工党（拖欠部分）	307.00
意大利社会党（拖欠部分）	400.00

美国社会党（拖欠部分）	500.00
塞尔维亚社会党（拖欠部分）	125.00
保加利亚社会民主党（拖欠部分）	100.00
比利时工人党（1906 年外加部分）	200.00
俄国社会民主工党（拖欠部分）	200.00
卢森堡社会党（拖欠部分）	500.00

合计 3932.00 法郎

1905 年 12 月 31 日为止的拖欠党费

社会民主联盟，英国	100.00 法郎
奥地利社会党	1290.00
美国社会党	250.00
美国社会主义工人党	200.00
荷兰社会主义工人党	670.00
日本社会党	175.00
阿根廷社会党	200.00
波兰社会党	100.00
俄国社会民主工党	600.00
瑞士社会党	600.00
塞尔维亚社会党	100.00

合计 4285.00 法郎

我们在 1906 年 2 月 7 日国际局会议记录中重新找到了卢森堡大公国的党费减为 25 法郎的规定，所以 1904—1905 年度拖欠的 50 法郎已交齐。卢森堡尚须缴纳的是 1906 年度的 25 法郎。

1906 年 12 月于布鲁塞尔

机密部分

11 月份我们收到的党费如下：

保加利亚社会民主工党，1906 年度党费	100.00 法郎
俄国社会民主工党（拖欠部分）	200.00
社会党（法国支部），1906 年度	1250.00
俄国社会民主工党（拖欠部分）	50.00
芬兰社会党，1906 年度党费	200.00
英国支部（1906 年外加部分）	450.00
波兰王国和立陶宛社会民主党	200.00
俄国社会民主工党（拖欠部分和 1906 年度党费）	750.00
西班牙工人党（1906 年度党费）	200.00
	合计 3400.00 法郎

我们收到崩得交来自愿党费 100.00 法郎。

我们收到俄国基金款项如下：

英国支部	660.00 法郎
丹麦社会党	6000.00
	合计 6600.00 法郎

11 月份期间，在俄国各社会党之间共分发了 24000.00 法郎。

1905 年 12 月 31 日为止的拖欠党费

社会民主联盟，英国	100.00 法郎
奥地利社会党	1290.00
美国社会党	250.00

美国社会主义工人党	200.00
日本社会党	175.00
挪威社会党	200.00
波兰社会党	100.00
瑞士社会党	600.00
塞尔维亚社会党	100.00

合计 3015.00 法郎

1906 年 12 月 31 日以前的拖欠党费

奥地利社会党	600.00 法郎
社会主义国际俱乐部，澳大利亚	200.00
丹麦社会党	800.00
美国社会党	625.00
美国社会主义工人党	625.00
荷兰社会民主工党	400.00
匈牙利社会党	400.00
日本社会党	100.00
卢森堡社会党	25.00
挪威工人党	200.00
波兰社会党	400.00
阿根廷社会党	200.00
瑞士社会党	200.00
塞尔维亚社会党	100.00

合计 5175.00 法郎

1906 年当年须交党费

英国支部（外加党费）	450.00 法郎
奥地利社会党	600.00
社会主义国际俱乐部，澳大利亚	200.00
保加利亚社会民主工党	100.00
丹麦社会党	800.00
美国社会党	625.00
美国社会主义工人党	625.00
西班牙社会党	200.00
社会党（法国）	1250.00
芬兰社会党	200.00
荷兰社会民主工党	400.00
匈牙利社会党	400.00
意大利社会党	400.00
日本社会党	100.00
卢森堡社会党	25.00
挪威工人党	200.00
波兰社会党	400.00
波兰王国和立陶宛社会民主党	200.00
俄国社会民主工党	400.00
阿根廷社会党	200.00
瑞士社会党	200.00
塞尔维亚社会党	100.00

合计 8075.00 法郎

两个月来我们收到了为俄国基金寄来的下列款项：

匈牙利社会党	1300.00 法郎
美国达布法博公民	4.50
芝加哥利埃万公民	51.50
比利时德贝霍涅公民	5.00
丹麦社会党	3500.00
美国路易吉·曼内蒂公民	10.00
安·巴拉巴诺娃女公民	2000.00
丹麦社会党	3500.00
金斯堡公民（俄国同志）	10.00
美国西庇阿·博宁尼公民	57.95
布鲁塞尔德国工人联合会	171.00
美国 A. 安布罗西尼	185.00
塞尔维亚社会党	55.00
安·巴拉巴诺娃女公民	500.00
丹麦社会党	4000.00
社会党（法国）	600.00
布宜诺斯艾利斯博西公民	15.00
丹麦社会党	5000.00
巴拉巴诺娃女公民	500.00
梅茨·本迪尼·卡洛公民	24.00
美国瓦伦丁·德诺斯菲尔德公民	15.45
纽约 A. 詹森公民（为被驱逐同志）	256.00
比利时工人党	1000.00

合计 22771.80 法郎

16

1906 年 12 月和 1907 年 1 月月度报告

新的社会主义组织

　　——玻利维亚。在我们的要求下，通过马特奥·斯卡尔尼克主席公民和书记尼古拉斯·特赫里纳书记公民的关系，我们从玻利维亚图皮萨收到了一份令人感兴趣的报告，介绍了该共和国社会党的建立、章程和发展的情况。

　　这个组织的名称是五一工人联合会。

　　玻利维亚的同志们要求我们向整个国际介绍他们的组织，以加强全世界有觉悟的社会主义者之间的联系。我们收到的文件将编入我们为斯图加特代表大会准备的有关工人和社会主义组织的报告集中。[①] 玻利维亚的通讯地址是：玻利维亚，图皮萨，五一工人联合会，主席马特奥·斯卡尔尼克，书记尼·特赫里纳。

　　——古巴。我们收到由西班牙社会主义工人党参加社会党国际局的两位代表帕布洛·伊格列西亚斯和弗·莫拉同志转来的一个通知，报道古巴岛上的两个社会主义组织——社会主义工人党和哈瓦那国际社会主义协会——已合并成为古巴社会党。[②] 几个月以前，在西班牙社会主义

---

　　① 这个报告发表在《工人和社会主义国际》第 1 卷第 77—80 页。

　　② 关于这一时期古巴社会主义运动的起源，可参见 J. 里韦罗·穆尼斯的著作《古巴第一个社会党。古巴无产阶级历史附录》，哈瓦那，1962 年，以及同一作者的《1906—1911 年期间的古巴工人运动。古巴无产阶级历史附录》，哈瓦那，1962 年。

工人党指导委员会的请求下，社会党国际局书记和协会取得联系。协会要求参加国际局，我们的书记发了一封信，要求协会寄一份章程并提供其他资料，特别是他们的成员数字。这封信引起了这两个组织的机关报《伙伴》和《工人之声》之间的笔战。令人庆幸的是笔战的结果使这两个为同一目标而斗争的组织的社会主义活动分子互相接近了。新的古巴社会党中央委员会在 1906 年 12 月 1 日发表了一个《人民宣言》。宣言内容包含一个符合历次国际代表大会决议原则的声明。古巴社会党认为自己是工业和农业工人阶级的政治代表，并把他们的行动建立在阶级斗争的基础上。古巴社会党主张把私有制改变为集体所有制，并要求古巴共和国的独立。

中央委员会由下列人员组成：维克多·韦尔戈，恩里克·德尔加多，塞韦罗·奇里诺，何赛·德圣佩德罗，佩得罗·波乌，费南多·格拉，何赛·巴斯克斯，何赛·德拉罗萨，塞韦里诺·查孔，何赛·萨尔瓦多，曼努埃尔·索特洛，何赛·A.克鲁斯，赫罗尼莫·埃斯卡帕，弗朗西斯科·西门尼斯，何赛·巴萨尔特，洛伦索·波塞特，米格尔·维拉雷特，吉列莫·桑切斯，巴西利奥·蒙特尔德，拉蒙·里韦拉，何赛·蒙塔尔沃，何赛·里瓦斯，安东尼奥·阿塞瓦尔·纳瓦罗，卡洛斯·巴利尼奥，贡萨洛·埃斯皮诺萨。

临时书记处地址设于：哈瓦那，雷维拉吉盖多 76 号。

1 月末，继这一通知后，又有一个正式的确认，内容如下：

"古巴社会党，

中央委员会

主席

雷维拉吉盖多 76 号

1 月 8 日于哈瓦那

社会党国际局书记同志：

　　我谨以极大的喜悦向你告知，古巴社会党已在哈瓦那城（古巴）成立。古巴社会党是由先前存在的两个组织：社会主义工人党和哈瓦那国际社会主义协会①合并而成的。我也同时告诉你，我们通过的第一个决议是向全世界的社会主义组织，特别是向正在为推翻沙皇政权而斗争的俄国社会党，致以兄弟般的敬礼！我们谨向俄国同志们保证，一旦我们党的经济情况允许，我们立即将向他们作出金钱上的支持。

　　接信后请即告知我们，我们当转告古巴社会党的同志们。

　　向你，并向社会主义事业致意。

何赛·里瓦斯"

　　已告知他们，收到来信（见入会申请）。

加入社会党国际局的申请

　　——古巴。古巴社会党（见上）要求参加国际局。该申请将由国际局在下次会议上进行审查，古巴同志应补充寄来他们的章程和他们的成员人数。

　　——罗马尼亚。我们从拉柯夫斯基博士公民寄来的第一封信（地址：布加勒斯特，布勒纳里街22号）和由《罗马尼亚工人报》Gh. 布若尔公民署名的第二封来信中得知罗马尼亚的两个中央性组织，罗马尼亚工人社会主义小组和工会总委员会决定正式参加社会党国际局。它们要求国际局暂时把党费定为100法郎，并将在不久指定它们的代表。②

　　如果罗马尼亚同志补充寄来他们成员的清单，国际局也将在下次会议上讨论这一申请。

―――――――――

① 这个组织自1904年8月起就通过帕布洛·伊格列西亚斯与社会党国际局发生联系。参见社会党国际局档案。

② 参见本卷前文。

国际局最近一次会议

这次会议的正式会议记录将于 2 月底用 3 种文字发表。① 凡愿获得该小册子的成员党请于短期内通知我们，并将订款寄来（每份 1 法郎）。小册子页数较多，包括国际代表大会、国际局和各国社会党议会委员会的章程。

斯图加特代表大会

1. 斯图加特地方委员会负责组织代表大会物质方面的具体工作。委员会由下列人员组成：H. 狄茨，B. 海曼，K. 希尔登布兰德，W. 凯尔，K. 克洛斯，Th. 莱帕特，A. 施利克，O. 瓦斯凯夫。

2. 都灵总工会（意大利中央工会）向我们提出要求参加大会的申请，并交付了参加大会的会费（10 法郎）。

3. 罗马尼亚工会和社会主义组织表示要求参加斯图加特代表大会（见布若尔 1907 年 1 月 16 日的信）。

4. 书记处和比利时及法国的社会党取得了联系，用法文出版各国书记的报告汇编，和英国、美国的支部联系出英文版事宜。②

5. 美国社会主义工人党在它 1 月 6 日召开的会议上决定派遣两名代表前来参加斯图加特代表大会。

6. 我们收到犹太复国主义社会主义工人党寄来的一个小册子，小册子的名称是《我们犹太复国主义工人党第二次常会致斯图加特国际代表大会的决议》。

7. 我们在这里再次提醒各国支部或刚成立的成员党的书记要在斯图加特代表大会上发表的报告，最晚必须在 2 月 15 日以前寄给我们。

---

① 参见第 66 号文件。

② 这个英文版未出版。

到现在，我们只收到玻利维亚、挪威和西班牙总工会的报告。

转达一个议事日程

——阿根廷。社会党国际局收到阿根廷社会党执行委员会的一封信，内容如下：

"阿根廷社会党执行委员会，

1906 年 12 月 29 日于布利诺斯艾利斯

致社会党国际书记，布鲁塞尔：

亲爱的同志：

我谨向你报告一次社会党会议的情况（德文版，伯尔尼，联合会印刷厂，1907）。① 在第 7 页上，我们看到一个决议，内容如下：

'会议表示遗憾的是，西欧的社会主义报刊和社会党国际局还没有足够地了解我们运动的情况，所以会议赞同中央委员会建议的措施，委托中央委员会尽快执行这些措施，以保证社会［党］第十支部的代表能出席参加本月 18 日举行的代表大会。会议通过如下议程：

第十支部参加本月 18 日社会党举行的公开集会的代表一致赞同通过下列议程：

组织成为阶级政党的阿根廷共和国工人阶级在此声明：

我们谨向有觉悟的、革命的法国表示兄弟般的情谊。我们支持他们对待教会势力的应有的坚决态度。教会是一切进步和文明的公开的敌人。我们谨向有觉醒的、革命的法国致以兄弟的敬意和祝贺。

我们也要求所有在议会中有代表的社会党国际各成员支部，建议所有代表真理和自由思想的议员发起一个运动，以反对教会窃取政治权力并主宰政权，反对教会开展阻挠一切政治进步的有害行动。因此，我们

---

① 原文遗漏一行。

要求议会议员们提出必要的方案，以防止教会的统治权力继续长期
存在。

书记　　M. 吉梅内斯'"

芬兰社会民主党的活动

——芬兰。"芬兰社会党在筹备代表大会的过程中，为斯韦阿堡的
军事起义感到震惊。[1] 一部分'红色卫队'（芬兰无产阶级维持秩序、
保护市民的组织）参加了争取自由的斗争。红色卫队的首领宣布了总罢
工。有些红色卫队队员试图阻挠运送士兵而破坏了多处铁路。起义的结
果极为不幸：争取自由的战士们在遭到忠于政府的战舰的炮轰后被迫投
降。总罢工委员会在冬季时就已选出。为了防止一切突发事件，委员会
支持和平状态的总罢工。但是资产阶级卫队的挑衅在罢工工人和红色卫
队之间挑起了一次冲突。制造商们要求红色卫队成员抵制总罢工。议会
在全国范围内取消了红色卫队，从而严重地损害了联合的自由。虽然有
一个集团的人士赞成总罢工，但是中央委员会并不认为宣布总罢工是有
利的。外省地方也在期待中。赫尔辛福斯城[2]的激情还在增长，所有的
钢铁工业都已宣告关闭。

代表大会于 8 月 20 日至 26 日在于莱奥堡举行，参加大会的有 370
名代表，代表了 300 个小组。瑞典工人党派有 2 名代表参加了大会，他
们是书记维希曼和工会组织主席林德奎斯特。

议程的第一个目的是开除著名的马蒂·库里卡。他曾在 1898—

---

[1]　斯韦阿堡的军事起义发生在 1906 年 7 月 30 日，起因是 200 名工兵团士兵被
　　控进行革命宣传而被捕。为了表示声援，一个工兵连立即反叛，并得到炮
　　兵的响应。反叛人员占领了 3 个堡垒，并炸毁了斯韦阿堡碉堡。

[2]　即赫尔辛基，下同。——编者注

1899 年编辑党的机关报《时代报》。这是一个乌托邦—神智学者，曾去加拿大，并在那里创建了一个共产主义移民区。去年冬天他在芬兰逗留，并在他的《生活报》上，以我们无法名状的方式，不择手段地攻击党的策略。

表决通过的第二个开除党籍问题更为重要，那是开除前任书记 J. K. 卡里的党籍。卡里于 1905 年 11 月进入芬兰参议院（政府）①。在现行的资产阶级政策下，参议院远不是一个同情工人阶级的机构。卡里参议员本人来到大会上，争论非常激烈。但是没有一个人同意卡里的行为，或劝告他留在参议院内。最激进的一些人要求根据国际的经验，不必经过任何其他程序，立刻开除卡里。特别是因为参议院组成的是自行遴选的，远不是一个责任政府。由将近 50 名代表组成的一个少数派则建议不要开除卡里，而是让他在党和参议院之间进行选择。他们强调认为，去年当问题还没有作为既成事实向代表大会提出时，人们没有作出任何决议，而且卡里是在取得原先党的指导委员会的谅解后才进入参议院的。

议程上的最重要的问题是党的新的政治组织和选举纲领问题。直到目前，党是由工人小组组成的，包括各行业支部和各工会协会。这一体制将继续存在。但是今后党的活动将是新的选举组织。在每一个选区形成一个组织，这些选举组织共同组成一个市镇组织，相当于 15 个大的选区，选区实行比例代表制。各民族——芬兰人、瑞典人和俄罗斯人，各自形成一个民族组织。党的领导属于党执委会。执委会包括一个设在赫尔辛福斯的执行委员会，执行委员会由 7 人组成。另外由每个区派 1 名芬兰代表参加。还有 4 名瑞典代表和 1 名俄罗斯人代表。议会中的议

---

① J. K. 卡里响应沙皇尼古拉二世的号召参加政府，随即于 1906 年 10 月在奥卢举行的芬兰社会民主党第四次代表大会上被开除。

会党团代表，党的各种机构的代表和妇女组织代表，在党的执委会中都有发言权。代表大会每三年在选举前召开一次，地区会议每年举行。表决方式和开除党籍的条件也要调整。

选举纲领要求：在国家的政治生活中，全面实现民主纲领，特别是立法权、选举权和被选举权、质询权、议会政府、预算权、扩大公民权、市镇普选；在农业方面，有一个新的租佃制度，实行义务耕种（芬兰土地仅耕种了3%）、义务出售，国家补助开荒；在劳动保护方面，八小时工作日，取消夜间劳动，每周休息40小时，禁止不满15岁的儿童从事工业劳动，15—17岁的孩子每天工作5小时，限制女工劳动，保护家庭劳动，废止佣人规则，改善事故保险，选举劳动监察员，伤残和老年保险，收入累进税，制订禁止酒精饮料的立法，教育改革和妇女平等。

在策略方面，我们决定参加选举，但是不和资产阶级政党联盟。此外，党还声明支持俄国的解放运动，因为中央政府对芬兰的自治没有足够的保证。但是它仍然不得不考虑到芬兰和俄国的关系上的特殊情况。

同时还决定反对一切重建芬兰军队的努力，宣传人民武装，红色卫队宣告解散。

决定完全停工庆祝五一节，并且在5月底庆祝'代表节'，决定把组织罢工的任务转移给工会，因为职业联合会应该按照它们自己的规律去发展，但当然应该和党的思想和行动相配合。

通过了一个关于民族平等的决议案。并且表示希望党内同志们，特别是受到信任的知名人士们能完全不再饮用酒精饮料。

提名爱·瓦尔帕斯和A.塔尔文帕为指导委员会的两名主席；提名埃·佩尔蒂莱公民为司库，提名M.图尔基亚为书记，提名尤·西罗拉为中央机关报《时代报》助理，以及穆纳·西隆帕和E.A.约翰松为委员。决定提名瓦尔帕斯和西罗拉为社会党国际局代表。党参加社会党国际局的党费提高为 300 马克，并决定参加斯图加特代表大会。

党目前在 14 个城市办有报纸，正在准备选举并散发宣传小册子。[①]但是党的宣传受到无政府主义者和挑衅者的阻挠。这些人的行为不久就将被揭露。

尤里约·西罗拉

1905 年 10 月 25 日于赫尔辛福斯"

号召国际支援匈牙利农村工人

匈牙利农村工人组织[②]在塞克什白堡集会，决定向国际无产阶级发出呼吁（见 1906 年 11 月 2 日布达佩斯《时代之声报》），他们叙述了近一个时期以来他们所取得的进步，并且要求别的国家的同志们不要按照大地主的愿望去替代他们做工。

呼吁书是特别向德国、俄国和加里西亚的工人发出的。

《时代之声报》上表明这一呼吁书已转交社会党国际局，但是我们必须声明，我们没有收到这个文件。我们是从《时代之声报》[③] 上看到的，但我们仍然立即将它转告了各成员党。

波兰罗兹封闭工厂

我们收到好几封有关罗兹封闭工厂的信件，特别是波兰社会党中央委员会的来信，要求各成员党支援被封闭工厂逐出厂外的纺织工人，约有 7 万名男女工人和孩童在隆冬季节流落街头。此外，国际工会书记列

---

① 关于芬兰社会民主党的活动，参见《工人和社会主义国际》第 1 卷第 153—178 页上发表的斯图加特代表大会的报告。

② 这个农村工人组织联合会成立于 1905 年。联合会不顾迫害，参加了匈牙利社会民主党。根据该党领导机关提供的材料，该会有 5 万名会员，600 个地方小组。参见《工人和社会主义国际》第 1 卷第 394 页。

③ 《时代之声报》是匈牙利社会民主党用德文出版的中央机关刊物，周刊。

金公民也向各国总工会发出了关于同一问题的信件。

　　波兰社会党的信件要求把募捐所得款项投寄下列地址：克拉科夫，波泽尔斯卡大街 17 号，齐格蒙特·马雷克博士。国际工会书记提供的通讯地址是：柏林安格鲁费 15 号，列金。

俄国波罗的海各省的暴行

　　当今俄国正值选举高潮，斯托雷平政府正试图廉价出售国家资源以获取贷款。有必要使各文明国家的公众舆论了解沙皇独裁政权为平定王国内部而干了些什么勾当。如果要把 16 个月以来的所有血腥罪行历历叙述一遍，我们可以写成一本书！这里仅限于一个典型地区，波罗的海沿岸各省所发生的事件，读者就可意识到目前镇压的残酷程度。①

　　自 1905 年 12 月以来，反动势力就一直在这一地区疯狂肆虐。哥萨克、警察以及一个受波罗的海地区男爵们指挥的、名为"个人安全"组织的志愿杀手遍布整个地区。他们肆意进行杀戮、焚烧，施以恐怖。土地渗透了鲜血。仅在一年的时间里，被枪决、绞刑的就有 3000 多人，好几千人遭到鞭笞致残，其中有老人、妇女和儿童。成百上千的人在监狱中被折磨得行将死亡。血腥的疯狂无尽无休。军事法庭每天都在判处死刑，被枪决和绞刑致死的尸体堆积成山。

　　人们无疑要问，这样疯狂而罪恶的残杀，其原因究竟是什么？真正的原因就在于沙皇政府和波罗的海的贵族们要对拉脱维亚觉醒的无产阶级进行报复。因为拉脱维亚无产阶级表现出少见的坚韧和革命的战斗精神。拉脱维亚无产阶级在争取俄国的自由的斗争中，始终站在第一线。1905 年 10 月，当沙皇发表谎骗的宣言、承诺了立宪自由时，城市的全体工人和农村的无产者们立刻就起来掌握了他们应有的权利。言论出版

---

　　①　参见 J. 巴布里斯：《1905—1907 年拉特盖丑恶的革命》，里加，1960 年。

自由、集会结社自由等都全部得到了实现。人身不可侵犯也已形成法令。人民在拉脱维亚的社会主义指导下前进，争取实现那些公认的、不可避免的改革。波罗的海乡绅们请求的戒严状态（在库尔兰）和加强防卫的状态（在里夫兰）都将被撤销。大土地主的封建特权都被废除，不可忍受的贵族枷锁已告结束。地方行政和警察势力都受到抵制，他们的职能已没有理由再存在。取代他们的是，在所有的市镇都由人民通过选举建立的自治管理机构，普选的原则是单纯的直接和秘密选举，妇女也参加了选举。市镇上的税收已按照各阶层人民的收入和财产实行累进税制。

在公立学校中，民族语言又得到了尊重。增加了课程，学校完全摆脱了教士的统治。明文规定，宗教课程今后将自由选听。宗教应该是私人事务，教会不再承担民事的职能，这种职能正转移给市镇。就是这些人民的革命措施今天受到绞刑和枪决、焚掠和蹂躏。

必须指出的是，所有这些改革都是和平地进行的，没有施加任何暴力，都是由人民通过投票箱决定的。在10月和11月，革命无产阶级掌握了权力。在此期间，没有发生任何暴力行为，没有流血。经受了7个世纪的压迫后，人民自己解放了自己。在这一历史性时刻，人民不愿使这种神圣的事业被无益的流血报复行为所玷污。但是正值人民欢欣鼓舞的时刻，11月底却传来了消息，在贵族的要求下，圣彼得堡决定宣布整个里夫兰地区实行戒严，人民获得的权利又重被剥夺。全国陷入了惊恐和盛怒，乡绅的举动被认为是一种宣战。为了自卫，人民号召拿起武器。人民击溃了大贵族的哥萨克龙骑兵，一大批曾被用做武器库和兵站的城堡都被焚烧。但是，即使在战争中，人民仍然表现了宽宏和大度。他们照顾被看守的贵族家族们，不让他们缺少任何生活必需品，并且把他们护送到里加。在乡绅们公开承认了人民的权利后，人民就释放了他们。只有6—7人受到了人民的惩罚，因为他们从前所干的残酷无情的行为必须受到严惩示众。怯懦的贵族们伏地恳求无产阶级胜利者的宽宥。里夫兰的骑兵队集合在公众场所，接受了拉脱维亚社会民主工党中央委员会向他们提出的投降条件，贵族的代表们隆重地起誓，表示要结束戒严状态；今后士兵将不再在他们的庄园上驻扎。贵族的家族们也不再参加"荣誉"警察。而贵族老爷们又是怎样遵守他们的诺言的呢？

只要俄罗斯中心地区的无产阶级革命继续前进，波罗的海各省的革命就能保持住胜利。但是 1905 年的起义之后，莫斯科的最后的路障已为大炮扫平，因此波罗的海各省的命运也就随之被确定了。用各种兵器和马克西姆大炮武装起来的沙皇军队已开入本地区。里夫兰陷入了像暴君约翰时期一样的恐怖。整个地区遭受波罗的海男爵们的专横统治。贵族们都以沙皇赐予的乳名为骄傲。多少年来，他们都是为专制君主效劳的，为专制独裁政权提供最卑劣、最肮脏的刽子手。这帮匪徒重又操起屠杀和焚烧的生涯。

截至 1906 年 2 月 1 日，波罗的海各省已经处决了 900 人。奥尔洛夫将军自我夸耀，吹嘘他一个人就绞杀了 258 个叛逆者。这些人的罪名就是因为承认并且运用了沙皇宣言中所曾允诺的权利。著名的惩罚特遣队被轮流派往各市镇，这些酗酒、愚蠢的士兵，在贵族的带领下，所经之处留下的就是尸体、血污和燃烧的住房。在一般情况下，人们就是按照男爵、管家和教士们开列的名单进行搜杀，革命者未经通告和审讯就被送上绞架或被枪决。西韦尔斯、利文、曼陀菲尔、凯瑟林克、拉登、雷克、布鲁梅尔、伦加滕、博德里奇等贵族家族们，以及他们手下的帮凶们展开了杀人竞赛。仅在 2 月 12 日一天，西韦尔斯家族就处死了 51 人，以作示范，既不公布姓名，也不告示罪状。2 月 8 日，在库尔兰的诺伊豪森，31 人被枪决，其中仅费利克斯贝格一个市镇，就处死了 25 个农民。科根加乌泽枪决 30 人，泽斯维根 18 人，普里耶库莱 25 人，瓦伊诺杰 19 人。这些受难者在被处死之前都曾遭到非人的虐待和折磨。

人们鞭挞他们，把他们半裸着身子捆在雪地里挨冻，被绑扎在奔马后面拖拽而折断四肢。然后再强行召集他们的亲族和全镇的人群，当众用最野蛮、最恐怖、最不人道的手段处死。这些人一般都是地方上最聪明能干的人，有教师，也有市镇的书记。当时，在革命起义的时期，他们曾宽宥过乡绅们的生命。还有一些则是平时对待贵族老爷们不够尊敬的农民。

贵族乡绅们的残酷专横，超出了人们的一切想象。当找不到名单上指定的人时，他们就直截地拘捕他们的近亲，或者则是拘留任何一个在场的人。就是那个西韦尔斯，曾当场处死了一位脱逃了的父亲的两个孩子，一个 14 岁，一个 16 岁。在顿丹根，人们没有找到布施耶维茨医生，就杀死了医生的马车夫。在德罗斯坦霍夫，一个谋杀案的主犯没有被抓到，人们就把当时在场的一位教师希龙和两个农民（父子二人）一起枪杀了，而这 3 人都是无辜者。这样乱杀无辜者的原因就是为了"示范"！可以举出数十个这样的事例。因为残杀人命在波罗的海各省已经成为贵族们的一种体育运动。这一切证明，人们是如何草菅人命。有些革命者早已在几个月前被埋葬了，却又被宣布释放或处以几天拘留。最突出的例子就是文登的书商奥索尔，还有其他一些人。

在人们的记忆中，已记不起波罗的海各省曾经执行过死刑。而男爵们现在却把绞架和断头台竖立在他们的城堡前面。体罚在 1864 年就已在波罗的海各省废除，因为它损伤了人民的道义感情。那些所谓的"文明支持者"——与哥萨克相勾结的德国贵族们，却胜利地引进了鞭刑和笞刑。在整个地区实行集体施刑。上了年岁的老人们，甚至儿童们，都被公然剥光衣服，平躺在地上挨鞭打，一直打得遍体鳞伤，血肉模糊。在瓦尔克地区，奥尔洛夫将军有时甚至骇人听闻地在各个县鞭笞所有的男性居民。贵族冯·施勒德在艾兹普泰地区也是这样鞭挞在贵族土地上雇用的工人。一般都要在赤裸裸的身躯上鞭打 100—200 下，有时甚至达 400 下。受刑者经常昏死过去，或者落得终身残废。但是，所有这一切并没有使贵族刽子手们的心肠变软一些。他们照常地作弄受难者。在里夫兰，好几个教师当着学生们的面遭到哥萨克的毒打责罚。他们甚至公然鞭打妇女。在里夫兰农村，在济谢加尔，在马林堡和其他地方，这样的事发生过好几次，大都是受过教育的女知识青年。她们的罪行就是因为绣过红旗，唱过革命歌曲，或者参加过人民群众的集会。奸污妇女和女青年更是哥萨克和贵族们常做的普通事。而迄今为止，却还没有杀害过她们。男爵老爷则改变了这一情况。4 月 13 日，一位 16 岁的女青年，当众被鞭打了 100 下，鞭打后，她仍然勇敢地哼起一首革命歌曲，结果就被逮捕并枪决了。一位 60 岁的老妪也遭到杀害，原因是她在她的住处保存了两支旧枪。9 日，在腓特烈施塔特，一个妇女经过军事法庭开庭审判后被处决了，这是一个已有好几个孩子的母亲，原因是她隐藏过逃亡的革命者。

　　事情还不到此为止！贵族乡绅们不仅只是杀人，他们还要在他们对手的尸体上进行报复。一般情况下，受难者的尸体是不能立即得到埋葬的。明令规定都是暴尸 3 天，以便让狗和乌鸦等禽兽前来啃咬啄食。在达伦，一位名叫福诺索尔的革命者的老母亲要求领回她被枪决的儿子的尸体，却不获允准。得到的回答是要等她把最小的儿子送到军事当局后，才能领回这个孩子的尸体。波罗的海各省的贵族们似乎把被他们杀害的人的尸体当做某种值得炫耀的战利品！小学教师斯塔普兰死后被悬吊在阿萨列庄园（瓦尔特的地产）附近的大道上。辛格贝尔格教授的尸体则被悬挂在卡茨丹加（曼陀菲尔男爵的地产）。

　　在普里耶库莱（科尔夫男爵的地产），1 月 11 日深夜，一位同志偷偷地从安有电铃的绞架上卸下了被害者 W. 施特劳斯的尸体，被警卫抓住，翌日即被处死刑。有的在执刑时，故意不让受害者立即死亡，而是让他受伤后倒在路旁的血泊中，并禁止居民前去救护；谁去救谁就被处死刑。受害者就这样慢慢地在痛苦中受折磨致死。这样的事主要发生在泽斯维根。

　　我们不能对士兵和贵族们的公开的放火行为保持沉默。在把住房的主人枪决后，官员就下令把革命者的住处放火烧毁。在好几个市镇里，人们焚烧了许多村庄，有的 5 个，有的 10 个不等。在施托克曼斯戈夫①，17 个村庄被烧毁。居民们遭劫掠后都被驱赶到零下 20 度的森林里，不管是病人、产妇、婴儿都得在那里日夜受冻，不准给他们任何援助。波罗的海的男爵们在国外都把自己装扮成是有教养的文化人，而实际上则在干着焚烧公共图书馆、焚烧市镇办公楼房和学校的勾当。当公众在这些建筑物里聚会执行沙皇宣言的时候，贵族们就设法炸毁这些建筑物。在别巴利旧城和维尔加利都发生过这样的事例。

　　在整个 1906 年一年，在里夫兰和库尔兰，到处都有讨伐队肆虐。在夏天，这就变成真正地在森林里追逐人，还配备着猎犬。一旦被发现，只要有一点点嫌疑，就立刻被无情地处死。在一张乡绅的机关报《杜那报》上（一个署名施尼凯伦的人写的通讯，见第 15 期），有一段文字生动地讲述了这种"狩猎"人的场面："这种追逐在好几个草坡上形成了野蛮的狩猎。龙甲兵们击毙了 3 个匪徒；第 4 个逃入了一个无人的农庄的残存建筑物中，进行了殊死的、绝望的抵抗与搏斗。人们点燃了房屋，那家伙就被活活地烧死了……"这种场景并不是偶尔的一两个。9 月在卢班，一个革命者也被追逐者们活活烧死在一堆干草垛里。

　　当他们要除掉某一个人，但又无法证实他直接参加了革命运动时，波罗的海的恶棍们常用的一个方法就是在押送的过程中干脆把他杀害了，然后宣布被害者是在企图逃跑时被击毙的。地方上的报纸每天都有这种事例的报道。然而，这些"逃跑者"都是有众多卫队押送的，手

----

　　① 今普拉维纳斯。——编者注

足又都是上了镣铐的，而且"逃跑"几乎都是发生在上一年度曾经发生过与军警冲突的被焚毁的庄园附近，等等。曼陀菲尔男爵（戈尔丁根地区）至今已成功地运用这种办法杀害了 18 名政治犯，由于这些"杰作"，他被誉为"聪明的官员"。

一年多以来，波罗的海各省的刽子手们在血泊中行进，然而地方上仍然没有"平静"下来，人民的勇气和自豪是不可遏制的。社会党人的活动一刻也没有停止过。这种坚韧不拔的精神使贵族集团变得益发疯狂。阴森的法院工作狂热地加速运转（当地监狱已有 2000 多囚犯），现在正用火车车厢往北方或西伯利亚运送革命者。由于缺少可供判决的人，就把一年来因为"政治性错误"而受过严刑拷打的人重新送上军事法庭。

垂死者的呻吟已不足以使那些食人者感到满足，他们就采用更为残忍的酷刑。

在里加监狱，有一间备有各种刑具的刑房，专门按照中世纪的各种审讯规则拷打审问革命者。为了逼供和揭发材料，用尽一切折磨刑具。人们把囚犯关入单人黑牢，整日不给饮食。夜间就把他们带上脚镣押入刑房，剥光衣服，绑缚在刑椅上，用装满铅粒的橡胶棍子抽打，直到受刑者失去知觉。然后再用凉水把他浇醒，又用盐粒摩擦他的破裂流血的伤口，继续刑讯。生拔指甲，用铁钉刺透肌肉筋骨，挨个拔除牙齿，成把地拔掉头发。不尽于此！还用烧红的烙铁烫灼身上最敏感的部位，甚至用钳子夹生殖器，把骨头折断在体内。

这里所讲的一切，不是痛苦的恐怖故事。这些都是最近被揭发证实的政治案件。

酷刑折磨有时持续通宵。有些像格吕宁同志那样坚韧不屈的革命志士甚至接连几夜遭受拷打。如果不招供，就处决。受难者往往在半死状态下就被运往沙石场，在中央监狱的高墙前枪决。截至目前，遭受这样对待的不幸受难者的人数已超过 70 人。

　　所有被捕的革命者全都受过酷刑的折磨。在福肯霍夫城堡、戈夫楚姆贝尔格城堡以及其他城堡的地窖里，在市镇警察所的营房里，到处都有这样的严刑拷打。自从美列尔-扎科梅尔斯基总督到来后，这种恐怖的酷刑已经成为一种制度。里加的刑房窗户，没有一个夜晚不传出受刑者的悲惨的哀号声。这里我们要点一下主要刽子手的名字，他们是：秘密警察头子米赫耶夫，他的两名助手格赖古什和大卫，一名前强迫劳改犯奥顿，还有波罗的海各省自卫组织的几个成员。最近一个时期以来，甚至连妇女和年轻的少女也被绑上刑椅，遭受这些恶魔的闻所未闻的种种凌辱、折磨和摧残……

　　这样恐怖的事情够多了，这里不可能把波罗的海各省所发生的一切都加以叙述。以上所揭发的已足以引起人们的思考和惊愕，引起震怒。沾满血污的、该诅咒的沙皇政权正在解体，但是没有再比沙皇制度的这些刽子手所犯的血腥罪行更为骇人听闻的了。受难者不计其数！波罗的海各省争取自由的斗争所遇到的困难是难以想象的。欧洲自巴黎公社以后，已不再看到这样的事情了。我们认为，我们有责任让国际无产阶级和全体文明人类都注意到这些事实。我们也希望你们能响应我们受难同志的呼吁。特别是因为欧洲的资产阶级报纸对波罗的海的革命者进行了最可耻的诬蔑。而那些贵族刽子手们在国外却是日尔曼文明的代表，受到人们的颂扬和献媚，甚至还受到资助。一切真正的文明人类都应唾弃这些恶魔，因为它们是人类文明的羞耻和污辱。国际工人阶级更有责任对这些残酷的暴行发出大声指责，并尽可能帮助俄国的革命无产阶级取得胜利。

　　拉脱维亚的觉醒的无产阶级是为了俄国的自由而遭受苦难并流血的。

执行委员会

爱·安塞尔，埃·王德威尔得

书记　卡米耶·胡斯曼

1906 年 12 月和 1907 年 1 月内部报告

1907 年 2 月 4 日于布鲁塞尔

财务部分

拖欠党费

	1906 年 12 月底	1907 年	合计
奥地利社会党	1290.00 法郎	600.00 法郎	1890.00 法郎
英国支部		1250.00	1250.00
社会民主联盟	100.00		100.00
德国社会民主党		2500.00	2500.00
澳大利亚社会主义 　国际俱乐部	200.00	200.00	400.00
比利时工人党			
捷克社会党		600.00	600.00
保加利亚社会民主工党		100.00	100.00
保加利亚社会民主党		100.00	100.00
丹麦社会党	800.00	800.00	1600.00
美国社会党	875.00	625.00	1500.00
美国社会主义工人党	625.00	625.00	1250.00
西班牙工人党		200.00	200.00
法国支部		1250.00	1250.00
芬兰社会党		300.00	300.00
荷兰工人党	1070.00	400.00	1470.00

	1906 年 12 月底	1907 年	合计
匈牙利社会党	400.00	400.00	800.00
日本社会党	275.00	100.00	375.00
意大利社会党	400.00	400.00	800.00
卢森堡社会党	25.00	25.00	50.00
挪威工人党	200.00	200.00	400.00
波兰社会党（P. P. S.）		400.00	400.00
波兰王国和立陶宛社会党民主党		200.00	200.00
俄国工人党		400.00	400.00
社会革命党		400.00	400.00
瑞士社会党	800.00	200.00	1000.00
塞尔维亚社会党	200.00	100.00	300.00
阿根廷共和国	400.00	200.00	600.00
瑞典社会党		500.00	500.00
合计	7660.00 法郎	13075.00 法郎	20735.00 法郎

收到的俄国基金

（1906 年 12 月—1907 年 1 月）

保尔·施魏因贝格，芝加哥	25.00 法郎
丹麦社会党	8000.00
L. 博尔科夫斯基，美国	300.00
阿伯特·蒙肯斯，美国	41.20
R. 格吕克，美国	25.00
考夫曼	16.00

阿伯特·蒙肯斯	25.75
列日互助金会	19.75
列日小组	92.00
	合计 8545.60 法郎

收到党费

美国社会党（1905 年党费）	200.00 法郎
挪威工人党（1905 年党费）	200.00
波兰社会党（1906 年党费）	500.00
比利时工人党（1907 年党费）	1000.00
	合计 1900.00 法郎

17

1907 年 2 月月度报告[①]

俄国基金

1. 瑞典社会民主党通过一封由维克曼公民署名的信件，向我们通

---

① 原文文件文字有错，误记为 1 月份报告。

报，他们曾为支援俄国的自由而发动了一次募捐，计募集了 1103.53 法郎。这一款项已在当地使用，并由瑞典党给了特殊的补助，因为有大量的社会党人逃亡到瑞典，必须给他们以帮助和保护。瑞典朋友们要求我们将此情况通报各成员党，这里我们就向大家转告。

2. 执行委员会将最近几月募集的款项作了如下的分配：

30% 分给俄国社会民主工党，

25% 分给俄国社会革命党，

20% 分给崩得的犹太工人，

15% 分给拉脱维亚工人党，

12% 分给波兰社会党（P. P. S.），

8% 分给波兰王国和立陶宛社会民主党。

这样的分配没有得到社会革命党的鲁巴诺维奇的同意，后者寄来一封信如下：

"我不得不强烈抗议执行委员会要在国际局表决通过的这一新的分配方案。

我曾向你们提出证据，表明没有任何理由，绝对没有理由可在国际局内证明，社会革命党的地位低于社会民主党。由两个社会党的代表提出的并由国际局一致通过的原先的分配方式和执行委员会这次提出的新方案之间的差别，只能说明，在两个组织之间的比较中，有一个是低于另一个的。而国际局的任务在于设法在成员党之间寻求协调，而不是制造分歧。

不要忘记，社会革命党的战斗策略需要极大的经费。不要忘记，在广泛的大范围内向农民进行宣传和鼓动是需要很多资金的。最后还应看到社会革命党还非常积极地参与了杜马的选举；何况我们党还有很大数量的同志被关在劳动营、流放地和监狱里。

亲爱的同志，我希望你们是公正的，你们应公正地提出问题。这就是说，你们应不偏不倚地把执行委员会提议的新的分配方式的支持和反对的理由都一起向国际局提出，进行表决。

关于其他党派，我认为如果从拉脱维亚工人党所得款项（12%）中提取一部分（6%）分给拉脱维亚社会民主同盟，这将是公正而符合实际的。拉脱维亚社会民主同盟参与了波罗的海各省的斗争，应该和拉脱维亚工人党一样引起国际社会主义运动的注意。"

执行委员会丝毫没有看轻哪一个成员党的意思。我们只是根据各组织的情况估计它们的力量。但是执行委员会并不想把这种估计强加于人，因而决定向国际局的所有成员在有关两种分配方案的差异上征询意见。希望国际局的成员们务必在 3 月 15 日以前写信告诉我们，它们赞成哪一种分配方案。

执行委员会拟定的方案已在上面写清楚（社会民主党 30%，社会革命党 25%），社会革命党提出的方式则是两派平均分配，即 30% + 25% = 55%，55% × 0.5 = 27.5%，两派各得 27.5%。

有一笔 16000 法郎的款项是按照下列情况分配给俄国各社会主义党派的：

俄国社会民主党（30%）4800.00 法郎，

社会革命党（25%）4000.00 法郎，

崩得犹太工人（20%）3200.00 法郎，

拉脱维亚工人党（15%）2400.00 法郎，

波兰社会党（12%）1920.00 法郎，

波兰王国和立陶宛社会党（8%）1280.00 法郎。

有 2000 法郎作为给亚美尼亚社会民主党的特别补助，因为该组织最近时期需要大量费用，再者它没有参与上次的分配。

我们遗憾地注意到有相当多的成员党不重视缴纳党费，拖延未交的党费数额目前已超过 2 万法郎。

2 月月度报告机密部分

自从公布鲁巴诺维奇公民的建议后，我们收到了好几封信要求将表决延迟几个星期，以便让代表们听一下两方面的意见。执行委员会同意这个意见，特别是因为我们收到了一个新的分配方案的提议。

俄国社会民主工党的来信

"我们非常惊奇地从社会党国际局的最近一封通告信上看到鲁巴诺维奇公民对执行委员会的分配方案（俄国社会民主工党 30%，社会革命党 25%）提出了抗议。

这些数字表明社会革命党分得 25%，俄国社会民主工党则分得 30%，而后者的人数至少是社会革命党的 2 倍。**因此，如果说有什么不公正的话，恰巧是对俄国社会民主工党的不公正；如果要修改分配方案的话，应该是修改得对社会民主工党更有利一些。**

几乎不用再提鲁巴诺维奇公民关于认为他们的党的需要比我们党的需要更大的假设是完全错误的。我们的党是由劳动人民组成的。他们不具备其他大部分是由更为优越的阶层人士所组成的组织所具备的手段。至于谈到牺牲者，总是无产者遭受牺牲的人数最多。

我们知道欧洲同志们对有关两个党的力量的情况并不大了解。但是参加社会党国际局的一些在俄国欧洲领土上活动的那些民族组织（崩得、拉脱维亚工人党、波兰社会党等）完全能够证明我们所说的事实情况。

我们建议国际局执行委员会的公民们可以询问这些组织。

格奥尔吉·普列汉诺夫，安·巴拉巴诺娃"

崩得的信

"关于分配钱款的事，我们谨请你们注意对俄国革命支援很大的德国社会民主党的下列分配方式：

俄国社会民主党 40%，

崩得 20%，

波兰社会民主党 15%，

拉脱维亚社会民主党 15%，

社会革命党 10%。

为了确定这样一个分配比例，德国社会民主党曾经召开过两次有俄国各党代表参加的会议，以了解各个组织力量对比的情况。波兰社会党由于有关分配的特殊原因没有参加。

关于执行委员会提议的给社会革命党分配 25% 的建议，我们认为高得太多了。我们不想答复鲁巴诺维奇公民的论据。关于在农民中间进行的宣传工作，社会革命党完全不能保留它以前的特殊情况了。这一工作目前已由所有的各社会主义组织在一起完成了，也同样包括崩得。在社会民主党的杜马党团（65 名议员）中有 18 名是农民或是由农民选出的议员。在社会革命党党团（38 名议员）中有 22 名议员是相同的情况，但这些议员似乎更像是民粹社会党人和劳工党人。

我们不认为社会革命党积极参加了选举。在莫斯科工人选区和其他工业城市，全部都是选的社会民主党，而不是社会革命党。

在崩得的活动中，在这一选举运动中，我们没有发现社会革命党是竞争者。

所有各党的许多成员都遭到监禁或拘押，所以在这个问题上，社会革命党没有权利得到国际局的特殊对待。至于鲁巴诺维奇提出的他们党的特殊的工作方法问题，我们认为这一论据太不值得加以考虑了。实际上，各社会民主党对这种恐怖主义的策略都是反对的。国际局因而不能给予特别的鼓励，社会革命党应该对国际局的这种中立态度的做法感到满意。

崩得国外委员会

S. 库尔斯基"

拉脱维亚工人党的信件

"我们对鲁巴诺维奇公民抱怨并批评他的党和社会民主党之间有5%的差别，感到非常惊奇。他认为他的组织因此而被贬低了，似乎一个党在革命中的作用是由分配的百分比来决定的。我们并没有看到执行委员会在分配中有什么恶意，而且认为执行委员会做得对。我们并未理解为降低了社会革命党的重要性。我们也并不否认应该赞赏社会革命党的一些勇敢的人。但是认为俄国社会民主工党和社会革命党具有相等的力量则是不正确的。在俄国革命中，只有有组织的群众斗争能够胜利并将会胜利。而在这一战斗中，社会革命党不能和有组织的无产阶级群众相比，也不能和有组织的无产阶级群众的政治和道义影响相比。这个事实已由近年来的斗争所证明，并为杜马的选举所确认，并且还将在未来中表现得更清楚。

我们必须坚决反对鲁巴诺维奇关于为拉脱维亚社会民主同盟而减少我们一部分份额的建议。我们是一个组织坚强的纯无产阶级的政党，正如社会党国际局所知道的，我们在和最野蛮、最残忍的反革命势力作斗争。目前，从比例数上看，我们牺牲的人数最大，在物质上减少任何支持，都将损害我们的事业……关于拉脱维亚社会民主同盟，我们曾为这一集团发表了一个公开的声明。我们曾请这个同盟告诉我们它的成员数字，并且提供它在拉脱维亚活动的文件报告。但它除了空洞的大话外，什么也没有回答我们。尤其是根据我们了解的目前情况，我们可以说这个小集团在拉脱维亚已完全消失，至少人们已丝毫不知道它有什么公开的活动。它根本没有参加杜马的选举。而拉脱维亚社会民主党的候选人则在利巴瓦获得了 6500 张选票。在里加，我们指导委员会的一名成员被选为杜马的议员。（注意：里加和梯弗里斯一样，是唯一有社会民主党代表进入杜马的俄国大工业城市。）关于拉脱维亚各社会党的情况，我们曾指出这样的事实，即只有崩得和俄国社会民主工党能对形势作出判断，而不是社会革命党，因为只有这两个组织和我们一起在我们国家工作。

奥·布劳恩"

波兰王国和立陶宛社会民主党的信件

"我收到你们关于修改执行委员会分配方案的信件，急切地要表示我最大的保留。我认为这一方案从多方面看都是不公正、不合适的。首先我要问，究竟是什么不幸的误会，致使执行委员会对波兰王国和立陶宛社会民主党分配最小的份额（小于崩得、拉脱维亚党，甚至小于波兰社会党 P. P. S.），而波兰王国和立陶宛社会民主党则是波兰无产阶级一个最强大的组织，是一个站在当前革命斗争最前列的组织。随后，恕我擅自认为，分配外国同志为俄国和波兰的革命而征集的捐款，必须避免引起不和，特别是在如此微小的钱款问题上。然而，如果分配方案试图想把这些组织的力量和重要性分成等级，则摩擦和不和就会不可避免。为此，我认为，尽可能地按照平等的原则，一般情况下避免并绕开有关各组织的力量问题，则是最符合于革命运动的尊严和利益的。德国社会民主党就是从这一基础出发而提出问题的，它按照下列方案分配了基金：

俄国社会民主工党 40%，

波兰社会民主党 20%，

拉脱维亚工人党 20%，

崩得 20% 。

由于社会党国际局还同意分配给另两个成员党：社会革命党和波兰社会党，因而按照上面的原则，分配方案应该是这样的：

俄国社会民主工党 26% ，

社会革命党 26% ，

崩得 12% ，

拉脱维亚工人党 12% ，

波兰王国和立陶宛社会民主党 12% ，

波兰社会党 12% 。

鉴于这样的变动，除了稍微地缩小了两个党的份额——和执行委员会所提方案比较——以外，提高了 4 个党的份额，特别是对俄国的运动给予了基金总额的一半以上。我希望我的建议能为国际局所接受。

罗莎·卢森堡"

为了回答这些各种不同倾向的信件，执行委员会必须简要地说明我们的见解。

1. 执行委员会真诚地认为俄国社会民主工党的力量比社会革命党所认为的要大。但执行委员会也并不认为社会革命党的重要性有如崩得代表所想象的那样有限。

2. 执行委员会并不相信拉脱维亚社会民主同盟具有的影响足以能要求分得拉脱维亚社会民主党名下的一半份额。

3. 执行委员会认为，选举的结果完全证实了它对有关力量的估计。

4. 执行委员会认为，卢森堡女公民把德国同志采取的分配方案定为 40% 、20% 、20% 、20% 的比例是弄错了的。德国社会民主党指导委员会非常完善地采用了一种根据它对各方面力量的估计而制订的分配方案。

鉴于只有 10 个成员回答了 3 月 29 日的信，我们请所有的代表务必在 5 月 1 日以前对下列问题作出答复：

1. 关于鲁巴诺维奇的建议：

（1）你是否同意在俄国社会民主工党和俄国社会革命党之间作相等的平均分配？

（2）把拉脱维亚社会民主党名下份额的一半分给拉脱维亚社会民主同盟？

2. 你是否更赞同罗沙·卢森堡女公民提议的分配方案，她的分案如下：

俄国社会民主工党 26%，

俄国社会革命党 26%，

崩得 12%，

波兰社会党 12%，

拉脱维亚工人党 12%，

波兰王国和立陶宛社会民主党 12%。

3. 你是否更赞同国际局执行委员会的建议，内容如下：

俄国社会民主工党 30%，

俄国社会革命党 25%，

崩得 15%，

拉脱维亚社会民主党 12%，

波兰社会党 10%，

波兰王国和立陶宛社会民主党 8%。

法兰社会党中央委员会的回信如下：

"在我们党 11 月份召开的最近一次代表大会上，经过一次深入的讨论后，表决通过了一个决议。决议表明我们的战斗组织中的不少成员已自动脱离了党，这一决议是因这些成员坚持不服从组织以后作出的。他们的策略观念不符合党所制订的正式策略。

经代表大会超过2/3多数表决通过了上述决议后，1/4的代表离开了代表大会，声明不服从决议。①

这些分裂分子不久成立了一个单独的小集团，名叫'波兰社会党革命派'，并且展开了试图在工人组织内部制造分裂的运动。我们党一般地抵制了这种所谓的'革命派'的破坏性倾向。

不幸的是这些分裂的挑拨者成功地使奥地利波兰的一部分同志走上了歧途，使他们相信他们确实组成了一个平行于党的波兰社会党派别。社会党国际局代表迪阿曼德公民是属于他们中间的一个。因此，他在最近通过你们转给我们的1200法郎后，就专横地建议将钱款在波兰社会党和分裂小集团之间平分。我们拒绝了这个建议，钱款仍然留在迪阿曼德公民手中。

为了在今后避免再发生类似的差错。我们请求你们将援助俄国革命者的钱款中分给波兰社会党的部分直接寄给齐格蒙特·马雷克博士公民，地址是克拉科夫（奥地利波兰）波泽尔斯卡大街17号。

波兰社会党中央委员会

亨·瓦列茨基"

我们将这封信的抄件转给了波兰社会党驻社会党国际局的代表迪阿曼德公民，迪阿曼德公民给我们写了回信如下：

"1907年2月23日

我刚收到你们寄来的波兰社会党中央委员会的信的抄件。我已向你们报道过波兰社会党内部发生分裂的情况。我们现在在波兰有两个波兰

---

① 关于这次分裂，参见 A. 扎尔诺夫斯卡：《波兰社会党政策的演变（1904—1906）》，华沙，1965年，第434—471页。

社会党，其中一个带有‘革命派’的标记。将分给波兰社会党的钱款平分成两份的意见并不出之于我，是由克拉科夫救助委员会向波兰社会党的两派提出的。作为革命派，我接受了这一分配方案，而另一派则坚持了有如中央委员会在给你们的信中所持的理由，没有作出任何最后的决定。你们寄给我的钱款已由我存放在一个储蓄金库中，以等待最后的决定。”

“1907 年 3 月 29 日

这里附上一封波兰社会党革命派要我转达的信件。乘此机会，我向你告知，8 月初该派将举行一次代表大会，会议决议将译出寄给你们。

海·迪阿曼德”

波兰社会党革命派的信件

“1907 年 3 月 18 日

海尔曼·迪阿曼德公民给我们转来了所谓的‘波兰社会党工人中央委员会’2 月 19 日发给国际局书记处的信件。我们谨此作复。

不幸得很，波兰社会党内部的不和并不是一件新发生的事，波兰社会党第九次代表大会上爆发的冲突只是这一内部斗争的长期结果。一个完全是偶然的多数（后来的事实证明这完全是偶然的）决定把‘战斗组织’排除出党，从而摧毁了我们在反对沙皇政权的斗争中最优秀的武装，并使我们失去了那些两年来为保卫无产阶级的事业、反对俄国政府的打击而付出了鲜血的人们的支持（战斗组织的任务是拿起武器同警察和士兵作斗争）。排斥战斗组织的措施必然是全部改变我们的纲领和我们的策略的前奏。尽管在代表大会上处于少数地位，我们不能接受这一决定，因为我们估计到其结果将毁灭我们的党。我们为此向有组织的无产阶级发出了号召，并且组成了‘波兰社会党革命派’。然而我们认为，我们有权利认为我们是波兰社会党的真正代表，因为是我们建立了波兰社会党，我们保卫了党的纲领，15 年来的斗争足以证明这一点；但是，为了尽量避免使冲突激化，我们使用了'派'的名称，也不否认我们的对手有权利认为他们是波兰社会党的另一派（温和派）。

当我们把将战斗组织开除出党的消息传达到工人组织中去的时候，在全国引起了共同的不满呼声。绝大部分的同志们是站在我们一边的。目前，在分裂以前的我们党的 17 个地区中，只有 1 个（最弱的）地区有一些'温和派'的成员，有 1 个地区声明中立，1 个已不存在了，在国内所有其他地方（其中包括洛兹、切斯托乔瓦、栋布洛瓦、华沙那些大的工人集中区），我们拥有几乎全部的绝大多数工人组织［原文如此］。[①]'温和派'只是在一些农村地区超过我们，以及在好几个国外的波兰学生组织中超过我们。我们重新创办了 7 种党的定期刊物，是地下秘密印刷的，保持经常出版。最近我们召开了第一次代表大会，有 3/4 的原有的组织是归属'革命派'的。[②] 最后，我们坚决主张重新恢复党的统一，我们邀请温和派参加一次共同举行的代表大会，但是他们的工人中央委员会以一个毫无意义的借口加以拒绝。虽然我们确信少数留在温和派行列中的同志不久会回到我们党内，党的统一终于会成为事实，但我们仍然决定保留'派'的名称。同时我们接受一切旨在共同商讨重建统一方法的邀请。但是，我们不能接受少数派组成所谓的波兰社会党，并且自认为是党的唯一代表。为此，我们请迪阿曼德公民把分配给波兰社会党的基金作为存款保存起来，一直到友好地和解。而只是把那

---

① 在上述 A. 扎尔诺夫斯卡的文章（本卷第 544 页注①）中有一张波兰各社会主义组织的分布图（第 464 页）。

② 详细情况参见波兰社会党（革命派）提交斯图加特国际代表大会的报告，题目是《波兰社会党活动汇报》，巴黎，维·古比印刷厂，1907 年，第 31 页。（中文本见本书第 23 卷《第二国际第七次（斯图加特）代表大会文献（2）》。——编者注）

些指名分别给予他们的钱款分送到两派的工人中央委员会手中。迪阿曼德公民同意了这一点。

我们应该补充提到，波兰社会党中的奥地利和普鲁士波兰的代表们曾接受我们的邀请，参加了我们的代表大会。波兰社会党在美国的工人组织（波兰人和犹太人）是站在我们一边的。最后，海尔曼·迪阿曼德公民仍然是我们派以及奥地利和普鲁士波兰社会党驻社会党国际局的代表。

我们不久将给你们寄上我们的纲领的译文，以及我们党的会议记录。

波兰社会党革命派国外委员会
A. 德隆斯基"

2 月份，我们收到了俄国基金的下列款项：

利物浦的费边社	227.50 法郎
阿伯特·蒙肯斯公民，美国	51.50
西班牙社会党	2500.00
	合计 2779.00 法郎

国际局的成员们要求我们公布各成员党转来的俄国基金情况，特公布如下：

比利时工人党	4000.00 法郎
	2700.00
	176.04
	7000.00
	1000.00
	合计 14876.04 法郎

捷克社会党	2202. 41 法郎
	337. 43
	633. 65
	合计 3173. 49 法郎
丹麦社会党	685. 00 法郎
	410. 25
	78. 35
	1382. 17
	3500. 00
	3500. 00
	4000. 00
	5000. 00
	6000. 00
	8000. 00
	合计 32555. 77 法郎
荷兰社会民主工党	1666. 80 法郎
	1251. 90
	208. 80
	879. 75
	6243. 50
	309. 00
	620. 00
	828. 00
	248. 40
	合计 12256. 15 法郎

社会主义工人党，美国	580.00 法郎
	1033.75
	1033.75
	2060.00
	3097.50
	1550.63
	1035.00
	1036.25
	1035.00
	合计 12461.88 法郎

社会党，美国	5363.92 法郎
	4712.25
	728.80
	119.20
	470.25
	合计 11394.42 法郎

匈牙利社会党	2088.20 法郎
	731.15
	1300.00
	合计 4119.35 法郎

瑞典社会党　　　　　　　　　　　620. 00 法郎

　　　　　　　　　　　　　　　　537. 00

　　　　　　　　　　　　　　　　250. 09

　　　　　　　　　　　　　　　　258. 72

　　　　　　　　　　　　合计 1665. 81 法郎

西班牙社会党　　　　　　　　　　2800. 00 法郎

　　　　　　　　　　　　　　　　2500. 00

　　　　　　　　　　　　合计 5300. 00 法郎

阿根廷社会党　　　　　　　　　　1915. 21 法郎

　　　　　　　　　　　　　　　　183. 24

　　　　　　　　　　　　　　　　665. 20

　　　　　　　　　　　　合计 2763. 65 法郎

社会党（法国支部）　　　　　　　2000. 00 法郎

　　　　　　　　　　　　　　　　1200. 00

　　　　　　　　　　　　　　　　600. 00

　　　　　　　　　　　　合计 3800. 00 法郎

瑞士社会党　　　　　　　　　　　543. 15 法郎

　　　　　　　　　　　　　　　　200. 00

　　　　　　　　　　　　　　　　256. 20

　　　　　　　　　　　　　　　　243. 50

　　　　　　　　　　　　合计 1242. 85 法郎

意大利社会党	4500.00 法郎
	4500.00
	合计 9000.00 法郎

澳大利亚	125.60 法郎
	257.30
	150.50
	合计 533.40 法郎

加拿大	206.00 法郎
	401.70
	合计 607.70 法郎

挪威工人党	141.16 法郎
英国支部	660.00
巴西社会主义联合会	214.00
塞尔维亚社会党	55.00
卢森堡社会党	30.00
巴拉巴诺娃女公民募集款项	2000.00
	500.00
	500.00
	合计 3000.00 法郎

复　算

比利时	14876.04 法郎
波希米亚	3173.49

丹麦	32555.79
社会党，美国	11394.42
社会主义工人党，美国	12462.08
荷兰社会民主工党	12255.65
匈牙利社会党	4119.35
瑞典社会党	1665.81
西班牙社会党	5300.00
阿根廷社会学	2763.65
社会党（法国支部）	3800.00
意大利社会党	9000.00
瑞士社会党	1242.85
澳大利亚	533.40
加拿大	607.70
挪威	141.16
英国支部	660.00
巴西	214.52
塞尔维亚和卢森堡	85.00
	合计 116850.91 法郎
巴拉巴诺娃女公民募集款项	3000.00
集体和个人	7984.60

1907 年 2 月 28 日合计 127835.51 法郎

此外，布兰亭向我们指出，他们的党曾在国内为俄国的政治流亡者花费了 11103.53 法郎，而不是他以前向我们通报的 1103.53 法郎。

党　费

2 月份我们收到的党费如下：

德国社会民主党（1907 年党费）	2500.00 法郎
奥地利社会民主党（1907 年党费）	600.00
捷克社会党（1907 年党费）	600.00

合计 3700.00 法郎

1907 年 12 月 31 日以前应交的党费

（1907 年 2 月 28 日）

	1906 年 12 月底前拖欠的	1907 年党费	合 计
奥地利社会党	1290.00 法郎		1290.00 法郎
英国支部		1250.00 法郎	1250.00
社会民主联盟	100.00		100.00
澳大利亚		200.00	200.00
保加利亚社会民主党		100.00	100.00
丹麦社会党	800.00	800.00	1600.00
社会党，美国		625.00	625.00
社会主义工人党，美国	625.00	625.00	1250.00
西班牙工人党		200.00	200.00
芬兰社会党		300.00	300.00
荷兰工人党	654.00	400.00	1054.00
匈牙利社会党		400.00	400.00
意大利社会党		400.00	400.00

日本社会党	275.00	100.00	375.00
卢森堡社会党	25.00	25.00	50.00
挪威工人党		200.00	200.00
波兰社会党			
波兰王国和立陶宛社会党			
俄国工人党			
瑞士社会党	800.00	200.00	1000.00
塞尔维亚社会党	200.00	100.00	300.00
阿根廷共和国	400.00	200.00	600.00

我们请拖欠党费的各社会党在尽可能短时间内将党费寄来。

执行委员会

爱·安塞尔，埃·王德威尔得

书记　**卡米耶·胡斯曼**

在以上的报告文字印出后，我们又收到德国党指导委员会的来信，回答了我们请它指点的关于它在德国募集的基金的分配方案：

"亲爱的同志：

收到你们3月20日的来信，谨此作复。在经过多次修改后，我们设计了如下的分配方式：

阿克雪里罗得—列宁统一集团35%，

崩得17.5%，

波兰王国和立陶宛社会民主党15%，

波兰社会党12.5%，

拉脱维亚工人党10%，

社会革命党10%。

我们用这一方案进行分配已有很长时期，但一直没有得到普遍赞同，而是和其他方案一样都受到攻击。

谨致兄弟敬礼！

A. 格里施"

18

1907 年 3 月、4 月和 5 月月度机密报告

（1907 年 6 月 10 日，布鲁塞尔）

3 月、4 月和 5 月，我们收到的俄国基金款项如下：

布雷特施奈德公民，美国	401.70 法郎
阿伯特·蒙肯斯公民，美国	51.50
丹麦社会党（克努森）	4000.00
——	1500.00
劳工社，法恩扎	79.40
塞尔维亚社会党	200.00
澳大利亚国际社会主义俱乐部	126.00
费舍公民，纽约	94.75
洛桑失业救济委员会	1150.00
社会党（法国支部）	750.00

合计 8353.35 法郎

关于俄国基金的分配方案的各种建议，曾提交国际局成员审查，只

有 10 名代表作了答复，7 名同意执行委员会的建议，3 名同意鲁巴诺维奇公民的建议，没有人同意卢森堡女公民的建议。我们请没有答复的国际局成员在这里表一下态。

在这 3 个月中，我们收到下列党费：

瑞典社会党（1907 年党费）	500.00 法郎
美国社会党（1906 年底拖欠党费）	875.00
意大利社会党（1906 年党费）	400.00
澳大利亚国际社会主义俱乐部（1906 年党费）	200.00
匈牙利社会党（1906 年党费）	400.00
俄国社会革命党（1907 年党费）	400.00
工人国际法国支部（1907 年党费）	1250.00
荷兰社会民主工党（拖欠党费）	416.00 法郎
	合计 4441.00 法郎

政党	参加组织成员			数字
	政治组织	工会	合作社	
阿根廷社会党	3000	20000		3500
澳大利亚维多利亚州				
保加利亚社会民主党	1014	1970	2000	786
五一工人联合会，玻利维亚				
社会党，加拿大				
社会党，美国	35000			
社会主义工人党，美国				24880
社会主义工人党，西班牙	6000	36537		23000
社会民主党，芬兰	70000			
意大利社会党	42860	365054		

政党	参加组织成员			数字
	政治组织	工会	合作社	
挪威工人党		25308		45000
亚美尼亚社会民主工人组织		2000		
社会党，法国	52000			896000
匈牙利社会党		153332		
社会民主联合会，丹麦		92627		
奥地利社会党		323099		
塞尔维亚社会党		5074		
德国社会民主党				3258968
荷兰社会民主工党	7471	36000	6800	65743
瑞士社会党	20337	50000	150000	70000
瑞典社会民主工党	63023			
比利时工人党	145781	35624		469094
国际英国支部				
俄国社会民主工党				
俄国社会革命党				

下面是拖欠党费的各党名单：

	拖欠党费		合计
	1906 年	1907 年	
奥地利社会党	1290.00 法郎		1290.00 法郎
国际英国支部		1250.00 法郎	1250.00
社会民主联盟	100.00		100.00
澳大利亚国际社会主义俱乐部		200.00	200.00

	拖欠党费		合计
	1906 年	1907 年	
保加利亚社会民主工党 （萨卡索夫）		100.00 ①	100.00
保加利亚社会民主工党 （基尔科夫）		100.00 ②	100.00
丹麦社会民主联合会	800.00	800.00	1600.00
社会党，美国		625.00	625.00
社会主义工人党，美国	625.00	625.00	1250.00
西班牙工人党		200.00	200.00
芬兰社会民主党		300.00	300.00
荷兰社会民主工党	654.00	400.00	1054.00
匈牙利社会党		400.00	400.00
意大利社会党		400.00	400.00
日本社会党	275.00	100.00	375.00
卢森堡社会党	25.00	25.00	50.00
挪威工人党	200.00	200.00	400.00
波兰社会党		400.00	400.00
波兰王国和立陶宛社会民主党		200.00	200.00
俄国社会民主工党		400.00	400.00
瑞士社会党	800.00	200.00	1000.00
塞尔维亚社会党	200.00	100.00	300.00
阿根廷社会党	400.00	200.00	600.00

合计 5369.00 法郎　7225.00 法郎　12595.00 法郎

---

① 数字是我们加的。——译者注
② 数字是我们加的。——译者注

俄国基金账目

1906 年 11 月 10 日库存	24725.72 法郎
截至 1907 年 8 月 10 日累计收入	28120.73
	合计 52846.45 法郎

截至 1907 年 8 月 9 日累计支出	45458.60
	今日库存 7387.95 法郎

书记处账目

（行政管理金库）

1906 年 11 月 10 日库存		4021.28 法郎
截至当日累计收入	16097.75 法郎	
截至当日累计支出	12757.90	
		3339.85
		今日库存 7361.13 法郎

总账目

1906 年 11 月 10 日库存	28747.00 法郎
截至今日累计收入	44218.48
	合计 72965.48 法郎
截至今日总支出	58216.50
	差额 14718.98 法郎

俄国基金账款   <u>7387.85</u>

今日行政管理金库 7331.13 法郎

1907 年 6 月 10 日

19
1907 年 4 月和 5 月月度报告

参加国际局的申请

（1）犹太社会主义工人党。

犹太社会主义工人党中央委员会要求接受它的组织参加国际局。该党声称，它的策略和纲领都表明它是一个社会民主党。作为一个犹太无产阶级的政党，它的特殊的目的是致力于帮助建立一个犹太人的移民自治中心。该党拥有有组织的无产者党员 24000 人。

来信由书记贝格曼署名，信中表示将于日后寄来有关该党的政治活动和理论原则的详细报告。①

（2）犹太社会民主工党（锡安工人党）。

---

① 关于这个要求所引起的争论，参见 E. 门德尔森的研究论文《论犹太社会主义运动和第二国际（1889—1914）：争取承认的斗争》，《犹太社会研究》第 26 卷 1964 年第 8 期第 131—145 页。

　　该党来信原文如下：

　　"犹太社会民主工党（锡安工人党）委托下列署名的俄国、奥地利及美洲各地联合会的委员会申请参加工人国际。

　　犹太社会民主工党（锡安工人党）是建立在社会主义原则基础上的党。承认生产手段社会化目标和经济及政治的阶级斗争，承认无产阶级夺取政权以最后结束资本主义制度和资产阶级的统治。

　　犹太社会民主工党（锡安工人党）是一个世界性的犹太无产者社会主义组织。在所有有大量犹太工人阶级集中的国家都建有联合会，首先是在俄国［俄国犹太社会民主工党（锡安工人党）］，在奥地利，在美洲的美国，然后在加拿大、英国和巴勒斯坦，我们的组织并不限制在这些国家，它包括所有属于犹太人民的无产者。

　　犹太人不仅在不同的政府下生活，而且分散在各地区。但是由于他们独特的相同发展条件和生产条件——由于历史、经济发展情况、风俗习惯和文化而统一为一个民族。他们形成了一个犹太工人阶级，在资本主义的剥削下和犹太问题的实际影响下，具有共同的利益和问题。

　　对于犹太无产阶级来讲，确实存在着一个特殊的犹太问题。这是犹太人民在物质上的依附性和经济上的残缺性所形成的。犹太人民的经济等级结构极不正常，缺少一个农民阶级，一个大地主阶级。代表大多数犹太人民的是大工业的无产阶级和体力劳动者。犹太工人阶级被集中在范围极小的犹太工业中，这一切形成犹太教内部的特殊的社会条件，足以证明有必要把犹太无产阶级联合在一个单独的工人政党中。然而，在所有他们所居住的国家，不管是什么政治条件，犹太无产阶级的处境都具有极为特殊的性质。这里我们简略地加以叙述，以说明我们的观点。

　　犹太人的商业资本消失在国际企业资本中，因而虽然产生了一个巨大的犹太资产阶级，但并没有创造出一个相应的犹太无产阶级。

　　犹太工人阶级集中在少数生产技术落后的行业中，具有小工业、手工业或家庭工业劳动的特点。在发展中，这些侏儒式的小工业往往被大工业所超过，因而趋于消亡。这一大批背井离乡并已无产阶级化了的农民群众又重新为精明的资本主义所吸收，为资本主义提供了工资奴隶大军。

犹太手工业无产者失去了财产，也失去了工作。然而却又被置于现代大工业之外，特别是被置于那些在经济生活中无产阶级能掌握最重要的经济命脉的生产部门之外。

俄国、奥地利、美洲和英国的犹太无产阶级都没有进入生产原材料、生产生产工具和运输工具的产业部门，也没有进入其他在经济、技术上等级较高的生产部门。

犹太人民在经济上存在着这种不正常的差异，又面临着那些受到反动成见鼓励的非犹太族无产者群众的民族性竞争，致使犹太无产阶级在发展上受到限制并且显得疲惫不堪，使犹太人民的广大阶层社会地位降低，因而使犹太无产阶级的阶级斗争受到阻挠，犹太无产阶级的战斗地位也受到削弱。

犹太工人阶级受到落后的劳动方式的限制，承受着最深重的剥削。他们认识到必须结束这种受压制的处境。这种处境也就被认为是犹太无产阶级的犹太问题。犹太工人阶级意识到他们的责任，要求根本改变犹太人民的生存条件。

这种变革的客观趋势正在犹太人民生活的各种行为中表现出来。最主要的是表现在犹太人的大量往外迁移。在近 25 年中，共有 160 万犹太人（大部分是手工艺者）离开了俄国、奥地利（加利西亚）和罗马尼亚的居留地，奔向海峡和大西洋彼岸去寻找工作。这种令人吃惊的移民现象，主要是在俄国，是政治迫害促成的。但是实际上则是一种真正的经济现象。从奥地利外迁的犹太移民（从加利西亚和布科维纳外迁）要多于从俄国外迁的犹太移民这种情况证明了这一点。那里的移民，尽管在立法上并没有限制，并不是迁往邻近的国家，例如摩拉维亚和波希米亚等地，而是奔向遥远的纽约城。

目前的犹太移民运动并没有解决犹太问题。移民并没有推向更高层次的发展。犹太移民在原来的移出国往往是'血汗工资制'的牺牲者，而到了移入国他们又引起当地受到这种侵入威胁的美国和英国工人群众的不满和怨忿。犹太移民进入文化较高、资本主义生产发达的国家是更为困难的，因为那里有限制外国移民的法律（英国）。所以就迫使他们改变方向向不发达国家移民。那里的所有重要经济阵地都为犹太工人群众所占领，从而建成了一个犹太工业基地，这样就可保证犹太人民的生产力得以无阻挡地转移。

犹太移民不能像农业民族那样向农业发达的国家移入。他们的移民方向是由犹太人民群众的特殊的经济结构所决定的。几百年以来，犹太移民都是完全由城市居民所组成。犹太移民正在走向一个在地理上和经济上都适合于进行大规模商业和工业殖民的国家。这样就可以克服从市民过渡到从事农业耕种的困难。他们可以采取集约耕种的方式，这种耕种方式是城市人民更容易适应的。这样就能对犹太人民群众具有吸引力，使他们依附在这块土地上。

这个国家就是犹太人民的历史上的祖国——巴勒斯坦。走向这个犹太国土的犹太移民正在日益增多。这个国家的一个民族组织，即犹太社会民主工党（锡安工人党）和一个犹太工人的职业组织都已建立起来了。

组织在锡安工人党内的犹太社会党人认为，解决犹太问题的唯一可能和必要的办法就是从地域上解决犹太问题。这就是在巴勒斯坦建立一个犹太共同体。这个要求是锡安工人党最低纲领中的最重要之点。在犹太无产阶级所居住的国家里，我们的党和所有各种语言的觉醒的无产者并肩战斗。在俄国的街垒里，他们为从专制主义的锁链下争取解放而斗争。在奥地利，他们为争取全面普选而斗争，并反对镇压波兰人民的政策。在美国，他们为发展社会主义觉悟意识而斗争。

按照社会党国际局最近的决议，参加国际局的代表权已不是按国家，而是按民族来规定的。犹太社会民主工党（锡安工人党）拥有19000名有组织的犹太工人，分布在俄国、奥地利、美洲、英国和巴勒斯坦。我们要求社会党国际局以犹太民族无产阶级的社会主义政党的资格，给予我们一名参加社会党国际局的代表权。

以犹太社会民主工党（锡安工人党）

中央委员会的名义

书记　大卫·斯图尔曼，沃尔纳

以奥地利执行委员会的名义

书记　约瑟夫·马古利斯博士

克拉科夫，塞巴斯蒂安那街 27 号

以美国和加拿大的中央委员会名义

书记　罗索夫斯基

纽约，E. 百老汇街 165 号"

社会主义的统一

——南非约翰内斯堡的 W. 萨瑟兰公民来信告诉我们，他们那里成立了由下列组织组成的南非社会主义大会，以实现社会主义在南非的统一。这些组织是：德兰士瓦独立工党，约翰内斯堡社会主义前进协会，约翰内斯堡卡尔·马克思社会主义联合会，俄国自由之友协会，开普敦社会主义民主联合会，纳塔尔省德班社会民主联合会。

该大会已决定派遣 3 名代表参加斯图加特代表大会，他们是：卢卡斯、伊斯雷伊斯塔姆和赖特豪斯同志。①

　　W. 萨瑟兰公民的地址是：约翰内斯堡第 5493 号信箱。他已被指派为大会参加社会党国际局的通讯员。

　　——澳大利亚。汤姆·曼公民目前正在澳大利亚从事统一运动，旨在统一所有各社会主义组织。他已向下列各集团发出号召：社会主义劳动党（悉尼），社会民主联合会（悉尼），社会主义国际俱乐部（悉尼），社会主义先锋（布里斯班），社会民主俱乐部（布罗肯希尔），社会主义宣传团（布罗肯希尔），社会民主联合会（卡尔古利），维多利亚社会党。

　　《国际社会主义杂志》是由社会党国际局成员组织悉尼社会主义国际俱乐部出版的，该杂志正在从事开展统一的宣传，看来取得了一些成绩。

参加社会党国际局的代表

　　——匈牙利。匈牙利社会民主党通知我们，目前他们参加社会党国际局的 2 名代表是雅各布·韦尔特纳和德西代勒·博卡尼。

俄国的引渡问题

　　——基拉克茨基事件。② 关于俄国的事件中有一件是斯托雷平政府提出要求引渡基拉克茨基公民。俄国政府指控基拉克茨基谋杀了维斯图拉的铁路局局长伊万诺夫。但基拉克茨基所属组织的代表和了解该事件

---

①　从 1907 年起，南非社会主义人士就派了 1 名代表爱德华·B. 罗斯参加斯图加特国际社会党人代表大会。开普敦社会党人的第一个机关报是英文版的《社会主义好望角》，附有一个南非文的副刊。参见科尔上述著作第 2 部分第 909—914 页。

②　参见第 67 号文件。

情况的人士，如波兰社会党"无产阶级"和俄国社会民主工党都相信社会党国际局作证，证明被告并不是伊万诺夫的谋杀者。并指出伊万诺夫是铁路无产者员工的最凶狠的压迫者之一。基拉克茨基只是涉足了谋杀案的现场，谋杀应该被认为是一件"政治"罪行。在此背景下，上述各党表示抗议，并且呼吁全世界社会党人反对可能发生的对基拉克茨基的引渡。国际局在最广泛的范围内散发了这些信件，并将原信通过社会党国际局的代表拉潘公民转交给各位审判官先生。法官们并不认为他们有权拒绝将基拉克茨基引渡给那些黑帮的头子，引渡给里加的刽子手们。

马其顿的独立问题

国际局各成员党转发了保加利亚一个成员党组织寄来的一封信。该信呼吁全世界社会党在五一节的示威活动中支持国际局在 1904 年 2 月 7 日提出的要求巴尔干各民族独立问题的决议。该决议要求给予马其顿完全的自治，并给该国所有民族集团生存和发展的权利。①

杜马的社会民主党代表

我们收到俄国社会民主工党中央委员会寄来的下列信件②。

"我们认为我们有责任向你们通报，我们已在王国的杜马中组成了我们的议会党团，暂时通过——尚须等待下次代表大会确认——下列章程，以作为我们组织的基础：

1. 王国杜马的议会党团作为党的正式组织进行工作，应与代表大会的各项决议一致，并受党的中央机构的领导和监督。

---

① 参见第 68 号文件。
② 1907 年 4 月 8 日的信，原文是德文，存于社会党国际局档案。

2. 议会党团由下列人员组成：（1）被选入杜马的党所指派的候选人；（2）其他承认党的纲领和代表大会的决议，并愿意作为党的负责代表行事的议员。但凡选举议员的选民们表示不同意这些原则的，那么这被选出的议员就不能参加本议会党团。

3. 在一切行动中，议会党团都代表一个集体，在这个集体中，少数必须服从多数。当少数认为议会党团的决议违反党的策略或纲领而加以反对时，由中央委员会审查意见分歧，议会党团必须接受中央委员会的决定。

4. 议会党团的一切事务都由党团的一个委员会解决，该委员会有权将一切紧急事务提交议会党团通过，或者提交中央委员会。

议会党团的第一次会议选出了一个临时委员会，由下列5位同志组成：阿列克辛斯基、德斯卡帕里泽、基里连科、米特罗范和策列铁里。

我们的议会党团目前有54名有评议权的代表成员。

为了帮助议会党团，中央委员会指定了一个由政治、经济问题专家组成的法律委员会，并在其中分设了下列委员会：工人立法、农业问题、行政自治和一个预算委员会。所有这些委员会目前都已工作。

亲爱的同志们，我们希望今后能向你们报道有关我们的决策和决议，以及有关我们党的发展情况。

谨致兄弟的敬礼！

社会民主党议会党团

伊·策列铁里

中央委员会

W. B.”

关于成立国际通讯社问题

瓦伦蒂诺·皮托尼公民和安杰洛·维凡蒂博士二人都是《劳动报》

的领导人，给我们写来了下面这封信①：

"我们这封信的署名者瓦伦蒂诺·皮托尼和安杰洛·维凡蒂，我们两人都是的里雅斯特《劳动报》的领导人。在我们为报纸做的准备工作中，我们发现我们的报纸作为所有资产阶级新闻社的顾主，我们付出了很多金钱，但是得到的服务则是不够的，有时甚至是很坏的，特别是有关工人阶级运动方面。我们的所有报刊必须支付代价，甚至支付很高的服务费用，然而在全世界的伟大的社会主义运动方面却不能为读者提供综合而全面的情况报道。因此我们认为世界各社会主义报纸应该设法成立一个国际性的社会主义通讯社。德国同志们已经有意在这方面为德国办些事情。

我们想给社会党国际局提出这样一个建议：

1. 社会党国际局负责为斯图加特代表大会组织一次社会主义报纸的记者会议。如果可能，会议可以在大会期间举行，如果不能，则在代表大会后举行；

2. 社会党国际局负责为这次会议安排一个议程，建立一个国际社会主义通讯社；

3. 社会党国际局向所有的社会主义报刊传达这个建议，并请所有参加的记者同志采取措施，在行政工作上准备腾出足够的天数以参加会议，务使会议能够为你们达成一些具体的结果。"

国际局执行委员会决定建议在斯图加特召开有所有社会主义日报社参加的会议，他们比国际局更有资格阐明这一个在政治上和财政上都具有重要性的问题。

---

① 这一建议曾于 1907 年 8 月 25 日在斯图加特代表大会期间召开的第一次社会主义记者会议上进行讨论。

国际局的出版工作

1.4 月 1 日以 3 种文字（96 页）出版了社会党国际局 11 月 10 日会议的正式记录，售价是 1 法郎。

2.1907 年 6 月底将出版各成员党自 1903 年以来的活动报告，书名是：《工人和社会主义国际》。第 1 卷共计 400 页，售价 2.50 法郎；第 2 卷也将有 400 页，将于 7 月底出版。

3.1907 年 7 月初将用 3 种文字出版一卷汇集各项报告和决议的文献，行距较密，200 页左右。

执行委员会

爱·安塞尔，埃·王德威尔得

书记　卡·胡斯曼

6 月和 7 月月度机密报告

（1907 年 8 月）

俄国基金

6 月和 7 月我们收到了俄国基金的下列款项：

波士顿约内·克拉娃为拉脱维亚党寄来的款项	1193.90 法郎
	1911.80
	698.09
	427.75
波士顿罗伯特·格罗斯为拉脱维亚党寄来的款项	41.20
	48.90
意大利萨尔托里公民	20.00
	合计 4281.55 法郎

　　注明寄给拉脱维亚社会民主工人党的钱款（4261.55 法郎）已经给这个组织寄去。

党　费

6、7 月份我们收到了下列党费：

俄国社会主义工党（1907 年党费）	400.00 法郎
丹麦社会党（1906 年党费）	800.00
波兰社会党（迪阿曼德派，1907 年）	200.00
波兰社会党（马雷克派）	200.00
挪威工人党（1906 年党费）	200.00
波兰王国和立陶宛社会党（1907 年）	200.00
保加利亚社会主义工党（萨卡索夫，1907 年）	100.00
社会主义工人党，美国（1906 年）	625.00

合计 2725.00 法郎

附　录

1914 年 7 月 29—30 日在布鲁塞尔召开的社会党国际局会议记录

面对危急的国际形势和奥塞战争的威胁，社会党国际局成员接到 7 月 26 日的电报通知，前来参加于 1914 年 7 月 29 日至 30 日在布鲁塞尔人民之家召开的国际局会议。

7 月 29 日星期三上午的会议

由埃米尔·王德威尔得主持会议，执行委员会成员参加。

会议签到的人员有：

英国：詹·基尔·哈第，布鲁斯·格莱西尔，丹·欧文

德国：胡果·哈泽，卡尔·考茨基

奥地利：维克多·阿德勒博士，弗里德里希·阿德勒博士

波希米亚：埃德蒙·布里安，安东·涅梅茨

法国：让·饶勒斯，爱德华·瓦扬，茹尔·盖得，马塞尔·桑巴，
　　　让·龙格

意大利：安热利卡·巴拉巴诺娃，莫尔加利

西班牙：A. 法布拉·里瓦斯，科拉莱斯

俄国：伊·鲁巴诺维奇，帕维尔·阿克雪里罗得

立陶宛：P. 温特，奥·布劳恩

波兰：罗莎·卢森堡，瓦列茨基

丹麦：斯陶宁格

荷兰：特鲁尔斯特拉

比利时：埃米尔·王德威尔得，爱德华·安塞尔，路易·贝尔特
　　　朗，卡米耶·胡斯曼

瑞士：卡尔·穆尔，格里姆

由昂利·德曼公民担任翻译。

首先，有人提出记者的问题。记者能不能列席讨论。

瓦扬：在上次国际局会议上，记者没有列席。只有国际局成员可以出席会议。这次也可采取同样做法。

王德威尔得赞成这个意见。同意记者参加，事情就不保险。可以给他们发一个公报。（通过）

胡斯曼为了避免可能发生的麻烦，讨论该不该让拉波波特①公民参加会议。

瓦扬：拉波波特曾参加过伦敦会议。

胡斯曼：阿根廷党曾经给我们来信，说拉波波特是这个党在伦敦会议上的代表，仅此而已。如果让他参加这次会议，阿根廷党就会对我们表示不满。

拉波波特：我的任命刊载在党的正式刊物上。我的委托书尚未取消。我只是想把执行局这次会议的情况告诉阿根廷党。

王德威尔得：这不合适。让国际局全体成员来决定吧。（大部分人不赞成拉波波特与会）

王德威尔得建议将这次冲突所涉及的国家的情况向大家介绍一下。

盖得：请在场的各国支部代表谈谈吧。

饶勒斯：按照事态发展的顺序进行吧。首先谈奥地利、波希米亚和塞尔维亚，接着再谈俄国、法国、德国等。（通过）

维克多·阿德勒：你们都已了解的情况我就不讲了。可是，对奥地利的挑衅态度不仅大家吃惊，我们也感到意外。通过外交交涉，我们对

---

① 沙尔·拉波波特，法国社会党人，原籍俄国，曾参加俄国革命运动。1902年起为俄国社会民主工党党员。以后，移居法国，成为社会党著名战士。曾代表阿根廷社会党参加1913年12月在伦敦召开的社会党国际局第十三次会议。

存在的问题才有所觉察，但是，我们没有想到会发生战争。尽管塞尔维亚接受了奥地利最后通牒中的所有主要点——除了有某些分歧以外，但战争还是爆发了。

党无法采取行动（Wehrlos）①。不这么说那就是欺骗执行局。不应该上传闻的当。现在发生的事情是多年来阶级挑动和蛊惑人心的结果。人们上街游行拥护战争。一种新情况将出现在我们这样一个充满民族问题和民族矛盾的国家里。会出现什么情况呢？谁也不知道。南方斯拉夫人的问题，波斯尼亚的塞尔维亚人的骚动，这一切自然都是针对塞尔维亚的。我们对塞尔维亚抱有的这种敌对情绪几乎是顺理成章的事情。我个人不认为会爆发全面战争。在我们国内，人们想要消灭塞尔维亚。让我们从党的角度来研究一下这种情况。我们不能排除危险。示威是不可能的。这样做要冒生命危险，会坐牢。就算是如此，我们也已经是过来人了。可是，整个组织和报纸处于危险之中，30 年的工作有可能毁于一旦，而政治上却得不到任何结果。在我们国内支持塞尔维亚，这不危险吗？想让塞尔维亚人相信奥地利正在受到革命的威胁，如果这样做我们不是要承担巨大的责任吗？我们必须保护无产阶级使它免受这样的毒害。我们应该保卫我们的组织。罢工等念头都是幻想。问题十分严重，而我们的唯一希望是让我们成为唯一的牺牲者，战争不要进一步扩大。即使战争被限制在一定范围，党的情况也会很惨。我们的对手会由于他们的成功得到加强和鼓舞。

我们很高兴能够在我国组织国际代表大会。我们曾经作了艰苦的努力进行准备。奥地利无产阶级，不分民族，一直都在热切地期望着这次大会的召开。可是现在的情况使人感到难过，无产阶级无能为力。我们希望执行局相信我们，我们这样做是迫不得已的。我们希望能拯救党。

---

①　德文：无抵抗能力的。——译者注

执行局以及我们所能做的，就是谴责发动战争的罪人，并且尽量使冲突局限在一定范围内。

我国的工业也许会军事化。而任何拒绝上工将受军法处置。

尽管如此，我们还是希望能避免世界大战。也许，这样想等于相信会出现奇迹。但我们还是希望这样。

哈泽：我有一件重要的事情向大家通报。人们都在想，在这危急的时刻，无产阶级在做什么。如果照资产阶级报纸的说法，无产阶级也是沙文主义的。我刚刚收到从柏林来的电报恰恰证明情况并非如此。

于是，他念了布劳恩发来的电报。电报说，头天夜里，柏林有数千名工人在 27 次人数众多的集会上举行了反对战争、要求和平的活动而且上街游行。

涅梅茨介绍了波希米亚的情况，说资产阶级方面举行了好战示威。资产阶级认为战争是近年来的政治衍生物。只是不应该忘记，奥地利政府采取了反对塞尔维亚的措施，使形势更加紧张。

他认为，塞尔维亚社会党人是赞成将塞尔维亚合并到奥地利去的。资产阶级发现，战争是缩小社会民主党影响的一种手段。我们的同志和在奥地利的德国社会党人共同研究了举行总罢工的可能性，他们一致表示同意。我们正在进行组织工作。

维克多·阿德勒希望执行局不要作出有害的决定，尽管执行局的决定是主宰一切的。奥地利党能够认识到它要负多大的责任。

饶勒斯想了解波斯尼亚—黑塞哥维那和克罗地亚人的情绪如何。匈牙利人对战争有什么看法？

维克多·阿德勒：克罗地亚人是天主教徒。塞尔维亚人是东正教徒。克罗地亚人忠于王朝。在波斯尼亚，塞尔维亚人不占主要地位。那儿有克罗地亚人和伊斯兰教徒。克罗地亚人组织了一次排犹运动来反对天主教会。至于匈牙利，匈牙利族人反对斯拉夫人，特别是反对罗马尼亚人。

目前是谁在统治奥地利？皇帝仿佛是囚徒。所有政策都受贝希托尔德和蒂萨的影响。匈牙利的内部情况非常混乱。肯定有一部分工人阶级被好战思想所吸引。从奥地利的利益出发，也必须考虑到塞尔维亚对波斯尼亚的愿望。

哈泽：在这种时候，我们很难离开自己的国家。我们必须立即回去，所以，如果可能，今晚就结束会议。

王德威尔得：今晚有一个大会①，要请你们好几个人去参加。如果你们不去，会使人很失望的。

基尔·哈第：为什么要今天闭会？会议结束得太匆忙是不对的。

瓦扬：我们应该怎么把会开完？无论如何只能把会开完才能走。今天晚上或是明天上午。

胡斯曼：按照瓦扬的想法，我们今天开不完。所以，明天上午必须开会。

罗莎·卢森堡：必须果断迅速地采取行动。我们不应该发表宣言，只是，我们必须对大会的事作出决定。不过，我们还是尽量在今天把会开完。

哈泽的意见是必须发表一个宣言。如果需要把会开下去，那就开下去。外交官的行动总是迅速的。我们也快一些吧！

涅梅茨：阿德勒认为，塞尔维亚人在波斯尼亚不占主要地位。实际情况正相反，波斯尼亚大部分地方居住着塞尔维亚人。

在布拉格，我们不怕斗争，现在我们担心的只是我们党遭破坏。

---

① 指当天晚上在皇家马戏院举行的国际群众集会。在会上，王德威尔得、哈泽、莫尔加利、基尔·哈第、鲁巴诺维奇、特鲁尔斯特拉和饶勒斯相继发言。1914 年 8 月 30 日《人民报》发表了他们的演讲。

7 月 29 日星期三下午的会议

会议在 3 点 15 分开始。

哈泽：我建议，国际代表大会至迟下周末在巴黎举行。只有通过代表大会才能证明国际的存在。这次大会将会对全世界工人、对各国的政治形势产生影响。关键是要证明，社会民主党人是不可忽视的。我们要充分利用自己的影响。如果俄国人、奥地利人、法国人、德国人和意大利人在巴黎能提出更加强烈的抗议，那么我们对自己所完成的义务也可以感到满意了。我们不知道我们是否能取得成功。不过，我们必须尽到我们的义务。

瓦扬：这次大会不是一次特别代表大会，而是一次例行代表大会。法国人将很高兴能在他们国内接待你们。从今天起，他们就可以采取必要措施使本来在维也纳举行的大会这个星期日在巴黎举行。

欧文表示不同意这两个建议。会议地点的改变可以理解。只是英国人不同意改变日期。如果改变日期，代表的人数将大大少于我们预计参加维也纳大会的代表人数。

胡斯曼：让我们具体地谈一谈吧。我们这次大会同巴塞尔大会的做法是一样的。我们不能让法国一家来负担大会的费用，费用应该大家共同承担。必须从议程中取消酗酒、失业、生活费用昂贵问题，只保留帝国主义以及最迫切的政治问题，如南非同志的流放问题。一部分非洲人①已经在欧洲了。美洲可以打电报通知。

将限制大会的时间，大会不分委员会。

王德威尔得：一个一个问题来讨论吧。首先是地点，然后是日期、

---

① 指南非代表。

费用问题，最后是组织方面的具体问题。首先是地点，除了巴黎，还有人提议其他城市吗？

基尔·哈第： 没有人建议巴黎，伦敦也可以。

（巴黎是指定的地点）

安·巴拉巴诺娃： 瓦扬说这不是一次特别代表大会。可是，如果我们现在开会，这就是特别代表大会。国际局难道不能立即作出某些决定吗？按我的意见，最好将大会推迟，现在不开。我们不应该把大会简单地变成一次示威。我们必须采取措施。

饶勒斯： 社会党国际局将（决定采取何种形式）向战争表示抗议，但要由拥有最高权力的代表大会决定一切。代表大会可以采纳它同意的议程和决议。代表大会的决定不能服从于这次会议。所以，我们必须召开代表大会。大会的工作和决议要依靠无产阶级的信任。不举行代表大会，这将使无产阶级感到失望。在维也纳开会已经不可能了。可是，事情不能就此了结。我们必须尽早在巴黎召开代表大会。如果明天能开，那就明天开。代表大会的开幕式可以在 8 月 9 日星期日那天，以强大的示威方式来举行。届时会有许多群众参加。这样，我们大家都可以共同为和平作贡献。

布鲁斯·格莱西尔： 英国人反对更改日期的建议。如果通过几个具体行动能够阻止战争，他们并不反对。但是，有关国家的社会党人处于无力状态。我们大家都对奥地利同志很尊重。尽管尊重，但我们认为，奥地利同志本当这样说，我们宁可牺牲我们的财产以尽我们的义务。至于大会，我们认为，只有几名代表能参加，工会代表不会来。

哈泽要求英国人考虑特殊的形势要求采取特殊的措施这一事实。人们无法预计这次代表大会。在参加大会问题上，我们大家都有同样的困难。如果德国和法国也卷进冲突中去，大会就开不成了。所以，什么都要解决好是困难的。饶勒斯说代表大会在听取各种意见方面拥有最高权力，我们同意这个看法。不过，社会党国际局要采取措施来说明召开代表大会的意义。在代表大会上，大家必须意见一致。所以，会上尤其要避免讨论有争执的问题，例如，一旦发生战争是否要举行总罢工等。希望社会党国际局从这些方面多做工作！

维克多·阿德勒：哈泽的建议给我们提供了一个解决方案。大会必须尽快举行。地点方面可能有些拿不定主意。本来也可以在瑞士选一个城市，但是在那儿要搞大规模的示威就不可能了。如果大会推迟举行，这也不取决于我们的愿望。我支持哈泽提出的日期。现在来回答布鲁斯·格莱西尔提出的问题：如果说我的报告不行，那我不知道我应该怎么样做才对。不管公众舆论有什么看法，我有责任向大家介绍情况。从1908年起，我们就进行反战斗争。请英国同志相信我们：我们的境况十分困难，比英国同志更加困难。他们觉得提前15天派代表出席大会有困难。这里不是什么财产的问题。问题在于我们不愿意在作出有利于国际的努力之前就放下武器。我认为没有必要在这种时候来赞扬我们的努力。如果人们希望我们这样做，我很抱歉。此外，我要求你们不要蔑视我们。

欧文：我们谈到的困难，不光是涉及英国，也涉及其他国家。

基尔·哈第：如果提前举行代表大会的唯一理由是为了发动一次反战示威，我不赞成这个建议。理由不充分。必须保留原有的议程。议程中的内容具有长远意义，但战争是会过去的。如果应该保留原有议程，那么就不要改变大会日期。先讨论议程，讨论之后就可以决定要不要维持原来的日期。

王德威尔得：我们来表决，讨论时间太长了。如果大国也像我们组织反战斗争那样慢吞吞地去发动战争，那我们就可以高枕无忧了。

我来表决：赞成8月9日，日期不变。

（通过8月9日开会。英国人和意大利人投反对票。）

议　程

特鲁尔斯特拉： 不能把大会看做是一次特别会议。我们不能把这次大会变成第二次巴塞尔大会。否则，它将证明，巴塞尔大会没有任何结果。因此，不讨论其他问题就有矛盾。讨论到帝国主义，我们就必须讨论总罢工、和平时期资产阶级的表现等。我们提前开会，但不改变议程。

瓦扬： 我们已经改变了大会的地点和时间。现在要改变议程。即使大会不是为这原因而变成一次特别会议，就从形势角度来看也是一次特别大会。这一点我们必须有所考虑。现在国际无产阶级担心的是战争威胁。用什么办法去阻止、遏制和避免战争呢？我们必须把战争问题放在议程的最前面，如果战争带来饥荒，我们又怎么能讨论生活费用昂贵问题呢？如果战争还在进行，怎么去讨论帝国主义问题呢？因此，我们要把采取什么样的反战措施放在帝国主义问题之前来讨论，同时保留原来的议程。这样，我们能使无产阶级和公众都感到满意，而我们也就尽了我们的义务。

王德威尔得： 可以肯定，战争问题是压倒一切的问题。如果战争危险被排除，我们就可以开例行大会了。

罗莎·卢森堡 认为在巴黎开会应该和在巴塞尔开会一样。战争问题高于一切，所以必须把注意力集中在这一点上。其他问题会受影响，讨论时可能会很匆忙，也不会给予足够的重视。

鲁巴诺维奇： 今天我们应该采取反战措施。如果战争已经爆发，那就无法避免了。关于这个问题我们还从来未向无产阶级承担义务。我们应该召开代表大会，这已经决定了。我们意识到事态的严重性。我们赞成特鲁尔斯特拉的意见，我们建议保留我们已经做了准备的议程。但是，由于目前形势，我们主张把帝国主义问题和反战斗争的方法问题放在议程的首位。

桑巴支持王德威尔得的意见，他说，瓦扬和特鲁尔斯特拉的建议，可以合在一起考虑。如有必要，在大会上可以取消其他议程。否则，这次大会将是一次报告会和反战示威。

基尔·哈第建议不要把帝国主义和反战斗争放在一个议程里来讨论。有两件事情泾渭分明，要分开讨论：当前形势和帝国主义前途。

考茨基不相信在这 10 天之内，世界还会有和平。在这种情况下，我们不可能去巴黎讨论目前还能讨论的这些问题。现在，我们不能长期待在国外。所以，还是不要去讨论什么未来战争的可能性吧。我认为只要能避免当前的战争就能避免未来的战争。

饶勒斯：形势是紧急的。法国人同意这两项建议。开始，他们主张保留原有议程。德国人建议只讨论战争。最好的办法也许就是王德威尔得所提出来的办法。一个麻烦的问题是究竟在巴黎如何讨论。如果阿德勒的意思我没理解错的话，他想绕开那些分歧问题。我们的同志——如哈泽——都知道，人们决定在议程中列进什么题目，但不能规定谈什么内容。法国接受了正式的委托。他们应该讲话。对待一些有分歧的问题如何谈，那是掌握分寸的问题。不能避开总罢工问题。这一向如此，即使在巴塞尔大会上也不例外。但人们终究还是一致了，可以把委员会的讨论和全体会议的讨论合起来进行。让事实证明我们在讨论时能够掌握分寸。

桑巴要求结束对这个问题的讨论。

哈泽建议将所有问题都列入巴黎大会的议程中去，但在前面加上一条：战争与无产阶级。这样，第一个问题就会与当前形势有联系。大会有权根据它的意愿改变议程。

基尔·哈第：当前形势和前途必须分开讨论，否则就会搞乱了。

（哈泽的建议被通过）

王德威尔得：经费共同摊派，像巴塞尔大会一样。

（通过）

瓦列茨基问到大会开几天。

王德威尔得：关于这一点现在不可能作出决定。我们必须静待当时的形势。

考茨基：我们能否在巴黎开会，根本无法预料。我们还是要小心谨慎。

王德威尔得建议让执行委员会作出决定。

（通过）

饶勒斯要求大家不要忘记这次会议作出的决定。

王德威尔得：现在让我们来研究一下政治形势。不过，大家发言要简短些。

维克多·阿德勒：报纸对这次会议会说些什么？

胡斯曼读了下列第 1 号公报：

社会党国际局全体成员接到电报后于 1914 年 7 月 29 日在布鲁塞尔人民之家举行会议。

出席会议的有：

执行委员会（比利时）：王德威尔得、安塞尔、贝尔特朗、胡斯曼。

法国：饶勒斯、瓦扬、桑巴、盖得、龙格。

德国：哈泽。

英国：基尔·哈第、欧文、布鲁斯·格莱西尔。

波兰：罗莎·卢森堡、瓦列茨基。

俄国：鲁巴诺维奇、阿克雪里罗得、温特、布劳恩。

意大利：莫尔加利、巴拉巴诺娃。

荷兰：特鲁尔斯特拉。

瑞士：格里姆、穆尔。

丹麦：斯陶宁格。

西班牙：法布拉·里瓦斯、科拉莱斯。

奥地利、匈牙利—波希米亚：维·阿德勒、弗·阿德勒、涅梅茨、布里安。

全体会议研究了由于最近的事态所造成的政治局势，并听取和讨论了代表们的报告，这些代表来自已经爆发和即将爆发战争的国家。一致决定不推迟 8 月 23 日原本要在维也纳举行的代表大会。相反，会期要提前。根据德国代表的建议并得到法国代表的坚决赞同，决定会议于 8 月 9 日在巴黎举行，议程不变，首先研究下列问题："战争和无产阶级"。

王德威尔得念了巴黎《时代报》的一则电讯，谈到形势更加危急。

阿克雪里罗得认为，涉及奥地利和可能爆发的战争问题时，没有必要谈俄国形势。最主要的是要了解俄国社会民主工党是否有能力反对战争。近十年来，俄国处于革命形势之中，我不认为，我们离革命的第二步还很远。我的看法是，群众将再次起来反对战争。目前党的情况如何呢？几天前，我国发生了带有革命性的罢工。① 一方面，党被削弱了。由于这次罢工，组织受到很大损失。但是社会主义思想的威望大大提高了。一旦爆发战争，革命将会爆发。现在我们完全有把握这样说。他宣

---

① 1914 年 7 月 17 日，在俄国开始了经济罢工运动。这些运动迅速发展。7 月 21—22 日，圣彼得堡 20 万工人罢工。西方社会党报纸说俄国出现了革命形势。7 月 27 日总罢工结束。

读了俄属波兰社会党①的下列声明：

　　"如果在俄国国界之外有人说，一旦爆发奥俄战争，俄属波兰居民会发生倾向于奥地利的起义，这种说法是完全错误的。

　　至于加利西亚的情况，我们一无所知。但关于上述问题，所有我们掌握的材料，我们的俄属波兰同志向我们叙述的情况，都是一致的：如果由于战争俄属波兰出现了人民运动，这个运动将成为俄罗斯帝国革命运动的一部分，其结果将是俄属波兰的自治和出现一个民主的俄国。"

　　鲁巴诺维奇：俄国的情况和奥地利的情况不同。我们的党是秘密和分散的。因而，我们所关心的问题不一样。沙皇制度在欧洲是孤立的，它竭力要转移人们的视线。它的目的是什么？我们通过战争动员可以看出它的好战企图。总有一天，我们将在一部分资产阶级的帮助下，揭穿在俄国上演的丑剧。我们不能作出任何正式的保证。俄国无产阶级比党还要革命。毫无疑问，一旦发生战争，革命形势将更加明显。到那时，实在不行，党只好采用强硬手段。

　　哈泽：我们对奥地利人相当了解，所以理解他们的态度。我们了解他们的策略。他们对形势的看法是短视的。他们不应该消极、退让。首先因为这种消极态度对社会民主党没有好处，其次因为它不利于消除当前的危机。如果现在他们反对战争，战后公众舆论会站在他们一边的。人民会认识到，在危急时刻，社会民主党的头脑是清醒的。我不相信无产阶级的示威会使各国政府的好战态度更坚决。我认为相反，这些示威可以起制约作用。我知道，这样做困难极大。但我的意见就是这样。我们希望这次会议和下次巴黎会议的决定不会再给奥地利人带来更多的困难。

---

　　①　此处记录恐怕有误。这里实际上是指俄罗斯帝国范围内，在波兰领土上的波兰社会党。

至于德国方面，政府宣布没有其他国家征询它的意见。这是可能的。在公布奥地利致塞尔维亚的照会之前仅仅 15 天，我们才知道，在收获季节结束时，奥地利向塞尔维亚发去了一个最后通牒。人们可以指责我们为什么当时没有讲。实际上是我们无法相信。德国政府睁一只眼闭一只眼，这样一旦发生冲突，行动就自由了。《时代报》的电文似乎在说，德国对奥地利有影响。我们知道德国要和平，可是当俄国一插手，德国当然也会干预。关于所谓我同首相会见的消息，纯属谣传。政府并未企图对社会民主党施加影响。社会民主党通过政府代表对情况是了解的。政府避免做一切可能会导致战争的事情。我们也没有停止我们的活动。我们的示威甚至还借助于政府某种程度的中立态度，政府容忍了我们的游行队伍。最好战的是自由资产阶级。它站在奥地利一边反对塞尔维亚。但是，领导政府的阶级和大工业家是厌恶战争的。主战的党的刊物声言，战争对德国一点好处也没有。但是，如果俄罗斯进攻，德国就干预。这方面是没有疑问的。社会民主党人利用当前的形势。我们不会就此停止前进。我们要加强示威，使它具有更强烈的反战色彩。

如果德国不顾社会民主党的抗议，现在就跳进舞池，我们不相信我们能够阻止它这样做。无论如何，我们总要尽到我们的责任。

基尔·哈第建议明天继续开会。（通过）

饶勒斯想研究关于施加影响的问题。法国一致谴责奥地利的行为以及它以虚伪的借口不接受塞尔维亚的答复的过分做法。奥地利想打仗并压垮小国人民，这件事犯了众怒。那些相信天主教的党员们，作为天主教徒对奥地利十分同情，但在这件事上，他们表示不同意。对于德国，十万个法国人中没有一个会认为德国事先是不知情的。也许照会的稿子没有交给德国，但可以肯定，只要一出现事变，德国会坚决站在奥地利一边的。在发出照会前两天，德国驻巴黎使馆的一名新闻随员说，"我要离开这里，因为奥塞之间的冲突很快会酿成大祸的"。所以，舆论认为，德国什么都知道。我们明白 3 个协约国的抵抗力量有多大。"如果别人让步，则德国不需经过战争而使其威信自动提高"。这就是德国的如意算盘。难道各国政府真的已经无能到了连危险也不明白的地步了吗？在这个问题上，大家的意见都是一致的。等待着我们的是最大的不幸。

法国政府愿意和平。它通过促成和平调停支持英国。法国政府为了缓和局势，对俄国做了工作。现在我们只能注意防止出现新的、不利的影响。至于我们的观点，那就是：我们没有采取什么行动的义务，也不受什么条约的制约。对于德国同志拥护和平的表示，我感到很高兴，并向他们致以谢意。在法国，人们认为，即使我们不追随俄国，德国也会向我们进攻。我们没有隐晦对战争的看法。我们想向你们证明并请你们相信这一点。如果我们能够避免这种可怕的局面，我们就感到满意了。

莫尔加利所作的关于意大利局势的介绍证明，意大利并不忠于 3 个协约国。人们相当了解意大利的民族对立情绪。至于意大利无产阶级的表现，就总罢工方面而言，一切都无法推测。他们理解奥地利人的困难，但是，这些困难是无关紧要的。意大利社会党人在特里波利战争时也经历过困难。他们曾遭到辱骂、诽谤。但是战争结束以后，他们的威信提高了。

会议在 8 时半结束。

7 月 30 日星期四上午的会议

布鲁斯·格莱西尔对基尔·哈第的缺席表示遗憾。他和其他英国同志一样，对昨日的辩论感到失望。人们太偏向于法国人和德国人了，然而却不够重视英国人。英国在资本主义世界中被认为是一大强国，但在国际社会党执行局里却并非如此。当前在英国，人们不大相信奥塞战争会产生什么影响。在巴尔干战争以后，我们对经济上产生的后果十分清楚，但是我们不相信目前的战争会使我们受到影响。英国人希望和平，议会的所有议员都希望和平。工人阶级也一样，在每次工会代表大会上，人们总在谈论如何反对军国主义，反对战争。一部分人民可能受人愚弄，工会组织和社会党将不断反对这种倾向。

王德威尔得：英国同志以为人家不重视他们。其实他们完全搞错了，这是误会。在英国，谁要讲话站起来讲就行了。在这里，谁先报告主席就让谁先发言。其次，根据商定的意见，将按各自所属国家在当前这场冲突中卷入的程度来决定代表们发言的先后次序。

王德威尔得宣读了哈泽提议的下述决议：

"社会党国际局今天在它的 7 月 29 日的会议上听取了所有受世界大战威胁的国家的代表介绍各自国家的政治形势。执行局一致要求各有关国家的无产者不仅要继续而且要加强反对战争、保卫和平的示威游行。德国和法国的无产者要一如既往地向他们的政府尽可能施加压力，以便使它们停止威胁世界和平。

在巴黎举行的代表大会将是国际无产阶级争取和平愿望的生动体现。"

莫尔加尼：那么意大利人呢？

考茨基建议增加如下内容：意大利人和英国人将分别支持德国和法国的努力。

瓦扬：在各中立国担任议员的社会党同志们，可以用极为有效的方式进行干预，以促使冲突得到仲裁解决。

饶勒斯建议将上述意见写到决议中去。

特鲁尔斯特拉对此建议表示遗憾。他说，我们目前从事的工作本应由代表大会来完成。即将举行的代表大会将对仲裁问题表示意见。有些党不赞成饶勒斯在这个问题上的观点。

维克多·阿德勒想说服特鲁尔斯特拉。他说，我们现在只是做当前能做的工作。尽管各国同志有他们自己的原则，但是如果这种方式能结束冲突，他们也会感到高兴的。让我们通过这个平稳而有力的决议吧。

（决议的最后一稿得到了一致通过）

以下是决议全文：

"社会党国际局今天在它的 7 月 29 日的会议上听取了所有受世界大战威胁的国家的代表介绍各自国家的政治形势。执行局一致要求各有关国家的无产者不仅要继续而且要加强反对战争、保卫和平的示威游行。

德国和法国的无产者应该向他们的政府施加最大的压力，以便使德国能够约束奥地利，使法国能从俄国得到保证，保证后者不介入冲突。英国和意大利的无产者从他们的角度出发，将竭尽全力支持这方面的努力。

即将在巴黎召开的紧急代表大会是国际无产阶级和平愿望的生动体现。"

王德威尔得：谈到瓦扬关于中立国的建议，我今天就要以个人名义去做比利时议长的工作。我认为，最好不要以官方身份出面。

瓦扬：方法我们让你自由选择，只要你能取得成功！

下列决议由**罗莎·卢森堡**提议并获得一致通过：

"社会党国际局热烈祝贺俄国无产阶级所持的革命态度，希望它坚持反沙皇的斗争。他们为此而进行的英勇奋斗是反对世界大战威胁的最有效的保证。"

王德威尔得宣布会议结束，并通知两周后在巴黎举行国际代表大会。

图书在版编目(CIP)数据

社会党国际局文献(1900—1907)/胡振良主编.
—北京:中央编译出版社,2013.1(2019.5重印)
(国际共产主义运动历史文献/王学东主编;27)
ISBN 978 – 7 – 5117 – 1582 – 1

Ⅰ.①社…

Ⅱ.①胡…

Ⅲ.①第二国际 – 文献 – 汇编 – 1900—1907

Ⅳ.①D145

中国版本图书馆 CIP 数据核字(2013)第 019121 号

社会党国际局文献(1900—1907)

出　版　人:刘明清
出版统筹:薛晓源
责任编辑:苗永姝
责任印制:尹　珺
出版发行:中央编译出版社
地　　　址:北京西城区车公庄大街乙 5 号鸿儒大厦 B 座(100044)
电　　　话:(010)52612345(总编室)　　　(010)52612335(编辑室)
　　　　　　(010)52612316(发行部)　　　(010)52612346(馆配部)
传　　　真:(010)66515838
经　　　销:全国新华书店
印　　　刷:北京环球画中画印刷有限公司
开　　　本:710 毫米×1000 毫米　1/16
字　　　数:490 千字
印　　　张:38
版　　　次:2013 年 1 月第 1 版
印　　　次:2019 年 5 月第 2 次印刷
定　　　价:210.00 元

网　　　址:www. cctphome. com　　　邮　　箱:cctp@ cctphome. com
新浪微博:@中央编译出版社　　　微　　信:中央编译出版社(ID: cctphome)
淘宝店铺:中央编译出版社直销店(http://shop108367160. taobao. com)
　　　　　　(010)55626985

本社常年法律顾问:北京市吴栾赵阎律师事务所律师　　闫军　　梁勤
凡有印装质量问题,本社负责调换,电话:(010)55626985